实用工商管理专业规划教材

战略管理

李怀勇　张芬霞　编著

上海大学出版社
·上海·

图书在版编目(CIP)数据

战略管理/李怀勇,张芬霞编著. —上海:上海大学出版社,2016.5
ISBN 978-7-5671-2264-2

Ⅰ.①战… Ⅱ.①李… ②张… Ⅲ.①企业管理—战略管理—教材 Ⅳ.①F272

中国版本图书馆 CIP 数据核字(2016)第 086695 号

责任编辑　石伟丽
封面设计　倪天辰
技术编辑　章　斐

战略管理

李怀勇　张芬霞　编著
上海大学出版社出版发行
(上海市上大路99号　邮政编码200444)
(http://www.press.shu.edu.cn　发行热线021-66135112)
出版人:郭纯生
*
南京展望文化发展有限公司排版
上海华业装潢印刷有限公司印刷　各地新华书店经销
开本 787×960　1/16　印张 23.25　字数 378 千
2016 年 6 月第 1 版　2016 年 6 月第 1 次印刷
ISBN 978-7-5671-2264-2/F·154　定价:45.00 元

实用工商管理专业规划教材
编委会

主任 唐　豪

编委 徐勇谋　林财兴　杨谊青
　　　　严惠根　李怀勇　聂永有

序

  高校的根本任务就是培养适应社会需要的各类人才，培养应用型人才是高等教育由精英教育向大众化教育转变的产物，是社会经济发展的要求。在发达国家，实施应用型教育的本科院校和就读的学生同样占有很大的比重。在一定意义上，成教学生也是应用型人才的重要组成部分。

  2001年以后，我国高等教育事业迅速发展。全日制本科院校不断增多，应用型院校本、专科（高职）学生的规模明显扩大，民办高校如雨后春笋。随着经济社会的持续发展和城市综合环境的改变，招生与就业政策的调整，高校专业设置有了大幅度的调整，与全日制教育密切关联的成人教育也发生了一系列显著的变化，主要表现在以下几个方面：

  第一，以就业为导向的入学专业的变化。在上海应用型高校招生中，外语、外贸、计算机等原先的热门专业趋于饱和，不再受青睐，会计、金融类专业则受制于师资能力而逐步萎缩，宽口径的工商管理成为诸多应用型院校招收经济管理类本、专科（高职）生主要的专业选择。

  第二，应用型院校的生源结构发生巨大变化。由于高校的扩招，生源入学的门槛有所下降，学生的理论基础与以往的学生相比不够扎实，对专业研究的潜力和兴趣不大；但是这批"90后"的学生又不乏思想活跃、知识面宽、兴趣广泛和信息搜索能力强等特点。传统的高等院校的教育培养模式已不再适合这样一批特点鲜明的学生了。

  第三，招生培养方案和教学计划的改革。目前就读于经济管理类尤其是工商管理专业的成教学生，大多数就职于中小企业，在最基层的岗位工作；他们工作压力大，加班加点多；非本地户籍的外来务工青年的比例逐步上升，而他们大都在远离市中心的郊区上班，在学习中的工学矛盾比较大。在这种情况下，按以往的招生培养方案和教学计划实施教育管理，难以保证学生顺利地完成学业，更不能保证教学质量。

这是摆在诸多应用型院校和高校成人教育组织机构面前的现实问题。为此，应用型院校的教育（包括成人教育）必须进行改革和调整。在实践中我们认识到，现有工商管理专业采用的教材大多数是针对传统院校本科编写的，篇章较多，内容深奥，不利于学生的全面理解，反而会影响学生阅读和学习的兴趣。

为了配合高校专业调整和成人教育管理的改革，我们萌发了重新编写一套适应应用型院校与成教学生特点的专业教材的想法。编写的要求可概括为三点：一是压缩教材内容，强调各课程最基本和最实用的章节；二是强调知其然，有关知其所以然的内容，通过参考书刊导读的方式让有兴趣的同学知晓；三是保留必要的案例内容，通过网络导航和其他书刊的介绍帮助同学获取更多的案例信息。

在教材内容调整后，我们要求任课教师突出重点，改善与完善教学方法，鼓励教师积极探索，及时总结，相互交流，进而提高课程的教学质量。

限于编委会的水平以及各位作者对此问题的认识，本套教材肯定存在种种不足，欢迎大家批评指正。作为一种尝试，我们更期待来自应用型高校学生以及成教学生的积极反馈。

编委会　唐豪

2013 年 12 月

目 录

第一章　战略管理导论　　/ 1
　　第一节　战略与战略管理　　/ 2
　　第二节　战略的特征与层级　　/ 7
　　第三节　战略管理的构成要素与模型　　/ 10
　　第四节　战略管理理论的发展　　/ 13

第二章　外部环境分析　　/ 23
　　第一节　外部环境分析概述　　/ 24
　　第二节　宏观环境分析　　/ 31
　　第三节　行业环境分析　　/ 35
　　第四节　消费者需求与竞争者分析　　/ 47

第三章　内部环境分析　　/ 64
　　第一节　资源与基础结构　　/ 65
　　第二节　能力与核心能力　　/ 70
　　第三节　价值链与竞争优势　　/ 80
　　第四节　环境分析方法　　/ 91

第四章　公司层战略　　/ 102
　　第一节　战略方向　　/ 102
　　第二节　业务组合及其方法　　/ 112
　　第三节　战略态势　　/ 120
　　第四节　战略决策工具：定量战略计划矩阵　　/ 135

第五章　发展战略　/ 140

第一节　一体化战略　/ 141

第二节　多元化战略　/ 152

第三节　国际化战略　/ 161

第六章　业务层战略　/ 177

第一节　竞争战略　/ 178

第二节　成本领先战略　/ 181

第三节　差异化战略　/ 188

第四节　聚焦战略　/ 195

第五节　战略钟　/ 201

第六节　影响业务层战略选择的因素　/ 203

第七章　战略成长路径　/ 208

第一节　创新战略　/ 209

第二节　并购战略　/ 233

第三节　战略联盟　/ 245

第四节　战略整合　/ 253

第八章　战略与领导、组织、资源、文化　/ 269

第一节　战略实施过程　/ 270

第二节　战略领导力　/ 275

第三节　战略与组织结构　/ 280

第四节　战略与资源配置　/ 300

第五节　战略与组织文化　/ 309

第九章　战略变革　/ 319

第一节　战略变革概述　/ 320

第二节　战略变革类型　/ 327

第三节　战略变革影响因素　/ 329

第四节　复杂与不确定环境下的战略　/ 331

第十章　战略评价与控制　　　／339

　　第一节　战略评价的性质与标准　　／340

　　第二节　战略控制的类型与方式　　／341

　　第三节　战略评价与控制框架　　／344

　　第四节　战略信息系统　　／348

　　第五节　战略评价工具　　／352

后记　　／359

第一章　战略管理导论

本章学习目标

1. 掌握战略与战略管理的定义
2. 掌握战略特征与战略层级
3. 了解战略与竞争优势间的关系
4. 熟悉战略管理构成要素与战略管理模型
5. 了解战略管理理论的发展过程

本章核心概念

战略　战略管理　利益相关者　战略层级　公司层战略　业务层战略　战略业务单元　职能层战略　战略管理要素　经营范围　资源配置　竞争优势　协同作用　战略管理模型　愿景　使命　战略目标　战略规划　战略实施　战略绩效评价

随着技术、经济和社会的发展，外部环境变得日益复杂多变和不确定，可预见性下降。在这一背景下，一个企业若要获得成功，就不能仅仅关注在经营上如何适应当前的外部环境变化，而要在分析和预测未来外部环境变化趋势的基础上，把握企业的长期发展方向，在目标、环境和资源三者间进行动态平衡，以获取与化解由外部环境变化而带来的各种机会和威胁。因此，战略管理也就成为一种必然。本章主要阐述了战略与战略管理定义、战略特征与层级、战略管理构成与模型，并简要地介绍了战略管理理论的发展。

第一节　战略与战略管理

　　战略（Strategy）一词源于希腊语的"Strategos"，意为"将军"，即指挥军队的科学和艺术。这一概念最早起源于人类军事实践，如今已被广泛应用于经济社会各个领域。在人类社会早期，不同社会群体因不同利益经常发生冲突与战争。在战争中，敌我双方力量受各种因素的影响而显得变化无常，错综复杂，充满了不确定性，需要在多种可能中谋划取胜。这样，"战略"这一概念便首先出现在军事领域。军事战略强调手段与目的的联系，具有强烈的对抗色彩。

　　我国早在2 000多年前的春秋战国时期就出现了许多战略思想著作，如《孙子兵法》《孙膑兵法》《吴子兵法》《尉缭子》和《司马法》等，对以后的军事思想和管理思想的形成产生了广泛而深刻的影响。西方社会从19世纪开始逐渐形成不同派别的战略管理思想，如约米尔的《战争艺术》、克劳塞维茨的《战争论》和利德尔·哈特的《战争论》等。

　　当今，面临着复杂多变的环境和日益激化的竞争，企业不仅需要灵活地做出各种有效的应对，而且更重要的是，要对长期发展做出总体性的谋划。因此，战略也就显得至关重要。

一、战略的定义

　　关于战略一词，许多学者从不同的角度给出了不同的定义，具有代表性的主要有：

　　钱德勒（Alfred D. Chandler）将战略定义为："确定企业长期目标，选择行动途径和为实现这些目标进行资源配置。"

　　安德鲁斯（K. R. Andrews）认为："企业总体战略是一种决策模式，它决定和揭示企业的目标，提出实现目标的重大方针与计划，确定企业应该从事的经营业务，明确企业的经济类型与人文组织类型，以及决定企业对员工、顾客和社会作出的经济与非经济的贡献。"

　　奎因（James Brian Quinn）认为："战略是一种模式或设计，它将一个组织主要的目的、政策与活动按照一定的顺序结合成一个紧密的整体。"

安索夫（H. Igor Ansoff）认为："战略是贯穿于企业经营与产品和市场之间的一条共同主线，决定着企业目前所从事的经营业务的基本性质。"

德鲁克（W. Glueck）认为："战略是找出企业所拥有的资源，并在此基础上决定企业应该做什么。"

波特（Michael E. Porter）认为："战略是公司为之奋斗的目标与公司为达到这些目标而寻求的途径的结合物。"

霍弗（Hofer）和申德尔（Schendle）认为："战略是企业当前和未来的资源配置与环境相互作用的基本模式，该模式表明企业将如何实现自己的目标。"

上述对战略的定义大都强调了企业目标，为达成目标的资源配置、路径以及与环境的互动。

在此，我们将战略定义为：一个组织长期发展的方向。它是一个组织为了适应市场环境变化，谋求长期生存和发展而作出的总体性谋划，体现了一个组织的长期追求的目标，隐含着对组织愿景、使命的陈述。

战略注重的是目标、环境和资源三者间的动态平衡。复杂多变的环境具有不确定性，而企业在长期经营中累积的资源具有相对稳定性。这就需要企业根据环境的变化来调整其预期目标和资源结构，从适应目前的环境转变为适应未来的环境，为长期发展赢得空间。

战略的核心是建立竞争优势。它是围绕着建立竞争优势而展开的一系列行动。竞争优势是企业制定和实施战略的基础。它规定了一个企业能做什么，不能做什么。当一个企业成功地实施了某一战略，也就意味着它拥有了相应的竞争优势。

战略意味着学习和变革。战略着眼于企业的未来发展，面临的是新的环境，没有固定的模式、路径和方法可沿袭，需要不断学习，对资源、产品、市场以及组织、管理、文化等进行创新，提高企业对环境变化的适应性，创造出竞争者难以模仿的竞争优势。从这一意义上说，战略也就是一个学习和变革的过程。

战略反映了利益相关者的价值观和期望。利益相关者主要有三类：一是资本市场利益相关者，主要包括股东和资本提供者，如银行、投资银行等金融机构；二是产品市场利益相关者，主要包括顾客、供应商和经销商等；三是组织利益相关者，主要包括员工、管理人员等。利益相关者，特别是拥有关键资源的利益相关者，对战略决策和行动具有决定性的影响。因此，一个企业在发展方向、业务领域与经营活动等方面往往体现了利益相关者的价值观和期望。

加拿大麦吉尔大学教授明茨伯格（H. Mintzberg）在1998年从计划（Plan）、计谋（Ploy）、模式（Pattern）、定位（Position）和观念（Perspective）五个方面对战略进行定义，这有助于我们进一步加深对战略的理解。

从未来发展的视角看，战略是一种计划。作为计划的战略，是一种有意识、有预计的行为，一种处理某种局势的方针。根据这一定义，战略有两个本质属性：一是战略是在企业经营活动发生前制定的，以备人们使用；二是战略是有意识、有目的地制定的。作为计划的战略，强调企业要根据环境的变化，明确一定时期内的战略目标，并制定相应的措施，整合内外部资源，保证预期目标的实现。

从竞争的视角看，战略是一种计谋。在特定的环境下，企业把战略作为一种威慑和战胜竞争者的重要手段。作为计谋的战略，企业必将将竞争者纳入自己的视野，根据竞争者的意图、动向和策略，制定和调整战略，在竞争中保持主动性。

从发展历程的视角看，战略是一种模式。它反映了企业的一系列行为。战略不是一种既定的程序，而是一种不断探索和试错的过程。作为模式的战略，它不仅仅是事先的计划，而且是事后的总结，具有后验性。这种后验性的模式可能对制定下一轮战略有先验性，具有参考、启发和借鉴的作用。

从产业层次的视角看，战略是一种定位。战略定位是一个组织确定自身在所处的环境以及竞争中的位置，形成一种有别于竞争者的长期竞争优势。作为定位的战略，它包括对产品、市场、经营结构和社会责任等的定位，强调对外部环境变化的适应性。

从企业层次的视角看，战略是一种观念。战略是意识和精神的产物，反映了一个组织的价值观和方法论，体现了一个组织对客观世界的认知方式。作为观念的战略，强调将集体意识转化为个人行动。

二、战略管理的定义

战略管理（Strategic Management）有广义和狭义之分。狭义的战略管理即战略决策。广义的战略管理不仅包括战略规划（战略决策），而且包括战略实施、战略评价与控制。

第一章 战略管理导论

战略管理是指使组织达到预期目标的功能性决策、评估、实施的活动。战略管理既是一门科学，又是一门艺术。其科学性指的是战略管理作为一个活动过程，具有自身的客观规律。它融入了众多学科的知识、理论和方法，形成一个完整的系统；其艺术性指的是对战略管理理论和方法的运用，需要管理者的人格魅力、灵感与创新。战略管理艺术无法通过语言传授，也没有一成不变的模式。这不但为战略管理提供了广阔的自由空间，而且直接关系到战略绩效与成败。

战略管理涉及三个关键环节：分析、决策和行动。战略管理者首先要对组织内外部环境进行分析，判断环境变化可能为企业带来的机会和威胁；然后，以此为基础形成若干个战略方案，并根据组织目标和资源条件，从众多方案中选择最合适的方案；最后，将战略方案落实到各部门实施，并评价和控制其效果。

战略聚焦

被遗忘的柯达[①]

2011年9月30日晨，社会上传出柯达这家具有131年历史的著名公司正在考虑申请破产保护的消息。柯达股价随即狂跌54%，至每股78美分，处于38年来最低点。评级机构惠誉和穆迪将柯达债务的评级下调至"垃圾级"。无论如何，那个属于传统胶卷的时代，已经一去不返了。在数码相机尚未普及的20世纪，柯达是全球家喻户晓的黄色巨人，一度占据了2/3的全球市场份额。但现在，谁还需要柯达呢？

柯达曾是一家注重创新的公司，不仅发明了数码相机，而且拥有1 100多项专利。早在1975年，斯蒂文·赛尚在柯达实验室研发出世界上第一台数码相机，并将其运用于航天领域；1991年，柯达就有了130万像素的数码相机；1996年，柯达推出了首款傻瓜相机。但柯达将数码成像技术当成一种向社会炫耀的摆设，没有重视数码技术的商业化应用，更未预料到数码技术对胶卷市场的颠覆作用，而是把关注点放在如何防止传统模拟相机胶卷销售量的下降上。柯达尽管发明了数码相机，却没有在数码相机的标准制定上抢占先机。数码相机并没有给它的发明者带来方向性的指引，反而成了其百年基业的葬送者。

---

① 改编自张育群：《被遗忘的柯达：破不破产有什么关系?》，《南方周末》，2011-10-16. http://www.infzm.com/content/63884

战略管理

柯达早在1998年就深感传统胶卷业务萎缩之痛,但传统胶卷业务的巨大成功使它无法迅速适应市场需求的变迁。由于担心胶卷销量受影响,柯达一直未敢大力发展数字业务,直到5年后才开始向数码世界转型,2009年才停止生产彩色胶卷。这种对技术革命反应的迟钝招致了灾难性后果。柯达战略决策的重大失误,除了对技术和市场变化缺乏敏锐的洞察力外,还与利润和品牌相关。数码相机的利润率远比胶卷低,管理层认为柯达品牌主要依靠胶卷支撑。这说明,公司在战略转型时往往需要付出短期利润的代价,受制于股东对业绩的要求。这不仅需要有壮士断腕的魄力,而且需要公司治理结构提供有效的制度保证。在品牌管理上,柯达也存在一些认识上的误区,认为品牌必须依附于产品载体。实际上,品牌可以在不同产品间迁移,对有影响力的品牌,是产品依附于品牌,而不是品牌依附于产品。否则,品牌就会成为一种负担,一种负资产。许多公司不是失败在研发上,而是在市场开发上。

实际上,柯达公司也曾为转型而努力,这艘缓慢下沉的巨轮一直未放弃生还的希望。2003年,曾在惠普任职25年的彭安东加盟柯达,在2005年成为CEO。人们期待他能帮助这家胶卷巨头向数码业务转型。在业务重组中,柯达2005年获美国市场数码相机销量第一,但这份快乐短暂得犹如幻觉。2004年后,柯达只有2007年全年赢利。公司市值从1997年2月最高的310亿美元,降至21亿美元。10余年间,市值蒸发了99%,柯达的负债已超出资产14亿美元。为节约成本,柯达从2004年后不断裁员。2010年,罗彻斯特总部员工从1.63万人锐减至7 100人,全球员工从5.48万人降至1.88万人。

2011年被彭安东视为柯达转型的里程碑。家用喷墨打印机业务预计在2011年收支平衡,这项业务被认为是柯达未来的基石之一。同时,彭安东极力推动公司向数码业务转型,却面临内部缺乏核心技术、外部竞争激烈的威胁。彭安东筹划出售专利换取现金,缓解投资者对公司业绩长期亏损及股价下跌的担忧。柯达拥有的巨大专利库引来IT巨头觊觎,苹果、谷歌和微软等大公司都纷纷表示出对柯达专利的兴趣。

中国一直被柯达视为能帮助其完成艰难蜕变的重要市场,柯达希望中国市场对胶卷的持续需求能减轻向数码技术转变的压力。20世纪90年代末,柯达斥资逾10亿美元收购了中国本土胶卷和相纸企业,与中国本土领军企业乐凯结成联盟。这为柯达赢得了市场份额，中国市场从第 17 大市场上升为第 2 大市场。柯达 CEO 裴学德的所有努力都是基于这样一种假设：传统的胶卷业务在中国市场的尾宴还未结束，数码影像时代还未到来。有业内人士认为，正是 10 年前投入巨资收购中国的胶卷企业，并对其寄予过大的期望，才影响了柯达全球业务的转型。

2005 年后，柯达在中国市场投放了大量数码产品如数码相机、大型数码喷墨打印机等，但柯达在数码领域的品牌效应不强，市场效果并不理想。随着移动互联网时代的到来，拍照的工具变成了手机而不是相机，拍照的目的变成了分享而不是冲印。于是，传统的柯达就不再被需要了。移动互联网扮演着改写产业格局的角色。有数据表明，2011 年前 11 个月，数码相机销售量同比下降 7%，智能手机抢占了部分市场。市场调查公司 NPD 的报告显示，受访者使用智能手机进行拍照的比例由 2010 年的 17% 增长到 2011 年的 27%，而传统相机拍照的比例由 52% 下降到 44%。不容否认，手机拍照，上网分享，已成为年轻人社交生活的一部分。

除了胶卷业务外，柯达的业务领域还涉及摄影器材、医疗影像和商业影像服务等。柯达认为，公司的专长在于成像，而非化学。柯达曾发展数码相机业务，却未向用户提供在线发布和分享照片的功能。柯达曾将业务重点转向太阳能电池领域，与美国奈特考尔公司合作开发基于纳米管的柔性薄膜太阳能电池，这种新技术能极大地提高传统太阳能电池的效能，而成本只有传统太阳能电池的一半。柯达也曾基于有机化学和光学方面的优势，进入景点复印领域，开发出大量优秀的高端产品，对施乐公司造成了很大的威胁。但问题是，柯达公司一直未能睿智地看清楚自己未来的发展方向，无法从根本上改变柯达在主业转换上的困境。

第二节　战略的特征与层级

一、战略的特征

（一）总体性

战略是对企业长期发展的一种整体规划，规定了企业未来发展的方向、目标、路径和资源配置等。它不仅涉及企业与外部环境的关系，而且涉及企业内部各层面、各部门和各环节的计划、组织、协调与控制等，对企业的各项经营活动具有指导作用。

（二）长期性

战略着眼于企业长期发展的目标和收益，时间跨度一般在 3~5 年乃至更长。为了便于战略的规划和实施，企业通常会把一个较长的战略规划期划分为若干个阶段，在不同阶段设立相对独立又相互衔接的战略目标，以保证长期目标的实现，并要求战略一旦确定后应保持相对的稳定性。在复杂多变的环境下，企业不能机械地执行既定战略，但也不能朝令夕改，否则，有可能给企业造成重大损失，甚至失败。

（三）复杂性

战略涉及企业内外部多个领域和层面，不但包括内部的技术、产品、组织、管理和制度等，而且包括外部的消费者、供应商、经销商、合作者、竞争者、公众和政府部门等。战略绩效也不完全取决于企业某一方面活动，而是更多地取决于其他相关方面的整体效应。因此，战略更强调系统整合，既包括企业内各系统间的整合，也包括不同企业系统间的整合以及企业系统与环境系统间的整合。在这一过程中往往会引发大量的创新。由此可见，战略涉及更宽泛的内容和更复杂的管理。

（四）不确定性

当前，技术、市场和竞争的快速多变导致环境的不确定性增加，可预见性下降。企业很难准确判断未来环境的演变趋势，也难以完全按事先规划的战略实施，需要根据环境变化，不断地加以调整。战略在很大程度上带有一种探索性和试错性，具有动态随机的特征。因而，企业不能将丰富、多样、灵活的战略结构化、程式化。换言之，战略的不确定性是由环境变化的不确定性所引致的。

（五）竞争性

在市场经济条件下，企业是通过竞争赢得生存和发展的空间。不同企业的战略行为实际上是一种互动博弈。因此，任何一个企业在制定战略时都不能只关注自己的发展方向、目标、路径、资源配置和竞争优势等，而要把竞争者纳入视野，根据竞争者的战略意图和市场行为，及时调整自己的战略。只有这样，才能在竞争中赢得主动权,实现战略目标。

二、战略的层级

根据战略实施的主体,企业战略通常可以划分为公司层战略(Corporate-level Strategy)、业务层战略(Business-level Strategy)和职能层战略(Function Strategy)三个层级,具体见图1-1。这三个层级战略相互联系、相互作用和相互支撑,形成一个完整的体系。每一层级的战略为下一层级的战略提供了方向并构成其战略环境;为上一层级的战略提供了支撑和保障。而任何一个层级战略的失误都会对整体战略产生明显的影响。

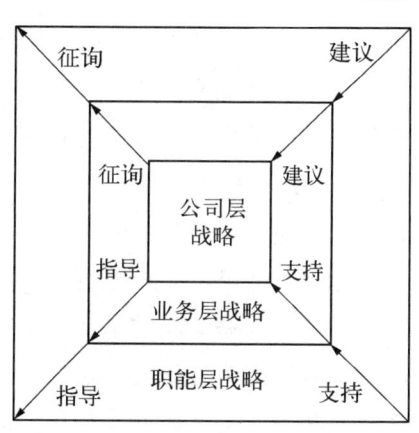

图1-1 战略层级关系

(一)公司层战略

公司层战略是企业最高层次的战略,对企业发展进行总体谋划。公司层战略关注的是企业长期发展的方向,包括战略目标、业务领域及其组合、实现路径和资源配置等。它是制定其他层级战略的基础,隐含着对企业愿景和使命的陈述。通常,企业大多在多个业务领域从事生产经营活动,提供多种产品,形成一些相对独立的业务部门,称作战略业务单元(Strategic Business Unit,SBUs)。战略业务单元指的是直接从事产品研发、生产和营销等活动的单位,它是战略管理的基本单位。企业的发展方向主要是通过这些战略业务单元及其构成来体现的。公司层战略主要解决两个核心问题:一是发展哪些业务领域以及形成怎样的组合,包括各业务领域的地位和发展方向,即战略方向;二是如何发展这些业务领域以及如何配置资源,即战略成长的路径和模式。

(二)业务层战略

业务层战略又称竞争战略,是一种在公司层战略的指导下,战略业务单元的长期发展规划,具体指导与管理业务单元的重大决策和行动方案,它是在企业战略体系中处于第二个层面的局部性战略。由于各业务单元提供的产品或服务不同,面临的市场环境不同,提供的资源支持也不同,因此,各业务单元在经营过程中所采取的战略也不尽相同。业务层战略关注的是某一战略业务单元如何在市场上成功地开展竞争，根据公司层战略对其确定的地位和发展方向，具体规划竞争战略和资源配置。业务层战略的核心问题：一是选择何种竞争战略；二是如何构建持续竞争优势，以改善企业的竞争地位，取得良好的战略绩效。

（三）职能层战略

职能层战略是基于公司层战略和业务层战略，对各项管理职能做出的发展规划，如研发战略、采购战略、生产战略、营销战略、人力资源战略和财务战略等。职能层战略关注的是如何卓有成效地利用资源、人员和流程等，将公司层战略和业务层战略转化为职能部门的具体行动。职能层战略的计划与执行需要各职能部门相互沟通、协调和合作，形成整体效应。它是一种战略支撑系统，在很大程度上决定了战略执行的效率、绩效。

第三节 战略管理的构成要素与模型

一、战略管理的构成要素

战略管理主要由经营范围（Business Scope）、资源配置（Resource Allocation）、竞争优势（Competitive Advantage）和协同作用（Synergy Effects）这四个要素组成，它们对战略管理具有决定性的影响。

（一）经营范围

经营范围是指企业从事生产经营活动的领域。它通常由一些相对独立的战略业务单元组成。当今，企业拥有多元业务单元已成为一种普遍现象。多元业务单元组合能为企业带来诸多优势：一是进入不同的产业领域特别是新兴产业领域，可以获得更多的发展机会；二是可以在各业务单元间形成一种相互支持的格局，分散经营风险；三是可以提高资源共享性，降低生产成本，如知识、技能、场地、设备、品牌、渠道和客户等。

（二）资源配置

资源配置是指企业对拥有的与可获得的各种稀缺资源在不同业务单元间的分配标准和模式。资源配置合理与否在很大程度上决定了资源利用效率和战略绩效,对企业竞争力会产生显著的影响。

(三)竞争优势

竞争优势是指企业不同于竞争者的独特品质。这种独特品质能够为顾客创造更多的价值,为企业带来超额利润。竞争优势可以来自产品的成本、质量和服务,也可以来自企业的市场地位和对特殊资源的垄断等。

(四)协同作用

协同作用是指企业从资源配置和经营范围的决策中所能寻求到的各种共同努力的结果,也就是说,各种分散的作用在联合中的总效果优于单独的效果之和。协同作用主要体现在两个方面:一是通过资源共享,在不同业务间分摊成本;二是实现关键技术与管理诀窍的转移和共享。美国著名战略学家伊戈尔·安索夫将协同作用划分为四种:① 技术协同作用,即在产品技术、工艺技术和材料技术等方面产生的协同效应;② 作业协同作用,即在设备、场地、人员、流程和经验曲线等方面产生的协同效应;③ 销售协同作用,即在品牌、渠道、促销和销售机构等方面产生的协同效应;④ 管理协同作用,即在管理经验、管理方法、管理组织和管理制度等方面产生的协同效应。

二、战略管理的模型

战略管理是企业根据其愿景(Vision)和使命(Mission),在对内外部环境分析的基础上,确定战略目标,制定战略规划,并将其付诸实施,进而对战略绩效进行评价和控制。这一过程一方面受信息化、全球化和服务化发展的影响,另一方面受商业伦理、社会责任和环境可持续发展等因素的制约,具体见图1-2。

(一)愿景与使命

愿景是指对一个组织理想的未来状况的描绘,也就是一个组织永恒追求的发展蓝图。德鲁克认为,明确公司愿景需要回答三个根本性的问题:① 我们的企业是什么?即我们要到哪里去。② 我们的企业将是什么?即我们未来是什么样的。③ 我们的企业应该是什么?即目标是什么。

使命是指企业在经济社会发展过程中所应担当的角色和责任,也就是公司的根本性质和存在理由。它具体定义了企业的经营理念、业务领域和服务顾客,成

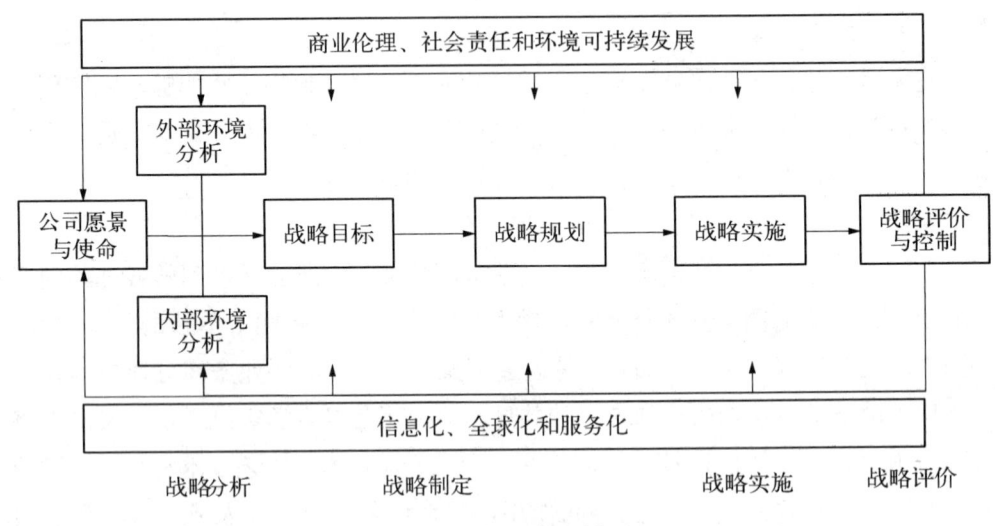

图 1-2 战略管理模型

为企业存在与战略制定的基本依据。德鲁克认为,明确企业使命需要回答五个重要问题:① 我们的事业是什么?② 我们的顾客群是谁?③ 顾客的需要是什么?④ 我们用什么特殊的能力来满足顾客的需求?⑤ 如何看待股东、顾客、员工、社会的利益?

(二)战略分析

战略分析主要包括两个方面:一是外部环境分析,主要是从机会与威胁的角度分析市场、竞争和环境的变化对企业造成的影响;二是内部环境分析,主要是从竞争力的角度分析企业拥有的资源、核心能力和竞争优势。它是制定战略规划的基础。战略分析的准确与否在很大程度上决定了企业战略的成败。在新经济条件下,环境的多变性和复杂性导致其不确定性增加,可预见性下降,从而对战略分析提出了更高的要求。

(三)战略目标

战略目标是一个企业未来所要达到的位置和状态,它是企业使命和愿景的具体体现。战略目标是一个相互关联的目标体系,如创新目标、市场目标、盈利目标和社会责任目标等;为了便于战略实施和控制,企业往往把总体战略目标分解为各子系统目标；在战略规划期内，战略目标通常按战略实施的不同阶段划分为近期目标（1~3年）、中期目标（3~5年）和长期目标（5年以上）。值得注意的是，企业必须在多元战略目标中选择其中一项作为首要目标，各子系统目标和各阶段目标都必须与总体战略目标相一致。

（四）战略规划

战略规划就是基于战略目标，对企业未来的发展方向、业务领域、实现路径、资源配置和竞争策略等进行系统筹划。战略规划要与未来环境变化相适应，不仅要对未来环境变化可能出现的不同情况做出预期和判断，而且要制定多套战略方案，应对环境变化可能发生的不同情况。

（五）战略实施

战略实施是企业根据战略规划，实现战略目标的过程。在这一过程中，需要对战略含义加以阐述和说明，使员工能准确地理解和执行战略；需要制定实施战略的规范、准则和政策，统一员工的认识，引导员工产生可预期的行为方式。同时，还需要从资源、组织和文化等方面构建支撑体系：通过有效的资源配置，为战略实施提供必要的资源保障；通过组织变革，建立与战略相匹配的组织结构；通过组织文化建设，形成一种支持战略的组织文化，发挥其导向功能、激励功能和协调功能。

（六）战略评价与控制

战略评价是采用合适的标准和方法对战略实施效果进行准确评价，使企业能实时了解和控制战略实施的进展状况。一旦发生偏差，便能及时发现问题，找出症结，加以纠正。

第四节 战略管理理论的发展

西方的战略管理思想是随着管理理论的发展而逐步形成的，具体见表1-1。美国经济学家巴纳德（C. Barnard）首次将战略作为理论加以研究，他在1938年出版的《经理的职能》一书中，将战略理论从组织理论和管理理论中分离出来，运用"战略因素"构想分析企业组织的决策机制。巴纳德强调企业组织决策必须考虑战略因素,强调企业组织与环境相适应,这种组织与环境相匹配的思想,已成为现代战略管理理论的基础。战略管理理论发展大致可划分初创期(1960~1970年代)、探索期(1980年代)、发展期(1990年代)和转折期(进入21世纪后)四个阶段。

一、初创期(1960~1970年代)

1960年代初,美国著名管理学家钱德勒出版的《战略与结构:工业企业史的考证》一书,首开企业战略研究之先河。钱德勒分析了环境、战略和组织间的关系,提出了"结构追随战略"的观点,认为企业战略应当适应环境,满足市场需求,而组织结构又必须适应企业战略,随着战略的变化而变化,也就是所谓的"环境——战略——组织"理论。在此基础上,对战略构造问题的研究,形成了两大相近的学派,即"设计学派"和"计划学派"。

"设计学派"的代表人物是哈佛商学院的安德鲁斯教授。设计学派认为:首先,在制订战略过程中要分析企业的优势与劣势、环境所带来的机会与造成的威胁;其次,高层经理人是战略制订的设计师,并督导战略的实施;最后,战略构造模式应简单而又非正式,关键在于指导原则,优良的战略应具有创造性和灵活性。

"计划学派"的代表人物是安索夫。安索夫在1965年出版的《公司战略》一书中首次提出"企业战略"这一概念,并将"战略"定义为"一个组织打算如何去实现其目标和使命,包括各种方案的拟定和评价,以及最终将要实施的方案"。"战略"一词随后成为管理学中的一个重要术语,在理论和实践中得到广泛运用。计划学派主张,战略构造应当是一个有控制、有意识的正式计划过程;企业高层管理者负责计划的全过程,而具体制订和实施计划的人员必须对高层负责;通过目标、项目和预算的分解来实施所制订的战略计划。

二、探索期(1980年代)

1980年代初,哈佛大学商学院迈克尔·波特教授为代表的竞争战略理论占据了战略管理理论的主流地位。波特认为,企业战略的核心是获取竞争优势,而影响竞争优势的因素有两个：一是企业所处产业的盈利能力，即产业的吸引力；二是企业在产业中的相对竞争地位。因此，竞争战略的选择应基于以下两点考虑：一是选择有吸引力的、高潜在利润的产业。不同产业所具有的吸引力以及带来的持续盈利机会是不同的；二是在已选择的产业中确定自己的优势竞争地位。在一个产业中，不管它的吸引力以及提供的盈利机会如何，处于竞争优势地位的企业要比劣势企业具有较大盈利的可能性。而要正确选择有吸引力的产业以及给自己的竞争优势定位，必须对将要进入的一个或几个产业结构状况和竞争环境进行分析。

概而言之，波特的竞争战略理论的基本逻辑为：① 产业结构是决定企业盈利能力的关键因素；② 企业可以通过选择和执行一种基本战略影响产业中的五种作用力量，即产业结构，以改善和加强企业的相对竞争地位，获取低成本或差异化的竞争优势；③ 价值链活动是竞争优势的来源，企业可以通过对价值链活动和价值链关系的调整来实施基本战略。波特提出的产业竞争结构分析理论受到理论界和企业界普遍认同，至今仍是外部环境分析和战略选择的重要模型。

三、发展期（1990年代）

1990年代后，随着互联网和信息技术的迅猛发展，竞争环境日趋复杂，企业将眼光从外部环境转向内部环境，注重对自身独特的技术、知识等资源的积累，形成核心能力。1990年，普拉哈拉德（C. K. Prahalad）和哈默（G. Hamel）在《哈佛商业评论》发表了《企业核心能力》一文，兴起了关于核心能力研究的热潮，形成战略理论中的"核心能力学派"。这一理论假设：企业具有异质资源，形成独特的能力。这种异质资源不能在企业间自由流动，其他企业无法获得或复制，也就成为企业竞争优势的基础。

核心能力理论强调企业内部条件对保持竞争优势以及获取超额利润的决定性作用。表现在战略管理实践上，要求企业从自身资源和能力出发，在自己拥有一定优势的产业及其相关产业进行经营活动，避免受产业吸引力诱导而盲目进入不相关产业从事多元化经营。这一理论在一定程度上弥补了注重外部环境分析的波特产业结构理论的缺陷。

1995年，戴维·科林斯（David J. Collins）和辛西娅·蒙哥马利（Cynthia A. Motgomery）在《哈佛商业评论》上发表了《资源竞争：90年代的战略》一文，提出了企业资源观，进一步加深了对企业资源和能力的认识。科林斯等认为，价值的评估不能局限于企业内部，而要将企业置身于所在的产业环境，通过与竞争对手的资源比较，发现企业拥有的有价值的资源。所谓的企业资源是企业在向社会提供产品或服务的过程中能够实现其战略目标的各种要素组合。企业可以看作是各种资源的组合体，由于每个企业的资源组合不同，因此不存在完全相同的企业。只有企业拥有与预期业务和战略相匹配的资源，该资源才最具价值。企业的竞争优势取决于其拥有的有价值的资源。

1990年代战略联盟理论的提出使人们将关注的焦点转向企业间各种形式的联合。这一理论强调竞争合作，认为竞争优势是建立在自身优势与他人优势结合的基础上的。但由于联盟本身固有的缺陷以及基于竞争的合作，这一理论还存在许多有待完善之处。企业寻求一种更能体现众多优势的合理安排形式。1990年代中期，随着产业环境日益动态化，技术创新加快，竞争全球化和顾客需求多样化，企业逐渐认识到，如果想要发展，无论是增强自己的能力还是拓展新的市场，都要与其他企业共同创造消费者感兴趣的新价值。企业必须培养以发展为导向的协作性经济群体。在此背景下，通过创新来超越竞争，开始成为战略管理研究的一个新焦点。

美国学者穆尔（Jame F. Moore）1996年出版的《竞争的衰亡》标志着战略理论的指导思想发生了重大突破。穆尔提出"商业系统"概念，认为商业系统就是以组织和个人相互作用为基础的经济联合体。企业不应当仅仅把自己看作是一个单个的企业或扩展的企业，而应当把自己看作是一个包括供应商、生产者、竞争者以及其他利益相关者在内的企业生态系统的成员。穆尔从生物生态系统角度审视整个商业活动和反思竞争含义，认为商业活动中共同进化比竞争或合作更为重要。他把商业生态系统的发展分为开拓、扩展、领导和自我更新四个阶段，建议高层经理人员要经常从顾客、市场、产品、过程、组织、风险承担者、政府与社会七个方面来考虑商业生态系统和自身所处的位置；系统内的企业通过竞争可以将毫不相关的贡献者联系起来，创造一种崭新的商业模式。在这种全新的模式下，制定战略应着眼于创造新的微观经济和财富，以发展新的循环来代替狭隘的以行业为基础的战略设计。

四、转折期（进入 21 世纪后）

进入 21 世纪后，随着全球经济一体化进程的加速，企业经营环境的不确定性增大，产业边界趋于模糊，产业结构的稳定性下降，企业的竞争优势越来越难以持续。在急剧变化的环境中，企业如何赢得长久的竞争优势这一问题促使了战略管理理论的新发展。

（一）战略空间的扩展

随着信息化的发展，产业边界、企业边界日趋模糊，企业竞争将不再局限于产业内对资源、产品和市场份额的竞争，而是更多地在产业融合的基础上对商业机会的竞争。这势必导致竞争者间在塑造未来产业结构方面展开的争夺。竞争的概念基本上是界定于不同的联盟间、不同的商业生态系统间。竞争的物理空间也由区域性范围扩大到全球。由于竞争已不局限于特定的地理区域或产业边界内，企业必须从全球、跨产业的角度来考虑资源配置，在资金、人力资源、产品研发、生产制造和市场营销等方面进行有机组合，以获得最佳的整合效果。

（二）高度的战略弹性

企业面临的快速变化环境所具有的高度不确定性，要求企业战略具备高度的弹性，以适应环境的变化。这种战略弹性是基于企业系统对不断变化的、不确定情况的应变能力，包括组织结构弹性、生产技术和能力弹性、市场营销弹性、管理方法弹性和人员结构弹性等，而员工知识构成及组合方式和机制是战略弹性的核心。战略弹性一旦形成，企业内部协调系统也就确定，对整个系统的模仿或复制的可能性极小，从而构成企业竞争优势。

（三）战略的非均衡性

在制定战略时，不过多考虑战略目标与企业拥有的资源是否相匹配，而是更多地追求扩展性目标。在未来的竞争中，企业制胜的手段正在发生变化，由单纯地寻找稀缺资源过渡到与寻找稀缺智力以及由此而产生的稀缺知识的结合；其范围已不局限于企业边界内，而是着眼于对企业内外部离散的创造价值活动的识别与整合，以实现价值增值，扩大稀缺价值产出。这种战略要求企业不能平均地分配资源，而是要创造性地利用各种方法来整合资源，通过与知识的组合来克服资源的限制。

（四）基于商业生态系统的竞争形式

对竞争力的研究不再仅仅以单个企业为对象，而是以企业为基本单元的商业生态系统。在未来环境中，任何一个企业都不可能，也没有实力单独参与竞争。整个商业活动的主体是以一个或多个企业为核心的生态族群，未来的竞争是在不同商业群落间展开的。对个体企业而言，竞争更多地体现在加入或营造有影响力的、能为自己带来实际价值的企业生态系统，并在这一系统中寻求更为有利的地位，以充分发挥优势和潜能。

（五）战略管理主体的多元化

战略管理不只是企业高层决策人员的特权，普通员工也不再仅仅是战略的接受者和执行者。战略管理这一工作将变得更为普遍。由于信息技术的发展和应用，导致组织结构的扁平化、信息传播手段和渠道的大众化与多样化，从而使企业内拥有信息的权力趋于平等。信息传播方式的网络化决定了每一个个体在整个网络系统中都是信息传播的一个节点，高层主管不再居于信息传播的中心，普通员工有更多的机会参与战略管理，具有决策参与者和执行者的双重身份。

（六）战略基准的变化

战略制定从基于产品和服务的竞争演变为基于标准与规则的竞争。当企业处于产品和服务竞争阶段，对外部环境采取的是一种规避风险、抓住机遇的做法。通过内部积极主动的行动——扩大产量、提高质量、降低成本、加强营销，利用高效的组织机构等取得规模效益。在对外和对内的行为方式上，被动应对的色彩更为浓厚。而当企业跨入以标准和规则为核心的竞争阶段后，企业除了对外界变化做出积极主动的反应外，还会有意识地进行变革，与行业中具有重要影响的企业甚至竞争对手联盟合作，创造和制定指导整个行业的技术标准或竞争规则。通过对标准或规则的掌握来确定企业的优势地位，获取高额利润。总之，企业要在塑造未来产业结构方面的竞争给予更多的注意力，并力求有所作为。

第一章 战略管理导论

表1-1 战略管理理论的发展

发展阶段	代表人物及著作	主要特征或贡献
萌芽期 1930~1960年代	巴纳德：《经理的职能》（1938） 钱德勒：《战略与结构：工业企业史的考证》（1962）	首次在企业管理中引入战略思想，开创战略研究之先河
初创期 1960~1970年代	安索夫：《公司战略》（1965） 安东尼：《计划与控制系统》（1965） 安德鲁斯：《经营战略论》（1971） 安索夫：《从战略计划走向战略管理》（1976）和《战略管理论》（1979） 霍弗：《战略制定》（1978） W. R. 金与克里兰：《战略规划与政策》（1978）	初步形成了企业战略管理研究的理论框架 重视企业中物的要素和理性化的研究方法 战略管理由理论研究开始走向实际应用研究
探索期 1980年代	波特：《竞争战略》（1980）和《竞争优势》（1985） 泰勒尔：《产业组织理论》 德鲁克：《创新和企业家精神》 彼德斯与奥斯汀：《赢得优势：领导艺术的较量》 霍格斯：《判断与选择：决策心理学》（1980）	整体分析方法与经验分析方法相结合，利用博弈论的分析工具；重视创新与企业家精神、人的心理因素、企业文化的非主流学派迅速崛起
发展期 1990年代	沃纳菲尔特：《基于资源的企业观点》（1984） 普拉哈拉德与哈默：《企业核心能力》（1990） 斯托克：《能力竞争：公司战略的新规则》（1992） 哈默与赫尼：《基于能力的竞争》（1994）	着重研究企业内部的资源、能力和知识对竞争优势的影响，对基于能力的战略和战略联盟的研究成为主流

本章小结

战略是一个组织长期的发展方向。战略管理是使组织达到预期目标的功能性决策、评估、实施的活动。战略管理既是一门科学，又是一门艺术。

战略具有总体性、长期性、复杂性、不确定性和竞争性的特征。通常根据战略实施的主体，可以划分为公司层战略、业务层战略和职能层战略三个层级。这三个层级的战略相互联系、相互作用、相互支撑，形成一个完整的系统。

战略管理主要由经营范围、资源配置、竞争优势和协同作用四个要素构成。战略管理模型按战略分析、战略制定、战略实施和战略评价这一逻辑主线展开，具体包括公司愿景与使命、内外部环境分析、战略目标、战略规划、战略实施和战略绩效评价等环节。在这一过程中，战略管理一方面受信息化、全球化和服务化发展的影响，另一方面也受商业伦理、社会责任和环境可持续发展等因素的制约。

战略管理理论发展大致可划分为四个阶段。第一阶段：初创期（1960~1970年代）。这一时期形成了两大相近的学派："设计学派"和"计划学派"。第二阶段：探索期（1980年代）。以波特为代表的竞争战略理论占据了主流地位。第三阶段：发展期（1990年代）。这一时期形成了基于资源和核心能力的战略管理理论。第四阶段：转折期（进入21世纪后）。面对急剧变化的环境，这一时期围绕着如何赢得长久的竞争优势这一问题，战略管理理论又有进一步的发展。

本章思考题

1. 如何理解战略与战略管理？
2. 战略有哪些主要特征？
3. 战略有哪些层级？简述各层级战略的要义。
4. 战略管理是由哪些要素构成的？
5. 战略管理模型有哪些主要环节？
6. 战略管理理论发展经历了哪几个发展阶段？各阶段有哪些代表性观点？

本章参考文献

1. [美]迈克尔·A.希特等著，刘刚等译. 战略管理：概念与案例（第10版）[M]. 北京：中国人民大学出版社，2012.

2. [美]弗雷德·R.戴维著，徐飞译. 战略管理：概念与案例（第13版）[M]. 北京：中国人民大学出版社，2012.

第一章　战略管理导论

3.［英］格里·约翰逊等著，徐飞译. 战略管理基础（第2版）［M］. 北京：电子工业出版社，2013.

4.［美］约翰·皮尔斯二世、小理查德·鲁滨逊著，钱峰译. 战略管理：制定、实施和控制（第12版）［M］. 北京：中国人民大学出版社，2015.

5.［美］亨利·明茨伯格等著，徐二明译. 战略过程：概念、情境、案例（第4版）［M］. 北京：中国人民大学出版社，2014.

6. 王方华. 企业战略管理（第二版）［M］. 上海：复旦大学出版社、上海交通大学出版社，2015.

7. 徐飞. 战略管理（第2版）［M］. 北京：中国人民大学出版社，2013.

8. 金占明、杨鑫. 战略管理［M］、北京：高等教育出版社，2011.

9.［美］乔治·S.戴伊等著，孟立慧等译. 动态竞争战略［M］. 上海：上海交通大学出版社，2003.

10.［美］亨利·明茨伯格等著，刘瑞红等译. 战略历程［M］. 北京：机械工业出版社，2002.

11. 周三多等. 战略管理新思维［M］. 南京：南京大学出版社，2002.

12.［美］欧文·拉兹洛著，文邵、黄丽华译. 管理的新思维——第三代管理思想［M］. 北京：社会科学文献出版社，2001.

13.［美］肖纳·L.布朗、凯瑟琳·M.艾森哈特著，吴溪译. 边缘竞争［M］. 北京：机械工业出版社，2001.

14.［美］彼德·杜拉克著，刘毓玲译. 21世纪的管理挑战［M］. 上海：上海生活·读书·新知三联书店，2000.

15.［美］麦克尔·波特加里·哈默著，徐振东译. 未来的战略［M］. 成都：四川人民出版社，2000.

16.［美］詹姆斯·弗·穆尔著，梁骏等译. 竞争的衰亡：商业生态系统时代的领导与战略［M］. 北京：北京出版社，1999.

17. 谢洪明、刘跃所. 战略网络、战略生态与企业的战略行为［J］. 科学管理研究，2005，（2）.

18. 聂锐、张燚. 战略管理范式：战略生态管理［J］. 中国矿业大学学报，2003，（9）.

19. 汪涛、万健坚. 西方战略管理理论的发展历程、演进规律及未来趋势 [J]. 外国经济与管理, 2002, (24).

20. 周三多、周健. 新经济时代特征与企业战略范式的转型 [J]. 南开管理评论, 2002, (1).

21. 聂子龙. 战略范式及其演变 [J]. 商业经济与管理, 2002, (10).

22. 耿弘. 企业战略管理理论的演变及新发展 [J]. 外国经济与管理, 1996, (6).

23. 徐二明、王智慧. 企业战略管理理论的发展与流派 [J]. 首都经济贸易大学学报, 1999, (10).

24. 简兆权、李垣. 战略管理的演进与发展趋势 [J]. 科学管理研究, 1999, (17).

第二章 外部环境分析

本章学习目标

1. 了解外部环境的演变趋势与特征
2. 掌握外部环境分析的层次、内容和方法
3. 掌握 PESTEL 模型分析方法
4. 熟悉情景分析法和外部因素评价矩阵
5. 熟悉行业生命周期及其特征
6. 掌握波特的"五力模型",并用于分析各种竞争力量
7. 了解消费者需求发展阶段和趋势
8. 了解新经济时代竞争演变的趋势
9. 熟悉产业内战略集团划分的方法
10. 熟悉竞争态势矩阵方法

本章核心概念

宏观环境　PESTEL 模型　情景分析法　外部因素评价矩阵　行业环境　行业生命周期　五力模型　潜在进入者　进入壁垒　规模经济　转换成本　退出壁垒　竞争范式　创新竞争　信息竞争　标准竞争　速度竞争　利基市场　移动壁垒　战略集团　竞争态势矩阵

　　企业是一个开放的系统,它始终与外部环境处于相互联系、相互影响和相互作用的互动过程中。外部环境的变化对企业的经营活动会产生明显的作用,企业的经营活动对外部环境也会产生相应的影响。因此,企业必须根据外部环境的变化趋势来确定与之相适应的未来状态,并据此制定战略规划,实施战略行动。显

然，对外部环境变化趋势分析与预测的准确与否直接关系到企业的长期生存和发展，成为战略管理的基础。本章主要阐述了外部环境演变趋势和特征，外部环境分析的层次、内容、方法和工具，包括宏观环境因素分析、行业环境的行业生命周期与行业结构分析以及微观环境的消费者和竞争者分析。本章对外部环境的分析和下一章对内部环境的分析构成战略分析的主要内容。

第一节 外部环境分析概述

一、外部环境演变的趋势

当今，经济全球化、信息化与服务化的发展导致社会生产方式和生活方式正在经历着一场重大的变革：由大规模生产转变为个性化定制，由产品提供的商业模式转变为服务提供，由理性消费转变为感性消费和情感消费。企业与顾客、合作者及竞争者的关系也发生了实质性的变化。其中，信息化是一种具有决定性的力量，它从根本上颠覆了传统经济上的距离、秩序和结构，有力地推动了全球化和服务化的发展。同时，人口、资源和环境日益成为世界经济社会发展的重要问题；自然、政治和社会等原因造成的突发性事件的增加，加剧了外部环境的动荡性，使其变得更加多变、复杂和不确定，具体见图 2-1。

（一）经济信息化

信息化的发展不但造就了一个快速发展、规模巨大的信息产业，而且导致生产力和经济形态发生了根本性的变化，即从工业生产力转向信息生产力，从实物经济形态转向虚拟经济形态，具体表现为经济生产的主导技术、核心资源和基础平台发生转变。

从主导技术上看，经济生产从以物质生产技术为主导转变为以信息技术为主导。工业经济是以物质生产为主的实物经济，物质生产技术是工业经济的主导技术。在信息化进程中，信息技术表现出强大的渗透力和普遍的适用性，不但与各种技术相融合，创造出大量的新技术、新产品和新服务，而且改变了传统经济中

第二章 外部环境分析

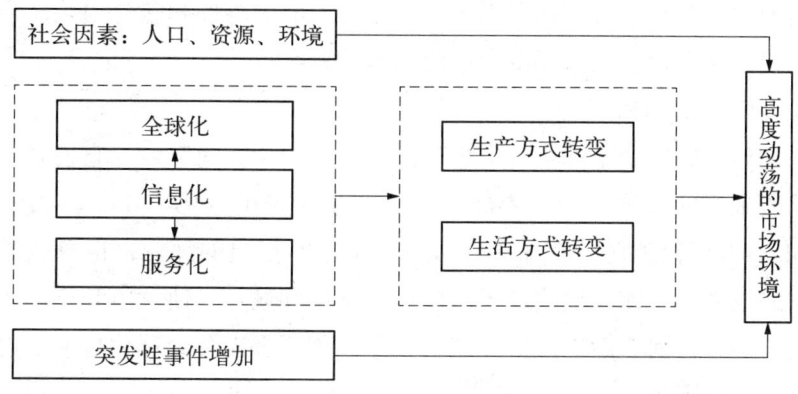

图 2-1 外部环境变化

的某些规律(如边际收益递减等),形成某些新的经济规律(如网络外部性、复合效应等)、社会规范和发展动力。这就使得信息技术在经济生产中代替物质生产技术,占据了主导地位。

从核心资源上看,经济生产从以物质资源为核心转变为以信息资源为核心。自然资源、人力资源和信息资源是经济生产中不可或缺的重要资源,它们的经济地位主要取决于不同时代经济生产的主导技术。在工业经济社会,经济生产的主导技术是物质生产技术,自然资源和人力资源也就成为主要资源,信息资源则处于从属地位。在新经济社会,知识的生产、分配、流通和消费成为经济生产的主要内容,信息技术成为经济生产的主导技术,信息资源也就从从属地位转变为核心资源。它不但能在一定程度上替代自然资源和人力资源,而且能通过对资源配置的影响,提高对资源的利用效率。也就是说,信息资源不但可以作为生产函数的内生变量决定生产总量,而且可以作为生产函数的外生变量影响生产效率。

从基础平台上看,经济生产从以物流平台为基础转变为以信息平台为基础。现代经济生产是由诸多具有交互作用的运行平台如研发平台、生产平台、采购平台、销售平台和服务平台等所支撑,各种运行平台有很强的专用性。在工业经济社会,经济生产为物质流所主导,从而规定了物流平台是经济生产的基础平台。在新经济社会,信息技术广泛渗透于生产、分配、流通和消费各个领域,信息流取代物质流，占据了主导地位，即从信息随着产品走转变为产品随着信息走。特别是迅速崛起的互联网对各种专用平台具有强大的包容性和整合力，从而使得信息平台取代物流平台，成为经济生产的基础平台。

（二）经济全球化

经济全球化的发展是一场由信息革命引发的产业空间革命。它使各国经济联系得到前所未有的增强，为世界经济发展提供了新的动力。正如罗宾·曼舍尔（Robin Mansell）和尤它·韦恩（Utah Wayne）所指出的那样，信息技术改进了厂商竞争的能力和方式，也改进了厂商创新基础和途径，使竞争和创新出现在全球领域内，而且任何有助于经济发展的竞争和创新都需要全球化色彩。经济全球化的发展主要是因为：

其一，信息化的发展消除市场时空距离，改变了信息传递与商业活动的方式和范围，使经济活动能迅速、有效地扩展到全球。这样，不仅大企业，甚至小企业都能打破地理位置的限制，直接联结世界各地顾客，实现远距离传送，向全球任何可能的顾客提供产品和服务，在很大程度上缓解了工业经济条件下生产集中与资源、市场分散的矛盾：交易成本因距离增大而上升，生产效率因地域分散而下降，从而极大地拓展了经济活动的空间，形成了一个开放性的全球市场。

其二，信息化的发展增进了资源流动的距离、速度和效率，改变了知识传播和共享的方式，人们可以便捷地从世界各地获取知识和资源，许多资源的地域性特征正在消失。知识和资源流动性的增强深化了国际分工，世界各地区的专业化分工和等级体系更加明显，经济联系更加密切。经济全球化正是这种知识和资源流动空间高度扩展的结果。正如卡斯特尔斯（M. Castells）认为的那样，世界经济由"地点空间"转向"流动空间"。流动空间的一个重要特征是：跨越广大的领域建立起功能性连接，但在物理性的地理上却明显地不具有连续性。

其三，信息化的发展提高了企业远距离信息交互和价值生产控制的能力。企业可以在世界范围内构造垂直型产业链分工体系，把价值生产活动分布于全球不同地区，或与不同地区的专业化企业联结成富有弹性的合作网络。这种跨地区的产业链分工大大拓展了企业边界，导致企业组织空间结构发生了重大变化。网络成为企业实际运作单位，组织接近替代了地理接近，突破了工业经济条件下企业在物理网络和地理空间上的限制，降低了生产活动对地理位置的依赖性。

第二章 外部环境分析

（三）经济服务化

经济服务化，从表面上看，表现为服务业增加值和就业得到大幅增长，在经济结构中的比重超过了制造业。但从本质上看，它体现了经济增长过程中服务活动对社会生产活动的深度介入和主导作用。正如丹尼尔·贝尔（Daniel Bell）指出的那样，前工业化社会的主导活动是农业和矿业，工业化社会的主导活动是物质产品生产，而后工业化社会的主导活动则是服务；前工业化社会的技术是简单的手工工具，工业化社会的技术是机器，而后工业化社会的技术是信息。

在经济服务化的发展过程中，信息化的作用至关重要。信息化的发展导致企业内部分工不断深化，生产环节大量增加，管理活动日趋复杂，产生大量的生产性服务需求，表现为非生产性人员比重上升，生产人员比重下降。生产性服务活动增多尽管提高了管理成本，但因生产率提高而得到补偿。因此，随着生产规模的扩大，企业生产性服务活动会不断增多。当内部生产性服务提供的成本一旦超过了市场交易成本，企业就会通过外部化由外部来提供更多、更专业的服务支持。这样，大量的生产性服务活动便从企业内部分离出来，形成一种社会分工，产生规模巨大的中间服务市场和众多新的服务部门，促使服务业的规模扩张和结构转换。至今，无论是从增加值还是从就业情况看，生产性服务的规模和增长率都远远超过了消费性服务，成为新经济发展的主导力量。

更重要的是，服务业的产出不再仅仅提供最终消费，而是作为其他产业的中间投入，成为庞大而精细的社会化大生产系统顺利运行的黏合剂和经济生产的主导部门。服务在社会生产中的消耗系数和中间需求率迅速上升，对经济发展和社会生产率提高的贡献率不断增长，服务业在经济发展中的地位发生了实质性的变化。

（四）生产方式转变

经济全球化、信息化和服务化的发展导致了社会生产方式的转变。工业化大生产是在分工、专业化的基础上，以标准化、大批量生产方式向社会提供产品，规模经济具有特别重要的意义。

在新经济时代，信息化的发展大大增加了生产的弹性和灵活性，解决了工业生产中产品个性化、多样化与低成本间的矛盾，企业拥有为若干小市场提供产品的能力，形成一种所谓的专业化经济（即小型工厂可以为一个或一系列小规模的本地市场和出口市场提供产品）。大规模生产不再是提高生产率的主要方法，也不再是构成竞争优势的主要因素，与大规模生产相关的"最低变化"产品战略也显得没有必要，社会生产方式转变为一种个性化定制，从为多数人提供产品转变为替每一个人提供量身定制的个性化产品。美国通用汽车公司为"别克"牌轿车提供了一种服务系统。顾客可以在经销商的计算机终端，自主设计所喜爱的汽车，选择车身、发动机、轮胎、色彩和车内装饰等；通过数字模拟系统形象地显示车样和模拟驾驶体验；汽车价格也随设计方案同步计算出来，为顾客购买抉择提供参考；电子信用分析系统能帮助顾客制定付款计划；在线订货单系统则将信息直接输入公司生产计划表，从订货到交货一般不超过 8 周时间，价格也不高于批量生产的标准车型。

这种快速、多样化的定制生产方式极大地提高了企业对市场的响应速度。特别是业务外包的发展使企业在分工、专业化的基础上建立起广泛而紧密的生产合作网络，可以在更大的范围内对社会资源进行有效整合和配置。

（五）生活方式转变

经济全球化、信息化和服务化的发展不但变革了社会生产方式，而且极大地丰富了社会产品，明显地改变了人们的生活方式。

从消费方式上看，人们更加注重生活质量和个性化、多样化消费，从产品消费转变为服务消费，从功能性消费转变为体验性消费。

从学习方式上看，互联网和信息技术的发展大幅提高了信息搜寻、处理和传递的效率，人们可以远距离、低成本地及时获取所需要的知识和信息，从而大大提高了人们的学习效率。

从社交方式上看，互联网发展出众多的社交网络和工具，如大众网、开心网、QQ、Facebook、微博和微信等，人们的社交活动从强关系扩展到弱关系，从而极大地扩大了人们社交活动的范围。

从娱乐方式上看，互联网为人们提供了大量的娱乐产品，如网络游戏、网络影视、网络图像和网络新闻等，人们的娱乐生活从地理空间转移到网络空间。

二、外部环境演变的特征

在新经济时代，外部环境变化呈现出三个基本特征，即多变性、复杂性和不

第二章 外部环境分析

确定性，明显地区别于工业经济时代。在战略分析过程中，把握环境变化的特征、准确地预测和判断环境变化的趋势及其对企业发展的影响，不仅更加困难，而且非常重要。

（一）多变性

环境的多变性不但表现为变化的速率快，而且表现为变化的非连续性，这是技术进步和经济社会发展的结果。在新经济时代，互联网和信息技术的发展明显地提高了创新的速率，新技术、新产品大量涌现，迅速代替了原有的技术和产品。特别是那些因突破式创新而形成的新技术概念和新技术原理，导致产品、市场和竞争等环境的快速、非连续性变化。例如，从个人电脑到互联网，信息技术发生了实质性的变化。个人电脑技术本质上是信息计算，网络技术本质上是信息交换。互联网并不是计算机功能的延伸，它消除了时空距离，创造了全新的虚拟空间，人们可以随时随地获取所需要的信息和服务。另外，经济社会的发展不但提高了人们的收入水平和生活质量，而且改变了人们的生活方式，人们的消费理念、消费习惯和消费行为正在发生一系列重大变化。外部环境的多变性导致其可预见性大大降低，从而增加了环境分析的难度。

（二）复杂性

外部环境是由诸多因素组成的，涉及多个方面和层次。这些因素相互联系、相互作用，构成一个复杂的系统。例如，外部环境因素有宏观环境和行业环境因素，其中宏观环境包括政治、经济、社会、技术、环境和法律六大因素，而经济因素又包括经济制度、经济结构、产业布局、资源状况、通货膨胀率、社会失业率、社会劳动生产率水平、资本市场、利率、汇率和经济发展水平等因素。因此，对外部环境因素的分析就不能局限于单个因素的变化及其对企业的影响，而要考虑多种因素变化及其交互作用对企业的影响。

（三）不确定性

外部环境因其多变性和复杂性而导致高度不确定性。这主要表现在：① 技术发展的不确定性。大量突破式创新的涌现迅速颠覆了传统的技术和产品，使得技术发展前景不明。② 市场发展的不确定性。技术进步极大地拓展了消费领域，创造出全新的需求和市场；生活方式转变导致消费者需求出现个性化、多样化、服务化、休闲化和体验化的发展趋势，从而使市场在发展中出现动荡。③ 竞争关系的不确定性。信息化的力量打破了原有的产业边界和市场边界，越来越多的企业通过多元化经营、跨国经营，交叉进入不同的产业和市场。这样，原先处于不同产业和市场的企业从一种非竞争关系转变为一种竞争关系。例如，计算机、通信和消费类电子产品的融合与发展导致消费类电子厂商大规模进入计算机及通信领域。在曾经以英特尔、微软和思科等为代表的IT企业，以摩托罗拉、诺基亚、爱立信、西门子和阿尔卡特等为代表的通信企业，以三星、索尼等为代表的消费类电子企业间形成了一种交叉经营和平行竞争的格局，从而改变了企业间原有的竞争关系。外部环境的不确定性使人们很难利用历史的数据和经验，预测和判断未来环境的变化。这就要求企业对环境具有更高的应变能力。

三、外部环境分析的层次、内容与方法

根据环境因素作用的范围，外部环境一般可分为宏观环境和行业环境两个层次。对企业而言，外部环境是一种客观的不可控因素，企业尽管在一定程度上能对外部环境产生影响，但主要还是如何适应外部环境变化，不可能从根本上改变外部环境。

（一）宏观环境分析

宏观环境主要包括政治因素、经济因素、社会因素、技术因素、环境因素和法律因素等，其影响范围最广，几乎对所有企业都会产生不同程度的影响。但是，由于不同企业从属于不同的行业，拥有不同的资源和竞争优势，同一因素对不同企业的影响是不同的，有时甚至大相径庭。因此，对宏观环境的分析，关键是识别出那些影响企业的关键因素。

通常，宏观环境分析主要有以下四个步骤：扫描（Scanning）、监视（Monitoring）、预测（Forecasting）和评价（Assessing）。扫描是一种全景式的环境审视，主要是为了及时发现正在和将要发生变化的环境因素的早期信号，这对处于多变环境中的企业尤为重要；监视是根据扫描的早期信号，持续观察有可能对企业产生影响的环境因素的进一步变化；预测是对扫描和监视所发现的环境因素变化，推测未来可能的趋势；评价是明确环境变化及其趋势对影响企业发展的重要性与时效性。在宏观环境分析中，一般可以在PESTEL模型的基础上，采用情景分析法和外部因素评价矩阵等工具。

（二）行业环境分析

行业（Industry）是指提供相同或相似产品企业的集合。任何一个企业都归属于某一行业。宏观环境因素的变化主要是通过改变行业环境来影响企业行为的，因此行业环境变化对企业行为具有直接的作用。

行业环境分析的目的是评价一个行业的吸引力，具有吸引力的行业通常能获得更高的行业利润。行业吸引力是由多方面因素组成的，包括行业生命周期和行业结构等。对行业生命周期的分析主要是通过对行业生命周期各阶段特征的分析，探究相应的竞争战略。对行业结构的分析主要是运用产业经济学的分析框架，分析一个企业面临的各种竞争力量，波特的五力模型是一种有效的分析工具。

（三）消费者需求与竞争者分析

消费者是指那些企业产品与服务的购买者和使用者。竞争者是指那些与本企业提供相似的产品或服务，并服务相似的目标顾客的其他企业。显然，消费者和竞争者对企业的生产经营活动具有直接的影响。消费者需求分析主要包括消费者需求特征、消费者购买动机、消费者购买行为及其变化趋势等内容。

竞争者分析是指采用一定分析方法识别出竞争对手，对其目标、资源、市场力量和当前战略等要素进行评价，估计竞争对手对本企业的竞争行为可能采取的战略和反应，从而有效地确定企业的战略方向及战略措施。主要分析工具有战略集团分析和竞争态势矩阵。

第二节　宏观环境分析

一、宏观环境因素

宏观环境主要包括政治（Political）、经济（Economic）、社会（Social）、技术（Technological）、环境（Environmental）和法律（Legal）六方面因素，由此构成宏观环境分析的基本框架，也就是所谓的 PESTEL 模型（"PESTEL"是由六个主要因素的第一个英文字母所组成），具体见表2-1。

（一）政治因素

政治因素指的是那些对企业生产经营活动有实际与潜在影响的政治力量和政策等，主要涉及社会制度、政治结构、社会团体、产业政策、政府管制、财政政策、货币政策、政府采购、税收政策、关税、进出口政策和社会福利政策等。政治因素是企业从事正常生产经营活动的基本条件，具有强制性的约束力。企业只有在一个相对稳定的政治环境中才能获得长期稳定发展。

（二）经济因素

经济因素指的是社会经济发展水平和国家经济制度，主要包括一个国家和地区的经济制度、国民生产总值、经济结构、产业布局、资源状况、通货膨胀率、社会失业率、社会劳动生产率水平、人均可支配收入水平、资本市场、货币市场利率、汇率、消费者偏好和消费结构等，涉及国家、社会、市场与企业等多个层面和领域。经济因素对企业生产经营活动产生直接的影响。

（三）社会因素

社会因素指的是社会结构、社会风俗、宗教信仰、价值观念、行为规范、生活方式、文化传统、人口规模和教育水平等。社会因素影响社会对企业产品的需求，并制约着企业行为。

（四）技术因素

技术因素主要包括四个方面，即国家科技体制、国家科技政策、社会科技力量（包括科技人员数量等）和社会科技水平（包括社会研究与开发投入、专利数量、科技成果转化率、社会信息化水平和产业技术水平等）。技术因素是诸多环境因素中最活跃的一种因素，不但影响宏观层面的经济结构、生产方式、生活方式、竞争范式和商业模式等变化，而且影响微观层面企业的技术、资源、能力及产品、市场和竞争等变化，既可能为企业提供机遇，也可能对企业构成威胁。

（五）环境因素

环境因素是指一个企业在提供产品或服务的活动中与环境发生交互作用的因素。主要包括环境保护法规、环境污染状况、能源政策、相关行业发展趋势和可持续发展空间（气候、能源、资源和循环）等。环境因素，特别是生态环境，不仅影响经济社会的可持续发展，而且对企业的资源、能源、成本、生产和销售等诸多方面产生重要影响。

（六）法律因素

法律因素是指一个国家的立法、司法状况和法律、法规、公民法律意识等。法律环境对企业生产经营活动有重要的影响。企业必须在法律框架体系内从事生产经营活动。法律既对企业行为有约束作用，也对企业利益起保护作用。例如，专利权受国家法律保护，对侵权行为，企业可以通过民事诉讼，要求停止侵权和承担赔偿责任。

表2-1　PESTEL模型

政治因素		经济因素	
社会制度； 政治结构； 社会团体； 产业政策； 政府管制； 财政政策； 货币政策	政府采购； 税收政策； 关税； 进出口政策； 政府预算； 社会福利政策	经济制度； 国民生产总值； 经济结构； 产业布局； 资源状况； 通货膨胀率； 社会失业率	社会劳动生产率水平； 人均可支配收入水平； 资本市场； 货币市场利率； 汇率； 消费者偏好； 消费结构
社会因素		技术因素	
社会结构； 社会风俗； 宗教信仰； 行为规范； 文化传统； 价值观念； 生活方式； 教育水平	人口规模； 收入分配制度； 消费者权益保护； 公众道德观念； 公众对环境污染的态度； 企业社会责任； 居民收入差异	国家科技体制； 国家科技政策； 科技人员数量； 社会研究与开发投入	专利数量； 科技成果转化率； 社会信息化水平； 产业技术水平
环境因素		法律因素	
环境保护法规； 环境污染状况； 能源政策	相关行业发展趋势； 可持续发展空间（气候、能源、资源、循环）	世界性公约、条款； 基本法（宪法，民法）； 劳动保护法； 公司法和合同法； 反垄断法	劳动法规； 产品安全法规； 外贸法规； 行业竞争法； 行业公约

二、宏观环境分析工具

(一) 情景分析法 (Scenario Analysis)

1. 情景分析法简介

情景分析法是基于 PESTEL 模型，从诸多因素中识别出那些关键的变革驱动力，以应对未来环境变化的不同可能性，使企业战略更富有弹性，它是宏观环境分析的一种重要方法。

情景分析法的使用不受条件限制，比较灵活，并能调动预测人员的想象力和洞察力，在战略制定中得到广泛应用。它特别适用于那些资金密集、产品开发周期长、战略投入大、风险高的产业如石油业、钢铁业等，也适用于那些不确定因素多、难以预测的产业如医药业、金融业等。

2. 情景分析法的应用步骤

步骤 I：界定情景范围。范围是指情景分析的主体和时间跨度。例如，情景分析的主体可以是某一全球性行业，也可以是某一地区性市场；时间跨度可以是 5 年，也可以是 10 年。

步骤 II：识别关键的变革驱动力。使用 PESTEL 模型，分析可能对行业、地区或市场产生影响的重要因素；并挑选出主要影响因素进行排列组合，形成虚拟显示的情景"故事"。

步骤 III：选择并阐明环境情景。从多个组合中选择 3～5 个组合作为备选情景（通常选择 3 个组合，即最好的、最糟的和最有可能的情景），邀请管理人员描述情景，并对每一种情景做出对策。

步骤 IV：识别情景影响。识别可能对企业造成潜在影响的情景，这是情景分析最后一个关键步骤。对每种情景进行稳健性检验，检测其对企业发展可能产生的影响，并制定相应的应急预案和权变战略，建立早期预警系统。

(二) 外部因素评价矩阵 (External Factor Evaluation Matrix, EFE)

1. 外部因素评价矩阵简介

外部因素评价矩阵是一种对外部环境进行分析的工具。它主要从机会和威胁两个方面，找出影响企业未来发展的关键因素，根据各个因素影响程度大小确定权重，按企业对各关键因素的反应程度，对各关键因素进行评分，最后得出总加权分数。通过外部因素评价矩阵，企业可以将面临的机会与威胁汇总，描绘出企业的全部吸引力。

2. 外部因素评价矩阵应用步骤

步骤Ⅰ：列出关键因素。关键因素分为机会与威胁两大类，总数在 10~20 个间。首先列举机会，然后列举威胁，尽量具体，可能时采用百分比、比率和对比数字。

步骤Ⅱ：赋予因素权重。赋予每个因素 j 权重 λ_j，满足 $0 \leq \lambda_j \leq 1$，$\sum_j \lambda_j = 1$。权重反映该因素对企业在行业中取得成功的影响程度。通常机会比威胁的权重高，但当威胁特别严重时也可以得到高权重。在确定权重时，主要以行业为基准，对成功的和不成功的竞争者进行比较。

步骤Ⅲ：关键因素评分。根据企业现行战略对关键因素的反应程度，为各关键因素评分，分值范围在 1~5 内，1 表示反应很差，2 表示反应较差，3 表示反应一般，4 表示反应较好，5 表示反应很好。评分以企业现状为基准，反映企业现行战略的有效性。

步骤Ⅳ：用每个因素的权重乘以其评分，得到每个因素的加权分数。

步骤Ⅴ：将所有因素的加权分数相加，得到企业的总加权分数。

无论外部因素评价矩阵包含多少因素，总加权分数的范围都是从最低的 1.0 到最高的 5.0，平均分为 3。高于 3 则说明企业对外部影响因素能做出积极反应。由于权重总和为 1，外部因素评价矩阵包含的因素数不会影响总加权分数的范围。

第三节　行业环境分析

行业环境属于中观环境，涉及同一行业内所有企业共同面临的环境因素。它是宏观环境诸多因素对行业综合作用的结果。任何一家企业都是在某一行业内从事生产经营活动的，因此，行业环境对企业经营活动具有直接的影响。行业环境分析是外部环境分析的重点，主要包括行业生命周期分析和行业结构分析两大部分。

一、行业生命周期（Industry Life Cycle）分析

（一）行业生命周期

行业生命周期是指一个行业从出现到完全退出社会经济活动所经历的时间，主要包括四个发展阶段：幼稚期、成长期、成熟期和衰退期。行业生命周期曲线是忽略了产品的具体型号、质量和规格等差异，对整个行业发展过程进行抽象，得出的一条近似假设曲线。几乎所有行业都具有类似 S 形的生长曲线，在成熟后期则大致分为两种类型：一是行业长期处于成熟期，形成一种稳定的行业；二是行业较快进入衰退期，形成一种迅速衰退的行业。图 2-2 表示行业生命周期理论曲线，其横轴表示时间，纵轴表示销售增长率/利润增长率。

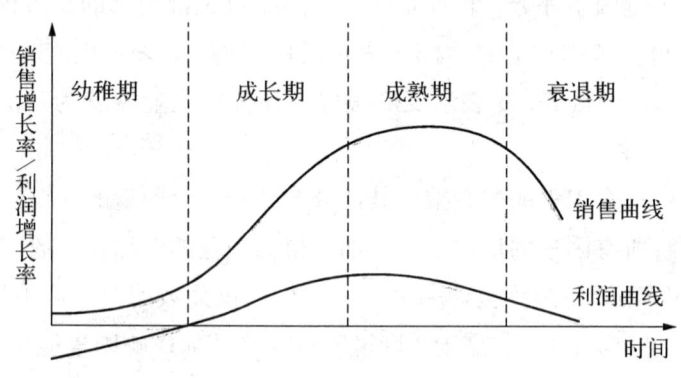

图 2-2 行业生命周期

行业生命周期理论是基于产品生命周期理论发展起来的。1966 年美国哈佛大学教授雷蒙德·弗农（R. Vernon）提出了产品生命周期理论。在此基础上，1982 年，Gort 和 Klepper 通过对 46 个产品最多长达 73 年的时间序列数据分析，按产业中厂商数目划分，建立了产业经济学意义上的第一个产业生命周期模型。其后，许多学者从不同角度对行业生命周期进行了深入研究，主要集中在四个方面：一是从实证的角度来考察行业生命周期曲线的形态；二是考察行业生命周期不同阶段，企业的进入、退出以及进入壁垒和退出壁垒等；三是分析推动行业生命周期演化的动力；四是研究如何根据行业生命周期来制定相应的产业政策。行业生命周期不同阶段具有不同的特征，可供企业选择的战略不同，对企业战略决

策具有重要影响。

（二）行业生命周期的特征

对行业生命周期各阶段的特征分析，可以从供给、需求和竞争三个方面加以描述，具体见表2-2。

1. 幼稚期

一个新兴行业的诞生通常是技术创新特别是突破式创新的结果：由技术创新引发一系列产品创新，产生相应的生产者和消费者，从而形成一个新的行业。1930~1950年代，石油化工、合成材料、计算机与半导体等新技术的发明和应用，促使一批新兴行业的形成和发展。新兴行业主要有以下特征：从供给层面看，企业数量较少、产品不成熟、技术创新较快、品牌和产品品种单一、行业利润有限；从需求层面看，需求规模较小、市场前景不确定；从竞争层面看，竞争比较缓和。此时，企业竞争战略的重点是如何完善产品结构、功能和质量；加强营销推广，传播产品信息，拓展分销渠道等。

2. 成长期

创新产品一旦被消费者熟悉并接受，市场需求出现大幅增长，行业便进入成长期，主要有以下特征：从供给层面看，新企业开始大量进入，产品技术和工艺技术趋于成熟，品牌和产品品种日益增多，销售量和销售利润大幅上升，产品成本逐步降低；从需求层面看，消费者需求急剧增长，尽管绝对量可能还不很大，但增长率高，市场前景趋于明朗；从竞争层面看，竞争者数量增多、行业进入壁垒增高、竞争不断加剧。此时，企业竞争战略的重点是如何增强营销力度，快速拓展市场，增加市场份额；提高生产率，降低成本；加快技术创新，提高进入壁垒。

3. 成熟期

当一个行业经历了成长期，产品销售量逐渐接近高峰，销售增长率开始缓慢下降时，便进入成熟期，主要有以下特征：从供给层面看，技术趋于成熟，产品品牌和品种繁多，产品更新速率快，行业利润率下降；从需求层面看，消费者需求规模大但增长率低，消费者需求个性化明显，市场呈细分化；从竞争层面看，少数大企业垄断市场，形成寡头垄断，品牌效应显著，进入壁垒高，价格竞争转变为各种非价格竞争，消费者议价能力提高，市场竞争更加激烈。此时，企业竞争战略的重点是如何提高效率、控制成本、拓展差异化市场、扩大企业规模和加快新品研发等。

4. 衰退期

大多数行业最后都会进入衰退期。当一个行业的产品销售量出现大幅萎缩时，便进入衰退期，主要有以下特征：从供给层面看，产能过剩，行业利润明显下降，部分厂商由于竞争优势不足，开始退出这一行业；从需求层面看，大部分消费者开始转向消费新产品，需求规模明显萎缩；从竞争层面看，竞争更加激烈。行业衰退主要有以下原因：① 资源型衰退，即因生产所依赖的资源枯竭而导致行业衰退；② 效率型衰退，即因效率低下的比较劣势而引起行业衰退；③ 收入低弹性衰退，即因需求—收入弹性较低而衰退；④ 聚集过度性衰退，即因经济过度聚集的弊端所引起的行业衰退。

表2-2 行业生命周期特征

阶段 行业特征	幼稚期	成长期	成熟期	衰退期
企业数量	企业数量少	新进入企业急剧增加	企业数量多且趋于稳定	部分企业退出
技术成熟度	产品技术不成熟，创新速率快	产品技术趋于成熟，以工艺创新为主	产品技术和工艺成熟，以管理创新为主	技术进步放缓
企业利润	边际利润高	边际利润下降，利润总额增加快	边际利润低，利润总额高	边际利润趋于零，利润总额降低
市场规模	市场规模小	市场规模急剧扩大	市场规模大且稳定	市场规模明显下降
进入壁垒	低	逐步增高	高	高
竞争强度	低	中	高	高
企业行为	企业资源投入有限，高度的技术创新与营销推广	企业资源投入急剧增加，呈快速发展	企业稳定地投入资源，极力维护和扩大市场份额	企业仅以少量资源投入维持生产，或缩小生产规模，甚至退出

二、行业结构分析

美国哈佛大学教授迈克尔·波特在 1980 年代初提出五要素竞争力模型（Five Forces Framework，简称"五力模型"），具体见图 2-3。波特从行业结构的视角构建了一个简洁的竞争关系模型，作为分析一个行业竞争来源和竞争态势的工具，从而超越了以往对竞争分析局限于行业内竞争者的狭隘视角，得到人们的普遍认可和广泛应用。

波特将外部环境视为企业获得成功的决定性因素。企业只有选择进入那些最具吸引力的行业，才能提升业绩。但有研究表明，只有 20% 的利润来源于企业选择的行业，另有 36% 的利润来源于企业的特征及采取的行动。可见，外部环境对提升企业绩效确有明显的作用，但内部环境对企业也有显著的影响。

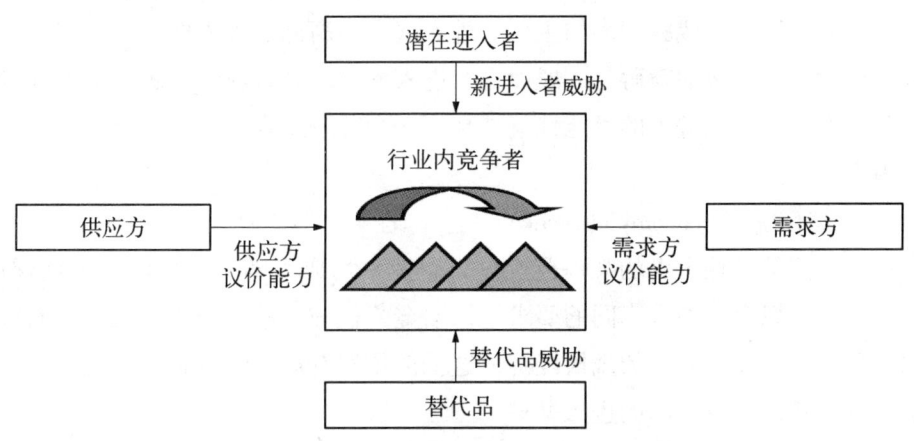

图 2-3　五要素竞争力模型

根据五力模型，一个行业的竞争强度取决于五种基本竞争力量，这些力量汇集起来决定着该行业的吸引力和最终利润潜力。如果这些集合力量越强，竞争就越充分，企业盈利能力就越低；反之，企业盈利能力就越高。这五种力量的强弱在不同行业是不同的，并随着行业的发展而变化，具体包括：① 潜在进入者威胁；② 行业内竞争者；③ 替代品威胁；④ 供应方议价能力；⑤ 需求方议价能力。其中，包含了三个方面的战略关系：企业与需求方的关系、企业与供应方的关系以及企业与竞争者的关系。

波特的五力模型有一定的局限性，它是基于以下四个假设的：① 信息是完全的；② 企业间只有竞争关系，没有合作关系；③ 企业所需要的资源可以在市场上自由流动，企业间任何资源差异都是暂时的；④ 同一行业的企业都拥有相似的资源，并采取相似的战略。这些假设在现实经济中并不完全成立。

（一）潜在进入者威胁

潜在进入者是指那些目前尚未进入，但未来有可能（包括意图、资源和能力等）进入某一行业的企业。当一个行业呈现出良好的发展前景，往往会吸引其他企业的关注和进入，导致行业内企业数量增多，从而打破原有的市场平衡，激化企业间的竞争，降低行业盈利水平。当然，新进入企业也可能会带来新技术、新资源和新产品，给整个行业带来新的活力。

决定潜在进入者威胁程度的主要是进入壁垒的高低。进入壁垒是指新企业进入某一行业所要克服的障碍。一般而言，进入壁垒越高，新企业进入的可能性就越低；反之，新企业进入的可能性就越高。一个行业进入壁垒的高低主要取决于以下因素：

1. 规模经济（Economy of Scale）

规模经济是指在产出的某一范围内，企业平均成本随着产出的增加而递减。不同的行业对规模经济有不同的要求，像冶金、机械、航空航天、船舶、石油化工和汽车等行业具有明显的规模经济，这就使得拥有规模经济企业的生产成本远低于新进入者，形成较高的进入壁垒。

2. 资金需求

进入某些行业，如医药、房地产等，需要投入大量的资金，承担较高的财务风险，这会对新企业构成进入壁垒。造成大量资金需求有多方面的原因，如企业在研发、购买设备和专利、提供顾客信贷和建设分销网络等方面的投入。

3. 技术与资源垄断

任何一个行业都有特定的技术和资源。如果进入一个行业需要掌握复杂的技术或稀缺的资源，而这些技术和资源又被少数企业所垄断，那就会形成高进入壁垒。然而在新技术革命条件下，一些新企业有可能通过技术创新产生新的技术和资源，打破原有企业对技术和资源的垄断。

第二章 外部环境分析

4. 产品差异

如果行业内产品差异程度高,那就意味着行业内企业拥有独特的知识和技能,能为消费者提供更高感知价值的产品;而且由差异产品形成的品牌效应,会大大增强消费者的忠诚度,从而在很大程度上提高了进入壁垒,降低了新进入者的威胁。

5. 转换成本

转换成本指的是消费者从使用一家企业的产品转换为另一家企业的产品所需投入的时间、精力和资金等,主要包括硬件成本、软件成本和学习成本等。当今,随着技术进步速度不断加快,硬件成本和软件成本呈下降趋势,而学习成本则呈上升趋势。如果一种产品的转换成本高,那就会对消费者形成一种锁定效应,消费者无法轻易地转移使用其他企业的产品,构成较高的进入壁垒。对此,新进入企业往往面临着如何降低消费者转换成本、跨越进入壁垒的问题。

6. 分销渠道

如果一个行业的正常销售渠道已被原有企业占有,那么新进入者无论是建立新的渠道还是利用正常渠道,都会产生高昂的费用,从而形成进入壁垒。一般而言,正常渠道越有限,与原有企业联系越紧密,新进入者的渠道成本就越高,进入壁垒也就越高。

7. 与规模经济无关的成本劣势

在某些行业,原有企业除了规模经济优势外,往往还具有一些其他优势,如专利技术、得天独厚的资源、地理位置、市场地位、特许经营、经验曲线和优惠政策等,这些都是新进入企业在短期内难以弥补的劣势。

8. 政府管制

在经济运行中,政府会对金融、电信、广播电视、航空和医药等一些行业实行经济管制,如进入管制、价格管制等。经济管制尽管有利于为市场和企业行为建立规则,确保经济有序运行,实现社会福利最大化,却对新企业构成了一种进入壁垒。

9. 预期的报复

新企业进入将导致行业内竞争激化,影响原有企业的市场地位和盈利水平,从而有可能引发原有企业的报复行为,如加快产品更新速度、降低产品价格、增加广告促销力度、改善产品售后服务等。如果原有企业的报复行为强烈，那就会提高进入壁垒。行业内原有企业是否采取报复行为以及报复行为的强度，主要取决于行业内企业报复新进入者的历史、行业内企业拥有的资源和实力以及行业内企业间的默契程度和行业增长速率等影响因素。

（二）行业内竞争者抗衡

一个行业内存在许多同类企业，相互间形成竞争关系。不同的行业由于其结构不同，企业间的竞争强度是不同的：有的比较激烈，有的比较缓和。行业内竞争者指的是处于同一行业内的企业，影响其竞争的结构性因素主要有：

1. 竞争者数量和力量

企业间的竞争大多是为了争夺资源和市场。在资源和市场规模既定的条件下，行业内竞争者数量越多，竞争就越激烈；竞争者在资源、规模和竞争地位等方面的实力越接近，竞争也就越激烈。

2. 行业增长速率

在行业增长较快的情况下，企业有较大的增长空间，竞争强度相对较低；在行业增长缓慢的情况下，即使在大规模市场，由于企业缺少增长空间，竞争强度会加剧。

3. 固定成本

如果一个行业的固定成本高，那么在规模经济的驱动下，企业势必通过扩大生产规模来降低成本，获取竞争优势，从而有可能导致短期产能过剩，加剧企业间的竞争。

4. 产品差异

对于同质产品，不同企业的目标市场是重叠的，争夺的是同一消费群体。由于产品替代性强，转换成本低，消费者能轻易地在不同竞争者产品间转换，选择产品的唯一标准是价格，从而导致企业竞争加剧。对于差异产品，不同企业的目标市场是分隔的，各自拥有不同的消费群体。由于产品替代性弱，转换成本高，消费者忠诚度高，不易流失，从而在很大程度上降低了竞争强度。

5. 退出壁垒

退出壁垒是指一个企业退出某一行业所需要付出的代价。主要取决于：① 知识、品牌、渠道和市场等资源共享性；② 固定资产变现能力；③ 违约成本，如员工安置的成本、终止合同的成本等。如果一个行业的退出壁垒高，那么行业内企业即使在经营困难的情况下，也不愿意轻易退出，从而导致竞争加剧。

（三）替代品威胁

替代品是指具有相同或相似功能以满足相同需求的其他行业产品，即不同行业产品间的替代。产品替代有两种类型：一是直接替代，即一种产品直接替代另一种产品，如飞机替代火车、工程塑料替代钢铁、人造革替代真皮等。另一种是间接替代，即具有相同功能的产品只是对另一种产品起补充作用，而非直接取代，如 E-mail 对邮政的替代、网络教学对传统教学的替代等。

替代品竞争会对一个行业内所有企业构成威胁：不仅使行业产品有被替代的可能，而且使行业产品的价格和利润受到限制。因此，对抗替代品的竞争往往会从个别企业的行为演变为一种行业的集体行动。然而，当一种替代品一旦顺应时代的潮流，具有强大的竞争优势时，行业内企业与其完全排斥，不如主动引进更为有利。决定替代品威胁的主要因素有：

1. 技术进步

在工业经济时代，技术进步缓慢且呈线性发展，不同产品间的替代关系比较稳定。在新经济时代，技术进步速度不断加快，特别是突破式创新有可能导致技术的非线性发展，改变不同产品间的替代关系：原先那些不具有替代关系的产品有可能形成替代关系；原先那些具有潜在替代关系的产品有可能形成现实替代关系；原先那些处于弱替代关系的产品有可能形成强替代关系。如生物技术保健品和药品替代传统技术保健品和药品、数字技术替代模拟技术等。

2. 性能与价格比

对产品价值的判断，不能只看性能或价格，而是要看性能与价格之比，也就是所谓的性价比。一般而言，替代品与被替代品间的性价比的值越大，替代效应就越强，竞争威胁就越大。值得指出的是，技术进步不但会提高产品的物理性能，而且会改善产品的长期成本曲线，从而有可能改变替代品与被替代品间的性价比，增强替代效应，导致不同产品间替代关系的变化。

3. 转换成本

转换成本对替代效应具有显著的影响。通常情况下，转换成本越低，替代效应就越强；反之，替代效应就越弱。显然，降低替代品的转换成本有助于激励更多的消费者使用替代品，增加替代品的竞争力。对网络产品而言，为消费者提供转换通道和与现有产品兼容是降低转换成本的重要路径。关键是要开发出一种既能与已有产品兼容，又能优于现有产品的技术。因为大多数消费者不愿意转移到一个不兼容的新技术产品，除非这种技术产品能提供非同凡响的功能。为了保持兼容，企业往往要在一定程度上牺牲技术性能，这就为拥有卓越性能的产品进入市场提供了机会。

4. 消费者偏好

消费者偏好会在很大程度上影响产品间的替代关系。有许多替代品无论是在性能还是价格上都优于现有产品，但由于消费者偏好不同，产品间并没有形成完全的替代关系。在市场上，替代品与被替代品经常以互补品的形式共存。那些主要功能与原有产品不完全相同的替代品总是先以互补品的形式出现，继而逐步替代原有产品。当替代品成为市场主导产品时，原有产品则转变为替代品的互补品。即使那些主要功能与原有产品完全相同的替代品，大多数也是部分替代、相互补充，很少有完全替代的情况。如电子出版物与传统出版物有明显的替代关系，但传统出版物并没有因电子出版物而消失。随着移动互联的发展，电脑、电视和手机在许多功能上能够相互替代，但由于使用习惯，人们还是将电视作为娱乐产品，将电脑作为办公产品，将手机作为通信产品，并没有发生完全替代的现象。

（四）供应方议价能力

供应方的竞争力主要体现在议价能力上。所谓议价能力指的是讨价还价能力。任何一种市场交易的达成都是基于数量、价格、质量、服务、期限等交易条件的，而交易条件是否有利，一个很重要的因素是议价能力。无论是供应方还是需求方，总是尽量提高其议价能力，以获取更大的利益。影响供应方议价能力的主要因素有：

1. 供应方集中程度

如果供应方集中度高，少数企业垄断了原材料和零部件供应，那么供应方的议价能力高，在价格、质量、服务和期限等方面具有主导权；反之，如果供应方集中度低，有大量企业提供原材料和零部件，那么供应方的议价能力就低，需求方的议价能力就强。例如，国际上铁矿业通过大规模并购，形成了三分天下的格

第二章 外部环境分析

局,澳大利亚必和必拓、力拓和巴西淡水河谷三大铁矿石供应商掌控了70%以上的世界铁矿石,钢铁企业则相对分散,因此在谈判中,钢铁企业一直处于弱势地位。

2. 生产批量的重要性

如果供应方对规模经济的要求较高,那就面临着增加生产批量的压力,有时不得不放宽条件,争取更多的订单,以增加生产规模、降低生产成本。在这种情况下,供应方的议价能力就比较弱。

3. 供应产品的重要性

如果供应方提供的产品是作为一种投入生产要素,对需求方的生产过程或产品质量产生重要影响,那么供应方在谈判中就处于有利的地位,有较强的议价能力。

4. 前向整合能力

前向整合能力是指企业向供应链下游扩张的能力。供应方如果具有前向整合能力,那么其议价能力就强;反之,其议价能力就弱。例如,制造商如果拥有分销渠道,那么在与中间商谈判中就会占据主动地位。

5. 转换成本

如果需求方的转换成本高,对供应方的依赖程度高,那么供应方就可以据此提高其议价能力;反之,如果需求方的转换成本低,对供应方的依赖程度低,那么供应方企业之间的竞争就会加剧,对需求方的议价能力就比较低。

6. 替代品

如果需求方没有合适的替代品可选择,受制于供应方,那就会增加供应方的议价能力;反之,如果需求方有较多的替代品可选择,供应方受制于需求方,那就会降低供应方的议价能力。

(五) 需求方议价能力

通常情况下,需求方总是希望以低廉的价格获得高品质的产品,供应方也总是希望提高价格或降低品质,获取更多的利润。因此,需求方和供应方在交易过程中普遍存在着讨价还价的现象。需求方议价能力主要取决于以下因素:

1. 需求方集中程度

如果作为需求方的企业数量较少或购买数量较大,即需求方相对集中度高,那么需求方的议价能力就强。需求方集中度高意味着需求方由少数几家大企业垄断，拥有市场支配力量。这样，需求方不但拥有选择供应方厂商的主动权，而且能影响产品提供的价格、质量和期限等交易条件。

2. 产品差异

如果产品差异程度低，可替代性强，转换成本低，那么需求方能根据价格轻易地在不同企业产品间转换，议价能力就强。如果产品差异程度高，其可替代性弱，转换成本高，那么需求方就有可能被锁定，其议价能力就弱。

3. 后向整合能力

后向整合能力是指企业向供应链上游扩张的能力。需求方如果具有后向整合能力，那么在交易条件不利的情况下，就能通过一体化将外部提供的产品转变为内部提供，提高与供应方谈判的地位。因此，需求方的后向整合能力强，其议价能力就强。

4. 转换成本

对需求方议价能力，转换成本是一个重要的因素。如果供应方产品的转换成本高，需求方被锁定，那么供应方议价能力就强；反之，如果供应方产品的转换成本低，那么需求方可以自由选择厂商、品牌和产品，其议价能力就强。

5. 替代品

如果供应方提供的产品在市场上存在替代品，那么需求方就拥有更大的选择权，从而在很大程度上削弱供应方的力量。

6. 价格敏感性

需求方如果购买产品的价格较高或数量较多，那就会有较高的价格敏感性，会向供应方施加压力或寻求其他供货来源，提高其议价能力。

7. 克服危机的能力

需求方如果对供应方的依赖程度低，那么对供应方的议价能力就强；反之，其议价能力就低。

8. 信息掌握程度

在市场交易中，信息具有重要的作用。通常，交易双方掌握的信息是不对称的。需求方如果掌握了比供应方更充分的信息，如产品的生产、销售以及成本、质量等信息，那在交易中就拥有更强的议价能力。

第四节　消费者需求与竞争者分析

一、消费者需求分析

（一）消费者需求的发展阶段

当今，随着经济社会的发展，消费者需求从理性消费阶段向感性消费阶段和情感消费阶段发展。在理性消费阶段，消费者关注的是产品的价格、质量和服务，其评价标准是好与不好；在感性消费阶段，消费者关注的是产品的设计、品牌和功能，其评价标准是喜欢与不喜欢；在情感消费阶段，消费者追求的是时尚消费：舒适、美感和活力，其评价标准是满意与不满意，具体见图2-4。

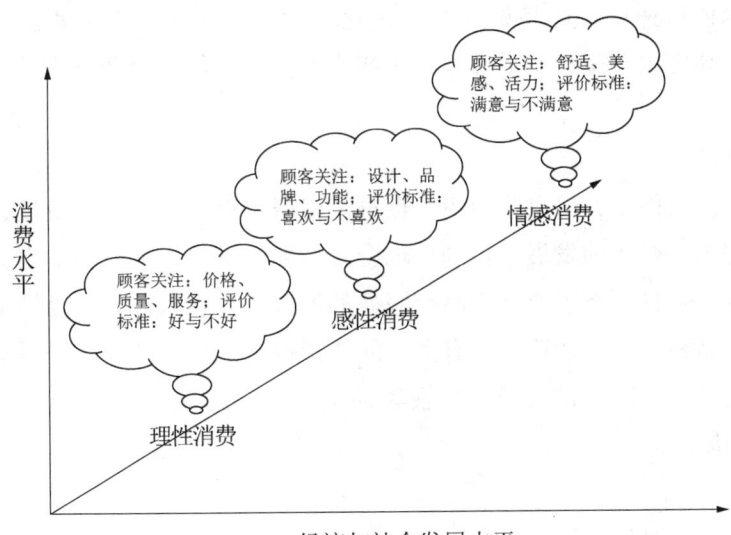

图2-4　消费者需求发展阶段

（二）消费者需求的发展趋势

在新经济时代，消费者需求呈现出个性化、多样化、服务化、休闲化和体验化的发展趋势。

1. 个性化

在工业经济时代，社会消费的规模、结构与水平取决于社会生产的规模、结构和水平。工业化大生产主要受规模经济驱动，采取最低生产变化的大批量生产方式，向市场提供有限种类的产品。消费者只能在厂商提供的产品范围内进行选择，其个性化需求不可能得到充分满足。

在新经济时代，消费者个性化需求得到充分的发展。这主要是基于两个方面的重要原因：一是随着经济发展和社会进步，消费者更加关注生活质量。在互联网条件下，不同国家和地区的文化相互渗透，形成多元消费文化，对消费者偏好和购买行为产生了深刻的影响，与消费者特质相关的个性化需求也就日益凸显。二是技术进步为消费者个性化需求的发展提供了广阔的空间：互联网与信息技术的发展使厂商有能力获取、追踪和分析消费者个人信息，更精准地识别消费者需求，并与消费者建立起直接的、持续的和融洽的商业关系；同时，信息化的发展加快了技术创新速度，产品更具有个性化，能更好地适应消费者快速变化的需求；并采用高度生产弹性和灵活性的定制生产方式，使厂商拥有为消费者量身定制产品的能力。

2. 多样化

在新经济条件下，信息革命不仅促进了消费者个性化需求的发展，而且促进了消费者需求多样化的发展。特别是融合式创新的发展，不但创造出大量的新产品和新服务，而且创新了原有产品与服务的形式、内容和质量，为社会提供了日益丰富的产品和服务，消费者拥有更多的选择权。例如，随着互联网的发展，产生了网上购物、IPTV、即时通信、视频通信、网络游戏、电子出版物和 IP 电话等大量新的服务。

3. 服务化

在工业经济时代，社会消费以实物产品为主，服务只是依附于实物产品而存在。在新经济时代，服务成为社会消费增长最快的部分。这一方面表现为服务消费迅速增长，例如，信息化的发展导致大量的服务创新：新闻、娱乐、即时通信、影视、图片、信息服务、金融服务、数字出版物和软件服务等，扩大与提升了服务消费的规模和结构；另一方面表现为实物产品服务化，厂商从提供产品转变为提供解决方案，而实物产品仅仅是解决方案的一部分，作为服务的依附。

服务化发展的一个重要原因是经济社会的发展。当人均国民收入处于较低水平阶段，生理性消费占统治地位，社会消费结构以物质产品消费为主体；当人均国民收入处于较高水平阶段，产生追求便利与机能的消费，社会消费结构转向以非必需品特别是耐用品消费为主体；当人均国民收入进入高水平阶段，形成追求时尚与个性化的消费，社会消费结构转变为以服务消费为主体，如公共服务、信息服务、金融服务和文化娱乐等。服务化发展的另一重要原因是商业模式的转变。服务不断融入制造过程，产品价值更多地体现在服务上。

4. 休闲化

在新经济时代，科学技术和生产力的发展导致社会生活方式发生了深刻的变化，人们可以从容地享受更多的休闲时光。格雷厄姆·莫利托曾指出：在工业时代早期，每星期的平均工作时间为70小时；到1980年代，这个数字下降到38.1小时；1992年又反弹到39.2小时。他还预计：到2010年，闲暇时间在人生的各种活动中将占一半以上；到2030年，西方世界每星期的平均工作时间可以降至30到35小时。科学家们普遍预言，50年后，随着新技术的发展，人们每天将能够减少一个小时的劳动量，赢得更多的闲暇。在未来，闲暇时间在社会成员间的分布可能与今天截然不同。今天，只有富有阶层才有更多的机会享受休闲，而大众阶层则较少有机会享受休闲。在未来，将会有更多的人享受闲暇生活。

而另一方面，科学技术和生产力的发展导致劳动方式与劳动性质发生了根本性的变化，产生了劳动休闲化的现象。计算机和工业机器人把人们从繁重的甚至危害健康的劳动中解放出来，从事那些富有人性的劳动，劳动本身成为一种有益的享受。特别是在高度发达的现代通信技术条件下，人们可以超越时空，实现远距离的工作和控制，有越来越多的人在家办公，从而能更自由地支配时间，享受更多的休闲。

5. 体验化

体验是来自个人心境与事件的互动，即使是对同一事件，人们各自的体验也不完全相同。体验作为一种心理活动早已广泛存在于社会经济活动中，传统上只是将其作为一种产品和服务消费的附属,而成为一种独立的消费形式则是新经济发展的结果。

在新经济时代,人们从对物质产品的消费发展到对精神和文化产品的消费,更加注重消费过程中的感官、情结和价值上的感受,体验消费也就成为一种新的发展趋势。体验消费与工业品消费、服务消费明显不同。工业品的生产过程和消费过程是分离的;服务的生产过程和消费过程是合一的,但生产者和消费者是分离的;体验的生产过程和消费过程是合一的,生产者与消费者也是合一的。换言之,体验消费是一种高度个性化了的消费中生产或生产中消费。消费者借助厂商提供的"平台或场景",以自我活动的方式创造一种独特的体验和感受。霍尔布鲁克(Holbrook)和赫兹曼(Hirsehman)认为,在已有的消费者行为研究中,消费者往往被看成是购买决策的理性思考者,忽视了许多并不能用理性思考来解释的重要消费现象,包括各种休闲娱乐活动、感官享受、梦想及情感等,也就是所谓的"个人体验"。

二、竞争者分析
(一) 竞争演变趋势
1. 竞争范式转换

竞争是市场经济内在的、固有的机制。从某种程度上说,企业的命运是由商业竞争法则所决定的,最终的胜利者将是那些适应主流市场条件而生存的企业。在工业经济时代,企业竞争主要表现为一种排他性的垄断竞争;在新经济时代,信息革命以一种破坏结构的力量创造出新的市场环境和商业模式,这种高度动荡的超竞争环境导致竞争范式、竞争焦点发生了根本性的变化。哈默和普拉哈拉德认为,未来的竞争是创立并主导机会的竞争,能开掘出有竞争力的新空间。

工业经济是由规模经济所驱动的。在规模经济的作用下,企业有很强的内在动力来不断扩大生产规模,降低边际成本,提高竞争力。其结果是,市场大多被结构化,形成不同程度的垄断。但规模经济递增效应是有自然限制的,当生产规模超过临界点后,管理的复杂性导致组织运行成本大幅上升,产生规模经济递减效应。组织和管理方法的变革尽管能在一定程度上减缓规模经济递减的速度,却不能完全消除这种负反馈。正是这种规模经济正负反馈作用形成了市场均衡点。

在现实经济中,除了自然垄断市场外,很少有单一企业主宰整个市场的情况。因此,工业经济条件下的竞争从本质上说是一种垄断竞争。

新经济是由网络经济所驱动的。在网络经济条件下,市场环境快速变化,创新大量涌现,企业持续竞争优势不再仅仅取决于其拥有的资源和能力,而是主要地取决于获得更多外部资源的能力以及对内外部资源的整合能力。因此,企业更多地采取合作、联盟的方式获取新的资源和能力,对技术、产品、业务和市场等进行整合,包括水平整合其他产业的企业和垂直整合供应链的企业,企业间的关系也就转变为以合作性网络为基础的一种既有竞争又有合作的新型关系,形成新的竞争范式。这种新型合作关系是为了获得竞争优势和节约交易成本所做的一种制度安排。特别是外包方式的发展使企业突破了固有的边界,形成更为灵活和富有弹性的合作网络。大多数企业在接受其他企业提供服务的同时,又向其他企业提供服务。故而在新经济时代,竞争优势不只是来源于企业内部的核心能力,而是更多地来源于将效率、收益扩散到包括供应商、中间商和消费者等在内的整个供应链系统的能力。

2. 竞争焦点变化

在新经济时代,随着竞争范式从垄断竞争转变为"竞争与合作",竞争焦点也从成本、质量和服务转变为创新竞争、信息竞争、标准竞争和速度竞争。

(1)创新竞争。在新经济时代,知识对经济增长的贡献超过了资本。丹尼尔·贝尔指出,编码化的知识和信息正在取代资本与能源而成为创造财富的主要资产,就像200年以前资本和能源取代土地与劳动那样。当今,以知识为基础的服务在产品价值中的比重明显地呈上升趋势。美国一些制造业的产品成本中,知识含量已占50%以上;在微型芯片和CDS等高技术产品价值中,则达到令人难以置信的85%。据估计,在经济与合作组织的主要成员中,50%以上的GDP是以知识为基础的。

因此,一个成功的企业只有准确地预期未来,超前于竞争者获取那些支撑竞争力发展的知识,才能成为市场的主导者。企业竞争已不再是简单地追求规模经济,而是转变为追求创新,创新成为企业创造价值和获取竞争优势的主要来源。越来越多的企业正扮演着创新"发动机"的角色,特别是那些创业型小企业往往具有更强的创新动力。值得指出的是,工业经济时代也有大量创新,但这种创新的产品概念清晰、竞争规则明确，其空间较小且以局部创新为主。而新经济时代的创新更多地表现为一种突破式创新和整体创新，如商业模式创新、竞争规则创新等。

（2）信息竞争。在新经济时代，信息化发展的一个重要后果是把信息从实物载体中分离出来。克劳德·申农（Claude Shannon）将"信息"定义为"不确定性的减少"。经济活动不确定性与生产社会化程度有着密切的联系。在分工、专业化程度较低的情况下，经济活动不确定性较低，信息对经济活动的影响和作用不明显。随着分工、专业化的发展，经济系统变得日益庞大和复杂，经济活动不确定性急剧增加，信息在生产、流通和消费过程中的引导作用日益显著，从而大大提升了信息在经济生产中的地位。这不但表现为在经济活动中信息规模的空前扩大，而且表现为信息等级的显著提高，信息对经济增长的贡献率迅速提升。布鲁斯·梅里菲尔（Bruce Merrifield）指出，自从最后一次冰川时代结束以来，人类创造的编码化信息有90%在近30年产生，并预测信息总量将在未来15年内翻一番。

因此，信息竞争也就成为新经济时代的一个重要特征，主要表现为企业在信息获取、处理、传递和利用等方面的能力及效率，其本质是一种快速信息处理机制。这种控制信息的能力是非常重要的：一是当今企业成功与否在很大程度上取决于是否能对高度动荡的市场环境做出迅速而有效的反应。信息竞争也就成为一种争取市场控制权的竞争。二是知识创造不但与知识的存量相关，而且与知识的流量及方向相关。信息竞争关系到及时、有效地获取新的知识，创造新的知识。这意味着信息流动的性质发生了变化，即从一种权力流动转变为一种知识流动。信息技术不再是传统意义上的一种管控手段，而是知识创造的重要基础。三是信息化的力量促使分工深化，大量生产与服务活动通过业务外包方式从企业内部转移到外部，企业与供应商、中间商和中介机构等合作伙伴间联结成一种紧密的合作关系。信息竞争也就成为利用信息，整合企业内外部资源，构造竞争优势的关键。四是与物质生产不同，信息生产是生产与消费的高度统一。消费者并非单纯地消费产品，而是在消费过程中大量产生有价值的个人信息。它能使企业解决在生产经营中面临的最重要的问题，即位置（消费者在哪里）、内容（生产什么）和数量（生产多少、价格多少）。

(3) 标准竞争。标准竞争是企业为争夺标准的市场支配地位而展开的竞争,并非为新经济社会所特有,但在新经济社会却有着特别重要的意义。它实质上是一种企业争取市场控制权的竞争。

标准竞争的动力主要来源于网络效应。在梅特卡夫定律(即网络成本随着网络规模呈线性扩张,而网络价值却呈指数级增长,网络经济的扩张与网络上的节点数的平方成正比)的作用下,标准竞争具有一种正反馈作用:最先进入的企业利用其客户安装基础,推动标准的普及和流行,产生学习效应和锁定效应,从而强化消费者预期,激励更多的消费者采用这一标准,形成一种良性循环,进而战胜竞争者。相反,一种性能更优越的标准有可能因晚进入市场、缺乏足够的客户安装基础,而陷入恶性循环且难以自拔,被迫退出市场。因此,早期的市场战略也就显得特别重要。如果企业抢占先机,在市场上建立起"事实上"的标准,那么在正反馈作用下,就有可能形成无法超越的优势地位。网络效应最终将导致单一标准主导市场。在网络效应显著的市场,消费者更多关注的是网络效应,而不是产品本身的性能、质量和价格。

(4) 速度竞争。速度竞争是一种基于时间因素的竞争,它反映了企业应对急剧变化的市场环境的能力,其本质是一个快速反应机制问题。在新经济时代,时间成为竞争的关键因素。技术的迅速扩散使得产品同质化,因而进入市场的速度几乎成为最主要的竞争优势来源。美国经济学家钱德勒最早注意到速度在竞争中的作用,把这种现象称作"速度经济"。

其一,快速多变的市场环境使时间因素在竞争中得以凸显。信息化的发展提高了信息传递效率,降低了信息成本,增强了信息流动性和共享性,在很大程度上改变了信息不对称现象。竞争成败不再仅仅取决于企业的规模和对资源的占有程度,而是更多地取决于企业对市场的响应速度和对市场先机的把握能力。从这一意义上说,无论是大企业还是小企业,实际上都处于一种平等的竞争地位。小企业有可能因及时把握市场机会而迅速崛起,大企业也有可能因行动迟缓而丧失市场地位。这样,速度经济也就取代了规模经济和资源竞争。当今,尽管价格、质量和服务等仍然是竞争的重要因素,但已不是决定性因素。企业只有建立快速反应系统,才能适应这种新的市场环境。斯托克对美国一些优秀企业的研究发现,这些企业回应顾客的时间仅为同业竞争者的1/3,但成长率却至少是业界平均值的 3 倍，获利至少是 2 倍，高者可达 5 倍。美国市场营销学者厄班（Urban）曾在 1986 年对经常购买的 34 大类消费品中的 95 种品牌进行了分析，发现市场第二进入者的平均市场占有率只有市场首入者的 71%，第三位进入者的平均市场占有率只有首入者的 58%。

其二，创新速率加快使时间因素在竞争中显得更加重要。在互联网经济条件下，企业、政府、社会团体、中介机构和消费者等组成的规模巨大的网上联结群体，形成多种知识源以及知识跨时空的流动与结合。创新不再是孤立的、分散的，而是相互连接的、互动的。这不但扩展了创新的空间和规模，而且加快了创新速率。这种快速创新有可能对拥有市场支配力量的企业造成毁灭性的破坏，因而也就成为企业获取竞争优势的决定性因素。在美国，1990 年开发一个新产品平均要 35.5 个月，1995 年只要花费 23 个月。1990 年，汽车从概念形成到产品上市要 6 年，而现在只要 2 年。新产品上市速度对竞争至关重要。有研究表明，企业新产品推出时间比竞争者早 6 个月，该产品终身利润是原来的 3 倍多。新产品上市速度延宕会严重侵蚀消费者的态度。

其三，互联网市场和数字产品的发展使时间因素在竞争中体现得更加充分。在互联网市场，会形成一种基于网络效应的需求方规模经济正反馈，即用户数量越多，产品效用就越大，消费者获得的利益就越多，也就越能吸引更多的消费者。不同企业在客户安装基础上的差异，哪怕是一种微小的差异，都会被迅速放大，从而使得那些具有客户安装基础优势的企业最终主导市场。

战略聚焦

彩色电视机市场的风云变幻[①]

2003 年，中国 TCL 集团并购了法国汤姆逊集团的彩电业务，成为全球彩电业的领先者。这代表着中国彩电厂商在电子显像管（CRT）电视领域达到顶峰阶段，掌控了世界彩电业的发展。

正当中国的彩电厂商为打败国外彩电巨头而自豪，纷纷将主要精力放在产权改革和国际化时，国外厂商却悄悄地在液晶、等离子这些代表未来彩电发展方向

---

① 改编自《你不得不知道的中国电视机历史》，[2014-12-01] http://wenku.baidu.com/view/0a1cd173964-bcf84b9d57bb9.html?from=search#

的领域内投入巨资,争取掌握主动权。2006年1月,CRT电视的领跑者索尼公司宣布关闭在美国圣迭戈的CRT工厂,表示6月在全球退出CRT彩电生产。

目前,占据主流液晶面板线的厂商主要有夏普、LPL(LG和飞利浦的合资公司)、友达和奇美的4条第六代生产线,夏普的1条第七代生产线。2006年,将增加台湾的华映、彩晶、广辉以及日立、松下、东芝合资的4条第六代生产线,三星以及索尼、LG、飞利浦合资的2条第七代生产线。显然,世界上的液晶面板技术和生产主要被韩国的LG、三星,日本的夏普、索尼,欧洲的飞利浦以及台湾厂商所控制。

随着第六代和第七代生产线大规模投入生产,液晶面板成本不断降低,将导致液晶电视机价格大幅下降。2005年底,从不降价的索尼公司突然宣布40英寸液晶电视机降价5 000元,共有5款索尼液晶电视机降价幅度超过20%,并直接引发外资品牌在中国市场上最大的一次降价,夏普、三星和明基的液晶电视机降幅也在10%~30%之间。国家信息中心公布的《2005年度平板彩电白皮书》数据也印证了这一趋势:2005年,中国液晶电视机销量135万台,其中32英寸液晶电视机价格从年初的平均15 524元降到10 023元,37英寸的液晶电视机价格从平均24 835元降到14 007元。另一份由科技部和北京市科委合作成立的中国实验室发布的《2005年度液晶电视产业技术研究报告》也预测,2006年,37英寸以上的大屏幕液晶电视机将大幅降价,到二季度降幅至少超过30%。新一轮彩电价格战的竞争法则与以往有明显不同,它越来越依靠技术驱动。

外资品牌液晶电视机大幅降价使其零售价格比国内厂商同类产品还便宜。由于液晶面板技术和生产被外商所控制,国内厂商的价格优势荡然无存。国内厂商经过十多年的价格战,彼此伤痕累累,把CRE彩电行业打成了一个真正意义上的微利行业,并养成了相互拼比价格,而不是发展核心技术的习惯。在以液晶和等离子电视机为代表的平板时代迅速到来时,他们并没有作好准备。

(二)竞争者类型

在一行业内,不同的企业具有不同的市场地位,并影响其战略行为。根据市场地位不同,竞争者可分为以下四种类型:

1. 引领者

引领者是在行业中拥有最大的市场份额的企业（通常为占市场份额前五家的企业）。它们具有强大的市场支配力量，特别是在标准制定、产品开发、分销渠道、价格政策以及促销推广等方面发挥着领导作用。尽管如此，引领者也必须随时提防其他企业提出的各种挑战，维持和增强其市场地位。

2. 挑战者

挑战者在行业中的地位仅次于引领者。它们拥有相当的规模和实力，多采取进攻性战略，向引领者及其他企业发起挑战：通过技术创新、市场创新、商业模式创新和竞争规则创新等颠覆行业竞争格局，或通过并购、战略联盟、市场渗透等方式蚕食引领者的市场份额，发展成为新的引领者。

3. 追随者

追随者在行业中的地位居中，主要采取追随引领者或挑战者的战略。这类企业数量众多，市场定位明确，具有经营特色。它们并不是简单地跟随或模仿引领者或挑战者，而是在市场细分、产品创新、价格策略、分销渠道和促销推广等方面有所创新，紧跟市场变化，避免被淘汰。

4. 补缺者

补缺者是行业中相对弱小的企业。它们专注于那些被大企业忽视的利基市场成为拾遗补阙者。利基市场是指那些被市场统治者或有绝对优势的企业忽略的某些细分市场或小众市场。在这些利基市场，补缺者利用其独特资源为消费者提供具有特色的产品和服务，与消费者形成特殊关系。

（三）战略集团（Strategic Groups）

在市场上，企业最主要的竞争者来自同一行业的企业，但这并不意味着同一行业的所有企业都是竞争者。只有那些采取相同或相似战略的企业才能构成竞争威胁。这些企业拥有相同或相似的资源、能力以及产品、市场，形成一种直接的竞争关系。因此，企业需要对竞争者加以界定。

一个行业内的竞争者按其战略地位可以划分为不同的战略集团，各战略集团的位置与关系对竞争会产生很大的影响。战略集团又称战略集群，指的是一个行业内采取相同或相似战略或具有类似战略特征的企业集合。一个行业大多存有若干个战略集团，不同战略集团的企业具有不同的特征，而处于同一战略集团的企

第二章 外部环境分析

业大多占有大致相同的市场份额,具有许多彼此相近的特征,对外部环境的变化往往会做出类似的反应和行动。

企业的战略行为大致可分为两大类:一类是与适应外部环境相关的涉及经营范围的战略行为,如市场区域、产品种类和分销渠道等;另一类是与发挥内部资源和能力优势相关的涉及资源配置的战略行为,如研发投入、生产投入、营销投入和人力资源投入等。经营范围与资源配置的组合定义了企业的经营战略,构成了寻求竞争优势的基础。基于这两种战略行为,战略集团可以进一步定义为:由同一行业中具有相似经营范围及资源配置的企业的集合。由于一个企业的战略可以从其行为来判断,对一个行业内不同战略集团的划分,可以采取以下方法:

(1) 定义战略空间。战略空间主要根据战略层次(公司层战略、业务层战略和职能层战略)、战略决策组成(经营范围、资源配置)和跨越时间段三个方面来定义。

(2) 选定战略层次。战略层次不同,战略变量不同,战略集团划分的结果也不同。

(3) 定义战略变量。为满足聚类分析对变量的要求,定义战略变量要满足以下条件:与聚类分析的目标密切相关;反映了分类对象的特征;在不同研究对象的值上有明显差异;变量间不具有高度相关。

(4) 定义静态时间段。采用方差—协方差矩阵分析(Analysis of Covariance,ANCOVA),得出战略集团结构变动转折点,定义静态时间段。判定一个行业战略集团结构随时间变化的途径是:通过检验给定的战略变量方差—协方差矩阵随时间变动过程,以及战略变量均值向量随时间变动过程。

(5) 聚类分析。运用聚类分析方法,根据各静态时间段内标准化处理的战略变量值,将企业划分为不同的战略集团。若时间段跨越几年,应对每一战略变量的平均值进行标准化处理。

根据不同战略集团的特征,可以用两维坐标建立战略集团分布图,描绘出一个行业中的多个战略集团。战略集团分布图是分析行业内竞争的一种有效工具。它既不同于行业整体分析方法,也不同于个别企业分析方法,而是介于两者间:从行业中不同企业的战略中找出共性,更准确地把握竞争的方向和实质。在战略集团分布图中,标志图形大小表示每一战略集团市场占有率之和。数轴变量的选择应注意：① 数轴变量应当是那些对行业中战略集团形成起决定作用的变量；② 数轴变量间不存在线性关系；③ 数轴变量不一定是连续的或单调的。

引入战略集团概念后，我们可以将行业内竞争划分为战略集团内企业间的竞争和不同战略集团间的竞争两种类型，从而深化对竞争者的分析。一般而言，一个行业内的竞争主要发生在战略集团内企业间。不同战略集团企业间尽管也存在竞争，但由于移动壁垒的存在，其竞争的形式和程度不同。

从战略集团内的竞争看，战略集团内的企业间具有较高的竞争强度。它们在目标市场和经营战略上更为接近，相互间对市场行为的关注程度更高。新进入企业会成为战略集团内所有企业的竞争对手，它要在竞争中取胜，就必须拥有某种竞争优势。战略集团内的"学习效应"非常明显，若某一企业采取了某种创新成果并获得了良好的效果，其他企业会很快模仿。

从战略集团间的竞争看，不同的战略集团有可能在市场边界处形成部分交集：面向同一消费群，引发跨战略集团间的竞争。通常，消费者很难分辨各战略集团企业提供产品的差异，大多根据其偏好，自发地在不同的战略集团间作出选择。其结果是，或者促使各战略集团的差异明显扩大，或者引起战略集团间的重新组合。由于企业有很强的内在扩张动力，处于不同战略集团的企业会相互渗透和交叉，从一个战略集团向另一个战略集团延伸，这往往对移动壁垒（Mobility Barriers）低的战略集团会构成较大的威胁。不同战略集团的竞争强度主要取决于以下因素：

一是战略差异。战略差异是指不同战略集团在主要方向上的相似性。如果不同战略集团的战略差异大，那么在技术、产品、市场和资源等方面的差别就比较明显，产生直接冲突和竞争的可能性就较小；如果不同战略集团的战略差异小，那么产生直接冲突和竞争的可能性就较大。

二是市场关联性。市场关联性是各战略集团目标市场的交叉重叠程度和产品的可替代程度。如果不同战略集团的市场关联性高，也就意味着不同战略集团的目标市场有部分重叠或有部分产品具有替代关系和互补关系，这势必会导致竞争激化。

三是移动壁垒。不同的战略集团间存有高低不同的移动壁垒。移动壁垒是企业从一个战略集团移动至另一个战略集团的障碍。它可以防止复制和模仿，对不同战略集团起到间隔和保护作用。一般而言，在一个行业内，高移动壁垒战略集团的企业比较容易通过扩张行为进入低移动壁垒战略集团的经营领域，对其构成威胁；反之，低移动壁垒战略集团的企业进入高移动壁垒战略集团经营领域的可能性就较小。

四是战略重组。技术进步有可能导致不同战略集团的企业发生重组，从而激化竞争。例如，1990年代后，随着计算机处理成本降低和数字成像元件功能增加，数字影像技术得到迅速扩散和普遍应用，导致影像行业的大规模重组。原有的传统胶卷业战略集团柯达和富士公司遭到毁灭性的打击；消费类电子业的索尼、松下等公司纷纷利用摄像机技术，图表艺术和印刷业的 Scitex 公司等利用电子扫描技术，形成新的战略集团进入数字成像这一市场，从而彻底改变了原有的竞争格局。

（四）竞争态势矩阵（Competitive Profile Matrix，CPM）

1. 竞争态势矩阵简介

竞争态势矩阵用于确认企业的主要竞争对手及其战略地位和优势、劣势。竞争态势矩阵与外部因素评价矩阵的权重和总加权分数的含义相同，编制矩阵的方法也一样。但是，竞争态势矩阵中的因素包括外部和内部两个方面，评分则表示优势与劣势。

与外部因素评价矩阵相比，竞争态势矩阵中的关键因素更为笼统，不包括具体的或实际的数据，而且集中于内部问题；竞争态势矩阵中的因素不像 EFE 那样划分为机会与威胁两类；在竞争态势矩阵中，竞争公司的评分和总加权分数可以与被分析公司的相应指标相比较，这一比较分析可提供重要的内部战略信息。

2. 竞争态势矩阵的应用步骤

竞争态势矩阵的分析步骤具体见图 2-5。

步骤Ⅰ：确定行业竞争的关键因素。

步骤Ⅱ：根据每个因素对在该行业中成功经营的相对重要程度，确定每个因素的权重，权重和为1。

步骤Ⅲ：筛选出关键竞争对手，按每个因素对企业进行评分，分析各自的优势及其大小。

步骤Ⅳ：将各评价值与相应的权重相乘，得出各竞争者各因素的加权评分值。

步骤Ⅴ：加总得到企业的总加权分，在总体上判断企业的竞争力。

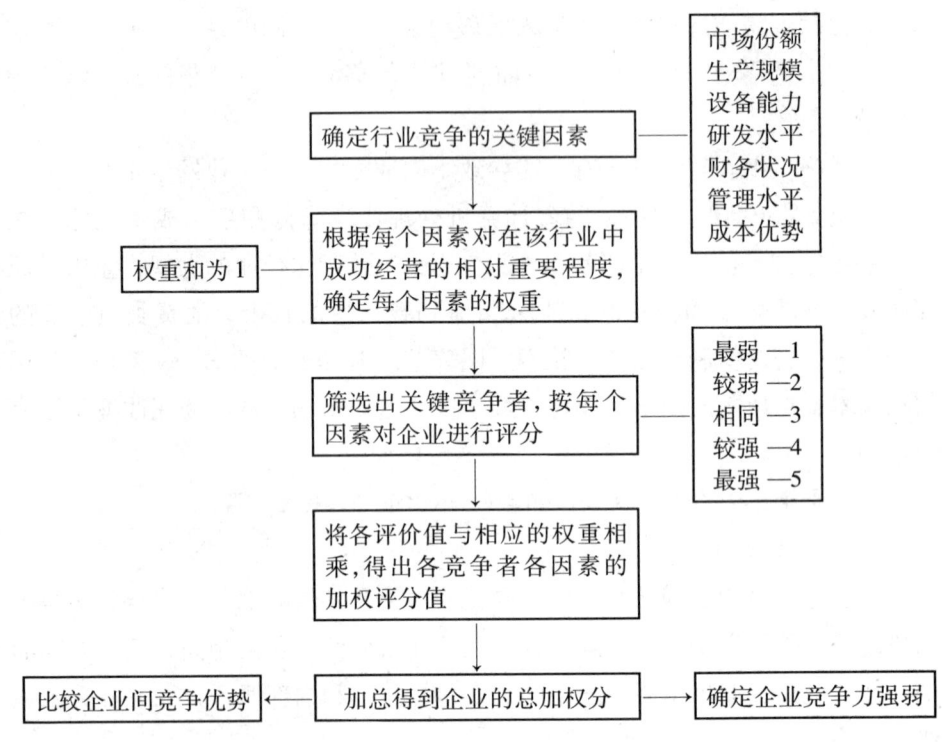

图 2-5　竞争态势矩阵的分析步骤

3. 竞争态势矩阵示例

表 2-3 是一个竞争态势矩阵实例。为了简约，这里仅包括五个因素，比实际矩阵中的因素少些。其中，财务状况被当作最为重要的关键因素。评分值含义：1=弱，2=次弱，3=次强，4=强。

表 2-3　竞争态势矩阵实例

关键因素	权重	被分析公司		竞争对手1		竞争对手2	
		评分	加权分数	评分	加权分数	评分	加权分数
市场份额	0.2	3	0.6	2	0.4	2	0.4
价格竞争力	0.2	1	0.2	4	0.8	1	0.2
财务状况	0.4	2	0.8	1	0.4	4	1.6

第二章 外部环境分析

(续表)

关键因素	权重	被分析公司		竞争对手1		竞争对手2	
		评分	加权分数	评分	加权分数	评分	加权分数
产品质量	0.1	4	0.4	3	0.3	3	0.3
用户忠诚度	0.1	3	0.3	3	0.3	3	0.3
总　　计	1.0		2.3		2.2		2.8

本章小结

外部环境分析包括宏观环境、行业环境及消费者需求与竞争者分析三个层次。宏观环境分析主要包括政治、经济、社会、技术、环境和法律六个方面的因素,并由此构成基本分析框架,即PESTEL模型。其主要分析方法有情景分析法和外部因素评价矩阵。

行业环境分析主要是评价一个行业的吸引力,主要包括行业演变趋势和行业竞争两大部分。行业分析的主要工具有:行业生命周期和波特的"五力模型"。

消费者需求从理性消费阶段向感性消费阶段和情感消费阶段发展,并呈现出个性化、多样化、服务化、休闲化和体验化的发展趋势。竞争演变趋势呈现出以下特点:竞争范式由垄断竞争向竞争与合作转换;竞争焦点从成本、质量和服务转变为创新竞争、信息竞争、标准竞争和速度竞争。根据市场地位不同,竞争者可分为引领者、挑战者、追随者和补缺者四种类型。竞争者分析的主要工具是战略集团分析和竞争态势矩阵。

本章思考题

1. 外部环境变化有哪些趋势与主要特征?
2. 简述外部环境分析的层次、内容和方法。
3. 运用PESTEL模型,描述影响组织战略的各种宏观环境因素。
4. 如何运用情景分析法?
5. 如何运用外部因素评价矩阵?

6. 行业生命周期有哪几个阶段？各阶段的特征是什么？

7. 简述波特的"五力模型"，说说影响五种竞争力量的关键因素有哪些。

8. 消费者需求发展有哪些阶段和趋势？

9. 当今的市场竞争具有哪些演变趋势？

10. 何谓战略集团？如何进行划分？

11. 如何运用竞争态势矩阵？

本章参考文献

1. ［美］迈克尔·A. 希特等著，刘刚等译. 战略管理：概念与案例（第10版）[M]. 北京：中国人民大学出版社，2012.

2. ［美］弗雷德·R. 戴维著，徐飞译. 战略管理：概念与案例（第13版）[M]. 北京：中国人民大学出版社，2012.

3. ［英］格里·约翰逊等著，徐飞译. 战略管理基础（第2版）[M]. 北京：电子工业出版社，2013.

4. ［美］约翰·皮尔斯二世、小理查德·鲁滨逊著，钱峰译. 战略管理：制定、实施和控制（第12版）[M]. 北京：中国人民大学出版，2015.

5. ［美］亨利·明茨伯格等著，徐二明译. 战略过程：概念、情境、案例（第4版）[M]. 北京：中国人民大学出版社，2014.

6. ［美］迈克尔·波特著，陈小悦译. 竞争战略 [M]. 北京：华夏出版社，1997.

7. 王方华. 企业战略管理（第2版）[M]. 上海：复旦大学出版社、上海交通大学出版社，2015.

8. 徐飞. 战略管理（第2版）[M]. 北京：中国人民大学出版社，2013.

9. 金占明、杨鑫. 战略管理 [M]. 北京：高等教育出版社，2011.

10. ［美］曼昆著，梁小民、梁砾译. 经济学原理（第7版）[M]. 北京：北京大学出版社，2015.

11. 张维迎. 博弈论与信息经济学 [M]. 上海：上海生活·读书·新知三联书店、上海人民出版社，2012.

12. ［美］彼得·德鲁克著，姜文波译. 动荡时代的管理 [M]. 北京：机械工业出版社，2006.

    13.［美］迈克尔·所罗门等著，杨晓燕等译. 消费者行为学（第10版）［M］. 北京：中国人民大学出版社，2014.

    14. 李怀勇. 信息化时代的市场融合［M］. 北京：经济管理出版社，2008.

    15. 周振华. 信息化与产业融合［M］. 上海：上海生活·读书·新知三联书店，上海人民出版社，2003.

    16.［美］唐·泰普斯科特，阿特·卡斯顿著，米克斯译. 范式的转变——企业的信息革命［M］. 大连：东北财经大学出版社，2003.

    17. 姜奇平. 体验经济［M］. 北京：社会科学文献出版社，2002.

    18.［美］戴维·莫谢拉著，高铦等译. 权力的浪潮：全球信息技术的发展与前景 1964～2010 年［M］. 北京：社会科学文献出版社，2002.

    19.［英］弗朗西丝·凯恩克罗斯著，李宝昌、李琦译. 距离的消失：通信革命如何改变我们的生活［M］. 北京：机械工业出版社，2002.

    20.［美］曼纽尔·卡斯特著，夏铸九等译. 网络社会的崛起［M］. 北京：社会科学文献出版社，2001.

    21.［美］B.约瑟夫·派恩著，操云甫译. 大规模定制：企业竞争的新前沿［M］. 北京：中国人民大学出版社，2000.

    22. 国际网络联盟报告. 网络的挑战［R］. 北京：中国友谊出版公司，2000.

    23.［美］萨尔坦·科马里著，姚坤、何卫红译. 信息时代的经济学［M］. 南京：江苏人民出版社，2000.

第三章 内部环境分析

本章学习目标

1. 熟悉企业资源及其类型
2. 掌握知识资源及其特征
3. 了解企业能力及其结构
4. 掌握核心能力的含义、特征、来源和管理
5. 熟悉价值链分析方法
6. 掌握竞争优势、持续竞争优势和竞争力
7. 掌握雷达图、内部因素评价矩阵、SWOT分析法
8. 了解运用资源、能力和竞争优势等方法，分析企业内部环境

本章核心概念

内部环境　企业资源　独特资源　有形资源　无形资源　人力资源　知识资源　物质资源　能力　核心能力　价值链　价值网络　竞争优势　产业关键成功要素　持续竞争优势　动态能力　竞争力　雷达图分析法　IFE矩阵　SWOT分析法

企业是一个资源、能力的集合体。一个成功的企业不仅需要对外部环境变化趋势进行准确的预测，而且需要对其拥有的资源与能力特别是独特资源、核心能力和竞争优势进行深入的分析，使资源、能力与战略目标、外部环境相匹配，从而增强企业竞争力。本章主要阐述对企业资源、核心能力和竞争优势的分析，并提供相应的分析方法和工具。

第三章　内部环境分析

第一节　资源与基础结构

一、资源及其结构

任何一个企业从事生产经营活动都需要耗费各种资源。企业资源（Enterprise Resource）是指企业拥有的和可利用的各种生产要素的集合。从更宽泛的视角看，企业资源是指那些凡是能转化为支持企业向社会提供产品与服务的一切物质和非物质资源。

（一）根据资源的所有权分类

根据资源的所有权，企业资源可分为内部资源和外部资源两类。内部资源指的是企业拥有的资源，包括技术资源、信息资源、人力资源、财务资源、实物资源、管理资源、可控市场资源和内部环境资源等；外部资源指的是企业可以利用的社会资源，包括产业资源、市场资源和外部环境资源等。

一个企业拥有的和可利用的内外部资源及其配置在很大程度上决定了其战略能力。任何一个企业的资源总是有限的，不可能、也没有必要拥有一个产品生产销售的全部资源。实际上，大量有价值的资源并不是集中在企业内部，而是分散在社会上。在新经济条件下，互联网和信息技术的发展改变了经济连接方式和资源的地域性特征，缩短了资源流动的距离，增进了速度和效率，实现了资源的跨时空流动和结合。企业战略性地利用外部资源，不仅可以将有限的内部资源集中配置于核心业务，而且可以大大拓宽资源来源，对增强竞争优势具有重要作用。企业资源从以往主要来自企业内部扩展到企业外部。因此，从战略角度审视，对企业资源的分析就不能只是关注企业所拥有的各种资源，而是要更关注企业可获得的各种外部资源及渠道。

（二）根据资源的属性分类

根据资源的属性，企业资源可分为基本资源和独特资源两类。基本资源指的是企业从事生产经营活动所需要的各种资源，这类资源通常可以通过市场交易获得，不同企业间不存在差异；独特资源是指企业在长期生产经营中创造和累积的资源，这些独特资源不仅无法通过市场交易获取，而且竞争者也难以模仿。不同企业间的差异主要反映在独特资源上，因而也就成为企业竞争优势的重要来源。

显然，一项资源的战略价值并不是指反映在会计科目上的价值，而是指是否有助于企业构筑竞争优势。严格地说，战略管理分析的企业资源主要是那些构成企业竞争优势的独特资源。

（三）根据资源的形态分类

根据资源的形态，企业资源可分为有形资源、无形资源和人力资源三类。

1. 有形资源

有形资源主要指实物资源和财务资源。它们是企业生产经营活动的基础，一般可以通过会计方式来计算其价值。

实物资源是指具有物质形态的固定资产和原材料，固定资产主要包括机器设备、工具器具、土地和房屋等。大多数固定资产的单位价值较高，使用年限较长，流动性较差，其价值具有边际收益递减规律（除繁华地段商铺外）。它是企业资源的重要组成部分，是衡量企业实力的重要标志。

财务资源是指企业物质资源和非物质资源的货币体现，具体表现为已经发生的能用会计方式记录在账的、以货币计量的各种经济资源，包括资金、债权、融资渠道和其他权利，以及企业获取与运用这些资源的能力和水平。反映财务资源状况的工具是一系列财务报表，包括静态规模和动态周转状况。在财务资源中，最主要的是资金和融资渠道。

2. 无形资源

无形资源主要包括知识、技术、信息、品牌、业务流程、组织结构、管理技能、制度安排、社会关系和组织文化等，其中业务流程、组织结构、制度安排、社会关系和组织文化等构成企业基础结构，具有内生性的特征。不同的企业在无形资源上存在着显著的差异，而且不易转移、扩散和模仿。它尽管不能完全反映在会计账面上，却是支撑企业发展的重要基础。

在新经济时代，无形资源对企业价值生产的作用日益增加，其价值贡献远高于有形资源，不但产品的价值更多地来源于无形资源，而且成为企业竞争优势的重要来源。因此，企业越来越关注对无形资源的积累和保护。无形资源的价值主要取决于它的内在品质。如果一项无形资源的内在品质高，那么其战略价值就高；反之，其战略价值就低。

3. 人力资源

人力资源指组织系统内的员工和可利用的外部人员之总和。人力资源是有形与无形的统一，既表现为一种有形的物质存在——人，又表现为一种无形的员工体力、智力、人际关系、知识、经验和心理特征等。

人是生产力中最活跃、最关键的因素，人力资源是企业资源结构中最重要的资源，它决定了其他资源的利用效率。人力资源的质量主要指员工素质和能力。员工素质包括身体素质、心理素质、文化素质和专业素质等；员工能力包括适应力、洞察力、直觉力、学习力和创造力等。在人力资源结构中，那些具有创造力和特定技能的员工是具有战略意义的资源。

二、知识资源

(一) 知识资源的含义

知识是人们通过学习和实践获得的对客观世界的认知。它是从大量的、纷杂的事实与信息中高度抽象和概括出来的，反映了客观事物的本质和规律。知识不但存在于数据、音像、书籍、程序等有形的载体中，而且存在于个人和组织的"记忆"中。托夫勒（A. Toffler）将"知识"的含义拓展为："被进一步融入一般性的信息"，包括"信息、数据、图像、想象、态度、价值观，以及其他社会象征性产物"。知识的获取涉及感觉、交流、抽象、推理等复杂的过程。

经济合作与发展组织在1996年的《以知识为基础的经济》年度报告中将知识分为四大类：事实知识（Know-what）、原理知识（Know-why）、技能知识（Know-how）和人际知识（Know-who）。其中，前两类称为显性知识（Explicit Knowledge），即那些能够编码和传递的知识，也就是可以用语言、文字、数据、图表等形式表示和传递的知识；后两类称为隐性知识（Tacit Knowledge），即那些难以编码和传递的默会知识。在现实生活中，大量的知识是以零散的、隐性的形式存在的，显性知识只是"知识冰山"的一角。从认知的角度看，显性知识容易表达、交流和共享，可以通过语言、文字、数据、图像等精确的沟通过程来传递。隐性知识较难表达、交流和共享，却有更高的价值。知识传递更多地依赖人们自身的体验、感悟、直觉和洞察力，要求形成密切的个人关系。因此，如果要使知识在组织内得到充分的交流和共享，那就要采取一定的方法，把隐性知识转化为显性知识，否则，知识交流和共享也就无法实现。

在不同的经济时代，经济生产的核心资源是不同的。农业经济以自然经济为主要特征，土地和劳动是经济生产的核心资源。工业经济以实物经济为主要特征，资本和能源成为经济生产的核心资源，知识则处于从属地位。新经济则以知识的生产、分配、流通和消费为主要特征，知识对经济增长的作用超过了资本，知识取代资本和能源，成为经济生产的核心资源。彼得·杜拉克（Peter Drucker）早在1965年就预言：知识将取代土地、劳动、资本与机器设备，成为最重要的生产因素。德鲁克认为，21世纪的组织，最有价值的资产是组织内的知识工作者和他们的生产力。知识已成为一种影响公司价值的新型资产。一个企业要持久地保持竞争优势就必须不断地学习和创造知识。

随着知识在经济生产中的地位和作用的提升，工业时代物的、机械的方式正向着有利于知识潜力开发的方式转变。企业在本质上已成为获取、吸收、利用、共享、保持、转移和创造知识的学习系统，成功将属于那些不断进行知识创新的企业，知识成为企业最重要的战略性资源。这不仅仅是因为知识创造和积累是企业获得超额利润的关键，也不仅仅是因为知识存量决定了企业的资源配置和创新能力，最终在产品和市场上体现出竞争优势，而是因为，企业作为学习系统拥有的知识存量与知识结构，尤其是关于如何协调不同的生产技能和有机结合多种技术流的积累性学识，以及拥有难以被竞争对手模仿的包括组织资本和社会资本在内的隐性知识，已成为企业绩效与长期竞争优势深层的决定性因素。它决定了企业识别、发现、把握、发挥乃至创造未来机会的能力，决定了企业利用、配置、整合、优化、开发与保护资源的能力，从而决定了企业持续发展的潜力。

（二）知识资源的特征

相对于物质资源，知识作为企业的一项重要的战略性资源，具有以下特征：

（1）自然界的物质资源是有限的，而且在生产和使用过程中会发生损耗。随着社会生产规模的扩大，对物质资源需求的增加，物质资源会越来越稀缺。知识资源可重复使用，在生产和使用过程中不但不会被损耗，而且会不断地创造出新的知识。知识的效用随着使用频率的增加而增加，具有网络外部性。人类无限的想象力与创造力为新知识的不断涌现和丰富提供了可能性。

（2）由物质资源构成的物质产品主要表现为满足顾客需求的某种功能，具有相应的使用价值；而依附在这种物化产品上的价值则更多地来源于知识。换言之，知识创造的价值成为产品价值的主体。许多实物产品的价值越来越多地体现在知识和无形的方面，如设计、软件、营销和服务等。在机器人制造中，自动化、计算机和智力投资占到生产成本的90%以上；在汽车制造中，知识和无形的方面的投入占到汽车总价值的70%左右。在药品生产中，生产成本只占总成本的很小一部分，主要与药品研发、临床实验、专利申请、副作用消除、药品细节描述及分销等知识和服务相关。

（3）知识不但能在一定程度上替代物质资源，而且更重要的是，能通过对资源配置的影响，提高对物质资源的利用效率。因此，人们更加关注物质资源利用背后的知识和机器背后的知识，而正是这些知识导致企业间产生巨大差异。那些曾经被信息交流效率低下所掩盖的知识本身的稀缺性及生产能力，才是制约企业持续发展的瓶颈。

（4）物质资源在生产和使用过程中具有排他性，被一方占用的物质资源，不可能被另一方同时占用。知识资源可以被复制、转移和共享，不具有排他性。更重要的是，知识共享能产生协同效应，创造出新的知识。

（5）物质资源在生产、交换过程中，通常只发生价值形态的转变，如从实物形态变成货币形态。知识资源则不然，在生产、交换过程中不仅有价值形态的转移，而且会产生增值。正如英国大文豪萧伯纳所说的：你有一个苹果，我有一个苹果，彼此交换后每个人手上仍然只有一个苹果。你有一个思想，我有一个思想，彼此交换后每个人都有两个思想。

（6）物质资源具有清晰、确定的投入产出关系，甚至可以用数学公式表达，如经济学的科布-道格拉斯生产函数。知识资源不具有清晰、确定的投入产出关系。例如，医药企业开发新药不但需要巨额资金投入，而且有太多的不确定性因素，成功率很低，毒理实验、病理实验、一期临床、二期临床……哪个环节出现问题都有可能导致新药开发失败。相反，有些创意并不需要大量的资金投入，却可以创造很高的价值。

（7）物质资源更新实际上是一个重置的过程，而知识资源的更新却是一个学习和创新的过程，不但与知识本身的创新相关，而且与知识应用的创新相关。因此，知识更新的成本不但高昂，而且很难准确地反映在会计科目上。

第二节　能力与核心能力

一、能力（Ability）及其结构

能力原本属于心理学范畴，是指在任务或情景中表现出来的特定心理品质和一组行为，既包括个体能力，也包括组织能力。能力是完成某项任务、达成一定目标的条件，它总是与相应的活动联系在一起，离开了具体活动也就无法表现。

企业能力是指能根据预期目标任务对内外部资源进行有效配置和利用的能力。资源是企业从事生产经营活动的基础，企业间的竞争在很大程度上是围绕着对资源的争夺而展开的，但资源本身并不会自动地创造价值和竞争优势，需要进行有效的配置和利用。这种对资源的有效配置与使用体现了企业基于长期生产经营累积的知识、技能和经验的一种能力。因此从本质上看，企业是能力的一种集合体。企业的竞争优势与经营绩效不仅取决于拥有资源的数量和质量，而且取决于对资源配置和利用的能力。

企业从事生产经营活动需要具备各种能力，一般可分为职能能力和综合能力两类。职能能力主要包括研发能力、生产能力、组织能力、营销能力、信息管理能力、财务管理和资本运作能力等；综合能力主要包括决策能力、领导能力、整合能力、学习能力和创新能力等。从战略层次上看，这些能力可以进一步概括为一般能力与核心能力（Core Competencies）。一般能力指的是企业从事生产经营活动所需要的基本能力，但它并不能为企业带来竞争优势和超额利润。企业并不一定要拥有这些能力，而可以通过市场交易获得。核心能力是企业在长期生产经营中形成的特殊能力。它构成企业间的差异，成为竞争优势的重要来源。核心能力是内生的，无法通过市场交易获得，因而也就成为战略分析的重点。

二、核心能力的定义

核心能力又称核心竞争力，是美国密歇根大学普拉哈拉德教授和伦敦商学院哈默教授于1990年首次提出的，对战略管理理论和实践产生了重大的影响，并

第三章 内部环境分析

成为一个主要学派。核心能力是指组织中的积累性学识，特别是运用企业资源的独特能力，是关于如何协调不同生产技能和有机结合各种技术流的学识。也就是组织内一系列互补的知识和技能的结合，具有使一项或多项业务达到竞争领域一流水平的能力。核心能力有多种表现形式，它可以表现在价值链的某些环节活动上，如研究开发、生产规模、工艺技术、组织结构、管理技能、营销推广、分销渠道或物流配送等；也可以表现为一种系统能力。

许多企业在长期的生产经营实践中逐渐形成了自己的核心能力，这是企业通过创新对其积累的资源特别是独特资源进行优化配置和有效整合的结果。这种创新通常具有宽泛的含义，不仅包括技术创新、产品创新、业务创新和流程创新，而且包括市场创新、组织创新、管理创新和文化创新等。

当今，企业的成功不再依赖某一新产品开发或营销策划的成功，而是依赖于长期累积的核心能力。从这一意义上说，企业间的竞争就不仅仅是一种产品和服务的竞争，而是一种深层次的核心能力竞争。缺乏核心能力的企业很难在激烈的市场竞争中立足，即使有幸在资源和机会驱动下获得成功，那也是短暂的、脆弱的。因此，战略管理的关键是如何围绕独特资源构建核心能力，并将其转化为竞争优势。

持续学习和组织文化在构造核心能力过程中扮演着极其重要的角色。持续学习是企业获得核心能力最根本、最有效的路径。未来成功的企业是那些有能力比竞争者学习得更快的企业。一个企业无论在历史上有多么辉煌，只要停止学习，就会出现知识和能力衰退，就可能被边缘化。优秀的组织文化不仅是核心能力生成的加速剂，而且是核心能力得以持久的黏合剂。它能使员工建立共同愿景，形成向心力和凝聚力，激励员工将知识转化为创造价值的核心能力。

战略聚焦

京东打造"四大核心竞争力"[①]

过去的十年，对中国电商业乃至整个零售业，是一个风起云涌的时代。随着互联网购物的迅速发展，许多电商希望凭借低价噱头或简单克隆欧美模式成为最后赢家。在大浪淘沙中，京东连续多年保持三倍于电商业

---

① 改编自《不仅低价 京东打造"四大核心竞争力"》，新华网，http://news.xinhuanet.com/tech/2013-06/13/c_124850518.htm

的增长速度，成为国内最大的综合网络零售平台。据艾瑞统计，2013年一季度，京东自营式B2C市场份额超过43%，稳坐国内头把交椅。业内人士认为，零售业的核心竞争力是来自低成本基础上的低价。但在传统零售业，能落实"天天低价"的只有沃尔玛等少数几家公司。在国内电商业，能把"天天低价"变成一场对传统零售业革命的是京东。"天天低价"威力巨大，却是"七伤拳"。如果没有雄厚的内力驾驭它，虽能痛快一时，也会自伤元气。京东连打十年"低价牌"，打出中国最大的网络零售帝国。京东决胜零售业的核心竞争力究竟在哪里？

武器Ⅰ：全品类。 从最初的3C（电脑、数码和通信）产品到后来的大家电、日用百货以及2013年5月上线的商超食品业务，京东一直在进行综合性扩张，打造"一站式"网购平台。目前，京东已扩展到13大品类、上千万种商品（SKU），合作品牌近4万家，其丰富度在国内自营式B2C领域处于领先地位。京东不仅在3C领域保持近六成的网购市场份额，而且在其他方面也得到了明显发展：在大家电市场，京东占据北京1/3的市场份额，增长速度远远超过整个行业。在图书、母婴、个人护理、化妆、服装服饰、家具家居以及商超食品等领域，京东也展现出后发优势。

品类扩张带来了客户规模迅猛增长。三年多的时间内，京东客户从1000万增长到1亿。在新增客户中，女性比例不断提高，客户结构更加合理。客户数量的增长为京东与众多品牌合作提供了更大的空间。京东大部分商品都是品牌直供，很多品牌愿意将新品首发放到京东。品牌直供绕过了经销商环节，减少了中间成本，客户就可以在第一时间以最低廉的价格享受到优质产品。

武器Ⅱ：自建物流。 2007年，在中国电商行业中率先自建物流的京东并不被业界看好。当时，业内普遍认为自建物流不仅耗资巨大，而且也违背了社会分工原则。现在京东的物流配送体系不仅成为其核心竞争力，而且成为中国乃至全球的电商业标杆。京东的自建物流体系由六大物流中心、27个城市仓储中心、近1000个配送站、300个自提点组成，目前已覆盖全国1000多个区县，至2013年年底已覆盖中国一半以上的区县。京东在推出211限时达、次日达、隔日达和夜间配送等优质物流配送服务的基础上，又在北京等中心城市推出"极速达"业务，把货物配送时间压缩在3小时内，从而把物流配送优势提升到其他电商短期内无法企及的程度。

第三章 内部环境分析

随着上海"亚洲一号"项目投入使用，京东物流能力将跨上新的台阶。"亚洲一号"是中国首个专为电商设计的仓储项目，拥有同时处理上百万件SKU的能力，自动化程度是业内最高的。上海、北京、沈阳、武汉、成都和广州的"亚洲一号"项目全部完工后，京东日订单处理能力将提高数十倍。京东自建物流体系不只是供自己使用，而是向社会开放。

武器Ⅲ：技术驱动。京东作为中国最大的综合网络零售平台，很多人忽略了其技术驱动的"内核"。2013年京东研发人员近3 000名，2012年专利申请量达400多件。没有强大的研发力量做支撑，京东的SKU不可能从2007年的3万多增加到2013年的上千万，也不可能以多样化的业务形式，满足客户日益增长的需求。正是基于数据挖掘，京东才能做到更加精准的销售预测，更加智能地向客户推荐产品。

与其他电商不同，京东致力于全供应链创造价值，对物流、信息流与资金流进行集成、整合和创新。面临复杂的技术要求，京东通过自主开发获得了成功，而且不少成果在国际上也是领先的、独创的。正是在技术的助力下，京东才充分发挥了电子商务的先天优势，包括无店面、无限展示空间、价格透明以及满足个性化需求等，具有比线下渠道低得多的成本。以大家电为例，京东整体运营费率只有线下渠道的一半左右。因此，面对任何价格竞争，京东都胸有成竹、游刃有余。

武器Ⅳ：用户体验。京东创始人、CEO刘强东曾表示，他只关注三件事：公司战略、组织文化和用户体验。而好的公司战略和组织文化，归根结底也是为了确保完美的用户体验。以客户为先、注重用户体验，已成为京东的基因。京东把用户体验分解为34个节点，任何可能危及用户体验的行为，无论能带来多大的短期利益，都被严格禁止。京东不断创新各种主动式服务，给客户全新的体验。要为客户提供完美的体验，低价是不可或缺的。长期以来，京东一直追求成本和效率，以最具竞争力的价格提供优质的产品，而不是过高的品牌溢价。京东长期把毛利率保持在比较低的水平，这与有些电商追求动辄50%甚至更高的利润率形成鲜明的对比。

三、核心能力的特征

（一）价值性

核心能力能让企业为顾客和企业创造更多的价值，主要表现在三个方面：

① 核心能力能创造有价值的产品和服务，为顾客带来独特的感受和更多的利益；② 核心能力能提高企业运营效率，在降低成本方面具有显著作用；③ 核心能力能使企业赢得竞争优势，带来超额利润。

（二）独特性

核心能力是内生的，与企业的成长历史、资源、核心业务和组织文化等密切相关。即使在同一产业，也很难发现两个拥有相同或相似核心能力的企业。它是企业的一种专用性资产，具有不可通约性，能够对潜在进入者构成进入壁垒，更好地维护企业的竞争优势和市场地位。判断一项能力是否为核心能力，只要看有多少企业拥有这一能力。许多企业都拥有的能力不可能成为核心能力，只能导致企业间的对等竞争，不会带来任何竞争优势。只有企业所拥有的与竞争者不对等的独特能力，才有可能成为创造竞争优势的核心能力。

（三）难以模仿性

核心能力不易被竞争者模仿，主要基于以下原因：① 企业长期占有构成核心能力的关键资源，如知识、技术、品牌、渠道、管理诀窍、独特的地理位置和稀缺的自然资源等。② 形成核心能力的路径具有特定的历史条件，并随着时间的推移而不断强化，竞争者大都无法有效地复制。③ 核心能力涉及隐性知识和复杂的结构、流程、细节与文化底蕴等，具有"普遍模糊"的特点，竞争者难以透彻了解和完全模仿。如索尼公司的产品创新特别是小型化的能力，松下公司的质量与价值的协调能力，海尔公司的售后服务能力，科隆公司的无缺陷制造产品能力等。

（四）不可替代性

核心能力是企业获取竞争优势和超额利润的重要来源，具有不可替代性。不可替代性是指那些不具有战略对等的能力。战略对等指的是两种不同的但可以用来执行相同战略的能力。从总体上说，一种能力越难替代就越有战略价值。一种能力越是无形的，其他企业就越难找到替代它的能力，在模仿价值生产时会面临更大的挑战。

（五）可延展性

核心能力尽管最初是从某一核心业务中发展起来的，但并不完全固定在原有的业务领域。它可以通过渗透和扩散，从一个业务领域延展到另一个相关业务领域,支持其他事业领域的发展。例如,佳能公司利用其在光学镜片、成像技术和微重量控制技术方面的核心能力,成功地进入复印机、激光打印机、照相机、成像扫描仪、传真机等20多个市场领域。3M公司利用其在聚合物化学相关能力上的领先地位,成功地进入投影仪、软盘、光盘、收录机、绝缘胶带、遮蔽胶带、砂纸等多个市场领域。索尼公司利用其微型化这一核心能力,制造出受消费者青睐的随身听、录音机和笔记本电脑等。

(六)动态性

核心能力是企业在长期生产经营中形成的,与企业长期累积的知识、资源、技能和文化等相关,具有相对的稳定性和延续性,但并非一成不变。技术进步、市场演变和环境变化,都有可能导致构成核心能力的要素及其作用方式发生改变,因此核心能力是动态的。企业要想获得长期成功,就要不断地创造和积累知识、资源和技能,发展核心能力。

四、核心能力的来源

(一)流程

企业的生产和管理过程实际上是一个由一系列有序活动所组成的流程。在流程中,那些对企业赢得竞争优势起关键作用的活动,有可能成为核心能力的来源,这是因为构成核心能力的学识、技能大多隐含在流程的关键价值增值活动中。

(二)知识

知识有显性知识和隐性知识。显性知识是那些能够编码和传递的知识;隐性知识是那些难以编码和传递的默会知识。一般而言,显性知识容易表达、交流和共享;隐性知识较难表达、交流和共享,却有更高的价值。核心能力是一种积累性学识和技能,那些在长期生产经营中积淀的知识特别是隐性知识是其最重要的来源。

(三)技能

核心能力根植于企业的独特技能。成功的企业大都在对战略有重要作用的关键价值生产活动上拥有独特技能。如果战略是关于质量的,那么企业可能在制造或质量管理方面具有某些技能优势;如果战略是关于服务的,那么企业可能在服务上拥有某些独特技能。这些独特技能隐含着特定的知识和诀窍。

(四)关系

在社会化大生产条件下,企业与顾客、员工、供应商、中间商、股东及其他合作者等结成各种关系。这种关系是一种资产,即关系资产,它能为企业带来各种新的资源,在顾客价值创造中发挥独特作用。因此,这种体现利益相关者在价值创造活动中交互行为的关系,也就成为核心能力的重要来源。

五、核心能力的管理

核心能力管理涉及五个方面的重要内容:核心能力识别、核心能力培育、核心能力优化配置、核心能力保护和核心能力发展。

(一)核心能力的识别

核心能力管理首先需要企业在诸多能力中识别出哪些是核心能力。由于构成核心能力的知识与技能大多隐含在业务流程、组织结构和组织文化中,其识别就显得比较困难。

1. 识别核心能力的标准

企业通常可以用占用性、耐久性、转移性和复制性等标准来识别核心能力。

(1)占用性。占用性指企业战略资产被个人占有的程度。核心能力是由长期积累的组织资产转化而成的,这些组织资产无法被个人占有。那些被个人占有的资产实际上意味着企业并不是真正的拥有者,它会随着人员的流动而转移,不可能构成企业核心能力。

(2)耐久性。耐久性是指企业战略资产作为利润源的持久程度。资产的形态不同,耐久性也不同。随着技术进步速度不断加快,大部分有形资产的耐久性迅速降低,而无形资产则表现出良好的耐久性。例如,技术创新导致产品和生产装备快速更新,但良好的品牌和商誉作为一种无形资产,却能长久地保持影响力。

(3)转移性。核心能力根植于企业组织独特的知识、技能和文化之中,并不会随着人员和产品的流动而转移。如果一项能力会随着人员和产品的流动而转移,那它就不可能成为企业核心能力。

(4)复制性。核心能力的形成大多基于企业成长的特定历史背景和条件,竞争者很难复制。如果竞争者通过投资可以获得与企业几乎相同的一种能力,那么这种能力不可能是企业核心能力。一般而言,企业对有形资产投资而形成的优势，竞争者容易模仿；而对无形资产投资形成的优势，竞争者难以模仿。

2. 识别核心能力的方法

对企业核心能力的识别可以从内部和外部两个方面分析。内部识别方法主要有：价值链分析、技能分析、资产分析和知识分析；外部识别方法主要有：顾客贡献分析和竞争差异分析。

（1）价值链分析。企业的生产经营过程由一系列价值增值活动组成，企业的核心能力通常隐含在关键的价值增值活动中。因此，价值链分析是以价值增值活动为基础的。其中，有些活动对赢得竞争优势起关键性作用，能使企业比竞争者以更高的质量、更低的成本提供产品和服务，为顾客提供独特的价值和感受，因而有可能成为企业核心能力的来源。

（2）技能分析。一个企业能为顾客提供更好的产品和服务，获得良好的销售业绩，大都是因为其拥有某些与众不同的技能。一项业务技能可以分解为若干要素。如果某些要素对业务技能有重要影响，那就是形成核心能力的关键要素，而正是这种关键要素使企业能超越竞争者。因此，通过界定关键业务技能和关键要素，可以有效地识别核心能力。

（3）资产分析。企业资产可分为有形资产和无形资产。有形资产尽管能在一定程度上构成进入壁垒，使企业获得超额利润，但容易被竞争者模仿。因此，核心能力更多地来源于无形资产。无形资产主要有四大类：一是市场资产，包括品牌、信誉、消费者、渠道和关系等；二是人力资产，体现在员工拥有的知识和技能；三是知识产权资产，包括各种专利和专有技术；四是基础结构资产，包括管理哲学、经营理念、组织文化和业务流程等。因此，通过对无形资产的分析，可以识别出核心能力所在。

（4）知识分析。构成核心能力的大多是那些竞争者难以复制的隐性知识、一种组织知识，组织知识并不等于个体知识的总和。组织具有认知能力，会把这种隐性知识储存于"组织记忆"中。

（5）顾客贡献分析。顾客贡献分析指辨析企业为顾客提供的价值中哪些是顾客认为最重要的价值。为顾客提供核心价值的能力往往就是核心能力。因此，需要明确：顾客愿意付钱购买的究竟是什么？顾客为什么愿意为某些产品或服务支付更多的钱？哪些价值因素对顾客最为重要？也就是说，企业哪些能力创造顾客价值的贡献最大。例如,本田公司的核心能力表现在顾客购买本田车可以在发动机和传动系统方面获得更高的价值:省油、易发动和易加速。

(6) 竞争差异分析。一个企业要获得竞争优势,主要取决于两个方面的因素:产业吸引力和产业内竞争地位。也就是说,企业一方面要拥有进入具有吸引力产业的资源和能力,即战略产业要素;另一方面要拥有不同于竞争者的特殊资产,即战略性资产。竞争差异分析涉及这两个重要方面的内容:一是分析企业与竞争者各拥有哪些战略产业要素以及产生差异的原因;二是分析企业与竞争者在市场和资产上表现的差异,如技术创新、产品开发、品牌形象、企业声誉、售后服务和顾客忠诚度等,识别哪些是企业战略性资产,而企业核心能力往往隐含在这些战略性资产中。

(二) 核心能力的培育

1. 核心能力培育的路径

路径 I:内部培育。内部培育主要有演化法和孕育法。演化法是基于战略目标,通过对技术、产品、业务、市场、人才、组织和制度等整合培育核心能力的方法。演化法涉及组织变革,需要全体员工参与,一旦获得成功,将产生显著的效果。孕育法是根据战略目标,由专门小组培育预期的核心能力的方法。当核心能力在小组层面上发展成熟后再移植到企业层面,渗透到整个组织中。

路径 II:外部获取。内部培育核心能力需要花费较长的时间。在当今新技术革命时代,企业的核心能力有可能迅速消失或被取代,以内部培育的方式构建核心能力,已不能满足快速变化的环境的要求。许多企业纷纷采取并购和战略联盟等方式从外部快速获取核心能力。并购可以使企业直接从其他企业获得关键资源和能力,但简单的并购并不一定能成功地移植其他企业的核心能力,需要经过对技术、资源、市场、组织和文化等方面的复杂整合过程,才能最终形成自己的核心能力。战略联盟可以使企业从战略伙伴那里获得互补性资产,在知识交互的基础上,获得新的知识和能力,加快核心能力的培育过程。

2. 核心能力培育的阶段

阶段 I:获取构成核心能力的知识和技能。核心能力是由一系列独特知识和技能组成的。企业培育核心能力,首先需要获取这些独特的知识和技能。

阶段 II:核心能力整合。以分散形式存在的各种知识和技能并不能自动地生成核心能力,需要通过一定的方法和手段,对各种知识和技能进行整合,凝结成核心能力。

阶段Ⅲ：核心产品开发。企业培育核心能力的一个重要方面就是开发核心产品。核心产品是提供给消费者的基本效用。它是一种中间产品，不但体现了核心能力，而且决定了最终产品的技术水平和品质，形成对整个供应链和市场的控制，具有高知识含量、高附加值的特征。

（三）核心能力的优化配置

核心能力不仅具有基础作用——支撑核心业务，而且具有辐射作用——拓展相关业务和市场。为了充分利用核心能力，企业需要对其优化配置，将核心能力从一个战略业务单元扩散到其他战略业务单元，产生扩散效应和乘数效应，提升整体竞争力。因此，对核心能力的管理不仅涉及如何构建核心能力，而且涉及如何优化核心能力配置。

（四）核心能力的保护

形成核心能力需要经过多年的培育，若不加以精心保护，则很容易被侵蚀甚至丧失。因此，保护核心能力是核心能力管理的一项重要工作。保护核心能力，一方面可以利用法律，加强对知识产权的保护；另一方面可以在构成核心能力的要素间建立微妙联系，形成精致结构，将核心能力模糊化，使竞争者无法模仿。

（五）核心能力的发展

核心能力不仅影响企业产品和服务的竞争力，而且还影响企业创造未来商机，因而发展核心能力对企业至关重要。通常，企业在发展核心能力时必须考虑以下两个重要方面：一是这种能力是否能为顾客带来新的利益；二是这种能力是否能更加有效地为顾客提供利益。核心能力发展具体见表3-1。

表3-1 核心能力发展

市场 核心能力	现 有 市 场	新 的 市 场
现有核心能力	维护和扩大现有市场，需要构建哪些核心能力	将现有核心能力做有创意的安排或组合，可以创造哪些新的产品和服务
新的核心能力	对现有核心能力的改进，能否获得新的市场机会	参与具有吸引力的新市场，应构建哪些核心能力

第三节　价值链与竞争优势

一、价值链（Value Chain）与价值网络（Value Network）

（一）价值链

任何一种产品从最初原材料投入到最终产品乃至消费者手里，都要经过一系列相互关联的价值生产环节，这就是价值链。价值链是指企业在提供产品和服务过程中一系列相关的增值活动。价值链思想最早由美国麦肯锡（Mckinsey）咨询公司提出，而后由迈克尔·波特进一步完善，至今已得到广泛的应用，成为一种有效的战略分析工具。

价值链分析是从价值增值的视角，在分解一系列相关业务活动的基础上，分析各项价值活动及其关系，并通过优化价值链环节与结构，创造竞争优势。价值链分析的意义在于：能更好地把握关键价值活动及其相互联系，为构筑竞争优势奠定基础；能更好地连接企业与供应商、经销商和顾客等各价值链环节，明确企业的竞争位置。

企业的价值创造活动可分为基本活动和辅助活动两大部分。基本活动主要包括内部后勤、生产运营、外部后勤、营销与销售、售后服务等；辅助活动主要包括企业基础设施、人力资源管理、技术开发和采购等，具体见图3-1。企业每一项活动都包括直接创造价值活动、间接创造价值活动和质量保证活动三部分。判断一项活动是否创造价值，关键是看它能否为后续活动提供所需要的东西，能否降低后续活动的成本，能否改善后续活动的质量。

1. 基本活动

基本活动是指提供产品与服务的各种生产和销售活动，一般分为五种基本类型：

（1）内部后勤：主要指为产品生产提供前期保障活动，如原材料储存、保管、配送和运输，生产设备检测和维修等。

（2）生产运营：主要指将投入的各种生产要素转化为最终产品和服务的过程，包括生产、制造、装配和包装等。

第三章　内部环境分析

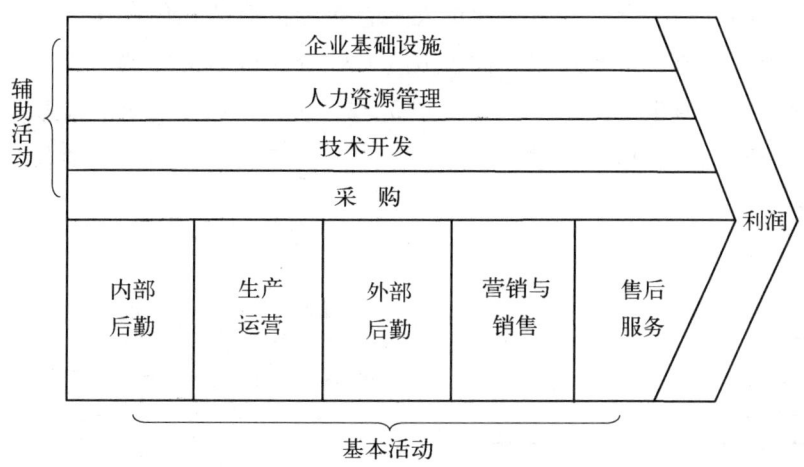

图 3-1　价值链构成

（3）外部后勤：主要指产品的储存、配送和运输等。

（4）营销与销售：主要指引导顾客购买的各种活动，包括市场研究、营销策划、定价策略、渠道选择、广告促销和销售等。

（5）售后服务：主要指为顾客提供售后增加产品价值的各种商务支持和服务活动，包括物流、安装、维修、培训和零部件供应等。

2. 辅助活动

辅助活动是指为保障基本活动提供的支持活动，以提高基本活动的效率或效益。

（1）企业基础设施：主要包括经营理念、组织结构、制度设计、业务流程、组织文化和网络系统等。

（2）人力资源管理：主要包括员工的聘用、培训、绩效考核、薪酬与激励设计等。

（3）技术开发：主要包括技术研发、产品设计、工艺与装备设计等。

（4）采购：主要指购买各种用于生产过程的投入品的活动，包括原材料、机器设备、运输工具和建筑设施等。

（二）价值网络

价值链是企业内一系列相互区别、相互联系、相互依存的活动构成的一个有机系统。随着社会分工、专业化的发展,企业价值链不仅与作为外部环境系统的其他企业价值链紧密连接,而且成为其他企业价值链中的一部分,形成一种纵横交错的价值生产网络,具体见图3-2。价值网络是企业在提供产品和服务过程中与其他企业形成的联系,包括客户、供应商、分销商、研发机构和政府部门等。

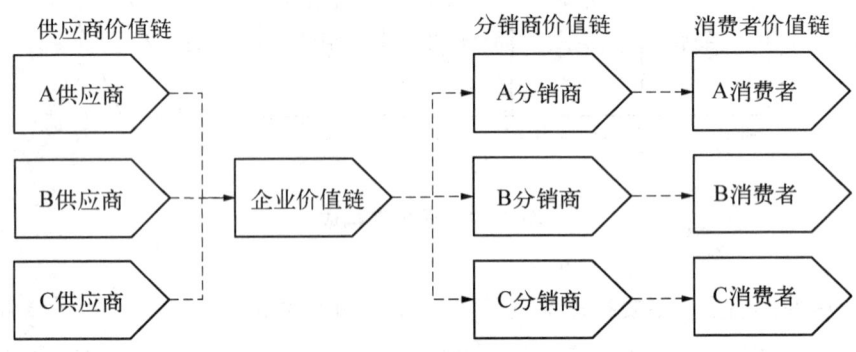

图3-2 价值网络

价值网络这一概念是由Mercer顾问公司阿德里安·斯莱沃斯基（Adrian Slywotzky）1998年在《利润区》一书中首次提出的。在新经济时代,互联网与信息技术的发展将世界经济连接成统一体。许多以往被认为是不可分割的业务,现在可以分散在世界任何地方提供,从而促使企业利用外部资源来重新构造价值链,甚至那些过去被认为是不可或缺的业务环节,也可以通过外部专业化供应商提供。当今,世界上很少有一家企业能覆盖从研发到提供最终产品的整个价值活动,也几乎没有一家拥有完整价值链的企业能比外部供应商提供更好的专业化产品和服务,在所有与创新有关的专业领域超越供应商和竞争者,但它确实可以在某些领域具有世界最优的能力。企业通常只是在价值增值活动中扮演一个特定的角色,成为价值网络中的一部分。在竞争不断激化的环境下,如果企业某项业务不是世界上最好的,而又在内部提供,那么这个企业就有可能丧失竞争力。这就促使企业将传统的价值链转变为价值网络,构成一种新的业务模式,将快速变化的需求与灵活、高效、低成本的制造相连接,以增强企业竞争力。

价值网络是动态的，不存在固定的边界和模式。其成员企业根据客户需求组织资源、生产和销售。价值网络中的企业间关系主要有两种类型：一是价值网络中各企业以平等的地位合作；二是以核心企业为中心建立合作关系。相对而言，这种具有核心企业的价值网络比较稳定。与传统的供应链相比，价值网络具有以下特征：① 高度协作。价值网络中的企业关注的是如何充分利用合作伙伴的能力，提高整个网络成员企业的效率，而不仅仅是本企业的效率。② 快速响应。基于互联网和信息技术的价值网络增强了成员企业间的信息交互能力，能对市场变化做出快速响应。③ 低成本。在价值网络中，成员企业间稳定的合作关系降低了交易费用，并通过高度的分工、专业化，降低了产品生产成本和销售费用。

（三）价值链分析

1. 界定价值活动

价值链具有异质性。这不仅指不同产业和企业有不同的价值链及结构，而且指同一类价值活动在不同产业和企业的重要性也不同。因此，需要在价值链分解的基础上，识别和界定各类价值活动及其属性。重点关注的是：① 对产品价值有重要贡献的价值活动；② 对构筑竞争优势有关键作用的价值活动；③ 占成本比重较高或迅速上升的价值活动；④ 具有结构驱动因素的价值活动。

2. 分析每项活动的价值贡献

价值链可以分解为相互关联的诸多环节活动。产品在价值链各环节移动，形成价值增值过程。在这一过程中，每一环节的活动都需要消耗成本，但价值贡献却不同。有些活动能直接创造价值，如产品设计、生产和销售等；有些活动只能间接创造价值，如采购、设备维护等。有些活动创造的价值高，有些活动创造的价值低，甚至不创造价值。通过对价值链各环节活动的分析，识别哪些是高价值的活动，哪些是低价值的活动，哪些是不创造价值的活动，并与竞争者比较，明确企业的优势和劣势；在此基础上，对价值链进行优化，减少那些不必要的环节，提高运营效率。

3. 确认价值链结构性因素

价值链结构性因素是指影响价值活动的成本水平与差异化程度的关联因素。确认价值链结构性因素主要是厘清各项价值活动间以及企业价值网络中各价值链间的联系。这种联系（即价值链结构）在很大程度上影响产品的价值增值过程。它能为企业提供独特的低成本优势和差异化优势。竞争者尽管可以模仿甚至复制先进企业的某项价值活动，但很难模仿先进企业价值链各环节间的微妙联系和精致结构。

4. 构造价值网络

根据技术和市场的变化，在对相关企业的资源和能力分析的基础上，建立和调整价值网络，形成整体竞争优势。

二、竞争优势

（一）竞争优势及其表现

竞争优势的概念是由英国经济学家张伯伦（E. Chamberlin）于1939年率先提出的，随后由霍弗和申德尔将其引入战略管理领域。直到1980年代，迈克尔·波特才开始对企业竞争优势进行系统和深入的研究。竞争优势是指企业不同于竞争者的独特品质。这种内在的独特品质尽管难以用具体的指标进行观察和测量，却能在市场竞争中明显地表现出来：为顾客创造更多的价值，为企业带来超额利润。

竞争优势在市场上可以表现为多种形式：成本、质量、服务、创新、效率、速度、市场地位和对特殊资源垄断等。但从总体上看，竞争优势可以概括为两个方面：一是差异化优势——企业能为顾客提供比竞争者更有价值的产品和服务。二是低成本优势——企业能比竞争者以更低的成本为消费者提供同质的产品和服务。差异化优势可以体现在产品的物理性能上：通过产品技术、工艺技术和材料技术，显示出比竞争者具有更好的产品设计、结构、功能和质量等；也可以体现在无形的方面：组织结构、管理方法和营销技术等，显示出比竞争者具有更好的品牌形象、服务、效率和响应速度等，并形成一种正反馈而不断得以强化。低成本优势可以体现为价格竞争力：拥有低成本优势的企业在产品定价上具有更大的弹性，对同质产品制定富有竞争力的价格，以达到刺激生产与销售规模扩大、获取规模经济、进一步降低成本的目的；也可以体现为财务能力：在与竞争者产品价格相同的情况下，拥有低成本优势的企业具有比竞争者更多的利润和财务资源，企业可以将这些资源投入到营销推广、渠道建

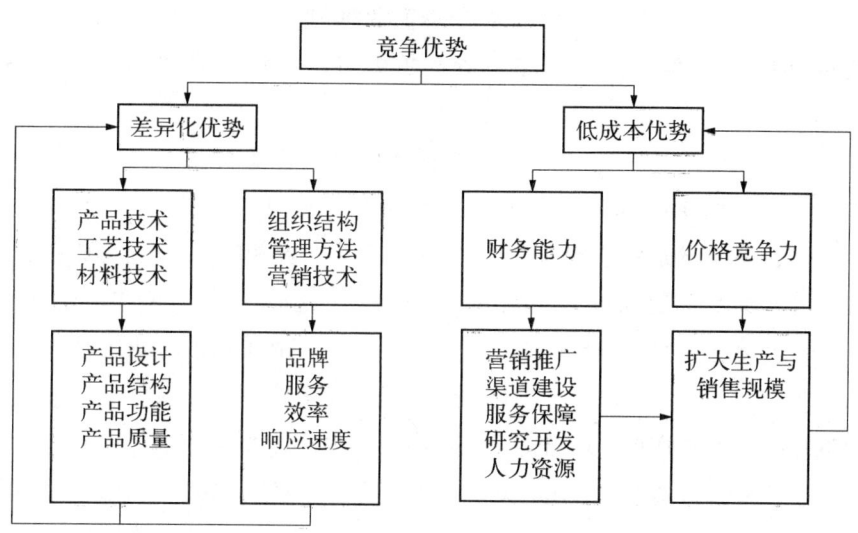

图 3-3 竞争优势及其表现

设、服务保障或研究开发、人力资源上，促进销售增长，进一步强化低成本优势。竞争优势及其表现具体见图 3-3。

值得指出的是，并不是所有的企业独特品质都能成为竞争优势，只有那些与产业关键成功要素（Critical Success Factors，CSF）相匹配的独特品质，才能成为竞争优势。产业关键成功要素是指那些对产业内企业竞争获胜具有决定性作用的要素。任何一个产业都有其技术、生产和市场特征，具有不同的关键成功要素，如钢铁业的关键成功要素是规模经济，机械制造业的关键成功要素是数控技术，医药业的关键成功要素是药品研发等。而且，一个产业在不同发展阶段，关键成功要素也不同。一般而言，当一个产业处于初创期，由于新技术、新产品不成熟，需要通过不断的技术和产品创新，完善技术和产品的结构、功能和质量等，企业的技术和产品创新能力就成为产业关键成功要素；当一个产业进入发展期，企业开始大规模生产和销售新产品时，如何提高效率、控制产品成本和质量成为一个重要问题，需要进行大量的工艺创新，企业的工艺创新能力也就成为关键成功要素；当一个产业进入成熟期，产品和工艺趋于成熟，管理和营销的重要性凸显出来，企业的管理和营销创新也就成为关键成功要素。显然，企业的独特品质必须与其所处的产业的关键成功要素相匹配，才能在市场竞争中得以体现，并成为竞争优势。

顺丰速运的竞争优势[①]

顺丰速运是一家国内知名的速递公司。2008年，顺丰被中国物流与采购联合会授予"中国物流改革开放30年旗帜企业"；2010年，顺丰成为首个荣膺美国《读者文摘》"信誉品牌"金奖的国内民营快递企业。

顺丰的发展有着明确的战略目标和定位：致力于中高端市场的速递业务，塑造中高端企业品牌，构建合理的产品体系，在提供质量稳定的标准服务的同时，提供各种增值服务，为客户提供超值感受。顺丰坚持以速递业务为核心，通过整合关键资源，建立强大的信息系统，增强核心业务竞争力，并向相关多元化方向拓展业务领域如仓储配送服务、电子商务等，培育新的增长点。顺丰的竞争优势主要基于：

完善物流网络：顺丰坚持以自建网点的形式拓展业务，加强对运营网络的控制，保证快递产品流转过程的作业标准化和信息透明化。顺丰目前建有3个先进的分货中心，采取两级中转模式，应用先进设备，配备自动化分拣系统，实现流水线作业和快件分拣数据传输信息化。物流干线采用航空运输，中短途采用中小型车辆运输，为客户提供快速、准确、安全、经济、优质的服务。

拓展运营网络：顺丰从空中和地面建立快速、高效、覆盖广泛的运营网络。目前，顺丰拥有15架专机，有45个航空组，形成一个快速空运网络；拥有各类陆运干线1 200余条，营运车辆7 000多台，配有全球GPS定位系统，全程监控。这一庞大的陆运网络与空运网络连接，形成一个高效的物流体系，为客户提供快速高效的快递服务。

发展直营网络：为了提升服务质量和快件安全，顺丰以网店自营的方式扩张网络，实现网点和车辆管理自主化；采取分区管理，每一级组织的每一个收派员负责某一区域业务，职责明确。对于加盟制度，这种管理模式能明显增强顺丰对终端网络的控制力，保证派送的时效和服务质量。在服务流程上，顺丰从接单、

---

① 节选自刘珍：《顺丰快递竞争优势分析》，［2015－01－14］http：//wenku.baidu.com/link?url＝G2U26BhHVKI-nVKXBUnIpOacUYau9xaQqpC86Y9S-vstPmTIo6z3gYZRNNTrjPh-8divldAGOS4t894aI5oIF3YLDvYvX_ 64LM0WV_EC2G

收件、中转、分拨、航空和派件全流程,实行三级营运质量保证体系,实时发现和纠正差错,提升运作质量和客户满意度。

广泛应用信息技术:目前,顺丰在运营过程中大量应用信息技术,包括阿修罗营运系统(ASURA)、电子地图系统(EMAP)、风险管理系统(RMS)和企业管理解决方案系统(SAP)等十几个业务管理系统,实现了联网运营。通过ASURA系统,实现作业流程的标准化和统一,保证信息的及时沟通与反馈,提高运营效率,实现货物全程跟踪;通过EMAP系统,对车辆进行监控调度,对货物实施全程跟踪。顺丰利用信息技术,建立起邮件运输网、受理配送网和信息传递网三大网络,从而能更好地为客户提供即时货物信息服务。为了适应信息化发展的要求,顺丰还拥有一家信息技术开发公司,提供技术支持。

创新服务模式:顺丰竭力构建一个专业、安全、快捷的服务模式,为客户提供12种服务,包括4种人工服务、8种自主服务。特别是客户自助端运单套打程序、顺丰移动助理、顺丰短信助理和顺丰电邮助理等增强了客户对轻松、便捷的顺丰服务的体验。顺丰正是利用不断创新服务模式来赢取众多客户。

创新管理模式:顺丰根据客户细分,设计产品价格体系,锁定中端客户;坚持只做小件,不做重货;完善后台支持系统,提升送货速度;推出新的服务项目,为客户提供快速、安全的流通渠道;提高设备和系统的科技含量,推进工作流程标准化,缩短投递时间。

(二)竞争优势的来源与培育

1. 竞争优势的来源

从总体上说,企业竞争优势主要来源于两个方面:

一是产业环境。产业环境构成的竞争优势主要来源于:① 企业所处产业的盈利水平,即产业的吸引力。不同产业的持续盈利机会和吸引力不同,企业选择一个朝阳产业,要比选择夕阳产业更有利于提高自己的获利能力。② 企业在产业中所处的竞争地位。不同的产业具有不同的市场结构:完全垄断、寡头垄断、垄断竞争和完全竞争,导致企业不同的市场行为和市场绩效。一个占据了有利竞争地位的企业通常具有竞争优势和更高盈利的可能性。因此,企业选择有吸引力的产业并予以准确的竞争定位,是获取竞争优势的重要来源。

二是企业拥有的独特资源和核心能力。不同的企业拥有不同的资源和能力并形成特定的组合而生成不同的特质。如果一个企业拥有竞争者不具备的某些资源和能力，即独特资源与核心能力，并与企业的战略和业务相匹配，那就能为企业和顾客创造新的价值，成为企业竞争优势的来源，具体见图3-4。

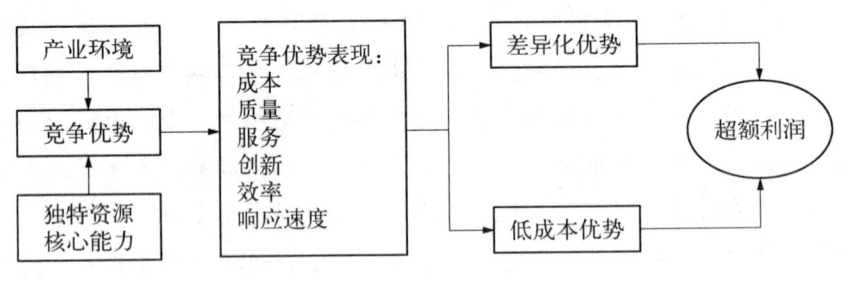

图3-4 竞争优势来源

2. 竞争优势的培育

竞争优势的培育是一个持续累积和改进的过程，通常需要经历识别竞争优势、强化竞争优势、整合竞争优势、扩张竞争优势和竞争优势转换、发展新的竞争优势等几个阶段，具体见图3-5。

阶段Ⅰ：识别竞争优势。一个企业在长期的生产经营过程中会积累相应的资源和能力。其中，哪些是独特资源和核心能力，哪些是竞争优势，在很多情况下，企业并不是很清楚。因此，培育竞争优势首先要识别竞争优势，通常可以采用IFE矩阵、雷达图（Radar Chart）等方法，对竞争优势进行分析和识别。

阶段Ⅱ：强化竞争优势。在识别竞争优势的基础上，企业要根据技术和市场的发展趋势，明确需要强化哪些竞争优势。竞争优势建立在企业独特资源和核心能力的基础上，强化竞争优势的关键是发展独特资源和核心能力。

阶段Ⅲ：整合竞争优势。企业在长期生产经营中形成的竞争优势，可能分散分布在不同业务领域和价值链的不同环节。这就需要企业对竞争优势进行系统整合，产生整体协同效应。

阶段Ⅳ：扩张竞争优势。竞争优势只有在竞争中才能得以巩固、发展和提高。因此，企业要把竞争优势延伸到相关业务领域和产品市场，通过扩大竞争优势，提高企业整体竞争力。例如：企业在某一产品市场具有规模经济和低成本优势，可以通过建立业务关联或市场关联，将这一优势延伸到其他产品市场；企业拥有某一技术优势，可以将这一技术应用于其他相关业务领域或发展新的业务领域，将技术优势扩展到其他业务领域。

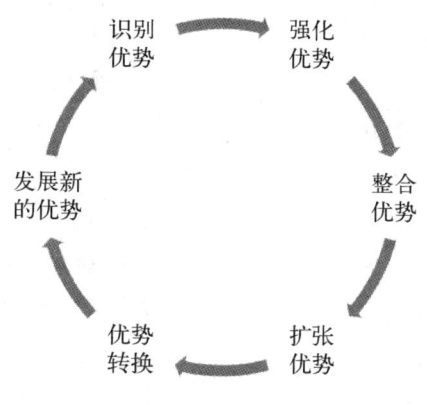

图3-5 竞争优势的培育

阶段Ⅴ：竞争优势转换。竞争优势总是与外部环境、内部资源和能力高度关联，当这些因素一旦发生变化，企业就有丧失竞争优势的可能。因此在复杂多变的环境下，企业不能固守原有的竞争优势，而是要根据市场环境的变化，引入新的资源和能力，实行竞争优势转换。

阶段Ⅵ：发展新的竞争优势。当今，互联网和信息技术的发展打破了企业边界，企业与社会形成更加紧密的联系，极大地拓展了其资源和能力的空间。但这些新的资源和能力并不会自然地发生作用，需要企业将新的资源与资源存量进行整合，形成新的竞争优势。

（三）持续竞争优势

传统的战略管理注重的是企业资源与外部环境的匹配，并通过建立竞争优势在市场竞争中取胜，这种静态的方法已很难适应当今复杂多变的环境。战略管理是一个基于企业与环境交互作用的动态过程，随着外部环境和内部资源的变化而变化。在新经济时代，剧烈动荡的环境有可能迅速颠覆企业拥有的市场地位和竞争优势，打破企业常规发展路径。企业竞争优势的重要来源——独特资源和核心能力，在以逐渐加快的速度被积累和创造出来的同时，也在被快速地消耗和侵蚀，企业竞争优势变得越来越短暂，可持续性越来越低。在这一环境下，企业如果仍然固守原有的竞争优势，那就有可能误入"能力陷阱"而导致失败。

故而，企业的战略模式已从如何获取竞争优势转变为如何使竞争优势成为可持续的。这就需要通过学习、整合和创新，不断获取新的资源和能力，构建一个相互连接的竞争优势连续流，形成一连串短暂的新的竞争优势，实现竞争优势的转换和升级，创造出新的竞争优势，从而使企业能持久地保持竞争优势。

一家企业当竞争对手不能复制或因成本太高而无法模仿其战略时，它就获得了竞争优势；当竞争对手模仿其战略的努力停止或失败后，它才能确信拥有持续竞争优势。任何一种竞争优势都不是永恒的。竞争对手复制其价值创造技能的速度，决定了竞争优势持续的时间。

企业要建立持续竞争优势就必须具备动态能力（Dynamic Capability），形成获得新资源、新能力的能力以及改变原有资源和能力结构的能力，而组织管理能力与创新能力是动态能力的重要因素。因为，任何一个企业在成长过程中累积的资源与能力都是基于特定的环境条件，从而形成一种惯性和路径依赖。动态能力就是要根据市场、竞争与环境的变化，改变企业的资源和能力结构。这就需要克服组织中的惯性和路径依赖，塑造具有创造性毁灭的能力，创造新的竞争优势。

动态能力的主要特征有：① 拓展性。动态能力是一种改变能力的能力，强调拓展新的资源和能力。② 开放性。动态能力注重从外部获取新的资源和能力，并对内外部资源和能力进行整合。③ 复杂性。动态能力隐含在企业的业务流程、组织结构和组织文化中，表现得更为复杂。④ 难以复制。企业是一个有机系统，与企业流程、结构和文化紧密联系的动态能力在组织系统的不同层次上表现为高度的一致性，如果改变企业内某些环节，必然会引起结构性的连锁反应。因此，复制动态能力就变得非常困难。⑤ 战略互动。战略互动就是要将竞争者的战略行为纳入视野，不断调整战略框架下的资源和能力结构。

三、竞争力（Competitive Strength）

竞争力是一个企业的竞争优势在市场上的表现。它能使企业更有效地向消费者提供产品或服务，并获得盈利和发展，具体表现为产品竞争力、品牌竞争力、价格竞争力、渠道竞争力和服务竞争力等多种形式。

企业竞争力是一个相对概念，随着市场环境和竞争对手的变化而变化。它不但包含了企业现有的能力，而且包含了企业未来可以展示的能力。瑞士洛桑国际管理发展学院把企业竞争力划分为五个方面：一是生产效率；二是劳动成本；三是公司的绩效；四是管理效率；五是公司的战略和文化。

对企业竞争力的测量和评价通常采用未来研究方法,在"现在"中包含着"未来"。测量指标包括绝对指标和相对指标两大类。绝对指标主要有销售收入(销售量)、总利润和市场份额等。相对指标主要有利润率、市场占有率等。

第四节 环境分析方法

一、雷达图分析法

(一)雷达图分析法简介

企业的资源、能力和经营状况最终都可以通过财务评价指标来显示。雷达图是反映企业经营状况和财务状况的一种工具,主要从收益性、安全性、流动性、成长性及生产性五个方面对企业经营状况和财务状况进行综合分析与评价。按这种方法绘制的财务比率综合图形似雷达,故而得名雷达图,具体见图3-6。

雷达图可以从静态与动态两个方面来综合分析和评价企业经营状况及财务状况。静态分析是把企业各种财务比率与竞争者或整个行业作横向比较;动态分析是把企业财务比率与先前作纵向比较,以发现企业经营状况和财务状况变化的趋势。

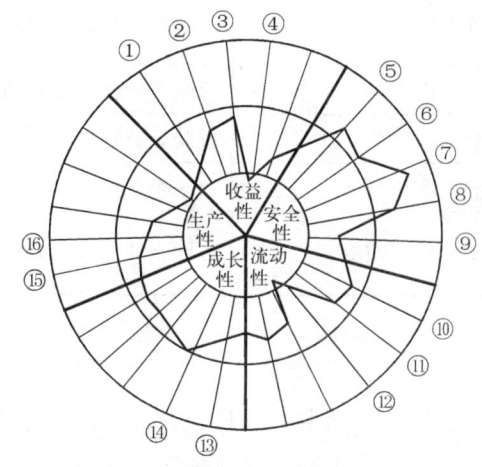

图3-6 雷达图

注:
收益性:① 资产报酬率;② 所有者权益报酬率;③ 销售利润率;④ 成本费用率
安全性:⑤ 流动比率;⑥ 速动比率;⑦ 资产负债率;⑧ 所有者权益比率;⑨ 利息保障倍数
流动性:⑩ 总资产周转率;⑪ 应收账款周转率;⑫ 存货周转率
成长性:⑬ 销售收入增长率;⑭ 产值增长率
生产性:⑮ 人均工资;⑯ 人均销售收入

1. 收益性指标

收益性指标主要是反映企业一定时期内的收益及获利能力。其主要指标含义及计算公式见表3-2。

表3-2 收益性指标

收益性比率	基础含义	计算公式
资产报酬率	反映企业总资产的利用效果	(净收益+利息费用+所得税)/平均资产总额
所有者权益报酬率	反映所有者权益的回报	税后净利润/所有者权益
普通股权益报酬率	反映股东权益的报酬	(净利润-优先股股利)/平均普通股权益
普通股每股收益额	反映股东权益的报酬	(净利润-优先股股利)/普通股股数
股利发放率	反映股东权益的报酬	每股股利/每股利润
市盈率	反映股东权益的报酬	普通股每股市场价格/普通股每股利润
销售利税率	反映企业销售收入的收益水平	利税总额/净销售收入
毛利率	反映企业销售收入的收益水平	销售毛利/净销售收入
净利润率	反映企业销售收入的收益水平	净利润/净销售收入
成本费用利润率	反映企业为取得利润所付的代价	(净收益+利息费用+所得税)/成本费用总额

2. 安全性指标

安全性指标主要反映企业经营的安全程度,也就是企业在一定时期内的偿债能力。其主要指标含义及计算公式见表3-3。

表3-3 安全性指标

安全性比率	基本含义	计算公式
流动比率	反映企业短期偿债能力和信用状况	流动资产/流动负债
速动比率	反映企业即时偿付流动负债能力	速动资产/流动负债

（续表）

安全性比率	基本含义	计算公式
资产负债率	反映企业总资产中负债	负债总额/资产总额
所有者权益比率（股东权益比率）	反映企业总资产中所有者权益	所有者权益/资产总额
利息保障倍数	反映企业经营所得偿付借债利息的能力	（税前利润－利息费用）/利息费用

3. 流动性指标

流动性指标主要反映企业在一定时期内资金周转状况，显示企业资金运用效率。其主要指标含义及计算公式见表3-4。

表3-4 流动性指标

流动性比率	基本含义	计算公式
总资产周转率	反映全部资产的使用效率	销售收入/平均资产总额
固定资产周转率	反映固定资产的使用效率	销售收入/平均固定资产总额
流动资产周转率	反映流动资产的使用效率	销售收入/平均流动资产总额
应收账款周转率	反映年度内应收账款的变现速度	销售收入/平均应收账款
存货周转率	反映存货的变现速度	销售成本/平均存货

4. 成长性指标

分析成长性指标主要是反映企业在一定时期内经营能力变化趋势。一个企业如果收益性高，但成长性低，则表明其未来盈利能力下降。因此，从发展角度看，动态地分析企业财务数据，对战略制定特别重要。其主要指标含义及计算公式见表3-5。

5. 生产性指标

生产性指标主要反映在一定时期内企业生产经营能力、水平和成果的分配。其主要指标含义及计算公式见表3-6。

表3-5 成长性指标

成长性比率	基本含义	计算公式
销售收入增长率	反映销售收入变化趋势	本期销售收入/前期销售收入
税前利润增长率	反映税前利润变化趋势	本期税前利润/前期税前利润
固定资产增长率	反映固定资产变化趋势	本期固定资产/前期固定资产
人员增长率	反映人员变化趋势	本期职工人数/前期职工人数
产品成本降低率	反映产品成本变化趋势	本期产品成本/前期产品成本

表3-6 生产性指标

生产性比率	基本含义	计算公式
人均销售收入	反映企业人均销售能力	销售收入/平均职工人数
人均净利润	反映企业经营管理水平	净利润/平均职工人数
人均资产总额	反映企业生产经营能力	资产总额/平均职工人数
人均工资	反映企业成果分配状况	工资总额/平均职工人数

（二）雷达图的应用步骤

雷达图的绘制主要有以下几个步骤：

步骤Ⅰ：画出三个同心圆。同心圆的最小圆圈代表同行业平均水平的1/2值或最低水平；中间圆圈代表同行业平均水平，又称标准线；最大圆圈代表同行先进水平或平均水平的1.5倍。

步骤Ⅱ：把这三个圆圈的360度分成五个扇形区，分别代表收益性、安全性、流动性、成长性和生产性指针区域。

步骤Ⅲ：从五个扇形区的圆心开始以放射线的形式分别画出相应的财务指标线，并标明指标名称及标度。财务指标线的比例尺及同心圆的大小由该经营比率的量纲与同行业的水平来决定。

步骤Ⅳ：把企业同期相应指标值用点标在图上，以线段依次连接相邻点，形成一个不规则的折线闭环，表示企业经营和财务状况。

步骤Ⅴ：观察和分析雷达图。将各种财务指标与标准线相比，就能清楚地显示出企业的经营绩效。如果企业的比率位于标准线以内,则说明企业比率值低于同行业的平均水平,应认真分析原因,提出改进方向;如果企业的比率值接近最小圆圈或处于其内,则说明企业经营处于非常危险的境地,急需推出改革措施以扭转局面;如果企业的比率值处于标准线或中圆圈外侧,甚至接近大圆,则表明企业经营处于较理想状态,是优势所在,应予以巩固和发扬。当然,并不是所有指标都处于标准线外就最好,应当具体分析。

二、内部因素评价矩阵(Internal Factor Evaluation Matrix, IFE 矩阵)

(一)内部因素评价矩阵简介

内部因素评价矩阵,是一种内部因素分析工具。它通过对企业内部资源、能力和竞争优势的分析,对各职能领域的状况进行量化综合评价,显示企业在行业的成功关键因素上相对于竞争者的优势和劣势,从而帮助企业制定有效的战略。

(二)内部因素评价矩阵的应用步骤

步骤Ⅰ:列出关键因素。一般以10~20个内部因素为宜,包括优势和劣势两方面的因素。

步骤Ⅱ:为每个因素赋予权重。权重表示该因素对企业战略的重要性(以产业为基准),数值范围从0.0(不重要)到1.0(非常重要),所有因素的权重之和等于1.0。

步骤Ⅲ:对各因素评分。1~4分分别代表从劣势到优势的程度:主要劣势、一般劣势、一般优势和主要优势。

步骤Ⅳ:将每一因素的权重与评分相乘,得出该因素的加权分数。

步骤Ⅴ:将所有因素的加权分数相加,得出企业的总加权分数。

因素数量不影响总加权分数的范围(权重总和等于1)。总加权分数的范围都是从最低的1.0到最高的4.0,平均分为2.5。总加权分数明显低于2.5的因素处于弱势,明显高于2.5的因素则处于优势。

(三)内部因素评价矩阵示例

表3-7是瑟克斯·瑟克斯公司(Circus-circus Enterprises)内部因素评价矩阵值。该公司的主要优势在于其规模、房间入住率、房产以及长期计划,主要解

释是其位置和近期的合资经营，总加权分数 2.75 表明其总体内部优势高于平均水平。

表 3-7 瑟克斯·瑟克斯公司内部因素评价矩阵

关键内部因素	权重	评分	加权分数
内部优势			
1. 美国最大的赌场公司	0.05	4	0.20
2. 拉斯维加斯的客房入住率达到95%以上	0.10	4	0.40
3. 活动现金流增加	0.05	3	0.15
4. 拥有拉斯维加斯狭长地带一英里的地产	0.15	4	0.60
5. 强有力的管理队伍	0.05	3	0.15
6. 员工素质较高	0.05	3	0.15
7. 大多数场所都有餐厅	0.05	3	0.15
8. 长期计划	0.05	4	0.20
9. 热情待客的声誉	0.05	3	0.15
10. 财务比率	0.05	3	0.15
内部弱势			
1. 绝大多数房产都位于拉斯维加斯	0.05	1	0.05
2. 缺乏多样性经营	0.05	2	0.10
3. 接待家庭游客，而不是赌客	0.05	2	0.10
4. 位于 Lauyhling 的房地产	0.10	1	0.10
5. 近期的合资经营亏损	0.10	1	0.10
总　　计	1.00		2.75

三、SWOT 分析法

（一）SWOT 分析法简介

SWOT 分析法，又称态势分析法或优劣势分析法，是麦肯锡咨询公司首先提出的，至今已广泛应用于战略管理领域，成为一种重要的分析工具。SWOT 分析

第三章 内部环境分析

方法将企业面临的内部优势（Strengths）和劣势（Weaknesses）、外部机会（Opportunities）和威胁（Threats）进行组合与分析，从而比较全面、系统和准确地反映企业所处的内外部环境，引导企业把资源和行动聚焦在优势与机会领域。SWOT分析方法主要是基于这样一种指导思想：有效的战略源于企业内部资源和外部环境相匹配。

（二）SWOT分析法的应用步骤

SWOT分析方法是通过列表的形式，审视企业内部优势、劣势和企业外部机会、威胁四大因素，并通过将内外部不同因素匹配，评估现有和可能选择的战略（见表3-8）。其中，企业内部优势、劣势由一些相对可控因素构成，包括组织的资源、能力和文化等；企业外部机会、威胁则由相对不可控因素构成，包括技术革命、社会进步、市场需求、政府政策和生态环境等。

表3-8 SWOT分析表

外部环境分析 \ 内部因素分析	优势（Strengths） 列出优势	劣势（Weaknesses） 列出劣势
机会（Opportunities） 列出机会	SO战略 发挥优势 获取机会	WO战略 利用机会 克服劣势
威胁（Threats） 列出威胁	ST战略 利用优势 应对威胁	WT战略 弥补劣势 规避威胁

1. 内外部因素分析

企业环境因素可以概括为两类，即内部环境因素和外部环境因素。内部环境因素包括优势因素和劣势因素，外部环境因素包括机会因素和威胁因素。

（1）优势：企业在内部资源、能力等方面相对于竞争者更为有利的因素，如强大的研发能力、规模经济效应和品牌影响力等。它是企业在长期经营中累积的，有助于在竞争中获得支配地位，达成战略目标。

（2）劣势：企业在内部资源、能力等方面相对于竞争者不利的因素，如财务资源短缺、技术储备不足和营销推广不力等。它有可能使企业在竞争中处于不利的位置，影响企业的发展。

（3）机会：环境变化为企业提供有利因素，如新市场形成、竞争格局改变等。机会的出现并不意味着企业的成功。这不仅需要企业能够识别机会，而且需要企业拥有获取机会的资源和能力，否则，就不可能把握机会。

（4）威胁：环境变化对企业造成的不利因素，如行业政策变化、经济衰退、消费者偏好转移和突发事件等。

2. 内外部因素组合分析

通过对 SWOT 矩阵两两组合，可以形成四种战略。

（1）SO（优势—机会）战略：通过发挥内部优势来把握外部机会。这是一种理想的战略模式。外部环境变化产生某种机会，而企业又具有获取这种机会的资源和能力，机会与优势重叠。企业如果能把握机会，那就有可能产生优势放大效应，将外部机会转变为公司机会，从而为企业提供新的发展空间，并使企业在发展中进一步强化优势。

（2）ST（优势—威胁）战略：通过利用内部优势来应对外部威胁。外部环境变化造成某种威胁，但企业在这方面具有资源和能力优势。这就使得企业有可能利用优势降低威胁带来的影响，至少低于那些不具有优势的企业。

（3）WO（劣势—机会）战略：通过利用外部机会来弥补内部劣势。环境变化产生某种机会，但企业不具有这方面的资源和能力优势，无法把握这种机会。对此，企业需要采取一些有力措施，改变内部的资源与能力结构，争取将外部机会转化为公司机会。

（4）WT（劣势—威胁）战略：通过弥补内部劣势来规避外部威胁。当外部环境变化产生的威胁与企业内部劣势重合，企业就会面临严峻的挑战。如果处理不当，那就有可能对企业发展产生严重威胁。

本章小结

外部环境分析，主要是识别环境变化为企业带来的机会和威胁，解决企业可以做什么的问题。内部环境分析，主要是甄别构成企业竞争优势的独特资源和核心能力，解决企业能做什么的问题。

第三章 内部环境分析

企业资源是指企业拥有的和可利用的各种生产要素的集合，它在很大程度上决定了企业的战略能力。一般可以分为有形资源、无形资源和人力资源。其中，企业在长期生产经营中创造和累积的独特资源是竞争优势的重要来源。

企业能力是指能根据预期目标任务对内外部资源进行有效配置和使用的能力，一般可分为职能能力和综合能力两大类。但从战略层次上看，能力可以划分为一般能力与核心能力。一般能力指的是企业从事生产经营活动所需要的基本能力，它并不能为企业带来竞争优势和超额利润。核心能力是企业在长期生产经营中形成和累积的一种能力。它构成企业间的差异，成为竞争优势的重要来源，也是战略分析的重点。

资源是企业从事生产经营活动的基础，企业间的竞争在很大程度上是围绕着对资源的争夺而展开的，但资源本身并不会自动地创造价值和竞争优势，需要进行有效的配置。这种对资源的配置体现了一种企业能力，反映了企业在研发、生产与营销等活动中长期累积的知识、技能和经验等。从本质上看，企业是一种能力的集合体。企业的竞争优势与经营绩效不仅取决于拥有资源的数量和质量，而且取决于对资源配置和利用的能力。

价值链是指企业在提供产品和服务过程中一系列相关的增值活动。价值链分析是在分解一系列相关业务活动的基础上，分析各项价值活动及其关系，优化价值链环节与结构，创造竞争优势。随着社会分工、专业化的发展，企业价值链不仅与作为外部环境系统的其他企业价值链紧密连接，而且成为其他企业价值链中的一部分，形成一种纵横交错的价值生产网络，也就是所谓的价值网络。它是企业在提供产品和服务过程中与其他企业形成的联系，包括客户、供应商、分销商、研发机构和政府部门等。

竞争优势是指企业不同于竞争者的独特品质，能为顾客创造更多的价值，为企业带来超额利润。竞争优势有多种表现形式，从总体上看，竞争优势可以概括为差异化优势和低成本优势。竞争优势的培育是一个持续累积和改进的过程，通常需要经历识别竞争优势、强化竞争优势、整合竞争优势、扩张竞争优势和竞争优势转换等几个阶段。在剧烈动荡的环境下，企业要建立持续竞争优势就必须具备动态能力，形成获得新资源、新能力的能力以及改变原有资源和能力结构的能力，而组织管理能力与创新能力是动态能力的重要因素。竞争力是企业在市场角逐中表现出来的综合能力。它以竞争优势为基础，包括产品竞争力、品牌竞争力、价格竞争力、渠道竞争力和服务竞争力等多种形式。

环境分析方法主要有雷达图分析法、IFE 矩阵和 SWOT 分析法。雷达图分析法主要从收益性、安全性、流动性、成长性及生产性五个方面对企业经营状况和财务状况进行综合分析与评价。IFE 矩阵是通过对企业资源、能力和竞争优势的分析，对各职能领域的状况进行量化综合评价，显示企业在行业的成功关键因素上相对于竞争者的优势和劣势，帮助企业制定有效的战略。SWOT 分析法将企业面临的内部优势和劣势、外部机会和威胁进行组合与分析，从而比较全面、系统和准确地反映企业所处的内外部环境，引导企业把资源和行动聚焦在优势与机会领域。

本章思考题

1. 从战略角度划分，企业有哪些资源？
2. 何谓知识？知识资源有哪些特征？
3. 何谓核心能力？核心能力有哪些特征？
4. 核心能力来源于何处？如何识别和管理核心能力？
5. 何谓价值链、价值网络？
6. 何谓竞争优势？它有哪些表现形式？
7. 试述价值链、价值网络与竞争优势的关系。
8. 企业如何获得竞争优势？
9. 如何运用雷达图综合分析和评价企业财务状况？
10. 如何运用内部因素评价矩阵，分析企业内部资源、能力和竞争优势，显示企业在行业的成功关键因素上相对于竞争者的优势和劣势？
11. 如何运用 SWOT 方法分析企业所处的内外部环境，引导企业把资源和行动聚焦在优势与机会领域？

本章参考文献

1. [美] 迈克尔·A. 希特等著，刘刚等译. 战略管理：概念与案例（第10版）[M]. 北京：中国人民大学出版社，2012.

2. [美] 弗雷德·R. 戴维著, 徐飞译. 战略管理: 概念与案例 (第13版) [M]. 北京: 中国人民大学出版社, 2012.

3. [英] 格里·约翰逊等著, 徐飞译. 战略管理基础 (第2版) [M]. 北京: 电子工业出版社, 2013.

4. [美] 约翰·皮尔斯二世、小理查德·鲁滨逊著, 钱峰译. 战略管理: 制定、实施和控制 (第12版) [M]. 北京: 中国人民大学出版社, 2015.

5. [美] 亨利·明茨伯格等著, 徐二明译. 战略过程: 概念、情境、案例 (第4版) [M]. 北京: 中国人民大学出版社, 2014.

6. [美] 迈克尔·波特著, 陈小悦译. 竞争战略 [M]. 北京: 华夏出版社, 1997.

7. 王方华. 企业战略管理 (第2版) [M]. 上海: 复旦大学出版社、上海交通大学出版社, 2015.

8. 徐飞. 战略管理 (第2版) [M]. 北京: 中国人民大学出版社, 2013.

9. 金占明、杨鑫. 战略管理 [M]. 北京: 高等教育出版社, 2011.

10. [美] 雷蒙德·A. 诺伊等著, 刘昕译. 人力资源管理: 赢得竞争优势 (第7版) [M]. 北京: 中国人民大学出版社, 2013.

11. 赵曙明. 人力资源战略与规划 (第3版) [M]. 北京: 中国人民大学出版社, 2012.

12. [英] 大卫·J. 斯卡姆. 知识网络: 明天的工具 [M]. 沈阳: 辽宁画报出版社, 2001.

13. [美] 卡尔·夏皮罗、哈尔·瓦里安著, 张帆译. 信息规则: 网络经济的策略指导 [M]. 北京: 中国人民大学出版社, 2000.

14. [美] 达尔·尼夫著, 樊春良译. 知识经济 [M]. 珠海: 珠海出版社, 1998.

15. OECD著, 杨宏进、薛澜译. 以知识为基础的经济 [R]. 北京: 机械工业出版社, 1997.

第四章　公司层战略

📖 本章学习目标

1. 掌握确定战略方向的产品/市场增长矩阵
2. 掌握波士顿矩阵、通用电气矩阵和霍福尔矩阵三种业务组合方法
3. 掌握增长型、稳定型、收缩型和混合型四种战略态势的含义、类型、特征、动因、应用条件和风险
4. 了解定量战略计划矩阵战略分析方法

📖 本章核心概念

战略方向　市场渗透战略　产品开发产品　市场开发战略　业务组合
混合多元化战略　波士顿矩阵　通用电气矩阵　霍福尔矩阵　战略态势
增长型战略　稳定型战略　收缩型战略　混合型战略　定量战略计划矩阵

公司层战略是指根据企业的内外部环境及其变化趋势来确定企业未来的发展方向，并通过对业务组合的调整和对战略态势的选择予以体现。本章主要阐述公司层战略的一些核心问题，包括确定战略方向、业务组合及其方法、选择战略态势和战略决策工具应用等。

第一节　战略方向

确定企业发展的战略方向，通常可以采用安索夫的产品/市场增长矩阵，具

体见表 4-1。这一矩阵为企业规划了四种战略方向，即市场渗透（Market Penetration）、产品开发（Product Development）、市场开发（Market Development）和混合多元化（Diversified Mix）。相应地，企业有三种路径可供选择：一是沿着横轴拓展产品线；二是沿着纵轴拓展市场；三是同时沿着横轴和纵轴拓展产品线与市场。这实际上是一个多元化发展的过程。

表 4-1 产品/市场增长矩阵

产品＼市场	现有产品/服务	新的产品/服务
现有市场	市场渗透	产品开发
新的市场	市场开发	混合多元化

一、市场渗透战略

对结构简单、业务单一的企业，最有效的战略是加强现有产品对现有市场的渗透力。市场渗透战略是企业通过富有竞争力的定价、分销和促销等营销行为，增加原有产品在原有市场上的销售量和市场份额。在很多情况下，市场渗透战略对开发市场潜容量具有明显作用。

市场渗透战略基于企业现有的资源、能力、产品和市场，无须改变经营方向和范围。企业对产品的性能、质量、可靠性以及消费者偏好与市场位置、潜容量、成长性等情况比较熟悉，承受的战略风险较低，并能从扩大了的市场中获得规模经济和经验曲线。但这一战略没有突破原有的产品和市场范围，战略收益有限，并有可能导致市场竞争加剧，引发价格战、营销战，付出较高的代价。在一个低增长性的成熟市场，任何一家企业市场份额的增加也就意味着竞争者市场份额的减少，势必引发竞争者的激烈反应；一些限制企业市场权力过大的法律如反垄断法、反不正当竞争法等，也会对企业的市场扩张行为产生约束。

市场渗透战略的主要路径有：一是通过低价格、高促销等营销行为，刺激现有市场消费量的增长；二是通过市场细分，进一步开发顾客潜在需求；三是运用有效的竞争手段，吸引竞争者的顾客，提高市场占有率。

战略管理

五粮液的品牌延伸战略：全面渗透白酒市场①

中国最知名的白酒莫过于茅台和五粮液。茅台的"国酒"地位在人们心中是无法撼动的。但近年来，五粮液凭借其品牌延伸战略快速崛起，把茅台远远甩在后面。2004年，五粮液主营业务收入达62亿元，而茅台仅为30亿元；五粮液品牌资产从31.56亿元上升到306.82亿元，而茅台为200亿元。

五粮液是如何撼动茅台地位的：茅台品牌战略失误

2004年后，白酒业掀起了"买断经营""品牌OEM""五粮液模式"的热潮。"国酒"茅台不甘寂寞，采取与五粮液相似的品牌延伸战略。第一集团军冠以茅台品牌，如茅台王子酒、茅台迎宾酒、茅台醇和茅台液；第二集团军冠以茅台集团品牌，如贵州王、红河酒、小豹子和九月九的酒（其中一些是买断品牌）；第三集团军则是冠以茅台品牌的远征军，如茅台啤酒、茅台葡萄酒，与啤酒业老大青岛啤酒和红酒老大张裕展开竞争。茅台品牌延伸是一个重大的战略失误，其"平民化"严重有损于"国酒"的品牌形象。

品牌簇群战略成就五粮液：五粮液凭什么挑战"国酒"茅台

五粮液实行品牌簇群战略。在市场细分的基础上，对品牌簇群精准定位，精心为竞争者设置进入壁垒，并借助销售网络优势，强力渗透市场。五粮液在礼品酒市场上推出五大礼酒系列：明窖1368打"历史文化牌"；五粮醇打"商务礼宾酒"；金叶神打"中国人的礼酒"；五龙宾打"贵宾用酒"。这五大礼酒系列的价格在180元以上，主价位在200～300元间。这是国内主流商务消费和公务消费的核心价位。

五粮液通过品牌簇群战略，实行全方位市场渗透，抢占中高端市场。此时，茅台却在品牌延伸战略上遭遇寒流：品牌盲目延伸降低了茅台"国酒"的品牌价值，"平民路线"受挫，品牌形象受损。更糟糕的是，茅台的品牌战略未能充分整合产地资源，导致茅台镇群雄并起，同城竞争弱化了"国酒"最稀缺的产地资源。从某种意义上说，正是茅台的战略失误成就了五粮液。

---

① 改编自《五粮液利用品牌战略全面渗透白酒市场》，［2011-05-25］http://www.jiaoyanshi.com/article-1439-1.html

第四章 公司层战略

五粮液是如何从大众品牌过渡到中高端品牌的

成功的提价策略是提升五粮液品牌影响力的分水岭。20年前，汾酒价格比茅台低1元多，比五粮液低2角。现在，汾酒和五粮液平均差价为200元左右。在早期，众多名酒价位接近，几乎没有档次差别。除茅台外，其他名酒在消费者眼中，并无太大差别。1993年前，众多名酒只是在销量上竞争，而不关注品牌形象和品牌价值。为了增加销量，厂商一般不愿意贸然提价。五粮液却适时提价，提升品牌形象和品牌价值。1993年，众多名酒的价格还徘徊在10~20多元时，五粮液已悄然涨到100多元。白酒分化成高端产品和中低端产品，五粮液与其他名酒拉开了档次，成功地挖到了品牌价值"第一桶金"。

之后，五粮液对品牌资源进行整合，用精准的市场定位和价格策略，将高端消费群体进一步细分为高高、高中、中高三个档次，覆盖整个高中端市场，不给竞争者留下任何市场缝隙，并与其他品牌形成区隔。对顶尖消费群，以五粮神为主打，终端价位在1 980元，选择高层礼品销售渠道，品牌形象定位于"超越权贵"；对高中端消费群，以五粮神218为主打，终端价位在990元，选择高级销售渠道，包括酒店旗舰店、商超A类店和团购等，品牌形象定位于"超越神韵"；对中高消费者，以五粮神216为主打，终端价位在380元，选择中高端销售渠道，包括A类、B类酒店及商超批发、零售店等，与"水井坊""国窖1573""金剑南"争夺市场。

二、产品开发战略

产品开发战略是指企业在原有市场上提供全新产品或改进产品。这一战略对企业创新资源和能力具有较高的要求，需要投入大量的研发费用。尽管研发的复杂性有可能导致较低的成功率，但企业对消费者偏好、购买习惯、市场潜容量和成长性等情况熟悉。因此，这一战略企业在产品维度上承担的创新风险较高，在市场维度上承担的市场开发风险较低。从总体上看，这一战略承受的战略风险具有可控性，有较大的战略空间。如能成功，则有可能获得较高的战略收益。

产品开发战略的主要路径有：一是改进原有产品，改善产品功能、质量和成本等；二是开发全新产品，满足消费者潜在需求；三是发展差异化产品，在功能、款式、质量和包装等方面与其他产品形成差别,满足消费者特定需求。

苹果公司的产品创新①

毫无疑问,苹果公司是最有创新力的公司,它开发出许多改变世界的产品。

1. Apple Ⅱ。Apple Ⅱ是一款将苹果公司变为一个计算机开发商的产品。这款产品发布于1977年,定义了早期个人计算机行业,售价为1 298美元。这是一款价格实惠的计算机,配备了键盘、磁盘驱动器和显示屏,初学者可以轻松地驾驭。它实惠的价格和易用性使计算机进入家庭成为可能。继Apple Ⅱ之后,苹果公司推出了大名鼎鼎的麦金塔电脑,但只有Apple Ⅱ才是苹果公司创新性的真正体现。

2. 牛顿掌上电脑。在首款Palm Pilot发布前,苹果公司曾发明了个人数字助理。这款设备是苹果最伟大的创新之一,但它问世太早以至于最终沦为一款失败的产品。牛顿掌上电脑具有注意事项、时间和名字等应用功能,允许数据共享,类似于现在苹果设备中的Notes、Calendar和Contacts。从很多方面看,牛顿掌上电脑为iPod、iPhone和iPad的开发奠定了基础,它让苹果知道了很多有关于如何在消费电脑市场整合各种设备的知识。

3. iTunes。大多数人认为是iPod将苹果带入我们的生活,但事实上是iTunes使iPod的普及成了可能,iTunes将iPod和数字音乐世界连接在一起。通过iTunes,苹果完全改变了传统音乐发行模式,让音乐单独定价成为惯例,也使CD在短时间内被淘汰。iTunes证明了数字媒体可以进行大规模发布,音乐、TV和电影从此进入数字时代。iTunes曾经是苹果最畅销产品。

4. iPhone。尽管Apple Ⅱ、牛顿掌上电脑和iTunes都是创新产品,但乔布斯却是因iPhone被人们牢记于心中。这款设备改变了电子设备的未来。在2007年发布时,iPhone颠覆了人们关于手机的知识和想法。iPhone的诞生还使黑莓从一款极受欢迎的设备生产商沦为苟延残喘的手机制造商。但是,如果苹果和第三方

---

① 改编自文良:《苹果的5项伟大创新 iPhone让人记住乔布斯》,赛迪网,http://www.ccidnet.com/2013/1220/5295515.shtml。

应用开发没有密切的联系,那么 iPhone 就不会发展得这么好。

5. App Store。App Store 代表着新的软件销售渠道。更具创新性的是苹果 App Store 如何做到软件产业大众化,OMGPOP、Supercell 和 Rovio 等创业公司几乎一夜间从一个想法发展成为一家估值数亿美元的企业。在传统软件销售模式下,它们不可能做到如此迅速的发展。几年前发布的 App Store 现已成为苹果软件的主要销售渠道,发布的产品能被大众迅速接受和采用,这才是苹果成功的原因所在。

三、市场开发战略

市场开发战略是指将现有产品推向新的市场,这是一种市场地理位置上的扩张战略。这一战略在产品维度上,企业对产品性能、质量和可靠性等情况比较了解,承担的风险较低;在市场维度上,企业对消费者偏好及市场位置、潜容量、成长性等情况不熟悉,面临的风险较高。从总体上看,这一战略承受的战略风险具有可控性,有较大的战略空间。若能成功,则有可能获得较高的战略收益。

通常,新产品大多首先被大城市消费者特别是那些具有良好教育背景、收入较高、年轻时尚的消费者接受。随着时间的推移,生产和销售规模的不断扩大,成本逐步降低,新产品会逐步普及,成为大众消费产品。随着原有市场趋于饱和,企业会将这种新产品向其他地区市场扩散。这种战略对扩大市场规模、延长产品生命周期、提高投资回报等有着积极的作用。特别是互联网与信息技术的发展打破了传统市场的地理边界和物理网络——从一种地点空间转变为一种流动空间,从而大大增进了产品流动的距离、范围和速度,在互联网上聚合起世界各个国家和地区的需求,形成一个开放性的全球市场。这就使企业能够远距离向世界任何地点的潜在顾客提供产品,加快企业扩张市场疆域的速度,打破传统的市场扩张模式。在外部性作用下,市场网络的扩大不仅为企业带来新的客户,而且为原有客户带来更高的价值;更重要的是,企业在一个地域市场的客户规模可以成为拓展另一个地域市场的竞争优势。大多数跨国公司在进入新的国际市场时经常采用这一战略。

市场开发战略的主要路径有:一是开发新的用户;二是开发新的市场空间

(互联网市场);三是开发新的地域市场。

小米进军海外市场[①]

海外战略的"救命稻草"

小米公司方面称 Hugo Barra 加盟是为了擎起小米进军国际市场的大旗。那么他能成为小米海外战略的救命稻草吗?小米创始团队大都是由华人组成的,离"国际化组织"有段距离,国外市场历来都对中国产品存有或多或少的偏见。Hugo Barra 在谷歌 Android 担任副总裁的背景无疑能提高小米手机的国际身价,成为一张光亮的国际名片,让小米团队有国际风度。

小米从创始以来一直推崇"铁人三项"战略,即从应用软件到系统再到硬件,打造一个完整的生态系统。形成良好体验的是基于 Android 开发的 MIUI 系统,这才是小米手机真正的核心。作为 Android 4.0 奠基者的 Hugo Barra 是仅次于其创始人的灵魂人物。近年来,他多次出席谷歌发布会,成为谷歌 Android 产品线的代言人。利用这一优势,小米可以提升 MIUI 系统在国际上的地位,吸引更多 Android 生态圈的开发者参与 MIUI 开发,这也许是 Hugo Barra 加盟最重要的意义所在。

小米借 Hugo Barra 新闻效应扩大其在国际市场的关注度。从目前海内外新闻传播来看已达到初步目的,关于小米手机与 Hugo Barrad 的关键词已充满海内外媒体。业内人士表示:"谷歌高管投奔小米的事情,基本可以确定为一场精心策划的跨国营销活动。……小米引进谷歌高管的最大意义是让欧美业界开始注意小米,小米正式走入国际舞台。"

由此可见,Hugo Barra 的加盟确实能在一定程度上提升小米在国际市场的影响力,但是否能在国际市场杀出一条血路,仍有待观察。

小米手机国际化,路在何方

2013 年前 5 个月,国产品牌智能机出货量 1.42 亿部,同比增长 182.1%,占国内智能机出货量的 76.9%。这让一直崇尚做大的国内企业,纷纷把目光投向海外,小米就是这样一家富有野心的公司。

[①] 节选自《雷军打造国际化团队 小米海外战略路在何方》,站长之家,http://www.chinaz.com/news/2013/0902/315616.shtml

第四章　公司层战略

小米手机凭借 CEO 雷军在业内的号召力及多年累积的人脉，抓住国内消费者追求性价比的特点，利用媒体狂轰滥炸，俘获了一大批"米粉"，成就了小米的庞大帝国，但这套方法出了国门就未必管用。"在国际市场，小米没有雷军的光环，没有品牌溢价。对外国消费者，只是另一个价格不贵的、还不错的中国智能手机。"至顶网总编辑高飞如此评价道。

目前，国际手机市场相对成熟，三星与苹果等公司凭借优良的产品品质和强大的营销推广，牢牢控制了整个市场。对此，执意走国际化路线的小米，在引进 Hugo Barra 之后，下一步该如何突围？

首先，引进国际人才、打造国际化团队。国际化最成功的华为和联想都善用此招。据悉，英国 6 000 多万人口中，每 10 个人中，有近 3 个人曾使用过华为的终端产品。华为在国外设立新闻发言人和手机销售团队，坚持用本地员工。此次 Hugo Barra 加盟是小米挖掘国际人才的开始，有利于打造一批在业界有影响力、能深刻理解国外文化的团队。

其次，建立国外研发、设计中心。由于文化差异，国内消费者对手机的审美及需求与国外消费者有很大的不同，在国外建立研发、设计中心，开发差异化产品，就显得很有必要。华为很早就有意识地在国外设立多个研发中心，还不惜重金引进服务宝马等国际知名企业的设计师，负责华为终端设计，这才有了华为 P6 手机，引起国际媒体的强烈关注。

另外，加强与各国电信运营商的合作。小米要拓展国外销售渠道，快速提升铺货量，加强与各国运营商合作是一条必由之路。在美国、欧洲及日本等发达国家，海外手机销售都是以合约机销售为主。苹果在美国主要走运营商合约机渠道，在日本的 iPhone 销售更是全部依赖于运营商。

最近雷军一再宣称，小米不是"中国的苹果"，其模式更像亚马逊。我们或许可以大胆猜测，未来小米很可能把很大一部分精力用来搭建独具特色的自有电商渠道，并加强与国外电商巨头如亚马逊的合作，走出小米独有的新模式。这也许是小米对未来最大的押注。

我们有理由认为，Hugo Barra 的加盟只是小米开拓国际市场的一个开端。当然，国产手机要突破三星、苹果等巨头所把控的国际市场，并不是一个容易跨越的鸿沟。在未来的道路上，小米还需要更多的探索和创新。

四、混合多元化战略

混合多元化是向新的市场提供新的产品。这一战略突破了企业原有产品和市场的范围,具有很高的战略风险,但若能成功,会获得很高的战略收益。

企业从事生产经营活动总会面临风险,风险与收益相关联。从风险管理角度看,企业并不能完全消除风险,但要控制总体风险。产品开发战略与市场开发战略尽管分别在产品维度或市场维度上的风险较高,但在另一维度上的风险较低,因此总体风险具有可控性。而混合多元化战略在产品和市场两个维度上的风险都较高,因此总体风险高。市场渗透战略尽管在产品和市场两个维度上风险都低,但战略收益低。因此,企业可以根据能够承担的风险和预期收益,选择相应的战略。一般情况下,大多数企业更愿意在某一时期内采用产品开发战略或市场开发战略。这样既可控制总体风险,又可获得较高的战略收益。

IBM 公司的战略布局①

战略聚焦

创立于1914年的美国IBM(国际商业机器)公司,自1994年转型以来,已成为世界上最大的IT跨国公司。2000年至2004年,IBM积极推行增长战略,通过横向一体化战略,与多个重要的独立软件公司建立了战略联盟。这些公司先前大部分是IBM的竞争者。通过纵向一体化战略,IBM不断巩固和拓宽了自己的业务领域,主要包括以下三个领域:

一是硬件系统领域。IBM认为未来IT基础设施正在从复杂走向虚拟。IBM致力于通过服务器优化、存储整合、信息生命周期管理和灾难恢复,最终实现基础设施虚拟化,使客户有更多时间专注于业务创新。对此,IBM做得非常成功,尤其在服务器与存储整合上。

(1)服务器。以往,IBM的服务器总是给人以高端称雄的印象,而在低端,IBM优势不那么明显。IBM一向追求以技术创新领导市场。经过战略调整,IBM利用中低端产品的规模效应,力推低端p系列服务器、x系列服务器和BladeCenter刀片服务器,加强了区域覆盖及渠道合作,使IBM产品的市场覆盖率大幅提升。根据Gartner提供的数据显示,IBM在多个关键领域实现了增长:以

---

① 节选自《IBM公司战略管理案例》,豆丁网,[2015-05-21] http://www.docin.com/p-1156221558.html

32.7%的收入份额排名全球服务器市场收入第一，服务器总收入的年增长率为9%；截至2005年三季度，IBM的UNIX服务器收入连续5个季度增长，占29.4%的收入份额，年增长率达12%；刀片服务器收入份额连续6个季度领先，占超过45%的收入份额，年增长率达82%；2005年三季度，Linux服务器总收入排名全球第一，占29.7%的收入份额，年增长率达32%；IBMeServer i 系列系统收入年增长率为25%。

（2）存储整合与信息生命周期管理。从2003年的存储年后，世界存储产业正经历着一场天翻地覆的变化。企业对业务连续性以及信息生命周期管理等方面的需求增大，拉动存储市场持续高速增长。特别是中小企业市场的发展，显示出中低端存储市场的巨大潜力，一个全面竞争的存储时代已来临。2005年3月，IBM存储系统事业部提出了三维存储的新概念，用高价值解决方案，从业务连续性、信息生命周期管理和存储整合三个方面，帮助企业实施全面存储战略，对业务层面、信息层面和基础架构层面有一个全盘考虑。

存储整合战略是整合分散的存储资源并提供数据统一的战略视图，用先进的管理功能打破传统存储管理的复杂性，通过创新统一和简化异构存储环境，用信息生命周期管理使存储与数据价值保持匹配，为企业实现最大的投资回报；基于战略方法管理信息从创建到清除的全过程，降低管理成本；通过业务连续性确保不间断运营，降低业务风险，提高业务弹性，增强竞争优势。2005年，IBM不断完善快速数据恢复、数据备份和连续可用性三大关键领域解决方案，简化了企业基础架构及其管理，提供综合业务连续性战略，在生命周期内对信息进行有效管理。企业不但可以降低基础架构管理的复杂性，建立一体化运营环境，而且可以实现业务模式转型，增强竞争优势。

二是软件领域。IBM为客户建立面向服务的架构、实现整合并保证业务灵活性。IBM认为，随需应变的业务就是能把客户、供应商的所有流程端到端整合在一起，加快对客户需求变化的响应速度。为此，IBM着眼于企业战略与IT技术融合，包括信息、流程、人员方面的融合，以及技术与业务方面的整合。IBM将软件业务从相互分工的中间件整合为基于客户需求、面向行业的解决方案，从研发、技术、产品、渠道直至合作伙伴进行大幅调整，帮助用户逐渐转向一种随需应变的环境。

除了纵向的行业解决方案外，IBM 还重点开发了横向电子商务随需应变操作环境，保障业务交易处理，实现公司各部门及重要合作伙伴、供应商和客户间的端到端集成；建立对客户需求、市场机遇及外部威胁做出迅速反应的 IT 基础设施。对此，IBM 软件部为用户提供了从创建、运行、管理到使用贯穿整个软件操作环境的中间件解决方案，并以组件化、集成化而闻名于世。

三是服务领域。服务一向是 IBM 的专长，也是 IBM 的最大挑战。2001 年，IBM 全球服务收入 350 亿美元，占总收入的 40%。IBM 充分发挥蓝色快车和信息支持中心的作用，将服务细化为 A、B、C 三个档次，提供帮助用户更好地了解 IBM 服务体系、清除系统初始化过程中的隐患的安心服务。

另外，IBM 专门为业务伙伴和客户提供完善的售前技术支持服务。从现场安装到个性化服务，从常规服务到增值服务层层推进，使 IBM 的服务成为强有力的支撑点。首先，IBM 从业务咨询入手，帮助客户进行业务分析；其次，建立组件化业务模型，将企业业务活动细分成相互连接的独立插件；最后，帮助客户实施业务转型外包，利用 IBM 在整体运营流程、专业技能和规模经济方面的优势，为客户承担非核心业务甚至核心业务，使客户能实现迅速、成功和持久的业务转型。在这一思路指引下，IBM 与宝洁签订价值 4 亿美元，为期 10 年的全球人力资源业务流程外包协议。2003 年 9 月 2 日，IBM 又与宝洁司签订 BPO（商业处理外包）合同，包括赔偿金、薪水、员工工作重新分配和旅行安排等。

到 2005 年，IBM 在硬件领域、软件领域和服务领域取得了骄人的成绩：在硬件系统领域，总收益上升 5 个百分点；在软件领域，总收益已达到 158 亿美元，比 2004 年上升 4 个百分点；在服务领域，IBM 继续保持全球 IT 服务业的领导地位，来自全球服务业的收益为 474 亿美元，比 2004 年上升 2 个百分点。

第二节 业务组合及其方法

企业的战略方向主要是通过业务组合来体现的。业务组合是指企业从事生产经营活动的领域及其结构。一种合理的业务组合在一定约束条件下，能为企业提供最大的盈利，支持企业的持续发展。对战略方向的调整有两条基本路径：一是进入某些新的业务领域，主要通过内部创新、投资以及兼并、收购的方式实现；二是退出某些业务领域，主要通过紧缩、转移、放弃和清算的方式实现。

对业务组合的调整，需要对现有业务组合进行分析和评价。波士顿矩阵、通用电气矩阵和霍福尔矩阵是企业业务组合分析的重要工具，统称为公司业务组合分析法（Portfolio Analysis）。它们适用于多种业务组合的情况，为每一业务单元寻求最合适的战略。随着资源、市场和环境的变化，企业的业务组合会发生相应的变化：适时拓展新业务，淘汰衰退业务，形成最佳的动态业务组合，这是公司层战略的重要内容。

一、波士顿矩阵（BCG Matrix）

（一）波士顿矩阵简介

波士顿矩阵是美国波士顿咨询集团（Boston Consulting Group）的布鲁斯·亨德森（Bruce Henderson）在1970年代初首创的一种规划业务组合的方法。它通过对企业不同业务的划分，明确与预期各业务的现状和未来，为业务组合调整提供依据，主要解决如何使业务结构适合战略目标和市场变化，将有限资源在不同业务间进行有效配置，并实现企业现金流平衡。

波士顿公司认为，决定业务结构合理与否的有两个基本因素，即市场吸引力与企业竞争力。反映市场吸引力的主要指标是市场增长率，反映企业竞争力的主要指标是市场占有率（或相对市场占有率）。显然，企业要获得成功并得以持续发展就必须拥有不同市场增长率和市场占有率的业务组合。

在波士顿矩阵中（如图4-1所示），纵轴表示市场增长率，横轴表示市场占有率（相对市场占有率），各以10%和20%（1.0）为中点，将坐标图划分为四个象限，形成四种不同性质的产品类型：问题（Question Marks）业务、明星（Stars）业务、现金牛（Cash Cow）业务和瘦狗（Thin Dogs）业务。图中圆圈大小表示市场销售额（量）多少。一般情况下，问题业务是一些新发展的业务，其中一些具有发展潜力的问题业务有可能发展成明星业务；明星业务经过培育有可能发展成现金牛业务；现金牛业务是企业现金流的主要来源，由于产品生命周期，现金牛业务会逐步变为瘦狗业务。

1. 问题业务

问题业务处于高市场增长率、低市场占有率象限内。高市场增长率意味着市场前景看好，低市场占有率意味着缺乏竞争力。这类业务需要投入大量资源包括研发、生产和营销等费用，未来有可能为企业带来丰厚的利润，也有可能成为消耗企业资源的陷阱，存在较高的风险。对此，企业可以采取选择性投资战略：对那些市场潜力大、与企业战略相一致、发展前景好的问题业务，加大投资力度，使其尽快发展和成熟；否则，就应考虑退出。

2. 明星业务

明星业务处于高市场增长率、高市场占有率象限内。这类业务是通过对问题业务的持续投入而成长起来的，显示出较好的市场前景和较强的竞争力，有可能成为未来的现金牛业务。对此，企业要加大投资力度，使其尽快发展成现金牛业务。

3. 现金牛业务

现金牛业务处于低市场增长率、高市场占有率象限内。这类业务大多处于成熟市场，只要少量投资，就能产生大量现金流，为其他业务发展提供支撑，但其

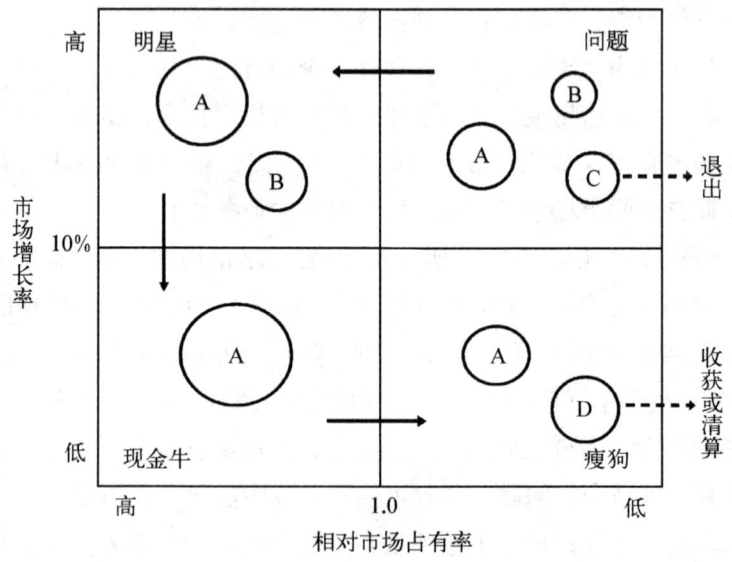

图 4-1 波士顿矩阵图

前景有限。对此,企业应适量投入,保持现有市场占有率,延长生命周期,获取尽可能多的现金流。

4. 瘦狗业务

瘦狗业务处于低市场增长率、低市场占有率象限内。这类业务前景不看好,竞争力不强,大多不盈利或微利,却要占用企业资源。对此,企业要加强管理,降低成本,或逐步退出。

(二) 波士顿矩阵的应用步骤

步骤Ⅰ:制作 BCG 矩阵四象限图。以 10% 的市场增长率和 1.0 的相对市场占有率作为高低标准的分界线,将坐标图划分为问题业务、明星业务、现金牛业务和瘦狗业务四个象限。

步骤Ⅱ:计算各业务的市场增长率和相对市场占有率。BCG 矩阵用相对市场占有率表示业务竞争力,而不使用市场占有率,主要是为了使分析具有可比性。相对市场占有率的计算公式为:

$$某产品相对市场占有率 = \frac{该产品本企业市场占有率}{该产品市场领先者的市场占有率}$$

$$某产品本企业市场占有率 = \frac{该产品本企业销售额(量)}{该产品市场销售总额(量)}$$

步骤Ⅲ:制作 BCG 矩阵图。把企业全部业务按市场增长率和相对市场占有率在坐标图上标出相应位置;按每种业务的销售额绘制成面积不等的圆圈,销售额越大,面积越大;顺序标上不同的数字以示区别。

步骤Ⅳ:分析业务组合状况。一个合理的业务组合应该在四个象限内都有一定数量的业务分布,而且主要分布在明星和现金牛象限内,问题业务和瘦狗业务不能过多。只有这样,才能使各业务相互支持,实现资金良性循环,企业发展具有可持续性。业务组合失衡通常表现为问题业务和瘦狗业务过多,明星业务和现金牛业务过少。如果明星业务过少,那就意味着业务发展潜力不足;如果现金牛业务过少,那就意味着现金流短缺,没有足够的财力支持明星业务和问题业务的发展。

对业务组合的调整主要有四种方法:一是发展——将问题业务尽快成长为明星业务;二是保持——对现金牛业务,争取保持现有市场份额,获取更多的收益；三是收割——对前景不佳的现金牛业务或瘦狗业务，在短期内获得尽可能多的现金收入；四是放弃——清理那些没有前景的瘦狗业务和问题业务，将有限的资源配置到高效益的业务上。

波士顿矩阵模型是根据市场增长率和相对市场占有率这两个指标组合状况对业务的市场地位做出评价，描绘出业务组合的战略图谱，清晰、简洁地显示出企业业务结构，以便对不同类型业务的发展做出战略决策，实现资源合理配置和现金流量平衡。但存在市场增长率与相对市场占有率两个指标代表力弱和失真现象，模型的解释力有限。

二、通用电气矩阵（GE Matrix）

（一）通用电气矩阵简介

通用电气矩阵又称麦肯锡矩阵（McKinsey Matrix），是美国通用电气公司1970年代在对 BCG 矩阵模型改进的基础上，开发的一种新的投资组合分析方法。GE 矩阵用产业吸引力和竞争地位这两个更加综合的指标，置换 BCG 矩阵的市场增长率和相对市场占有率，用以评估企业业务组合情况。每一指标维度分为三级，形成九个象限，从而大大增强了模型的适用性，为制定业务组合战略提供了更加细致、合理的分析决策工具。

在 GE 矩阵中，横轴表示竞争地位，纵轴表示产业吸引力。战略业务单元在 GE 矩阵图中用一个圆圈表示，具体见图 4-2，其中：圆的大小代表市场规模；阴影部分代表企业的市场份额。

（二）通用电气矩阵的应用步骤

步骤Ⅰ：确定战略业务单元和影响产业吸引力、企业竞争地位的重要因素（见表 4-2），可以根据实际情况调整。

步骤Ⅱ：根据各因素的重要性，决定每项因素的权重。

步骤Ⅲ：参照主要竞争对手，对每个因素进行评分，通常采取五级评分标准。

步骤Ⅳ：加权计算各个业务单元在产业吸引力和竞争地位上所得的分数。

步骤Ⅴ：根据产业吸引力和竞争地位总体得分，将战略业务单元标在 GE 矩阵上，用圆圈大小表示市场规模，用阴影表示企业的市场份额。

第四章 公司层战略

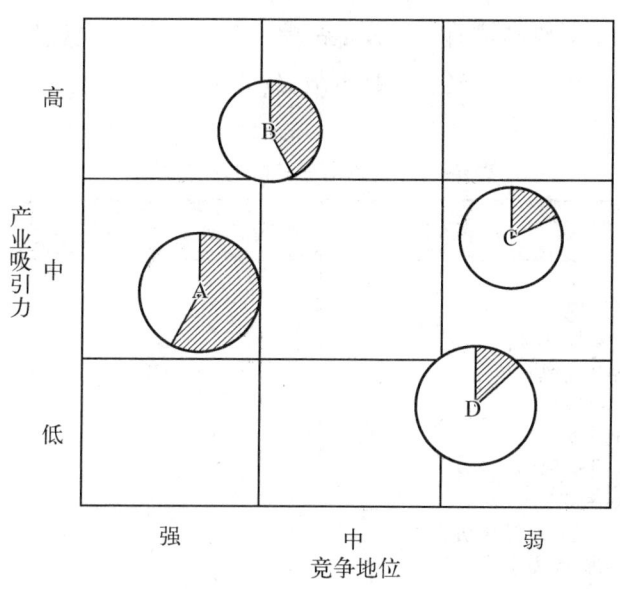

图 4-2 通用电气矩阵图

步骤Ⅵ：根据战略业务单元在矩阵上的位置，对其策略进行说明。在图 4-3 中，深灰色象限内的业务单元采取增长与发展战略，应优先分配资源；浅灰色象

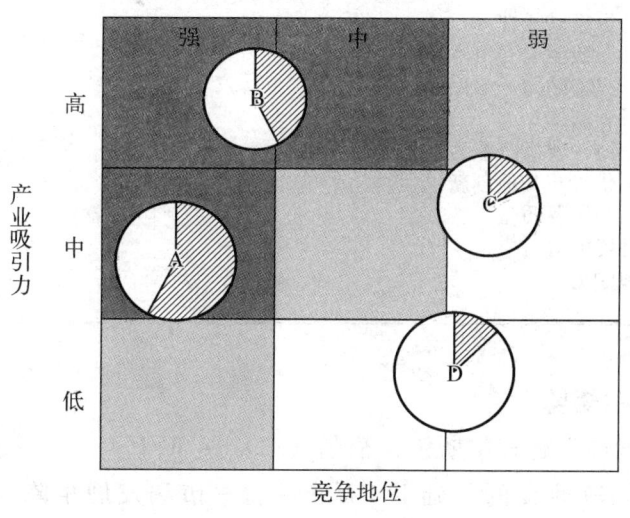

图 4-3 通用电气矩阵分析

限内的业务单元采取维持或有选择发展战略，保护规模，调整发展方向；白色象限内的业务单元采取停止、转移、撤退战略。

表4-2 通用电气矩阵的典型因素

	内　　容	分　值	权　数	加权值
产业吸引力	• 市场规模 • 市场增长率 • 市场收益率 • 定价趋势 • 竞争强度 • 产业投资风险 • 进入障碍 • 产品/服务差异化机会 • 产品/服务需求变动性 • 市场分割 • 分销渠道结构 • 技术发展			
竞争地位	• 资产与实力 • 品牌与市场的相对力量 • 市场份额 • 市场份额成长性 • 顾客忠诚度 • 相对成本结构 • 相对利润率 • 渠道结构及生产能力 • 技术研发与其他创新 • 产品与服务质量 • 投融资能力 • 管理能力			

三、霍福尔矩阵

美国战略管理学者查尔斯·霍福尔（Charles W. Hofer）教授在对波士顿矩阵、通用电气矩阵改良的基础上，提出产品—市场发展矩阵（Product-market Evolution Matrix），扩展了上述两种业务组合选择方法。用产品—市场发展五阶段

第四章 公司层战略

指标替换了产业吸引力指标,并为每一象限的产品配置了不同的战略方案,构建了三种典型的业务组合矩阵:成长型、盈利型和平衡型。不同类型的业务组合,有不同的问题,引致不同的战略选择。

在霍福尔矩阵中(如图4-4所示),横坐标为竞争地位,分为强、中、弱三个阶段;纵坐标为产品/市场发展阶段,分为开发、成长、扩张、成熟和衰退五个阶段。霍福尔矩阵考虑了产品生命周期,并生成15个象限。这不仅能更精确地反映出业务单元目前的战略位置,而且预示着未来的发展空间。图4-4表示三种典型的产品——市场矩阵各种业务组合特征和资源配置导向,其中圆圈的大小代表行业的相对规模,圈中阴影部分代表企业的市场份额。

在成长型矩阵中,业务主要集中在矩阵前几个阶段,其市场前景较好,发展潜力较大,但现金流短缺。

在盈利型矩阵中,业务主要集中在矩阵后几个阶段,现金流比较充裕,但不具有发展潜力,需要培育新的业务生长点。

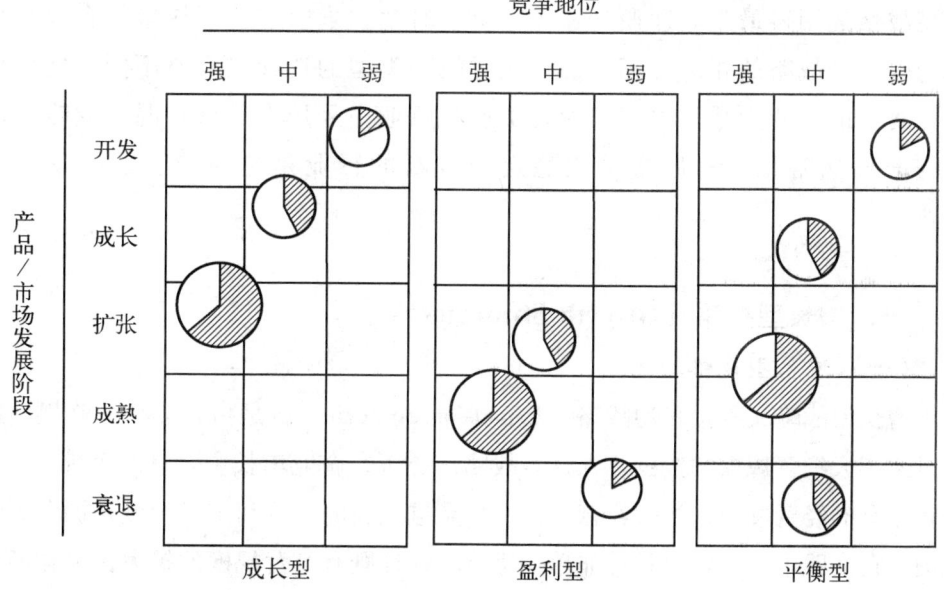

图4-4 霍福尔矩阵

在平衡型矩阵中，业务比较均匀地分布在矩阵各阶段，既有大量的现金流入，也有较好的发展潜力。

第三节 战略态势

战略态势（Strategic Posture）指的是企业在战略规划期内各业务单元成长和资源配置的方向。战略态势是企业战略的基调，主要有四种类型，即增长型、稳定型、收缩型和混合型。

美国管理学家德鲁克研究了《财富》杂志登载的358家公司在45年中所做的战略选择，发现各公司采用各种战略的频率分别为：增长战略54.4%；稳定战略9.2%；收缩战略7.5%；混合战略28.7%。同时，德鲁克还分析了在不同经济周期阶段企业采用的战略，发现收缩、稳定、增长这三种战略被企业运用的情况各不相同。增长和混合型战略运用得最多，稳定型战略其次，收缩型战略运用得最少。即便是在经济萧条时期，采取增长型战略的企业数目仍与收缩型战略的相近。不同的行业对战略类型的选择也有所不同，增长战略在复合的行业中采用最多，而在工业品行业中采用率最低；混合战略的情况与增长战略相似；最常采用稳定型战略的行业是建筑业、采掘业和石油业。

一、增长型战略（Growth Strategies）

（一）增长型战略概述

增长型战略又称扩张型战略（Expansion Strategies），是指企业在战略规划期内迅速扩大经营规模和范围。在这一战略态势下，企业增长主要有两个维度：一是在原有的经营领域，扩大经营规模；二是进入新的产业和市场领域，扩大经营范围。在实践中，企业增长并非单一维度，往往既有经营规模的扩大，也有经营范围的拓展。

第四章　公司层战略

战略聚焦

三大策略助优衣库扎根中国图发展①

挟地理、文化优势，优衣库（UNIQLO）早在 2002 年就进入中国，超前同业 ZARA、H&M 4~5 年。但是，2006 年起，随着欧美品牌进驻，中国消费者视野大开，优衣库的领先优势逐年缩小；2011 年，ZARA 在中国的店数达到 100 家，追平了优衣库。这对海外过半营收在中国的优衣库是一个巨大的冲击。对此，优衣库通过三大战略，迅速改变了这一被动局面。

策略一　店铺在中国：拿下亚洲，等于拿下世界

2011 年后，优衣库将战略重点转移到中国市场。目前，优衣库海外共有 359 家分店，其中 182 家在中国；与 ZARA、H&M 各约 140 家店铺的数字相比，优衣库在两年间明显地又占据了优势。特别是优衣库的中国店铺占比已达全球总店数的 15%，而 ZARA、H&M 仅占 8%、5%。优衣库母公司迅销集团（Fast Retailing）执行副总裁大笪直树认为，亚洲占全球 6 成人口，拿下亚洲，就等于拿下世界；而关键战场在中国。"今年还要在中国开 80 家、最好是 100 家！"

在中国，优衣库走的是和欧美品牌不同的路。优衣库找到了一个竞争者尚未开发的市场，将触角延伸到了一般的家庭顾客：近年通过中、小型店面逐渐进攻社区型购物中心，并在二、三线城市发展，抢攻当地对流行趋势需求不大、重视服装实用性的大众市场。大笪分析，一线与二、三线城市的信息流通度差距仍大，若要让全中国顾客都认识优衣库，一定要实际驻点，让顾客眼见为凭，才能有效提高知名度。

策略二　生产在中国：现地生产销售，供货迅速

中国企业员工的工资近 5 年已增长 1 倍，许多企业纷纷转移产地，至人力成本仅为 1/6 的东南亚各国，但优衣库却反其道而行之。"唯有在中国现地生产、现地销售，才能更快实现公司目标。"优衣库生产部部长西川雅昭直言。为了在 2020 年实现 5 万亿日元的营收目标，不能不靠中国。

为了缩短中国市场的交期、物流时间，优衣库没有将产线外迁，而是将工厂从沿海移至内陆，更加接近市场，并加开生产线以快速响应当地需求。而 ZARA 和 H&M 的工厂布局是以成本和欧洲市场为第一考量。ZARA 为快速送货至欧洲

---

① 改编自《日本首富跌跤　三大策略助优衣库扎根中国图发展》，[2013-08-07] http://wenku.baidu.com/link?url=tjNI2-nZO6wXPLjjKE3oXTbcci42O11032-bE9brtLpYXTB8T23juyR8q20RYNDL572qGTvPRr-Occ3HcF8D-r9iR7Ipikj87nzXnePaw9ma

各城市，7成生产线仍在欧洲如土耳其、葡萄牙等地；H&M则遍布全球21个国家，亚洲6成、欧洲4成，皆以工资最为低廉的地区如孟加拉、柬埔寨为主，与优衣库有很大差异。

策略三　人才、顾客在中国：商品设计专为亚洲客打造

目前，迅销集团在全球约有6万名员工，除4万人集中在日本外，第二大国即是中国——其中大陆拥有6700名员工，若集结港澳台地区则超过1万人的员工。这是ZARA、H&M望尘莫及的。

优衣库的商品设计多为中国顾客量身打造，在中国市场创造差异化。"我们不会迎合欧洲市场！"优衣库设计总监泷泽直己分析，ZARA、H&M的设计风格或许接近时尚发源地欧洲，但优衣库更了解亚洲人的体型，服装设计也更贴近中国人的日常生活。"日本的四季变化和中国非常相似，我们比竞争者更了解中国人需要什么衣服，帮助他们保暖、排汗。"迅销集团广报部部长Aldo Liguori指出。由于机能性商品如HEATTECH、AIRism（凉感衣）主要是内搭衣、贴合肌肤，所以从骨架、袖子长度、衣服宽度等，都必须针对中国顾客做调整。优衣库研发与设计部门负责人胜田幸宏认为，由于中国人工作时间长，每天光是上班都来不及，很少有时间细心思考服装如何搭配；因此优衣库提供的是每天都能穿的实用款式，套上就能出门，而且不失流行，这对凡事实事求是、将钱花在刀口上的中国顾客而言，是最好的行销策略。

（二）增长型战略的特征

1. 高投入

增长型战略，无论是经营规模还是经营范围的扩张，都需要投入大量的资源。从研发上看，增长型战略需要以技术创新为支撑。企业只有持续地投入大量的研发费用，才能保持技术优势，否则，就有被竞争者超越的可能。从生产上看，增长型战略需要追加大量的固定资产投资，包括土地、厂房、设备和仓储设施等，扩大生产能力。从营销上看，企业需要增加对渠道、广告和促销等方面的投入，将信息和产品迅速扩散到目标市场，以适应大规模销售的要求。

2. 高成长性

增长型战略可以在短时间内迅速扩大企业的生产规模，扩展经营范围，提高市场份额，从而明显地提升经营业绩。这种扩张行为可以为企业带来更多的技术机会和市场机会，培育新的生长点，拓展发展空间。

3. 高风险

增长型战略通常伴随着高风险。从外部环境上看，随着经营规模和范围的扩大，有可能加剧产业内竞争。特别是进入新的业务领域，企业需要适应新的市场环境。从内部资源上看，随着经营规模和范围的扩大，有可能导致内部资源和能力的结构性失衡。特别是进入新的业务领域，企业需要获取新的技术和市场资源。

4. 高收益

增长型战略可以使企业通过扩大经营规模和范围，获得规模经济和范围经济，赢得更多的利润。而且，可以借助于市场份额的提高和业务领域的增加，增强竞争优势和市场支配力量。

（三）增长型战略的动因

1. 追求高额利润

增长型战略可以扩大企业的经营规模和范围，增加产品销售，降低产品成本，获得规模经济和范围经济，从而为企业带来更多的利润。

2. 提高市场地位

企业的市场地位在很大程度上取决于经营规模和范围。通过增长型战略，企业可以获得更多的资源和市场，大幅提高其市场地位。

3. 实行战略重组

战略重组是企业基于战略目标对经营结构进行调整。企业通过增长型战略，发展一些新的业务领域，从而实现对战略方向和经营结构的调整。

（四）增长型战略的应用条件

1. 良好的市场环境

在经济景气的环境下，企业可以借助市场的增长，扩张其经营规模和范围；反之，在经济不景气的环境下，企业会缺乏成长的市场空间，遇到较大的障碍。

2. 与战略相匹配的资源条件

实施增长型战略需要投入大量资源，包括知识资源、人力资源和财务资源等，而且要在数量、质量和结构上相匹配。值得关注的是，在互联网经济条件下，企业不能局限于对内部资源的利用，而应当广泛地利用外部资源来支持其战略发展。

3. 竞争优势明显

竞争优势是实施增长型战略的基础。企业如果拥有某种竞争优势，那就可以借助竞争优势，扩张其产业领域、生产规模和市场空间，并在扩张过程中不断强化竞争优势或形成新的竞争优势；反之，企业扩张就会缺乏基础。

4. 支持战略的组织文化

组织文化对战略态势的选择会产生明显影响。美国战略管理学家安索夫把组织文化划分为五种类型：稳定型、反应型、预期型、探测型和创造型。如果企业的组织文化是创造型的，那将有助于实施增长型战略；如果企业的组织文化是稳定型的，将有可能对实施增长型战略形成阻力。因此，需要营造一种支持战略的组织文化。

（五）增长型战略的风险

企业通常有很强的投资冲动，经常受市场机会诱惑，不顾其资源条件而盲目扩张。股东出于对投资回报的追求，管理人员迫于经营业绩的压力，在战略决策时往往对增长型战略表现出特殊的偏好。企业如果不考虑内外部条件的约束，就有可能导致严重的战略失误。在实践中，失败的案例并不鲜见。

1. 能力陷阱

随着经营规模和范围的增长，企业在资源、产品、业务、市场等方面都会发生一系列变化，在运营模式、组织结构和管理方式等方面产生明显的不适应，因此需要企业进行整合和创新，摆脱固有的发展模式，以适应新的发展的需要。这对企业的资源与能力特别是整合和创新能力提出了更高的要求，不仅涉及资源、产品、业务、流程、市场的整合与创新，而且涉及组织结构、组织文化、管理方式的整合与创新，甚至形成新的商业模式。否则，这些离散的资源、业务很难形成整体竞争力。面对新的变化，有许多企业仍会沿袭原有成功的经营理念、运营模式、组织结构和管理方式等，忽视对新资源的积累和对新能力的培养，也就无法很好地适应新的环境，甚至导致经营上的失败。

2. 资源分散配置

增长型战略需要投入大量的资源，包括知识资源、人力资源和财务资源，从而有可能造成资源短缺。这不仅仅表现在数量上，而且更多地表现在质量和结构上。

从知识资源上看，企业扩张特别是进入新的业务领域往往产生知识缺口，需要获取新的知识来弥补，否则，就会严重影响企业的运行效率，甚至无法在新的业务领域发展。从人力资本上看，企业在扩张过程中对人力资本特别是中高级管理人员和技术人员的需求会急剧增加。人力资本不像其他资源可以在短期内通过引进外部资源来解决，需要经过长期培养。如果企业选拔了不合格的人员担任要职，就会对生产经营活动带来严重的后果。从财务资源上看，企业进行大规模的投资和并购有可能导致现金流短缺，资产负债比重急剧上升。如果控制不当，就会引发债务危机。更重要的是，企业过度扩张特别是多元化发展会导致资源分散配置，影响竞争力的提升。对多元化企业，企业间的竞争实际上是各业务单元间的竞争。一个企业的竞争力并不完全取决于总体规模和资源状况，而是更多地取决于各业务单元的竞争力，而各业务单元竞争力的强弱则在很大程度上取决于其资源配置。一个企业尽管总体规模很大且资源丰富，但如果将资源分散地配置在各业务单元，就有可能使某一业务单元实际获得的资源低于竞争对手，在竞争中处于被动的地位。

3. 市场不确定性

如果企业是在原有产业内的经营规模扩张，就有可能挤压竞争对手的市场份额，引起竞争对手的激烈反应，从而加剧产业内竞争，导致产业生态环境恶化。如果企业是多元化发展，那么对新进入业务领域的产品性能、可靠性、副作用和应用前景以及消费者诉求、市场潜容量、竞争者、政策法律等可能还缺乏深入的了解，存在不确定性。

二、稳定型战略

（一）稳定型战略概述

稳定型战略是指企业在战略规划期内维持现有的经营规模和范围。在这一战略态势下，企业通常只是投入适量资源，维持现有的战略方向、经营范围和市场地位。稳定型战略并不意味着企业生产经营活动不发生变化，企业会根据市场环境的变化做一些小幅调整，但不改变战略方向，不影响整体发展。这一战略强调保存实力，控制风险。

对大多数企业而言，稳定型战略不失为一种有效的战略，尤其是对那些处于一个变化不大环境中的企业。由于稳定型战略承担的战略风险和对资源、能力的要求较低，战略灵活性较高，经常被企业作为一种过渡性战略而加以采用。

（二）稳定型战略的类型

稳定型战略根据其目标和资源分配方式，可划分为无变化战略、维持利润战略、暂停战略和谨慎实施战略。

1. 无变化战略

无变化战略是一种维持原有的生产规模、业务领域和市场地位等基本不变的战略。采用这一战略主要是基于两个方面的原因：一是企业过去经营得相当成功，而且内外部环境没有发生明显变化；二是企业不存在重大的经营问题，没有必要进行战略调整。战略调整会打破企业内部利益格局而引发冲突，有可能在一定时期内降低企业效率和收益。但采用无变化战略并不意味着一成不变，企业会根据市场环境变化对经营活动做相应微调，以维持现有的市场地位。

2. 维持利润战略

维持利润战略是一种维持企业目前利润水平的战略。这一战略追求短期利益，其意图是维持企业经营状况和收益，大多在经济不景气时采用。但如果使用不当，有可能对企业长期发展造成负面影响。

3. 暂停战略

企业经历了一段时间快速发展后，有可能在资源、市场、运营、组织和管理等方面出现一些结构性的不适应，导致效率下降。这就需要采用暂停战略，在一段时间内放缓发展速度，调整内部结构，积聚能量，为今后发展作好准备。例如，企业在并购扩张后，往往需要在一段时期内保持相对稳定，对内部资源、运营、组织和管理等进行整合，使并购与被并购企业能很好地融合。

4. 谨慎实施战略

如果外部环境某些重要因素难以预测或变化趋势不明显，那么企业就会有意识地降低战略推进速度，步步为营，这就是所谓的谨慎实施战略。例如，在一些明显受国家政策影响的产业如装备制造、金融等，在国家政策公布前，企业大多会选择谨慎实施战略。

（三）稳定型战略的特征

1. 维持经营现状

稳定型战略追求的是维持目前的经营状况，主要表现为：

（1）企业对前期经营业绩表示满意，在战略规划期内继续维持前期战略目标。例如，企业前期战略目标是在产业中处于市场领先者的地位，在今后一段时期里依然保持这一战略目标。

（2）企业在战略规划期内维持现有市场地位，尽管产品销售量会随着市场变化而变化，但在市场占有率、利润率等方面仍保持现有水平。

（3）企业在战略规划期内向市场提供与前期相同或基本相同的产品或服务，产品创新较少。

2. 战略灵活性高

稳定型战略不需要大规模投资特别是固定资产投资，能够避免形成大量的沉没成本，使企业具有战略灵活性。一旦市场出现新的机会，企业可以迅速将资源投入到新的事业领域。

3. 战略风险低

稳定型战略以维持原有的产品和市场为主，沿用原有的技术、管理模式和成功经验，无须打破企业内部的结构平衡，包括资源配置方式、业务结构、运营模式和组织架构等，避免大规模开发新产品和投入新市场，因此企业承担的技术风险和市场风险相对较低。

（四）稳定型战略的动因

1. 缺乏成长空间

当一个新兴产业处于成长期，一般有较高的技术机会和市场机会，企业成长空间大；随着产业发展趋于成熟，技术机会和市场机逐渐减少，创新速率会大幅下降，市场规模和竞争格局趋于稳定，企业缺乏成长的市场空间。这反映在战略态势选择上，企业会从增长型战略转变为稳定型战略。

2. 市场前景不明

企业战略抉择是以市场环境变化趋势为基础的。在市场环境发展趋势不明朗的情况下，采取稳定型战略往往是一种更为稳妥的选择，这可以使企业避免盲目决策而导致战略失误。

3. 回避经营风险

企业对风险的态度会在很大程度上影响对战略态势的选择。企业如果对风险持积极态度，大多会选择增长型战略；企业如果对风险持消极态度，大多会选择稳定型战略。实际上，许多获得成功的企业由于不愿意承担更多的风险，也会倾向于选择稳定型战略。

4. 实行战略调整

企业在经历了一个高速增长期后，随着经营规模和范围的扩大，可能会出现暂时性的结构失衡，在知识、资源、运营、组织和管理等方面表现出明显的不适应性。因此，企业需要有一个相对稳定的战略调整期，对内部结构进行整合和优化，建立新的系统结构，为进一步发展夯实基础。因此，稳定型战略往往也就成为增长型战略的一个过渡性战略。

(五) 稳定型战略的应用条件

1. 相对稳定的市场环境

在相对稳定的市场环境下，企业面临的机会和威胁较少，大多会倾向于选择稳定型战略。特别是当经济处于低速增长期或产业进入成熟期，消费者需求下降，市场缺乏成长空间，企业即使采用增长型战略也很难改变其经营绩效，反而有可能导致产能过剩，竞争激化，而采用稳定型战略则可能使企业收益最大。

2. 成功的经营历史

从资源条件上看，企业对战略态势的抉择一方面要与市场环境相适应，另一方面要与内部资源相匹配。在市场环境较好的条件下，企业具有较多的发展机会，但这并不意味着所有企业都有能力选择增长型战略。有些企业可能内部资源有限，不足以支撑其战略扩张，选择稳定型战略仍不失为一种明智之举。在市场环境相对稳定的条件下，资源充分和资源稀缺的企业都可以采取稳定型战略。但两者的做法有所不同：前者可以在更广阔的市场上选择资源分配；后者则只能在相对狭窄的细分市场上集中分配资源。在市场环境不利的条件下，那些资源充分的企业有能力采用稳定型战略；那些资源稀缺的企业若在某个特定的细分市场上具有独特优势，也可以采用稳定型的战略。

(六) 稳定型战略的风险

1. 环境急剧变化

企业选择稳定型战略的一个主观动因是规避风险，但并不意味着不存在风险。环境一旦发生急剧变化如技术进步、消费者偏好转移和竞争格局变化等，企业如不及时调整战略，那就有可能危及其生存。特别是在移动互联环境下，复杂多变的市场环境往往对采取稳定性战略的企业隐含着巨大的潜在风险。

2. 错失发展机会

稳定型战略虽然能使企业保持平稳发展，但有可能使企业形成一种惯性，对市场变化视而不见，错失发展机会。

3. 降低风险敏感性

长期采取稳定型战略有可能弱化企业的风险意识，甚至形成一种回避风险的组织文化。这也许是稳定型战略真正的风险所在。

三、收缩型战略

（一）收缩型战略概述

收缩型战略是指企业缩小现有经营规模和范围以至于完全退出。当经济不景气、市场需求衰退或缺乏竞争优势时，企业应采取收缩型战略，及时紧缩或退出某一领域的经营活动。

收缩型战略能调整经营结构、优化资源配置、减少企业亏损、改善整体经营绩效，但也容易造成技术资源、品牌资源、人才资源、渠道资源和客户资源等流失或损失，影响企业声誉，导致士气低落。值得注意的是，我们不能把收缩型战略理解为一种消极战略。许多情况下，企业采取收缩型战略往往是一种以退为进、变被动为主动的积极战略：通过对业务结构的调整，集中资源配置发展优势业务和新的业务，从而更好地适应市场环境变化，提升企业整体竞争力。

战略聚焦

华源集团的"瘦身运动"[1]

华源集团根据其优越条件，本可以通过一系列并购、重组很快成为中国最大的纺织集团和医药集团，但华源集团董事长周玉成认为，对于华源这样的大型国有企业，应当"有所为，有所不为"，华源对其业务领域

---

[1] 资料来源：[2013-09-11] http://wenku.baidu.com/link?url=WgP-2UcEJy53ShbZC3gQVHZTXrHbgg-14COe3HE9ybEfI82sr8nMvc-FobNBS9WwQ-NGXj6Ly3qiEa74eipD-XCdJelXoJFQIEod4w-rJKx_

毅然选择了战略性紧缩。

从"一篮子鹌鹑蛋"到"瘦身运动"

目前，有很多大型国有企业发展多元化经营，但大部分只是规模扩张，核心业务并不突出，导致企业"大"而不"强"。这些企业能否在未来竞争中抢占先机，是值得怀疑的。

华源集团也经历了这样一个发展历程。1992年，华源成立后，曾提出"美化人民生活，武装国民经济各部门"的口号，在纺织领域全面扩张：在原料方面，棉、毛、麻、丝样样俱全；在成品方面，服装类、装饰类、产业用品类面面俱到。到2000年，华源集团在纺织品总量上已跃居全国第一，但始终看不到核心竞争力所在，没有突出的品牌，没有"单打冠军"。分析这一现象后，周玉成认为，最大的问题在于战略选择上的错误，不恰当的多元化导致企业结构性失衡。出路只有一条：聚焦核心业务，打造核心竞争力。

扩张是快乐的，收缩是痛苦的。华源开始"瘦身"行动，提出"三大聚焦，五大集中"战略。根据盈利能力，他们在医药领域选择了27个品种重点经营，其余则退出。很多人不理解这一改革，为什么把一些看似不错的产品砍掉？周玉成给出了简单回答：集中优势资源。事实上，经过重组，华源旗下的医药业务取得了净利润每年翻一番的成绩，并使这一快速成长势头得以延续。

"连环雷"的隐患

华源成立后，周玉成经手的国企收购案不下90起。在很长一段时间里，并购、重组几乎成为华源高速成长的重要路径，但母公司空心化的迹象已显露出来。国有企业在上市过程中，一般会拆分子公司；上市子公司又会进行多元化扩张，产生下一层子公司；产生的子公司又会上市，如此循环往复，导致母公司空心化、股权结构复杂。在这一扩张过程中，隐藏着一个个"地雷"，一旦引爆某个"地雷"，就会引起连锁反应，后果不堪设想。这是摆在周玉成和华源面前的一大难题。周玉成把目光投向杜邦公司。杜邦是一种哑铃形的组织结构，企业更多地关注两头，把资源集中在研发和销售业务上，制造业务则采取小规模生产和外包的方式。鉴于此，华源通过组织结构调整，实行纵向压缩、横向收缩，成立若干事业部，使组织结构扁平化。

第四章　公司层战略

(二) 收缩型战略的类型

1. 紧缩战略

紧缩战略是企业有选择地缩小经营规模或范围，将资源集中于主要业务领域。通常，企业会选择缩小和退出某些无利可图的产品和市场，以减少产品种类和经营规模，集中发展一种或少数几种具有竞争优势的产品和市场。这一战略通常发生在经济不景气、产品生命周期进入成熟期后期或衰退期等情况下。

2. 转移战略

转移战略是企业退出原有业务领域，将经营资源转移到新的业务领域。这一战略通常发生在原有业务领域吸引力低、缺乏竞争优势或出现新的发展机会等情况下。

3. 放弃战略

放弃战略是指企业通过转让、出售等方式，剥离某些业务单元。企业选择这一战略主要是为了调整经营结构，加强其他业务领域的发展或发展新的业务领域，改善经营业绩。在实施放弃战略时，要注意这些剥离的战略业务单元的变现能力以及对企业整体经营的影响。如果被剥离的战略业务单元与其他战略业务单元有密切的关联，对企业整体运营有较大的影响，那就需要予以慎重考虑。

4. 清算战略

清算战略指企业受到全面威胁、濒于破产时，转让、出售资产或停止全部经营活动。这一战略通常是在其他战略失效时采用，可以在一定程度上减少企业损失。

(三) 收缩型战略的特征

1. 缩小经营规模和范围

收缩型战略指的是根据市场环境变化，通过紧缩、转移、放弃和清算的方式，对经营规模和范围进行调整，缩小产品线数量及生产规模，退出那些不具有竞争优势或无利可图的业务领域，使企业的经营结构能更好地适应外部环境变化和内部资源状况。但这种战略在一定时期内会导致企业经济效益如销售利润、市场占有率等下降。

2. 优化资源配置

收缩型战略可以使企业从那些与战略方向不一致、不具有竞争力或没有发展前景的业务领域退出，将有限的资源投入到那些体现主要战略方向或为企业带来明显收益的业务领域，实现对资源的优化配置。

3. 过渡性战略

作为过渡性战略，紧缩型战略主要是应对市场环境变化而调整企业经营规模和结构，如在经济不景气的情况下，企业需要暂时缩小经营规模和范围，以保存实力。

（四）收缩型战略的动因

1. 适应性收缩

适应性收缩主要是为应对外部环境变化而对企业经营结构进行调整，如经济不景气、产业进入衰退期等。当外部环境发生重大变化且对企业构成严重威胁时，企业通常会采取这一战略渡过危机。

2. 退却性收缩

退却性收缩主要是企业因缺乏竞争优势、没有发展前景或经营状况不佳而退出某些业务领域。大多数企业是在其他战略举措都无法挽救的情况下选择这一战略，以尽量减少损失。

3. 调整性收缩

调整性收缩是企业为了获得发展机会，优化资源配置而对某些业务领域实行收缩，这是一种结构性的调整战略。如果说以上两种收缩是以减少损失、化解风险为目的，那么调整性收缩是以追求更大发展和更高投资回报为目的。它使企业缩小或退出不具有竞争力的业务领域，将资源转移到其他业务领域，建立和强化竞争优势，获取更大的经济收益。

（五）收缩型战略的应用条件

1. 经济不景气

如果经济不景气、产业进入成熟期或衰退期，导致市场需求萎缩、增长率下降，产业内竞争加剧，那就会使不具有竞争优势的企业处于不利的市场地位，难以继续维持经营，迫使其退出这一经营领域。

2. 丧失竞争优势

一些企业在前期没有很好地把握市场先机，建立竞争优势，占据有利的竞争地位；当市场发展成熟后，竞争格局已定型，很难再有新的转机，因此不得不选择收缩型战略，退出这些业务领域，寻求新的发展机会。

3. 战略调整

当企业开始实施新的战略，需要调整战略方向和业务领域及其结构，通常会选择收缩型战略，从某些业务领域中退出。

（六）收缩型战略的风险

1. 造成资源流失

收缩型战略意味着对现有业务领域的调整，缩小在某些业务领域的经营规模以至于完全退出。这就有可能导致企业在长期经营中累积的知识、技术、产品、品牌、渠道、客户和社会关系等资源流失。特别是在实施收缩型战略过程中往往伴随着大量裁员和减薪，会造成员工士气低落和人才流失，对企业经营带来负面影响。

2. 影响发展潜力

在实施收缩型战略过程中，企业为了渡过眼前困难，往往会大幅消减在研发、设备更新和营销等方面的投入。这会在很大程度上影响企业发展潜力，特别是对一些具有发展前景的业务带来严重的不良后果。

四、混合型战略

（一）混合型战略概述

混合型战略是指企业在发展过程中同时采用两种及以上的战略态势，它是对增长型战略、稳定型战略和收缩型战略的组合运用。事实上，许多企业特别是大企业在发展过程中并不只是采用单一的战略，而是在不同的时间、不同的业务单元分别采取不同的战略态势。

混合型战略主要适用于那些多元化大企业。这些大企业拥有众多的业务单元且分布在不同的产业领域，面临着不同的市场环境和资源条件，需要对不同的业务单元分别采取不同的战略态势，不可能采取统一的战略态势。战略态势的选择要考虑与战略方向的一致性和业务单元的战略重要性，优先发展那些竞争优势明显且市场前景较好的核心业务，维持那些次要业务，收缩那些与战略方向不一致的业务。

（二）混合型战略的类型

1. 并列组合战略

并列组合战略是指企业在同一时期内，对不同的业务单元采取不同的战略态势。主要影响因素有：

（1）市场环境。企业内各业务单元所处的外部环境并不完全相同。在战略抉择时，企业要对那些处于产业成长性好、市场机会多的业务单元作为主要发展领域，集中配置资源，采取增长型战略；对那些成长机会少的业务单元，则减少资源投入，采取稳定性战略或收缩型战略。

（2）战略目标。在众多业务单元中，企业通常会选择那些与战略目标一致或有紧密联系的业务单元作为主要发展领域，通过增加资源投入促进其快速增长；对那些与战略方向不一致的业务单元，企业大多会采取稳定型战略或收缩型战略。

（3）业务的战略地位。一般而言，对核心业务，企业大都会选择增长型战略，集中力量发展，它是竞争优势主要来源，具有重要的战略地位。对非核心业务，企业则根据战略目标、市场环境和内部资源等情况，采取稳定型战略或收缩型战略。

2. 顺序组合战略

顺序组合战略是指企业在不同时期采取不同的战略态势。主要影响因素有：

（1）市场环境。如果市场环境经常处于变动之中，那么企业在战略态势选择上不能采取固定的模式，而是要根据市场环境的变化，在不同时期采取不同的战略态势。一般而言，在经济景气时期，企业采取增长型战略更为有利，可以很好地把握发展机会；在经济萧条时期，企业采取稳定型或紧缩型战略更为妥当，可以规避市场风险。

（2）组织与资源。企业在战略实施过程中通常需要有一个战略调整期，在组织和资源等方面作好准备。因为，新的战略实施大都需要建立新的组织结构和资源配置方式，作为新战略运行的框架和基础。但企业的组织结构和资源结构具有相对稳定性的特征，往往滞后于战略发展的要求，需要有一个调整期。另一方面，企业在经历了一段时期的高速增长后，其产品、市场和经营规模等方面都会发生较大变化，有可能导致企业在组织结构和资源配置上的失衡，需要进行重新整合，积蓄能量，进入新一轮发展。因此，即使对同一业务单元，企业也需要根据组织和资源等情况，在不同的战略阶段选择不同的战略态势。

第四节 战略决策工具：定量战略计划矩阵

一、定量战略计划矩阵（Quantitative Strategic Planning Matrix，QSPM 矩阵）简介

定量战略计划矩阵是一种战略决策工具（见表 4-3）。它能对各种战略方案进行优选，最终形成一张按重要性和最优程度排序的战略清单。

表 4-3 定量战略计划矩阵表

关键因素	权重	分值	战略1		战略2	
			AS	TAS	AS	TAS
外部因素						
因素1						
因素2						
……						
内部因素						
因素1						
因素2						
……						
总计（STAS）						

二、定量战略计划矩阵的应用步骤

步骤 I：确定关键因素。在 QSPM 矩阵的关键因素栏中，从 EFE、IFE 矩阵和竞争态势矩阵中导入有关外部（机会与威胁）、内部（优势与劣势）关键因

素，至少包括 10 个外部和 10 个内部关键因素。

步骤Ⅱ：赋予权重。为每一内外部关键因素赋予权重，应与 EFE 和 IFE 矩阵相同。

步骤Ⅲ：确定备选战略。从 SWOT 矩阵、SPACE 矩阵、BCG 矩阵和 IE 矩阵中，选出具吸引力的战略作为备选。

步骤Ⅳ：确定吸引力分数（Attractiveness Scores，AS）。依次考察外部和内部关键因素，判断该因素是否影响战略选择。如果影响战略选择，就进行比较评分；如果不影响战略选择，就不给分数。通常按以下标准评分：1 = 没有吸引力；2 = 有一些吸引力；3 = 有相当吸引力；4 = 很有吸引力。

步骤Ⅴ：计算吸引力总分（Total Attractiveness Scores，TAS）。TAS 等于权重乘以 AS。吸引力总分越高，战略吸引力就越大。

步骤Ⅵ：计算吸引力总分和（STAS）。STAS 等于各吸引力总分之和，表明在备选战略中，哪种战略最具吸引力。

QSPM 的局限性在于其直觉性判断与经验性假设。权重和最优程度分值确定要依靠主观判断，尽管这些判断是以客观信息为依据的，但不同的专家有可能得出不同的结论，这是由其经验和微妙的直觉不同造成的。QSPM 结果的科学性取决于它所依据的信息和分析的质量。

本章小结

公司层战略就是根据企业内外环境的变化趋势来确定未来的发展方向。确定公司发展的战略方向，通常可以采用安索夫的产品/市场增长矩阵。这一矩阵为企业规划了四种战略方向，即市场渗透、产品开发、市场开发和混合多元化。其中，市场渗透战略是企业通过富有竞争力的定价、分销和促销等营销行为，增加原有产品在原有市场上的销售量和市场份额，对结构简单、业务单一的企业比较有效。产品开发战略是企业在原有市场上提供全新产品或改进产品。这一战略对企业创新资源和能力具有较高的要求，需要投入大量的研发费用。市场开发战略是将现有产品推向新的市场，这是一种市场地理位置上的扩张战略。混合多元化是向新的市场提供新的产品。这一战略突破了企业原有产品和市场的范围，具有很高的战略风险。

企业发展的方向主要是通过业务组合来体现的。业务组合是指企业从事生产经

第四章　公司层战略

营活动的领域及其结构。一种合理的业务组合是在一定约束条件下，能为企业提供最大盈利，并支持企业持续发展。对战略方向的调整是通过对业务组合的调整来实现的。对业务组合的调整，需要对现有业务组合进行分析和评价。波士顿矩阵、通用电气矩阵和霍福尔矩阵是业务组合分析的重要工具，统称为公司业务组合分析法。它们适用于多种业务组合的情况，为每一业务单元寻求最合适的战略。

战略态势指的是企业在战略规划期内各业务单元成长和资源配置的方向，主要有四种类型，即增长型、稳定型、收缩型和混合型。

增长型战略是指企业在战略规划期内迅速扩大经营规模和范围。其主要特征有：高投入、高成长性、高风险和高收益。其主要动因有：追求高额利润、提高市场地位和实行战略重组。其主要应用条件包括：①从市场环境看，良好的市场环境是增长型战略成功的重要条件；②从资源条件看，需要投入大量资源包括知识资源、人力资源和财务资源等，而且在数量、质量和结构上要与增长型战略相匹配；③从竞争优势看，需要以竞争优势为依托；④从组织文化看，创造型的组织文化将有助于增长型战略的实施。其风险主要表现在能力陷阱、资源分散配置和市场不确定性等方面。

稳定型战略是指企业在战略规划期内维持现有的经营规模和范围。其主要包括无变化战略、维持利润战略、暂停战略和谨慎实施战略四种类型。其中，无变化战略是一种维持原有的生产规模、业务领域和市场地位等基本不变的战略；维持利润战略是一种维持企业目前利润水平的战略；暂停战略是企业暂时放缓发展速度，对资源、市场、运营、组织和管理等方面做结构性调整；谨慎实施战略是在外部环境某些重要因素难以预测或变化趋势不明显时，企业有意识地降低战略推进速度。其主要特征有：维持经营现状、战略灵活性高和战略风险低。其主要动因有：缺乏战略空间、市场发展前景不明、回避风险和实行战略调整。其应用条件包括：①从市场环境看，在相对稳定的市场环境下，企业面临的机会和威胁较少；②从资源条件看，有些企业可能内部资源有限，不足以支撑其战略扩张。其风险主要表现为：环境急剧变化有可能危及企业生存；企业有可能错失发展机会；降低了企业对风险的敏感性。

收缩型战略是指企业缩小现有经营规模和范围以至于完全退出现有经营领域，包括紧缩战略、转移战略、放弃战略和清算战略四种类型。其中，紧缩战略是企业有选择地缩小经营规模或范围，将资源集中于主要业务领域；转移战略是企业退出原有业务领域，将经营资源转移到新的业务领域；放弃战略是企业通过转让、出售等方式，剥离某些业务单元；清算战略指企业受到全面威胁、濒于破产时，转让、出售资产或停止全部经营活动。其主要特征有：收缩型战略具有缩小经营规模和范围、优化资源配置和过渡性战略的特征。其主要动因有：适应性收缩，即为应对外部环境变化而对企业经营结构进行调整；退却性收缩，即企业因缺乏竞争优势、没有发展前景或经营状况不佳而退出某些业务领域；调整性收缩，即企业为了获得发展机会，优化资源配置而对某些业务领域实行收缩，这是一种结构性的调整战略。其应用条件包括：经济不景气；竞争优势不明显；处于战略调整期。其风险主要表现为有可能造成资源流失，影响发展潜力。

混合型战略是指企业在发展过程中同时采用两种及以上的战略态势，它是对增长型战略、稳定型战略和收缩型战略的组合运用。主要适用于那些多元化大企业。这些大企业拥有众多的业务单元且分布在不同的产业领域，面临着不同的市场环境和资源条件，需要对不同的业务单元分别采取不同的战略态势。

企业在战略决策时可以使用 QSPM 矩阵这一种工具，对各种战略方案进行优选。

本章思考题

1. 如何确定企业的战略方向？
2. 简述市场渗透、产品开发、市场开发和混合多元化四种战略方向的要义。
3. 如何运用波士顿矩阵、通用电气矩阵和霍福尔矩阵进行业务组合？
4. 企业有哪几种战略态势？
5. 试分述增长型战略、稳定性战略与收缩型战略的含义、类型、特征、动因、应用条件和风险。
6. 如何运用定量战略计划矩阵进行战略决策？

本章参考文献

1. [美]迈克尔·A.希特等著，刘刚等译. 战略管理：概念与案例（第10

第四章 公司层战略

版）[M]．北京：中国人民大学出版社，2012．

2．[美]弗雷德·R.戴维著，徐飞译．战略管理：概念与案例（第13版）[M]．北京：中国人民大学出版社，2012．

3．[英]格里·约翰逊等著，徐飞译．战略管理基础（第2版）[M]．北京：电子工业出版社，2013．

4．[美]约翰·皮尔斯二世、小理查德·鲁滨逊著，钱峰译．战略管理：制定、实施和控制（第12版）[M]．北京：中国人民大学出版社，2015．

5．[美]亨利·明茨伯格等著，徐二明译．战略过程：概念、情境、案例（第4版）[M]．北京：中国人民大学出版社，2014．

6．[美]迈克尔·波特著，陈小悦译．竞争战略[M]．北京：华夏出版社，1997．

7．王方华．企业战略管理（第2版）[M]．上海：复旦大学出版社、上海交通大学出版社，2015．

8．徐飞．战略管理（第2版）[M]．北京：中国人民大学出版社，2013．

9．金占明、杨鑫．战略管理[M]．北京：高等教育出版社，2011．

第五章　发展战略

本章学习目标

1. 掌握一体化战略的含义、类型、动因、应用条件和风险
2. 掌握多元化战略的含义、类型、动因、战略模式和风险
3. 掌握国际化战略的含义、类型、动因和战略路径
4. 了解波特钻石理论模型

本章核心概念

发展战略　一体化战略　市场失灵　横向一体化　纵向一体化　前向一体化　后向一体化　交易成本　沉没成本　虚拟经营战略　多元化战略　范围经济　相关多元化　不相关多元化　归核化战略　国际化战略　国际战略　多国战略　全球战略　跨国战略　出口贸易　许可证贸易　非股权安排　对外直接投资

企业在确定了战略目标、战略方向和战略态势后，需要进一步确定其发展战略，主要有两类：一类是在原有的产业和市场内向价值链上下游移动或平行移动，包括一体化战略和虚拟经营战略；另一类是进入新的产业和市场，包括多元化战略、国际化战略和归核化战略。本章主要阐述一体化战略、多元化战略和国际化战略，介绍虚拟经营战略和归核化战略，并对其类型、动因、应用条件和风险等进行分析。

第五章 发展战略

第一节 一体化战略

一、一体化战略（Integration Strategy）概述

一体化战略是指企业通过新建、并购和联合等方式，将那些具有密切联系的生产经营活动纳入组织体内的过程，也就是所谓的内部化，即把市场交易转变为内部交易。它是企业实行扩张，获取资源、市场和竞争优势的一种重要的战略行为。实际上，一体化战略是一个产业资本集中的过程，其结果是，企业规模越来越大，市场集中度越来越高，社会资源越来越集中于少数大企业。

在现实经济中存在大量的市场失灵现象。市场失灵是指市场无法有效率配置资源的情况，主要有四种原因：市场垄断、信息不完全、外部性和公共产品。市场失灵导致企业市场交易成本过高，降低了企业的竞争力和盈利能力。这就促使企业通过一体化战略，将市场交易转变为内部交易。显然，只要内部交易成本低于市场交易成本，企业就有足够的动力推动一体化的发展，但这一过程并不可能永远延续下去。因为，市场交易成本在短期内可以假设为常量，随着企业一体化的发展，生产经营规模不断扩大，管理层次和机构不断增多，管理效率不断下降，内部交易成本也将随之增加，最终会与市场交易成本间达成一个均衡点。一旦超越了这一均衡点，内部交易成本高于外部交易成本，企业一体化过程也就会终止。

战略聚焦

奇虎360的纵向一体化战略[①]

奇虎360的发展采用的是一种典型的纵向一体化战略：通过360安全卫士产品获取用户；通过浏览器、桌面产品创造流量；通过电商平台、游戏中心、网址导航等产品变现流量，形成"获取用户——创造流量——变现流量"的发展路径。

---

① 改编自《奇虎360公司纵向一体化战略研究》，产品经理阿桂的博客，[2012-04-26] http：//blog.sina.com.cn/s/blog_666d91a101011d0q.html

一、纵向一体化路径

在互联网服务领域,沿着终端——操作系统——客户端/浏览器——服务提供商——平台厂商——互联网服务开发商,进行产业链布局称为前向一体化;反之,则称为后向一体化。

(1)前向一体化。互联网公司前向一体化模式有:① 操作系统——浏览器模式。主要代表厂商是微软,以操作系统绑定 IE 系列浏览器。② 互联网入口级客户端——浏览器模式。在互联网入口级客户端,以软件形式提供互联网通用型服务如安全(360 安全卫士)、即时通信(QQ、MSN)、下载(迅雷)和视频(PPLIVE)等,进入浏览器领域。奇虎360从安全软件进入浏览器领域。③ 互联网入口级客户端/网站——开放平台模式。在互联网入口级网站,通过浏览器提供互联网通用服务。主要有搜索引擎(百度、Google)、门户网站(新浪、搜狐)、网址导航(hao123、2345)、视频网站(优酷、土豆)等。2010年以来,腾讯、百度、人人网、奇虎360和新浪等推出开放平台,吸引互联网服务开发商提供 web 应用。

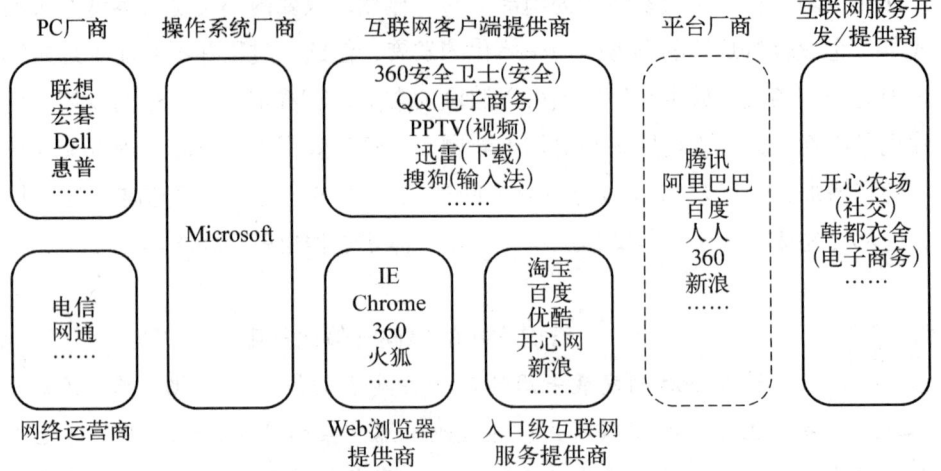

国内PC互联网服务产业链布局图(用户流)

(2)后向一体化。互联网公司后向一体化模式有:① 操作系统——手机模式。Google 依托 Android 操作系统,推出 Google 手机。② 应用——手机捆绑模式。入口级通用型应用厂商与手机厂商联合,在手机中内置其应用系统,如小米手机内置米聊业务等。

第五章　发展战略

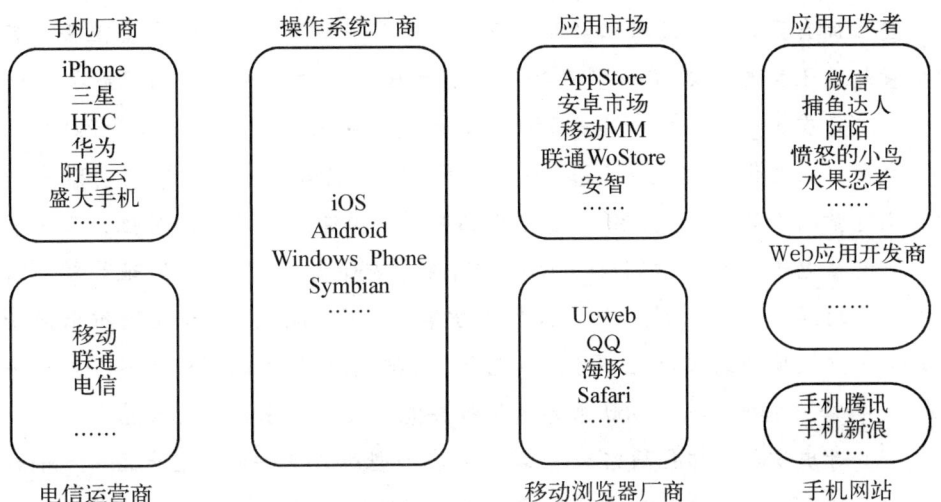

移动互联网服务产业链布局图

二、奇虎360纵向一体化分析

（1）奇虎360纵向一体化路径。奇虎360从用户安全需求切入，推出免费360安全卫士软件杀入浏览器、桌面等领域，尔后提供一系列平台型产品。下图虚线范围内是奇虎360在国内PC互联网产业链中的布局，箭头是奇虎360的纵向一体化路径，主要根据用户流向前发展。

国内PC互联网服务产业链布局图(用户流)

(2) 奇虎360产品结构。奇虎360有4类产品：① 杀手型产品——进入市场最重要且拥有巨大用户基数的产品。奇虎360杀手型产品是360安全卫士，目前装机量超过3.5亿。② 渠道型产品——卡住日常用户流入口并向网站导入流量的产品。奇虎360渠道型产品是360安全浏览器和360安全桌面，将360安全卫士巨大用户数转化为浏览量。③ 平台型产品——整合流量资源给公司带来用户数和浏览量的产品。奇虎360平台型产品能增加渠道型产品用户黏性，带来营业收入，包括电子商务平台（如360团购导航、360电商导航）、网址导航、游戏中心、应用开放平台（利用浏览器和安全桌面，向Web应用开发商推出应用导航并使用户快捷找到Web应用），以及奇虎360准备推出的影视导航、电子书导航等。④ 拳头型产品——360杀毒增值服务能为公司带来显著的收益。

(3) 奇虎360一体化战略。① 路径：杀手型产品——渠道型产品——平台型产品。奇虎360通过杀手型产品获取用户；通过渠道型产品将用户规模转换为流量；通过平台型产品进行流量变现并增加产品黏性。② 绑定：用户在安装360安全卫士或360杀毒软件时，提示用户是否安装360安全桌面和360安全浏览器。

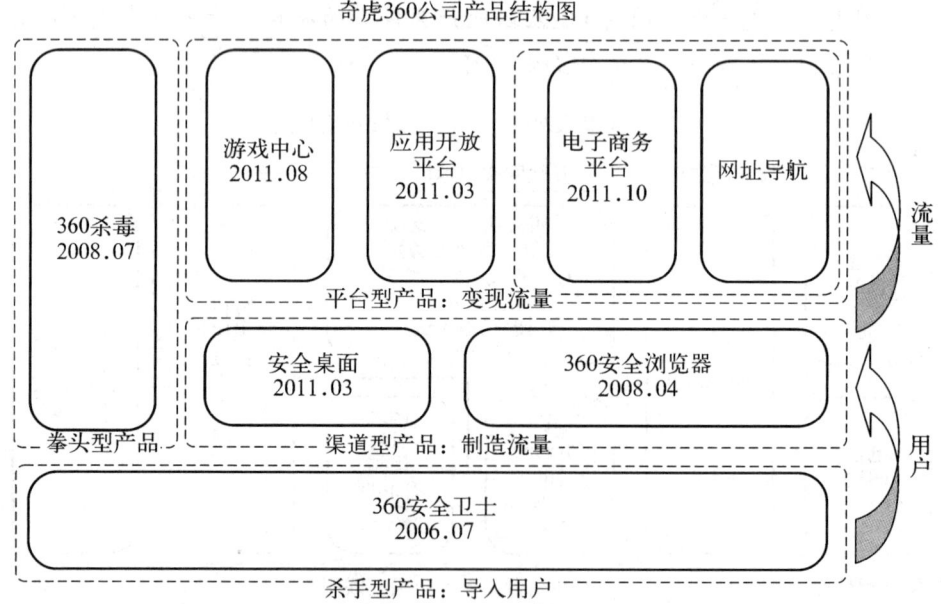

奇虎360公司产品结构图

第五章 发展战略

纵向一体化战略有力地促进了奇虎360的发展。2011年第四季度营收6 230万美元，比2010年同期增长214.5%；净利润1 500万美元，比2010年同期增长274.1%。营收主要来自在线广告与网络增值业务。在线广告收入主要通过电子商务平台、网址导航获取，第四季度收入4 481万美元，占第四季度总营收的66.5%，其中团购广告营收占15%，电商广告营收占50%（仅淘宝一家贡献10%以上）。网络增值业务收入主要通过第三方开发的网络游戏、360杀毒获取以及向付费用户提供远程技术支持等增值服务获得。奇虎360通过纵向一体化战略，加强了对产业链的控制。目前，360的主要产品国内市场占有率与排名如下：

产　品	所属市场	排　名	市场占有率
360安全卫士	安全软件	1	60%
360杀毒	安全软件	1	60%
360浏览器	浏览器	2	27.99%
360网址导航	网址导航	2	不详

二、一体化战略的类型

从企业价值链延伸的方向上看，一体化战略可分为横向一体化（Horizontal Integration Strategy）和纵向一体化（Vertical Integration Strategy）两类。

（一）横向一体化战略

横向一体化战略又称水平一体化战略，是指企业对生产同类产品的企业实行并购或联合，主要有三个方向：① 扩大生产规模；② 基于技术和市场等关联，扩大产品线；③ 开发新的市场或客户类别。

（二）纵向一体化战略

纵向一体化战略又称垂直一体化战略，是指企业价值链向上游或下游方向延伸。在经济生产中，大多数大中型企业均有一定程度的纵向一体化，将不同的生产阶段联结起来。企业通过纵向一体化可以加强对供应链的控制力，提高竞争力。纵向一体化具体包括后向一体化（Backward Integration）和前向一体化（Forward Integration）。

（1）后向一体化指企业价值链向上游即供应商方向延伸。它是生产厂商与供应商间的并购或联合，主要是为了控制原材料、零部件供应环节。例如，机械制造厂商通过扩建、并购和联合等方式，将外购零部件改为内部生产或控制零部件供应商。

（2）前向一体化指企业价值链向下游即客户方向延伸。它是供应商与生产厂商或生产厂商与经销商间的并购或联合，主要是为了控制供应链下游厂商或分销系统。例如，机械制造厂商通过收购、参股和联合等方式，直接从事销售活动或控制经销商。

三、一体化战略的动因

（一）追求规模经济和范围经济

通过横向一体化，企业可以获得其他企业资产包括生产场地、技术装备等，在短期内大幅提升生产能力，扩大生产规模，获取规模经济。这对于那些高固定成本的产业尤为重要。通过纵向一体化，企业可以控制价值链上下游的那些高知识含量、高附加值的关键环节，获取范围经济。显然，一体化战略可以通过规模经济和范围经济，降低经营成本，提高生产效率，提高盈利能力。

（二）扩大市场份额

通过横向一体化，企业不但可以扩大生产能力，而且可以获得品牌、渠道和客户等资源，迅速扩大市场份额。这不但能为企业带来更多的利润，而且能明显提升企业的市场势力。

（三）降低交易成本（Transaction Cost）

交易成本理论是著名经济学家罗纳德·科斯（Ronald Coase）1937年在《企业的性质》一文中首次提出的。所谓交易成本是指企业用于寻找交易对象、洽谈交易、订立合同、执行交易和监督交易等方面的费用与支出，主要由搜索成本、谈判成本、签约成本和监督成本所构成。产生交易成本的主要原因是合约不完全。通过纵向一体化，用企业组织替代市场组织，用内部交易替代外部交易，以降低因合约不完全而产生的市场交易成本。

（四）增强供应链控制力

当今，企业竞争力的强弱不仅仅取决于其本身拥有的资源和能力，而是在很大程度上取决于对面向终端客户包括供应商、制造商和中间商在内的整个供应链系统的控制。通过纵向一体化，企业可以把那些知识含量高、附加值高和控制力强的关键环节纳入组织体内，增强对整个供应链的控制力。

（五）提高进入壁垒

通过一体化发展，企业不但可以通过规模经济和范围经济，为新进入者设置壁垒，而且可以通过控制稀缺资源和供应链关键环节，阻止竞争者进入，从而能有效地保护企业的市场份额和竞争地位，限制产业内竞争。例如，香烟厂商通过纵向一体化控制烟叶原材料供应，就能提高抵御新进入者的壁垒。

四、一体化战略的应用条件

（一）从竞争环境上看

如果企业面临的供应方市场或分销渠道的垄断程度高，那就可以通过纵向一体化，控制原材料、零部件和分销渠道，降低交易成本；如果企业所处的产业是一种垄断竞争市场，竞争激烈且集中度低，那就可以通过横向一体化，扩大经营规模，提高竞争力。但这一产业应具有明显的规模经济和范围经济，一体化能够为企业提供竞争优势和更多的利润。

（二）从产业吸引力上看

如果价值链上下游环节具有较高的利润和较强的产业吸引力，那么企业就可以通过纵向一体化进入这些价值链环节，以提高企业的盈利水平。

（三）从资源条件上看

一体化尽管发生在同一产业内，但不同经营规模、不同价值链环节对资源和能力的要求是不同的。因此，企业若要实施一体化战略，就必须拥有成功管理更大规模企业与更复杂价值链所需要的知识、技术、资金和人才等资源。

五、一体化战略的风险

（一）跨越移动壁垒

在一体化发展过程中，即使是处于同一价值链，但不同环节对资源和能力的要求不同；即使是处于同一价值链环节，但差别化的产品对资源和能力的要求也不同。一个企业拥有一个产业的一般知识、资源和技能等，但并不意味着适用于所有特定的业务环节。企业在一体化发展时会遇到相应的移动壁垒,在从一个业务领域移向另一个业务领域时会遇到包括知识、资源和技能等在内的一系列障碍。移动壁垒客观上保护了企业免遭过度竞争侵扰和利润水平差别,但也增加了一体化战略风险。

(二) 增大管理难度

一体化特别是纵向一体化,由于扩大了经营规模,增加了价值链环节,导致企业的管理层次增多、管理幅度加大、管理职能更加复杂,需要拥有更多的管理知识和技能,因而明显地增加了管理难度。这都对企业管理者的管理素质和技能提出了更高要求。

(三) 降低经营灵活性

一体化战略往往需要大规模投资,形成大量沉没成本(Sunk Cost)。沉没成本是指那些由以往决策已发生的而不能由现在或将来的任何决策改变的成本,如固定资产、无形资产和递延资产等。沉没成本增加了企业退出成本,一旦技术、市场发生变化,企业往往无法及时采用新技术、更新现有设备、调整产品线,影响对市场的响应速度。

(四) 弱化竞争机制

一体化战略是企业以内部交易替代市场交易,以内部竞争机制替代市场竞争机制,但内部竞争机制往往并不比市场竞争机制更有效,从而有可能弱化企业价值生产活动各环节间的竞争机制,降低企业的运行效率。

(五) 法律约束

随着一体化战略的推进,企业规模越来越庞大,市场集中度越来越高。这就有可能引起法律诉讼,政府为了保证市场效率也会依据反垄断法、反不正当竞争法等法律条款进行干预。

六、虚拟经营战略(Virtual Business Strategy)

在新经济时代,市场日益呈现出快速多变的特征。如果说传统的企业竞争是成本与规模的竞争,那么现代的企业竞争则是敏捷与速度的竞争。为了克服传统企业在经营灵活性上的缺陷,1970年代后虚拟经营在世界范围内迅速兴起,耐克、锐步等运动鞋公司已成为最具代表性的典范。

第五章 发展战略

虚拟经营源自"虚拟企业"的概念。1991年美国学者肯尼斯·普瑞斯（Kenneth Preiss）等首先提出"虚拟企业"的概念，随后世界范围内掀起了一场虚拟化经营的浪潮。虚拟经营是指企业通过外包、联盟等方式，将一些非关键价值链环节的生产和服务活动转移到外部，由其他企业提供。任何一个企业从事生产经营活动，都需要具备相应的功能，包括研发、采购、生产、营销、物流、人力资源管理和财务管理等，但并不一定需要完整地拥有执行这些功能的职能部门。企业往往只需要保留那些关键环节的功能，利用社会资源，将一些非关键环节的功能虚拟化，把有限的资源集中于优势环节，增强竞争力。

在实践中，企业通常会组合运用一体化战略与虚拟化战略：一方面通过一体化把价值链中那些高附加值的关键环节纳入组织体内，增强对市场的控制力；另一方面通过虚拟经营剔除那些低附加值的非关键环节，外包给其他合作企业，以优化企业资源配置。显然，虚拟经营正在对企业运营产生越来越大的影响，企业不但要重视技术创新，而且要重视对虚拟经营理念和模式的创新运用。

虚拟经营的发展不是偶然的，而是新经济时代互联网和信息技术发展的产物。工业经济的本质是分工。它是一种基于中间环节不断增多的迂回生产方式。社会价值增长主要体现在迂回生产的附加值上。这种生产方式是以高资本投入和高物耗为支撑的，呈现出随着生产规模不断扩大，边际成本递增、边际效益递减的经济规律。在新经济时代，社会分工非但没有消失，反而有进一步深化的可能。社会分工除了受交换范围和市场规模的影响外，还要受经济协调机制的影响。工业经济与互联网经济的分工结构不同，经济协调机制也不同。工业经济是通过迂回性生产过程来深化社会分工，表现为一种垂直分工体系。随着生产规模扩大和中间环节增多，市场交易费用和经济协调失灵的风险也不断增加。在互联网经济条件下，社会分工体系表现为一种分布式的网状平行结构：企业间、企业与消费者间的联系越来越密切，模糊了供应商、中间商和消费者间的界限。经济协调机制更加直接、灵活和高效。若把经济协调机制看作是一种信息传递机制的话，我们可以发现，在以物质生产为主的工业经济中，信息分布是离散的、非对称的；信息传递机制的特点是间接的、单向的，主要通过价格机制和其他信息渠道，按供应链环节逐级传递市场信息。这就容易造成信息传递缓慢和漏损，形成信息瓶颈，产生反应迟钝、决策失误、行动滞后等问题，引发经济波动并因产业部门间的消耗系数而逐级放大经济波动的振幅，损害了社会分工效率。因而，这种高成本、低效率的经济协调机制也就成为社会分工深化的障碍。换言之，如果社会分工所产生的效率低于经济协调所产生的成本，社会分工的发展就有可能终止。互联网经济的信息传递机制的特点是直接的、双向的，尽管不能完全消除但在很大程度上改善了信息不对称现象，形成高效的经济协调机制，降低了经济协调成本。戴维·泰科尔（David Ticoll）等认为，数字知识减少了传递信息与进行协调的时间和费用。这就意味着信息化的发展将导致社会分工进一步深化，创造出更多的社会价值。虚拟经营的发展正是基于这一背景。

美特斯·邦威：虚拟颠覆传统[①]

战略聚焦　美特斯·邦威公司于1994年成立，主要生产销售休闲系列服饰，率先在国内服装行业采取"虚拟经营"模式。2001年销售额达8.7亿元，2002年增长到15亿元，2003年突破20亿元，成为中国休闲服饰业的龙头企业和知名品牌。

1994年，周成建用仅有的400万元在温州一个不起眼的角落买下5 000平方米地盖起楼房，打出美特斯·邦威品牌，把生产销售休闲服作为主攻方向。在"爆发式"增长的休闲服市场上，美特斯·邦威有限的资金成为其发展的最大障碍。为此，周成建选用虚拟经营模式，将有限的资源集中在产品设计和品牌经营上，把生产功能虚拟化，外包给广东、江苏等地厂商；以特许连锁经营方式建立销售网络，实行"借鸡生蛋、借网捕鱼"。

对服饰业，品牌经营是关键。美特斯·邦威通过品牌形象代言人、极具创意的公关活动、全方位品牌形象推广以及大型形象店铺等，迅速提升其品牌知名度和美誉度。1995年，周成建在开设第一家专卖店时，制作了一件长达10米的超大风雪衣，挂在专卖店门口，海报上写着："美特斯·邦威休闲服，温州人自己做的温州品牌。"温州电视台、报纸等各媒体对此做了大量的新闻报道，免费为

[①] 改编自谷俊：《美特斯·邦威：用虚拟颠覆传统》，中国市场营销管理网，http://www.vmc.com.cn/hangye/8/20081013/001988.html

第五章 发展战略

美特斯·邦威做了次开业宣传。结果，这件印有美特斯·邦威标志的巨大风雪衣不仅上了中央电视台，而且被收入上海《大世界吉尼斯大全》。周成建一时被人们称为"风衣大王"。同年，温州市政府为了改善市内交通环境，投入5辆双层公交客车。周成建果断买断车身广告发布权，为美特斯·邦威展示流动广告，成为温州的一道奇异风景线。

2001年，美特斯·邦威重金聘请"天王"郭富城为形象代言人，他领跳的ParaPara流行舞广告片频频出现在中央电视台。2003年夏季，美特斯·邦威推出以"蓝色快乐"为主题的全新品牌形象，聘请年轻一代心中极具影响力的台湾人气小天王周杰伦做新一任形象代言人，大大提升了品牌影响力。2002年，公司在"中华第一街"上海南京路开设了近2000平方米的旗舰店，堪称国内服装品牌专卖店之最。美特斯·邦威的经营理念"不走寻常路"，就是不断创新，用新产品和新服务满足消费者需求，以变应变，以变求发展。

设计是服饰业的核心能力，世界各大知名服装品牌无一不具有独特的创意和品位。1998年，美特斯·邦威在上海设立了设计中心，与法国、意大利和中国香港等地的知名设计师长期合作，培育了一支具有国际水准的设计团队。他们能把握流行趋势，形成独特的"设计师+消费者"设计理念。公司领导和设计人员每年都花1~3个月的时间进行市场调研，每年举行两次各地代理商意见征求会。在充分掌握市场信息的基础上，每年开发出1000余种新款服饰，其中约有50%正式投产上市。

美特斯·邦威在生产上突破"大而全""小而全"的传统模式，充分利用社会闲置生产能力，通过定牌监制方式，将生产业务外包给具有实力的厂商。先后与广东、上海和江苏等地200多家厂商建立了长期合作关系，形成年产系列休闲服2000多万件（套）的强大生产能力，为企业节约了2亿多元基建投资和设备购置费用。美特斯·邦威利用品牌效应，吸引代理商加盟，拓展连锁专卖店网络；对专卖店提供包括物流配送、信息咨询和员工培训在内的各种服务，与加盟代理商共同发展，共担风险；通过忠诚客户服务工程，不断提升服务质量。美特斯·邦威通过销售渠道虚拟化，大大降低了渠道开发成本，将更多的资金投入产品设计和品牌经营，而且还网罗了一大批营销人才。

美特斯·邦威针对连锁店信息不畅带来的库存问题，从1996年开始建设电子商务系统，包括公司管理系统、工厂信息系统和专卖店信息系统三个相互支持的子系统，构建生产、管理和销售各环节终端联网的"信息高速公路"，实现内部资源共享和网络化管理。通过电子商务系统，代理商可以直接向公司订货，公司直接向工厂订货；公司计划管理部门和市场管理部门控制整个供应链系统，销售部门掌控各专卖店销售情况，并据此随时变更生产订单。

随着经营规模不断扩大，原有电子商务系统已不能满足公司运营和管理的要求。2004 年，美特斯·邦威引入 IBM 的 ERP 系统和思科的"智能联网销售"解决方案，建立一个安全、可靠、高速的智能信息网络平台。通过这一平台，美特斯·邦威可以实时了解工厂生产进度、专卖店销售业绩，快速、全面和准确地掌握各种进货、销售与库存数据，及时做出促销、配货和调货决策，从而有效地提高整个供应链效率。美特斯·邦威认为，企业未来面对的竞争是整个供应链的竞争。如果谁能在供应链管理上占有优势，谁就能在市场上占得先机，对服装业尤其如此。

第二节　多元化战略

一、多元化战略（Diversification Strategy）概述

多元化战略又称多样化战略或多角化战略，是指企业将生产经营活动扩张到多个产业领域的过程。多元化战略从美国学者安索夫 1950 年代提出至今，已被企业作为一种快速成长的战略而广泛使用。许多企业通过内部投资、并购和战略联盟等方式涉足多个产业领域，从事生产经营活动。但从实际效果上看，多元化企业的经营业绩并不十分理想，引起众多争议，其主要问题是如何界定多元化经营的范围。1980 年代后，企业兴起"回归主业"的潮流，许多大企业纷纷剥离与主业不相关的业务，在自己擅长的领域寻求发展。

多元化战略的基础是范围经济（Economies of Scope）。范围经济是指随着经营范围和产品品种的增加，企业生产总成本低于分别生产每种产品成本的总和。它是由企业的范围而非规模带来的经济。换言之，范围经济是因企业经营范围的扩展，在不同业务间产生协同效应而带来的成本节约或效益提升，其主要来源于：① 投入的一种生产要素具有多重经济价值，同时又具有不完全可分性；

第五章 发展战略

② 资本设备和生产线的多功能性，一些固定投入性质的资本设备，在一定经济时空范围内具有多种生产功能；③ 一种生产要素投入可重复使用；④ 零部件或中间产品的多种组装性；⑤ 企业的无形资产如专门技术与管理知识在扩大经营种类和范围时，具有共享性。一般而言，范围经济的效益越大，多元化经营的战略优势也就越明显。

从专业化到多元化，这是大多数企业的成长过程。一个企业在初创期，由于其资源和能力有限，大多从事单一产品的生产经营活动。随着时间的推移，企业积累了更多的资源和能力，逐步扩展产品线和经营领域，向多元化发展。因此，多元化是企业发展到一定阶段的产物。根据瑞格里（L. Wrigley）提出的专业化率（Specialization Ratio，SR）指标，即以企业某一产品占总销售额的比重测度企业多元化的程度，可分为单一产品型、主导产品型、相关产品型和不相关产品型，具体见表 5-1。

表 5-1 瑞格里企业多元化分类

多元化类型	专业化率	特征描述
单一产品型（Single Product）	$0.95 < SR < 1$	通过扩大原有产品的生产规模实现增长
主导产品型（Dominant Product）	$0.7 < SR < 0.95$	实现很小程度的多元化，仍依赖且专注主导产业
相关产品型（Related Product）	$SR < 0.7$	增加的新业务与原有的技术和能力有明显的关系
不相关产品型（Unrelated Product）		实现的多元化经营，除财务外，与原有的技术和能力不相关

多元化战略比较适合大中型企业。这一战略能充分利用企业的经营资源，提高闲置资产利用率，并通过扩大经营范围，缓解竞争压力，降低经营成本，分散经营风险，增强竞争优势。但实施多元化战略应考虑业务关联性、企业控制力及跨产业投资风险。在新经济时代，多元化企业往往比专业化企业更具有竞争优势。信息化的发展扩大了企业的知识基础，对企业资源提出了更高的要求。企业

通过多元化能够从其他产业领域获取更多的新资源。同时，信息革命增进了创新的规模、范围、程度和速度，大大提高了产生突破式创新和融合式创新的概率，这就有可能打破现有的游戏规则、商业模式和竞争格局，危及企业的生存和发展，而多元化企业则能更好地适应这一环境变化。

恒大的多元化发展①

足球、学校、矿泉水，2013年，恒大由房地产向文化、体育、食品、饮料转型引起人们的关注，形成巨大的市场冲击力。先前，恒大尽管已进入全国130多个城市，成为房企中城市布局最多、规模最大的公司，但在地产业的影响力不大。恒大宣传的"民生地产"概念，却被平庸、低价、无代表性等消极印象所代替。恒大把标准化建筑模式发挥到极致，但产品线单一，鲜有高端项目，让外界产生"做低端住宅"的印象。近年来，面对宏观经济调整，恒大凭借其高性价比的民生产品和多元化的发展战略，成功地渡过了环境变化的冲击。至今，恒大不仅有房地产，还有音乐、足球俱乐部和矿泉水等。

多元化战略的启程

早在2009年，恒大就开始实施多元化战略，用四年时间打造了一个多元化的平台，一个不亚于淘宝、百度和腾讯的人气平台——恒大足球队，并在这一平台上聚集了自己的目标客户。2013年恒大亚冠夺冠，产生了明显的恒大效应。因为，现在的恒大足球队是"中国恒大足球队"。

恒大冰泉的荣耀出世显露出恒大集团多元化的冰山一角。多元化是中国民营企业近几年最紧迫的任务，市场萎缩、产能过剩、成本剧增、利润下降，不转型就意味着被无情的市场淘汰。恒大的根基是住宅地产，而住宅地产分享经济增长红利的时代已过去，将企业未来押在房地产业上，显然不是明智之举。恒大的多元化发展首先选择了中国足球——这个能赚取全国人气的平台，为后续多元化发展省下了一大笔广告费。这要归功于许家印的胆识和魄力，敢于在中国足球最黑暗的时候投资恒大足球。经过四年的等待和部署，恒大将足球产业与房地产业形

---

① 改编自《恒大：用多元化改变自己》，中金在线，[2014-01-05] http://news.cnfol.com/jingyingguanli/20140106/16665223.shtml

第五章 发展战略

成联系，并进入良性循环，占据了天时地利人和。

2013年是恒大进入中国足球的第四年，也是丰收的一年。之前，恒大曾陆续披露过俱乐部的经营状况。2010年年底，许家印在中超庆典会上表示2010年恒大全年投入1.7亿元，随后公布数据显示，俱乐部当年盈利77万元；2011年，恒大集团总裁夏海钧表示，俱乐部在足球训练基地、球赛奖金和团队成员组建等方面总投入高达6亿元，当年亏损超过1亿元；2012年，恒大总投入7亿元，夏海钧表示，希望将全年净亏损控制在2亿元左右。据2013年《中超商业价值报告》，16家中超俱乐部只有恒大和辽足盈利。恒大俱乐部总收入超过5亿元，盈利超过8000万元。

足球的广告集群

人们不禁要问恒大足球俱乐部这5亿元收入的来源。业内人士透露，5亿元收入包括恒大本赛季中超和亚冠的1.28亿元票房以及商业开发。恒大俱乐部总经理康冰表示，俱乐部有大约20个合作伙伴，恒大可以从每个合作伙伴那里获得几百万元到2000万元不等的收入。若想成为恒大冠名赞助商，至少要投资亿元以上；球队胸前赞助商广告的价格在亿元以上；球衣背后广告超过3000万元；官方合作伙伴的价格也在千万元以上。康冰透露了恒大赞助商的分级情况，其中3亿元的商业广告收入占恒大足球俱乐部收入一半以上。为此，恒大俱乐部成立了经营开发部门。在恒大接手俱乐部的第一年，广告经营已做到商业化，主场广告牌叠了三层，一个广告牌就可以获取近百万元。恒大商业广告经营模式是不可复制的。20个合作伙伴大多是房地产链上的企业，包括纱窗、门业、瓷砖、管道和橱柜等。显然，这些赞助商与恒大有着密切的合作关系。如果没有恒大，又有多少企业愿意给俱乐部投钱呢？

恒大足球2013年获得5亿元总收入的另一个重要原因是球队出色的比赛成绩。如果没有亚冠的高歌猛进，就不会有最后决赛的0.55亿元单场票房纪录和赛季1.28亿元票房总收入。各种纪念品的销售也随之水涨船高，供不应求。恒大足球俱乐部在网上开设了衍生产品天猫店，在天河体育中心开设了实体店。销售球队训练服、比赛服、球迷服、围巾、帽子以及官方授权纪念品如笔记本、笔、茶杯、钥匙扣等。

目前，恒大已成为集房地产、文化、体育、金融、消费品和产业投资等为一身的控股集团。其中,体育和娱乐是最为人们熟知的品牌,而"恒大长白山矿泉水"是恒大转型做快消品的首次尝试。据悉,恒大计划首批投产年产量40万吨与80万吨两座水厂,远期规划年产量达千万吨,走高端路线,依托布点全国的楼盘进行销售。恒大考虑建立一套独立的饮用水系统,将恒大天然矿泉水纳入楼盘社区系统,使之成为恒大物业的一大亮点,成为恒大实施绿色住宅产业的一个举措。可见,恒大正在依托房地产这个支柱产业,发挥恒大足球的品牌号召力,积极拓展多元化经营。

二、多元化战略的类型

按照业务的关联程度,多元化战略可分为相关多元化(Related Diversification Strategy)、不相关多元化(Unrelated Diversification Strategy)两种类型,具体见图5-1。

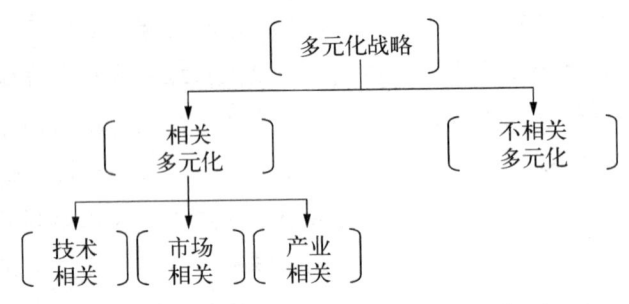

图5-1 多元化类型

(一)相关多元化战略

相关多元化战略是指企业基于现有的核心业务和竞争优势进入相关的产业领域。这种相关性可以表现为技术相关、市场相关和产业相关。例如,电子行业企业利用数控技术优势,将经营领域拓展到造船、机械和汽车等领域。相关多元化战略可以明显地提高资源共享性,产生协同效应,并将竞争优势扩展到新的领域,形成多元业务相互支撑的格局,提高企业竞争力。

(二)不相关多元化战略

不相关多元化战略又称横向多元化,是指企业进入与现有业务不相关的产业领域。例如，钢铁企业将经营领域拓展到运输、机械、家电、旅游、商业和房地产等产业。不相关多元化战略多为实力雄厚的大企业所采用，它可以拓展企业经营领域，回避经营风险，获得新的市场机会。

三、多元化战略的动因

（一）避免产业生态环境恶化

在一个产业内，企业的市场行为是相互联系、相互影响、相互制约的，一家企业的竞争行为往往会引发其他企业的连锁反应。特别是在寡头垄断市场，一家企业的大规模的投资行为有可能打破既定的竞争格局，侵蚀竞争者的市场份额。对此，竞争者通常会采取有力的应对措施，从而会加剧产业内竞争，导致产业生态环境恶化。这些势均力敌的寡头企业间竞争的结果大多是使各方利益都受到损失。因此，许多企业会采取多元化战略，通过拓展其他产业市场来增加盈利，避免与竞争者发生直接冲突。

（二）寻求新的增长点

任何一个产业都有生命周期。当一个产业步入成熟期后，其市场增长率和产业平均利润率会明显下降，市场竞争会不断激化。此时，企业如果继续在这一产业追加投资，那就有可能造成产能过剩，导致恶性竞争，破坏企业生态环境。对此，企业通常有两种选择：一是通过创新使产业进入新一轮发展；二是进入新的产业领域。由于创新需要有较大的投入和较长的时间，承担较高的风险，大多数企业会选择多元化战略，寻求新的增长点。

（三）分散市场风险

在经济发展过程中存在周期性的波动，但不同产业和地区的经济波动曲线并不完全重叠。当经济出现波动时，专业化企业由于经营领域单一，战略回旋余地小，大多会陷于困境。多元化企业由于经营领域广，战略回旋余地大，处于不同产业的业务单元可以相互支持，从而能灵活应对市场变化，抗风险能力较强。与相关多元化相比，不相关多元化对分散风险的作用更加明显。

（四）追求协同效应

协同效应是指两个或两个以上事物结合在一起，产生大于两个或两个以上事物简单相加的效果，即"$1+1>2$"。多元化企业通过各业务单元间在技术、生产、市场和管理上的联系，能够更好地实现资源共享，提高资源利用效率，使企业的整体效益大于各业务单元简单相加，获得协同效应。

（五）规避法律风险

目前，世界各国大都制定了反垄断法、反不正当竞争法等，以约束企业的市场行为。当一家企业在某一产业领域拥有较高的市场占有率时，如果在原有的产业领域进一步投资扩张，那就有可能引起反垄断诉讼和政府干预。企业多元化经营不但能满足其内在的扩张要求，而且能规避法律上的纠纷。

四、多元化战略的应用条件

（一）从产业机会上看

一个新兴产业的诞生大都是重大技术创新的结果：由技术创新引发一系列产品创新，产生相应的生产者和消费者，形成新的产业。1930～1950年代，石油化工、合成材料、计算机和半导体等新技术的发明与应用，促使一批新兴产业的形成和发展。这些新兴产业发展前景广阔，竞争相对缓和，盈利水平高。多元化企业通常会选择投资这些具有良好成长空间的新兴产业。

（二）从产业资源上看

实施多元化战略不仅有一个产业机会的问题，而且还有一个产业资源的问题。任何一个产业都是从事特定产品的生产活动，需要拥有特定的产业资源如知识资源、人才资源和自然资源等。其中，有些资源可以通过市场交易获得，有些资源则被少数企业垄断。企业如果不能获得这些产业资源，那就很难跨越进入壁垒，获得发展机会。在新技术革命条件下，产业技术进步日新月异，企业不但要有能力获得产业资源，而且要有能力持续创新，才能在新的产业领域得以持续发展。

（三）从竞争优势上看

在当今竞争不断激化的环境下，企业即使成功地进入新的产业领域，但也未必意味着能够在这一产业领域得到很好的发展。企业如果不能有效地利用内外部资源，迅速建立起竞争优势，那就有可能面临被淘汰的威胁，最终不得不退出这一产业领域。

五、多元化战略的风险

(一) 资源累积约束

不同的产业由于产品和生产特征不同,在产业资源上具有明显的差异性;而任何一个企业都是在特定的产业领域里从事生产经营活动,并形成特定的资源积累的。因此,企业进行跨产业投资和多元化经营,就必须获得在新产业从事生产经营活动所需要的特定的资源,改变原有的生产方式、组织结构、管理方式和商业模式等;否则,将难以适应在新产业发展的要求。但是,企业要完成这种资源积累,往往需要付出巨大的投入和花费较长的时间。因此,企业发展多元化经营会在不同程度上受到资源积累的约束。

(二) 造成资源分散配置

对于多元化企业,企业间的竞争主要表现为业务单元间的竞争。换言之,企业竞争力的强弱并不完全取决于企业整体资源的多少,而是取决于业务单元能获得多少资源。一般而言,能获得较多资源支持的业务单元的竞争力会比较强。企业从事多元化经营就需要将资源配置在不同的业务单元,从而有可能导致资源分散配置,削弱竞争力。特别是从事不相关多元化经营的企业,由于各业务单元间缺乏关联和资源共享,有可能被竞争对手各个击破。

(三) 跨越进入壁垒

企业实施多元化战略,向其他产业扩张,有一个跨越进入壁垒的问题。进入壁垒有有形的,有无形的;有事先存在的,有事后变化的。通常,企业对那些有形的、事先存在的进入壁垒如技术、资金和规模经济等,有较充分的准备;而对那些无形的、事后变化的进入壁垒如转换成本、产业内企业反应等,可能会准备不足。因此,企业在跨越这些进入壁垒时会遇到较高的风险。

六、归核化战略

成功的企业大多经历了一个从专业化到多元化再到归核化的成长过程。归核化是在多元化的基础上回归核心业务。美国哈佛商学院博士生马凯兹(C. C. Markides)1990年在其博士论文《多元化、归核化与经营绩效》中首先提出这一概念,指出 1980 年代美国最大 250 家企业中,仍在多元化扩张的仅占 8.5%,而采取归核化的已达 20.4%。归核化战略不是对多元化战略的否定,而是要求发展相关多元化,加强各业务单元间的关联,实现资源共享性,提升经营绩效,增强竞争优势。

美国大多数大企业在 1950 年代开始采用多元化战略;1970 年代达到高峰;1980 年代进入战略转型期;1990 年代后则倾向于选择归核化战略,多元化战略的企业比重明显下降,归核化战略的企业比重显著上升,从 1950 年代、1960 年代的 1.3% 和 1.1%,提高到 20.4%。美国的归核化浪潮有两个鲜明特点:一是发展相关多元化,多元化程度有所降低,多元业务间的关联性增强;二是并购后的业务剥离、业务对换、战略联盟明显增加。显然,归核化是以美国为首的西方发达国家多元化发展到一定阶段的产物。在欧洲,这一战略转型比美国晚 5~8 年,到 1990 年代中期一些大企业才陆续实施归核化战略。在亚洲,直至 1998 年金融危机后,韩国大企业才开始实施归核化战略;日本一些大企业以调整发展战略,突出经营重点为主线,转而实行归核化战略。

实行归核化战略的动因主要是:多元化战略尽管能使企业降低经营风险,获得产业发展机会,但如果业务过于分散,相互间缺乏关联,就会分散资源配置,导致竞争力下降,容易被竞争者各个击破。因为对一个多元化企业而言,企业竞争力不但取决于其整体资源状况,而且在很大程度上取决于各业务单元的资源配置状况。归核化战略突出了核心业务的重要地位,将资源配置聚焦于核心业务及其相关业务,有利于培育核心能力,建立持续竞争优势;而且,企业围绕着核心业务开展多元化经营,能增强各业务单元间的联系,产生协同效应,形成一种相互支持的格局,对提升企业竞争力具有明显作用。

美国通用电气公司的归核化战略[①]

战略聚焦 　　美国通用电气(GE)公司从 1981 年开始实行归核化战略,取得了惊人的效果。为了强化核心业务,GE 收购了一批与核心能力相关的资产,进一步增强了核心业务。1991 年,销售额达 602.36 亿美元,是 1980 年的 2.4 倍;利润达 44.35 亿美元,是 1980 年的 2.9 倍;员工总数为 28.4 万人,

---

① 节选自《归核化战略》,[2016 - 01 - 25] http://baike.baidu.com/link?url = sQfP6WRb3xeYJPBwVn8rA-cTX9CI5OfO-xf5zvchMhkBYSithWU4LNNp9257xtNQDQ0-A0Yc8EJwzhugo254maa

是1980年的70%。GE的归核化战略主要有：

界定业务领域：1982年，韦尔奇用三个圆圈，确定了高于一般增长幅度的三大事业领域：高技术、服务和传统事业。圆圈内是韦尔奇有意发展的事业，共有15项，它们已经是或有可能成为市场上数一数二的企业；所有落在圆圈外的企业都需要整顿、关闭或出售。

内部合并：1981年，GE将64个事业部合并为38个事业部，1987年又进一步合并为13个事业部，从跨60多个行业调整为跨15个行业。

出售企业：对那些不符合要求，经过整顿仍无法达到目标的企业，GE就从该行业撤出。1981~1992年间，GE出售了大量企业，回收了110亿美元，并将这些资金投向更有竞争力的领域。

收购企业：对有望达到目标的企业，GE采取收购的方式，促使其快速成长，向全球市场扩展。1981~1992年间，GE收购了大量企业，交易金额逾百亿美元。

合资合作：GE拥有的许多业务在全球范围内处于行业领先地位，如灯泡、发电厂、蒸汽机、小家电、喷气发动机、CT、核磁共振仪、核能和航天塑料等。1980年代前，GE主要采取内部发展的方式，以至于形成"不是在此发明（NIH）"的综合征，排斥对外部发明成果的应用。但韦尔奇认为，没有一家公司能垄断好创意，他要求GE必须从外部寻找创意。从此，GE对那些能达预期目标的企业，广泛采用合资合作的方式，不断巩固其市场领先地位，并迅速将优势扩展到全球。

强化优势：对达到目标或接近目标的企业，GE将进一步强化其竞争优势，使之在未来竞争中充分发挥作用。

第三节 国际化战略

一、国际化战略（Internationalization Strategy）概述

国际化战略是指企业发展国际性生产经营活动的过程。企业根据不同国家和

地区的区位优势，对价值链各环节进行优化配置，从而达到降低经营成本、构造竞争优势的战略目的。国际化战略实际上是一种地域市场的多元化。

当今，互联网和信息技术的发展消除了时空距离，创造出新的市场空间——互联网市场，世界各国市场实际上演变成一种开放性的全球市场。企业经营活动能迅速、有效地扩展到全球，甚至小公司都能轻易地进入国际市场，从而促使世界各国经济联系不断增强，进入实质性的经济一体化。同时，信息化的力量使竞争更多地带有全球化的色彩，改变了竞争范围与竞争优势间的关系，传统上地理位置及距离创造的竞争优势已不复存在，要求企业从全球视角来组织经营活动，创造新的竞争优势。这些都极大地促进了企业国际化的发展。

战略聚焦

海尔公司的全球战略[①]

创立于1984年的海尔公司，历经名牌战略、多元化战略、国际化战略和全球化品牌战略，取得了巨大的成功。2010年，海尔名列全球家电销售前10名。1991年前，海尔着力于塑造自主品牌，提高质量和服务。1990年海尔通过美国UL认证，同年第一批冰箱出口德国，拉开了国际化战略的帷幕。

1992年至1998年间，海尔对国内企业进行了大规模兼并重组，并购了18家亏损企业，通过扩大经营规模，支持国际化经营的发展。1993年，海尔空调进入法国市场，1994年在巴黎设立了海尔贸易公司，直接从事营销推广活动，凭借其质量、个性化和速度优势，塑造了良好的品牌形象。1995年，海尔在中国香港成立贸易公司，开始全球营销网络布局，并确立了三个1/3的国际化战略目标：最终实现国内生产、国内销售占1/3；海外生产、海外销售占1/3；国内生产、海外销售占1/3。1998年后，海尔进一步将整合资源的能力扩展到全球：从企业的国际化到国际化的企业的转变。

随着国际化战略的推进，海尔的企业使命由"敬业报国"转变为"创造资

[①] 节选自《Haier——全球战略，营销战略，对外投资》，［2012-03-08］http://wenku.baidu.com/link?url=JVLRDpyTDGkP3lpHwH-dG0dysSbl76tKJRClPACKjXvQSYgXc8kGFtC94SoNk3FAWBIqMHs17bXaGtSWGS-J2r85S3-DZuzSy1zkCIAYyUG

第五章　发展战略

源"；远景目标由"追求卓越"转变为"美誉全球"；对组织结构也进行了重大变革。海尔旗下原有洗衣机、冰箱、电视机、空调和电脑等事业部，每个事业部都有研发、生产和销售等部门。2007年，海尔将旗下事业部整合成6个子集团：白色家电运营集团（冰箱、洗衣机和空调等）、黑色家电运营集团（彩电、AV产品等）、数码及个人产品运营中心（电脑、MP3等）、全球运营中心（海外市场）、创新市场运营中心（国内市场）和金融运营中心，合并了各事业部的研发、设计、生产和销售等职能。

海尔对海外市场管理实行包括研发、制造和营销在内的本土化战略。员工薪酬按当地平均水平支付；依靠海外的研发力量在当地制造产品，如美国和欧洲的制造中心设计符合当地顾客需求的个性化产品。2007年，海尔针对不同层次的消费者，向全球推出Casartede高端品牌，实行双品牌战略，以适应未来网络化家居生活和时尚消费的发展。

海尔的主营业务是白色家电，包括电冰箱、洗衣机、空调、展示柜和热水器等，但注重多元化发展，其业务领域包括手机制造、电脑、金融保险、物流配送、商流销售、家居集成、生物工程和饮食服务等。海尔强调品牌战略，尽力提升品牌形象和品牌价值，从不参与价格战，营销推广活动集中宣传海尔品牌，而不是具体产品，凸显其差异化优势特别是服务和技术创新优势，其在产品质量、服务水平上的与众不同成为赢得海外市场竞争的关键。海尔认为，不同地区的消费特点不同，不同消费者的诉求不同且不断变化。企业只有根据消费者偏好不断开发出差异性产品和服务，满足不同地区和层次的消费者需求，才能在竞争中不断创造市场需求，提高市场份额。

海尔以优越的服务著称，其服务精神是与消费者保持零距离，随时了解消费者想法，及时跟踪服务，全方位拓展服务。海尔推出全程管家365服务新概念，服务人员一年365天为用户提供全天候上门服务，将服务直接送达消费者；成立海尔俱乐部（MY CLUE），定期给顾客邮寄俱乐部期刊。凭借高质量、人性化、"真诚到永远"的服务，海尔赢得了广大消费者的尊重和忠诚。面对市场上服务同质化现象，海尔更加注重创新，创新既是战略的、观念的，又是技术的、组织的和市场的。通过创新，海尔逐步形成了自己的核心技术，让消费者体验到海尔对产品技术和质量不断超越的精神，增强了消费者的信赖，从而使海尔品牌凝聚了高质量的产品、人性化的服务、快速响应市场的能力和强大的市场整合力。

海尔在全球有56个贸易中心、15个设计中心（海外8个）、7个工业园（占地600亩以上）、46个工厂（海外10个）、11 976个服务网点、53 000个营销网点（海外38 000个）。海尔与代理商、经销商的合作方式主要是店中店和专卖店。对不同代理商，海尔制定了不同的代理政策和14项渠道建设举措，提供不同的支持。海尔对渠道实行严格管理：每一地区只设一家一级代理商，作为物流平台和服务中心，分区域控制，每一大区有不同的专卖标志。

海尔的对外直接投资采取循序渐进的模式：从国内到国外，从产品出口到境外直接投资；海外建厂大都从发展中国家到发达国家；投资方式大都从合资到并购，从小规模到大规模，从专业化到多元化，不断拓展市场。2003年前，海尔的直接对外投资主要采取新建方式，此后较多使用合资与并购方式，包括对IBM个人电脑业务并购。与新建相比，合资与并购能大大缩短项目建设周期，减少现金支出，获得被并购企业技术专利、市场等无形资产，加快了国际化进程。海尔在市场开发上采取"先难后易"的全球启动模式，从最难进入的德国切入，提高品牌的国际知名度，然后逐渐辐射至海外其他地区市场；在海外建厂、产品选择上采取"先易后难"的渐进模式，首先进入熟悉或容易的市场，降低经营风险；在技术合作、渠道建设和品牌宣传上，与国外知名企业结成多种形式的战略联盟。例如，海尔与日本三洋的战略联盟开始是利用双方销售网络的合作，然后发展到生产基地合作和主要零部件供应及技术协作，形成优势互补的战略效应。

二、国际化战略的类型

根据市场、业务和组织的国际化程度，企业国际化战略可分为国际战略（International Strategy）、多国战略（Multinational Strategy）、全球战略（Global Strategy）和跨国战略（Transnational Strategy）四个类型。

（一）国际战略

国际战略指的是企业利用国际市场发展技术和产品，这是一种本国中心战略。在这一战略模式下，企业以高度一体化的形式参与国际竞争。母公司集中产品研发和设计，通过技术转移，由子公司在东道国组织生产和销售，并采取高度集权的管理模式。这一战略可以更好地利用母公司的知识和创新能力，但产品对

第五章　发展战略

东道国市场的适应性较差。战略核心是：如何充分发挥母公司的技术创新能力，建立竞争优势；在产品生命周期哪个阶段将新技术、新产品转移到国外，转移到哪些国家，采用何种转移方式。母公司的技术创新能力是有效运用这一战略的前提条件。

（二）多国战略

多国战略是指根据不同国家的市场环境特征，分别提供能满足当地市场需求的产品，这是一种多国中心战略。它是以地区利益为出发点，而不是以全球利益为出发点。在这一战略模式下，各子公司在母公司指导下，根据东道国市场情况分别组织研发、生产和营销活动，母公司主要承担总体战略制定、目标分解和对海外子公司的监控；海外子公司拥有较大的经营决策权，可以根据当地市场变化做出决策。这一战略能提高企业对东道国市场的适应性，具有较高的经营灵活性和市场响应速度，但子公司间协调困难，资源共享性较差，无法形成不同东道国市场间、不同子公司间相互支持的机制。这一战略适用于各东道国市场环境差异较大，产品生产对规模经济要求较低的情况。战略核心是：了解东道国的市场特征，开发能满足当地需求的差异化产品，并从决策机制、组织结构、人力资源和经营方式等方面保障子公司的经营灵活性，提高子公司对东道国市场环境的适应性，扩大国外市场的销售收入和市场占有率。

（三）全球战略

全球战略是指将全球视为一个统一的大市场，由母公司统一组织全球性的生产经营活动，这是一种全球中心战略。在这一战略模式下，母公司根据不同国家和地区的区位优势，在全球范围内对价值链各环节进行布局，实行高度集权的一体化经营；各子公司的生产经营活动只是母公司价值链的一个环节。这一战略能实现在全球范围内的资源优化配置，获得明显的规模经济效应，从而有利于提高企业竞争力，但这一战略的经营灵活性较差，无法兼顾各东道国市场环境的特殊性。战略核心是：如何选择全球性产品；如何在全球范围内配置资源；如何有效地组织、协调和控制全球生产经营活动。这一战略主要适用于那些国别市场无法满足企业规模经济的产业，如飞机制造业、船舶制造业和集成电路制造业等。

（四）跨国战略

国际战略、多国战略和全球战略分别从不同角度考虑如何在跨国经营中建立竞争优势：多国战略强调国外子公司的适应能力和经营灵活性，但失去了国外子公司间的相互学习、协调和整体效率；全球战略强调全球经营效率，但失去了国外子公司对东道国经营环境的适应能力和经营灵活性；国际战略强调母公司的创新能力，但失去了对东道国的适应能力和全球经营效率。而跨国战略则力图在兼顾经营灵活性、全球经营效率和创新能力的基础上构造新的竞争优势，其资源配置是以分散、相互依存和专门化为特点的。

三、国际化战略的动因

（一）拓展市场

世界上不同国家与地区的经济社会发展阶段和水平不同，市场机会也不同。某一产品在一个国家的市场需求已饱和，但在其他国家可能还有很大的市场潜容量。同时，聚集全球市场需求能很好地获得规模经济，提高企业竞争力。一些对规模经济要求高的产业由于巨大的研发成本和生产成本，一个国家和地区的市场往往很难满足其对规模经济的要求，必须面对国际市场组织生产和销售，明显地具有全球性市场的特征。一些产业已发展成为全球性产业，产业中的寡头企业参与世界主要市场的竞争，如饮料业的可口可乐与百事可乐，汽车业的美国通用汽车、德国大众汽车、日本丰田汽车等。其中，一些企业的国际化战略是主动的，有周密的战略规划，一些企业是被动跟进的。

（二）获取资源

世界上不同国家和地区的资源禀赋不同，资源成本也不同。通过国际化经营可以获得稀缺的或廉价的资源，包括自然资源、人力资源以及技术资源和管理技能等。从自然资源角度看，跨国公司向自然资源丰富的东道国投资，可以获得稳定的、廉价的自然资源供给，如矿藏、石油、农产品和其他原材料。从人力资源角度看，有两种情况：一是获取廉价的劳动力。这种情况大多发生在跨国公司对发展中国家的投资，投资项目主要是一些劳动密集型的价值链环节。二是获取高质量的人力资本。这种情况大多发生在跨国公司对发达国家的投资，投资项目主要是一些知识密集型的价值链环节，如研发、关键零部件生产等。从技术资源和管理技能角度看，这种情况主要发生在跨国公司对发达国家的投资，主要是获取发达国家的先进技术和管理技能。

（三）构造竞争优势

跨国公司能从全球性市场聚集的巨大需求中获得规模经济，并根据不同国家和地区在资源成本上的差异，在全球范围内对价值链各环节布局，优化资源配置，从而能比国内企业获得更多的竞争优势。换言之，不同国家的区位优势是不同的，国内企业主要利用本地市场和资源，可能在价值链的某些环节获得竞争优势，但不可能在价值链的所有环节获得竞争优势。跨国公司则可以利用全球市场和资源，根据不同国家与地区的资源成本和价值链各环节对资源的要求，进行匹配和优化，从而实现价值链总成本最优。当今，信息革命的力量不但使企业有能力实行远距离控制，高效地组织全球生产经营活动，而且导致竞争范式的重大变化，从对资源、产品和市场的控制转变为对供应链的控制。供应商、制造商、分销商及用户在互联网上集合成一个更大程度受市场驱动的系统，因而也就愈加凸显出跨国经营的竞争优势。

（四）获取高额投资回报

国际化经营的高额投资回报主要来源于共同管理经济，即跨国公司对全球各地的分支机构进行管理协调所带来的各种额外收益，具体包括：利用各国要素禀赋差异，最大限度地提高整体利益；世界各国的生产函数不同，跨国公司共同管理活动有助于实现成本最小化；跨国公司各分支机构共享资源和信息，降低资源和信息成本；对流动性强的资源如知识、技术、产品和管理等，在全球范围内调配，提高资源产出效率。

企业从事国际化经营的动因是复杂的，除了上述动因外，通常还包括一些其他动因：① 通过内部贸易，跨越东道国的贸易壁垒，包括关税壁垒和非关税壁垒；② 利用世界各国在征税主体和税率上的不同，通过内部价格转移，合法避税；③ 把容易对环境产生污染的企业转移到发展中国家，逃避政府管制；④ 通过各东道国市场间的交叉补贴，增强竞争优势。从总体上看，国际化经营主要是为了创造新的竞争优势。它能在全球范围内实现资源的优化配置。这是任何一家国内企业都难以做到的。

四、国际竞争力：波特钻石理论模型（Diamond Model）

钻石理论模型又称国家竞争优势理论，是迈克尔·波特提出的，主要用于分析一个国家某种产业为什么在国际上有较强的竞争力。波特认为，决定一个国家某种产业的竞争力，主要有四个因素，即生产要素、需求条件、相关及支持产业以及企业战略、结构和同业竞争。这四个要素具有双向作用，形成钻石体系。此外，还包括政府和机会这两个不可漠视的变量，具体见图5-2。

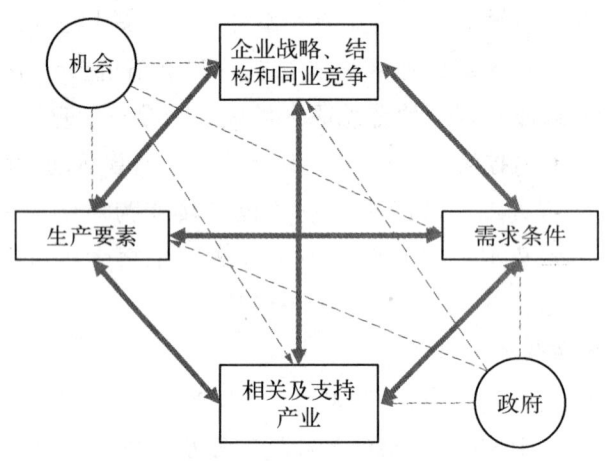

图5-2 波特钻石理论模型

（一）生产要素

波特认为，生产要素可划分为初级生产要素和高级生产要素。初级生产要素是指天然资源、气候、地理位置、非技术工人和资金等；高级生产要素是指现代通信、信息和交通等基础设施以及受过高等教育的人力、研究机构等。当今，初级生产要素的重要性越来越低（初级生产要素对农业和以天然产品为主的产业还是非常重要的），需求正在减少，跨国公司可以通过全球市场网络来取得。高级生产要素对获得竞争优势具有不容置疑的重要性。高级生产要素需要在人力和资本上进行大量和持续的投资，很难从外部获得，必须自己投资创造。

生产要素也可分为一般生产要素和专业生产要素。高级专业人才、专业研究机构、专用的软硬件设施等被归入专业生产要素。越是精致的产业越需要专业生产要素，而拥有专业生产要素的企业会产生更加精致的竞争优势。

一个国家如果想建立产业强大而又持久的优势，就必须发展高级生产要素和专

第五章 发展战略

业生产要素，这两类生产要素的可获得性与精致程度决定了竞争优势的质量。一个国家如果把竞争优势建立在初级与一般生产要素的基础上，那是不稳定的。在竞争中，丰富的资源或廉价的成本要素往往造成没有效率的资源配置；而人工短缺、资源不足、地理气候条件恶劣等不利因素，反而会形成一种刺激产业创新的压力，促进企业竞争优势的持久升级。一个国家的竞争优势其实可以从不利的生产要素中形成。一般而言，资源丰富和劳动力便宜的国家应该发展劳动力密集的产业，但是这类产业对大幅提高国民收入不会有大的突破，仅仅依赖初级生产要素无法获得全球竞争力。

（二）需求条件

国内需求市场是产业发展的动力。国内市场与国际市场的不同之处在于企业可以及时发现国内市场的客户需求，这是国外竞争者所不及的。因此，全球性竞争实际上并没有降低国内市场的重要性。

波特指出，本地客户的特征非常重要，特别是内行而挑剔的客户。假如本地客户对产品、服务的要求或挑剔程度在国际上数一数二，就会激发该国企业的竞争优势。显然，如果能满足最难缠的顾客，其他客户的要求就不在话下。日本消费者在汽车消费上的挑剔是全球出名的，欧洲严格的环保要求也使许多欧洲公司的汽车环保性能、节能性能全球一流。美国人大大咧咧的消费作风惯坏了汽车工业，致使美国汽车工业在石油危机的打击面前久久缓不过神来。

另一个重要方面是预期性需求。如果本地顾客需求领先于其他国家，也可以成为本地企业的一种优势。因为，先进的产品需要前卫的需求来支持。德国高速公路没有限速，当地汽车工业就非常卖力地满足驾驶人对高速的狂热追求，而超过200公里乃至300公里的时速在其他国家毫无实际意义。有时国家政策会影响预期性需求，如汽车的环保与安全法规、节能法规和税费政策等。

（三）相关及支持产业

对形成国家竞争优势而言，相关及支持性产业与优势产业是一种休戚与共的关系，产生"产业集群"现象。一个优势产业不是单独存在的，它一定是同国内相关强势产业一同崛起的。例如：德国印刷机雄霸全球，离不开德国造纸业、油墨业、制版业和机械制造业的强势；美国、德国和日本汽车工业的竞争优势也离不开钢铁、机械、化工和零部件等行业的支持。发展中国家往往采用集中资源配置，优先发展某一产业的政策，孤军深入的结果就是牺牲了其他行业，钟爱的产业也无法一枝独秀。

本国供应商是产业创新和升级过程中不可缺少的一环。产业要形成竞争优势，就不能缺少世界一流的供应商，也不能缺少上下游产业的密切合作关系。有竞争力的本国产业通常会带动相关产业的竞争力。即使上游产业不在国际上竞争，但只要上游供应商具有国际竞争优势，对整个产业的影响仍然是正面的。

（四）企业战略、结构和同业竞争

波特指出，推动企业走向国际化竞争的动力很重要。这种动力可能来自国际需求的拉力，也可能来自本地竞争者的压力或本地市场的推力。创造与持续产业竞争优势的最大关联因素是国内市场的强有力竞争对手。这与传统的观点相矛盾，人们通常认为：国内竞争太激烈，会过度消耗资源，妨碍规模经济建立；最佳的国内市场状态是有2～3家企业独大，用规模经济与外商抗衡，并促进内部运作效率的提高，国际型产业并不需要国内市场的竞争对手。波特指出，在研究的10个国家中，强有力的国内竞争对手普遍存在于具有国际竞争力的产业中。在国际竞争中，成功的产业必然先经过国内市场的搏斗，迫使其进行改进和创新，海外市场则是竞争力的延伸。而在政府的保护和补贴下，国内没有竞争对手的"超级明星企业"通常并不具有国际竞争能力。

（五）机会

机会可遇而不可求，机会可以影响四大要素发生变化。对企业发展而言，形成机会的可能情况大致有以下几种：基础科技的发明创造、传统技术出现断层、外因导致生产成本突然提高（如石油危机）、金融市场或汇率的重大变化、市场需求的剧增、政府的重大决策和战争等。机会其实是双向的，它往往在使新的竞争者获得优势的同时，也使原有的竞争者优势丧失，只有能满足新需求的企业才能有发展"机遇"。

（六）政府

波特指出，从事产业竞争的是企业，而非政府，竞争优势的创造最终必然要反映到企业上。即使拥有最优秀的公务员，也无从决定应该发展哪个产业，以及如何达到最适当的竞争优势。政府能做的只是提供企业所需要的资源，创造产业发展的环境。政府只有扮演好自己的角色，才能扩大钻石体系的力量。政府可以创造新的机会和压力，政府直接投入的应该是企业无法行动的领域，也就是具有外部性的领域，如发展基础设施、开放资本渠道、培养信息整合能力等。

从政府对四大要素的影响看，政府对需求的影响主要是政府采购，但是政府采购必须有严格的标准，扮演挑剔型的顾客（在美国，汽车安全法规就是从政府采购开始的）；采购程序要有利于竞争和创新。在形成产业集群方面，政府并不能无中生有，但是可以强化它。政府在产业发展中最重要的角色莫过于保证国内市场处于活跃的竞争状态，制定竞争规范，避免垄断。政府保护会延缓产业竞争优势的形成，使企业停留在缺乏竞争的状态。

五、国际化战略的模式

国际化战略模式具体见图5-3。

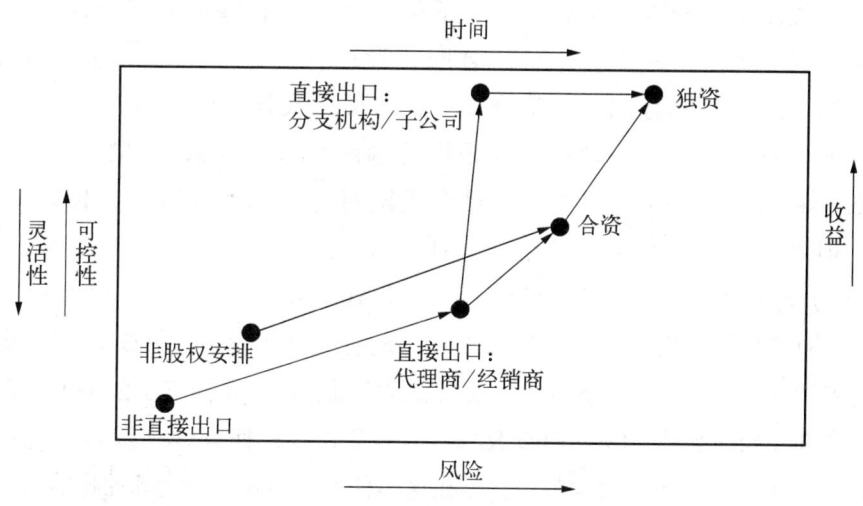

图5-3 国际化战略模式比较

（一）出口贸易（Export Trade）

出口贸易是以国内生产、产品出口的方式，进入国际市场。有直接出口和间接出口两种形式：直接出口是指产品出口通过进口国代理商、经销商销售或海外子公司、分支机构直接销售。间接出口是指产品出口通过出口国代理商、经销商销售。出口贸易是国际化战略的初级模式，主要特点有：经营灵活性高、风险低,但可控性低、信息反馈差、物流成本高、受贸易壁垒限制。

(二) 许可证贸易 (Licensing)

许可证贸易又称许可贸易,是技术许可方将其交易标的的使用权通过许可证协议或合同的形式转让给技术接受方的一种交易行为。根据标的的不同,许可证贸易可分为:专利许可证、专有技术许可证和商标许可证;根据授权程度和方式的不同,许可证贸易可分为:独占许可、排他性许可、普通许可、交换许可和可转让许可。相对于出口贸易和对外直接投资而言,许可证贸易特点有:能跨越贸易壁垒、降低经营风险、节省物流和销售费用、便于小企业进入国际市场,但可控性差、有可能培养潜在的竞争对手。

(三) 非股权安排 (Non-equity Arrangement)

非股权安排又称合同安排,是指企业不拥有东道国企业的股份,而是通过签订有关技术、管理、销售和工程承包等合约,取得对东道国企业的经营管理控制权。主要形式有:许可证合同、管理合约、交钥匙工程承包合同、销售协议、产品分成合同、经济合作、技术援助或技术咨询合约等。1970年代后,非股权安排成为一种被广泛采用的国际化战略模式。其特点是:经营风险低、有利于跨越贸易壁垒、突破东道国对外资的政策限制、保护专利和商标,但可控性低、有培养潜在竞争对手的风险。

(四) 对外直接投资 (Foreign Direct Investment, FDI)

对外直接投资是指一国投资者为取得国外企业在经营管理上的控制权而输出资本、技术和管理等资产的经济行为。根据股权安排,母公司拥有子公司95%以上股权,为全部控权;拥有51%~94%股权,为多数控权;拥有50%股权,为对等控权;拥有49%以下股权,为少数控权。在这四种参股形式中,全部控权的又称为独资经营,其他三种称为合资经营。根据市场进入方式,对外直接投资可分为企业并购与新建企业。对外直接投资是国际化战略的高级模式。主要特点有:可控性高、投资收益高、信息反馈及时、有助于跨越贸易壁垒,但经营灵活性低、风险高。

六、国际化战略的风险

(一) 政治风险

政治风险是指企业在跨国经营中面临的政治环境的不确定性,特别是那些突发性事件和政治行为变化,如政局稳定、政治歧视、政策连续性、社会各阶层利益冲突和国有化等。与国内经营相比,国际化经营对政治风险最为敏感。它不但对企业经营产生重大影响,甚至决定成败,而且可控性低,因此也就成为国际化经营风险控制的重点。企业不但要在进入东道国前对其政治风险进行全面评估,而且要随时关注其政治环境的动态变化,并及时采取对应措施。

(二) 市场风险

市场风险是指国际市场变化。与国内市场相比,国际市场存有较大的差异:不同国家的消费水平、消费习惯和民族文化等不同,市场特征也不同。需要企业很好地适应当地市场环境,针对当地消费者偏好,设计产品和制定营销策略。

(三) 金融风险

金融风险是指外汇汇率变化或市场利率变化。与国内经营不同,企业从事国际化经营活动势必涉及国际结算和国际投融资活动。国际金融市场上汇率、利率的变化甚至微小的变化,都会直接影响企业的经营活动及其经济后果。对此,企业需要运用期货、期权等各种金融衍生工具,进行套期保值,严加防范汇率风险和利率风险。

(四) 管理风险

管理风险是指国际化企业在组织结构、生产管理、财务管理、人力资源管理和跨文化管理等方面对国际经营环境的适应性。国际化企业大多是从国内市场中成长起来的,相对而言,对国内经营环境比较熟悉,其管理模式也是基于国内环境形成的。进入国际市场后,不同国家经营环境如价值观、权力结构、用工制度和会计制度等方面具有显著差异。如果企业不能适应各东道国的经营环境,改变管理模式,就会产生严重的后果。

(五) 技术风险

世界上有许多国家为了保护国内市场和生态环境,纷纷制定相应的技术标准,对企业的产品与生产经营活动加以约束和规范。对此,企业要进入国际市场,就必须使自己的产品和生产经营活动能符合东道国的技术标准,否则,就很难在国际市场上立足。同时,企业需要针对东道国市场特征,对原有的产品进行改进或创新,承担较高的技术研发风险。

本章小结

企业发展战略主要包括一体化战略、多元化战略和国际化战略三种类型。

一体化战略是指企业通过新建、并购和联合等方式,将那些具有密切联系的生产经营活动纳入组织体内的过程。从企业价值链延伸的方向上看,一体化战略可分为横向一体化和纵向一体化两类。其中,横向一体化战略是指企业对生产同类产品企业实行并购或联合;纵向一体化战略是指企业价值链向上游或下游方向延伸,可分为后向一体化和前向一体化。其主要动因有:追求规模经济、扩大市场份额、降低交易成本、增强对供应链的控制力和提高进入壁垒。其主要应用条件包括:竞争环境、产业吸引力、资源条件等。其主要风险表现为:跨越移动壁垒、增大管理难度、降低经营灵活性、弱化竞争机制和法律约束。

虚拟经营是指企业通过外包、联盟等方式,将一些非关键价值链环节的生产和服务活动转移到外部,由其他企业提供,从而能使企业把有限的资源集中于优势环节,增强竞争力。在实践中,企业通常会组合运用一体化战略与虚拟化战略。

多元化战略是指企业将生产经营活动扩张到多个产业领域的过程。按照业务的关联程度,多元化战略可分为相关多元化、不相关多元化两种类型。其中,相关多元化战略是指企业基于现有的核心业务和竞争优势进入相关的产业领域;不相关多元化战略是指企业进入与现有业务不相关的产业领域。其主要动因有:避免产业生态环境恶化、寻求新的增长点、分散市场风险、追求协同效应和规避法律风险。其主要应用条件包括:产业机会、产业资源和竞争优势等。其主要风险表现为:资源累积局限、资源分散配置和跨越进入壁垒。

成功的企业大多经历了一个从专业化到多元化再到归核化的成长过程。归核化是在多元化的基础上回归核心业务。归核化战略动因主要是:突出核心业务的重要地位,集中配置资源,培育核心能力;增强各业务单元间的关联,产生协同效应,提升竞争力。

国际化战略是指企业发展国际性生产经营活动的过程。企业根据不同国家和地区的区位优势,对价值链各环节进行优化配置,以达到降低经营成本,构造竞争优势的战略目的。波特提出的钻石理论模型是国际化经营的一个重要理论基础。根据企业的市场、业务和组织的国际化程度,国际化战略可分为国际战略、多国战略、全球战略和跨国战略四个类型。其中，国际战略是企业利用国际市场发展技术和产品，这是一种本国中心战略；多国战略是根据不同国家的市场环境特征，分别提供能满足当地市场需求的产品，这是一种多国中心战略；全球战略是将全球视为一个统一的大市场，由母公司统一组织全球性的生产经营活动，这是一种全球中心战略；跨国战略是在兼顾经营灵活性、全球经营效率和创新能力的基础上构造新的竞争优势，以分散、相互依存和专门化的资源配置为特点。国际化战略的动因主要有：拓展市场、获取资源、构造竞争优势和获取高额投资回报。国际化战略模式主要有：出口贸易、许可证贸易、非股权安排和对外直接投资。国际化战略风险主要表现为：政治风险、市场风险、金融风险、管理风险和技术风险。

本章思考题

1. 何谓一体化战略？
2. 企业为何要选择一体化战略？一体化战略应用有哪些条件和风险？
3. 简述虚拟经营战略的要义。
4. 何谓多元化战略？
5. 企业为何要选择多元化战略？多元化战略应用有哪些条件和风险？
6. 简述归核化战略的要义。
7. 何谓国际化战略？
8. 企业为何要选择国际化战略？国际化战略应用有哪些模式和风险？
9. 简述波特钻石理论模型的主要内容。

本章参考文献

1. ［美］迈克尔·A.希特等著，刘刚等译．战略管理：概念与案例（第10版）［M］．北京：中国人民大学出版社，2012.

2. ［美］弗雷德·R.戴维著，徐飞译．战略管理：概念与案例（第13版）［M］．北京：中国人民大学出版社，2012.

3. ［英］格里·约翰逊等著，徐飞译．战略管理基础（第2版）［M］．北京：电子工业出版社，2013.

4. ［美］约翰·皮尔斯二世、小理查德·鲁滨逊著，钱峰译. 战略管理：制定、实施和控制（第12版）［M］. 北京：中国人民大学出版社，2015.

5. ［美］亨利·明茨伯格等著，徐二明译. 战略过程：概念、情境、案例（第4版）［M］. 北京：中国人民大学出版社，2014.

6. ［美］迈克尔·波特著，陈小悦译. 竞争战略［M］. 北京：华夏出版社，1997.

7. 王方华. 企业战略管理（第2版）［M］. 上海：复旦大学出版社、上海交通大学出版社，2015.

8. 徐飞. 战略管理（第2版）［M］. 北京：中国人民大学出版社，2013.

9. 金占明、段鸿. 企业国际化战略［M］. 北京：高等教育出版社，2011.

10. 金占明、杨鑫. 战略管理［M］. 北京：高等教育出版社，2011.

11. 张维迎. 博弈论与信息经济学［M］. 上海：上海三联书店、上海人民出版社，2012.

12. ［韩］W. 钱·金、［美］勒妮·莫博涅著，吉宓译. 蓝海战略：超越产业竞争开创全新市场［M］. 北京：商务印书馆，2005.

13. 彭维刚. 全球企业战略［M］. 北京：人民邮电出版社，2004.

14. ［美］迈克尔·波特著，李明轩、邱如美译. 国家竞争优势［M］. 北京：华夏出版社，2002.

15. ［美］萨尔坦·科马里著，姚坤、何卫红译. 信息时代的经济学［M］. 南京：江苏人民出版社，2000.

第六章 业务层战略

本章学习目标

1. 熟悉竞争战略
2. 掌握成本领先战略的含义、特征、动因、应用条件和风险
3. 掌握差异化战略的含义、特征、动因、应用条件和风险
4. 掌握聚焦战略的含义、类型、特征、动因、应用条件和风险
5. 了解战略钟的内容
6. 熟悉影响竞争战略选择的主要因素

本章核心概念

竞争战略　战略业务单元　成本领先战略　生产方规模经济　需求方规模经济　经验曲线　需求的价格弹性　差异化战略　聚焦战略　成本聚焦战略　差异化聚焦战略　战略钟

业务层战略关注的是企业各战略业务单元面向市场的竞争战略。竞争战略的重要性在于它直接影响一个企业的市场行为、经营绩效和战略目标实现。本章主要阐述成本领先、差异化和聚焦三种基本的竞争战略，分析其类型、特征、动因、应用条件和风险，并引入战略钟概念，提供一种动态的战略选择方法；探讨影响战略选择的主要因素。

第一节 竞 争 战 略

竞争战略（Competitive Strategy）是指企业在总体战略指导下，对战略业务单元的经营活动进行计划和管理。战略业务单元是企业提供某种产品或服务的基本单位。竞争战略主要解决的核心问题是：在市场定位的基础上，明确产品和服务的发展方向，制定有效的竞争策略，建立持续竞争优势，从而超越竞争者，为顾客和企业创造更多的价值。

竞争战略的一般原理是通用的，主要是根据市场环境和企业竞争优势来选择竞争战略。波特首次提出三种竞争战略（又称通用战略），即成本领先战略、差异化战略和聚焦战略，其中聚焦战略又可进一步分为成本聚焦战略和差异化聚焦战略，具体见图6-1。成本领先战略主要是基于低成本优势；差异化战略主要是基于差异化优势；聚焦战略中的成本聚焦战略和差异化聚焦战略，分别基于低成本优势和差异化优势。它们与上述两种战略的主要区别是覆盖的市场范围不同：成本领先战略和差异化战略覆盖整个产业市场；成本聚焦战略和差异化聚焦战略只覆盖某一局部特定市场。三种竞争战略具有不同的特征，对企业资源和能力的要求也不尽相同。

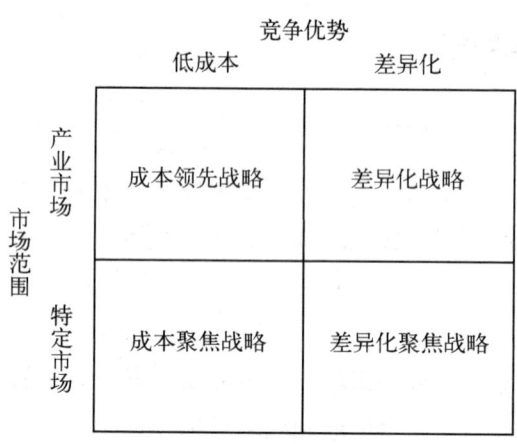

图6-1 竞争战略

通常情况下，企业必须从这三种战略中选择一种作为主导战略：要么选择成本领先战略，使企业成本达到行业最低水平；要么选择差异化战略，使企业的产品和服务具有与众不同的特色，为顾客提供更高的价值；要么选择成本聚焦战略

第六章 业务层战略

或差异化聚焦战略，专注服务于某一特定市场。

沃尔玛供应链管理①

沃尔玛低价战略的成功主要得益于其供应链管理，其供应链管理主要由四部分组成：顾客需求管理、供应商和合作伙伴管理、物流配送系统管理和交互信息管理。

顾客需求管理。沃尔玛是典型的拉动式供应链管理，即以顾客需求为驱动力。整个供应链的集成度高，数据交换迅速，反应敏捷。

零售业直接面对最终顾客，顾客决定一切。这一点沃尔玛理解得很透彻。其创始人山姆深知顾客真正需要什么，一直坚持低价位、标准化服务。沃尔玛的经营理念是"顾客满意是保证我们未来成功与成长的最好投资"，为顾客提供"无条件退货"和"高品质服务"的承诺。高品质服务意味着顾客永远是对的。沃尔玛每周进行顾客期望调查，管理人员根据收集的信息，即时组织采购，更新商品，改进商场布局和商品陈列等，营造舒适的购物环境。顾客不但能买到称心如意的商品，而且能得到满意的、全方位的购物体验。

只要涉及顾客利益，沃尔玛总站在顾客一边。这在与供应商的关系上表现得尤为突出。沃尔玛始终站在顾客采购代理的立场上，苛刻挑选供应商，顽强讨价还价；在商品齐全、保证品质的前提下向顾客提供廉价的商品。公司要求采购人员要为顾客争取最好的价钱，不必对供应商感到抱歉。因为，他们不是为公司讨价还价，而是为顾客讨价还价。沃尔玛不搞回扣，不需要供应商提供广告服务，也不需要送货，唯一需要的就是最低价。

供应商和合作伙伴管理。供应链管理的关键在于上下游企业间建立起合作伙伴关系，实现无缝连接。这是一个复杂和艰难的过程。在众多供应商眼里，沃尔玛一直以强硬的、令人生畏的形象出现。早在1980年代初，沃尔玛就采取了一项政策：排除制造商的销售代理，直接向制造商订货，同时将采购价格降低2%~6%，相当于销售代理的佣金数。如果制造商不同意，沃尔玛就终止合作。

---

① 改编自《案例分析：沃尔玛供应链管理分析》，职业培训教育网，http：//www.chinatat.com/new/174_202/2010_ 5_ 7_ su76692853441750102 5336. shtml

沃尔玛与供应商的合作主要是通过计算机联网和电子数据交换系统，实行信息共享。例如，宝洁曾经一直试图控制在沃尔玛销售产品的价格和条件，沃尔玛威胁要终止宝洁产品销售或给最差的货架位置，彼此关系一度紧张。直到1980年代中期才有所改变，双方达成一个新的合作关系协议，其中最重要的是建立信息共享系统。宝洁可以通过电脑监视其产品在沃尔玛各分店的销售及存货情况，并据此调整生产计划，大幅提高了运营效率。至今，沃尔玛与宝洁的伙伴关系已成为零售商和供应商关系的标准。沃尔玛的另一做法是为主要供应商在店内安排适当的空间，让供应商自行设计布置商品展示区，营造一种更具吸引力、更专业的购物环境。

物流配送系统管理。高效的物流配送是沃尔玛扩大销售和控制成本的核心。沃尔玛第一家配送中心于1970年建立，占地6 000平方米，负责供货给4个州的32家商场，集中配送40%的经销商品。随着零售业务的发展，沃尔玛配送中心数量不断增加，至今已拥有20多家配送中心分别服务于美国18个州超过2 500家商场，配送中心平均占地约10万平方米。沃尔玛经销8万种商品，年销售额1 300多亿美元，其中85%的商品由配送中心供应，而竞争对手大约只有50%的商品。

沃尔玛的配送中心实现了高度自动化。每种商品都有条码，激光扫描器和电脑追踪每件商品的储存位置及运送情况。繁忙时，每天能处理20万箱货物。配送中心的一端是装货月台，可供30辆卡车同时装货，另一端是卸货月台，可同时停放135辆大卡车。每个配送中心有600~800名员工，24小时连续作业，每天有160辆车卸货，150辆车装货，许多商品在配送中心停留时间不超过48小时。沃尔玛的自动补货系统采用条形码（UPC）技术、射频数据通信（RFDC）技术，计算机系统自动分析并提出采购量建议，使自动补货系统更加准确、高效，从而大大降低了成本，加速了商品流转。

1990年代初，沃尔玛拥有2 000多辆牵引车头，1万多个拖车车厢，5 000名员工，3 700名司机。车队每年运输次数达7.7万辆次，创下了310万千米无事故记录。车队采用计算机调度，通过全球卫星定位系统对车辆进行定位跟踪。许多大型连锁卖场包括凯玛特和塔吉特，将运输工作包给专业货运公司，以为这样可以降低成本。沃尔玛却一直坚持拥有自己的车队，为一线商店提供最好的服

第六章 业务层战略

务。沃尔玛每天一次为每家分店送货,而凯玛特平均5天一次;沃尔玛的商店通过计算机向总部订货,平均只要两天就可以补货,如果急需,第二天即可到货,因此总能保持货架充盈。沃尔玛采用科学合理的运输计划,如满车(柜)运输、散货装车和晚间送货,提供回程提货运输折扣等;供应商按订单要求备货,按预约时间准时送货,从而大大降低了沃尔玛和供应商的成本。

交互信息管理。供应链高效运行的基础是厂商间高质量的信息传递与共享,这需要信息技术支持。沃尔玛除了配送中心外,投资最多的是电子信息通信系统,成为全美最大的民用系统,甚至超过了电信业巨头美国电报电话公司。沃尔玛是第一个发射和使用自有通信卫星的零售公司。在1.2万平方米总部信息中心仅服务器就有200多个。截至1990年代初,沃尔玛在电脑和卫星通信系统上已投资了7亿美元。

1980年代初,沃尔玛就使用商品条码和电子扫描器,自动控制存货。这不仅缩短了顾客结账时间,而且便于计算机跟踪商品从进货到库存、配货、送货、上架、售出的全过程,及时掌握商品销售信息,加快了商品流转速度。1980年代末,沃尔玛开始利用电子数据交换系统(EDI)与供应商建立自动订货系统。通过计算机联网,沃尔玛向供应商提供商业文件,发出采购指令,获取收据和装运清单等,同时也使供应商能及时、精确地了解产品销售情况。1990年沃尔玛与1 800家供应商建立了电子数据交换,成为EDI技术的全美国最大用户。沃尔玛利用先进的快速反应系统代替采购指令,实现自动订货;利用条码扫描和卫星通信,与供应商每日交换商品销售、运输和订货信息,做到商店销售与配送中心同步,配送中心与供应商同步。

第二节 成本领先战略

一、成本领先战略(Overall Cost Leadership)概述

成本领先战略又称低成本战略,是指企业通过规模经济和范围经济,把总成本控制在行业最低水平。通常基于这样一种运行模式:以低价刺激消费者需

求——扩大生产和销售规模——增加总利润——加快技术创新和设备更新——降低生产成本——进一步降低价格,刺激消费者需求,以此循环往复。

成本领先战略是一种有效竞争战略,它能使企业赢得高于产业平均利润的收益;对行业内竞争者可以构成有效的竞争防护;对消费者的降价要求具有更强的适应性;对供应者的涨价压力表现出更高的灵活性;对潜在进入者能构成进入壁垒;对替代品的竞争能在不同程度上抵消替代效应。

成本领先战略的关键是控制成本,建立和保持低成本优势。当今在新经济条件下,成本控制具有更宽泛的含义:① 成本控制不仅包括生产成本,而且还包括产品的研发成本、销售成本和使用成本;② 成本控制不仅要注重成本核算,而且更注重成本预防控制,从源头控制成本发生;③ 产品成本不仅包括凝结在物质形态和知识形态上的成本,而且包括时间成本和机会成本;④ 成本控制不能以牺牲企业未来和消费者利益为代价,如减少研发投入、降低产品质量等,企业对未来的投资包括研发投入、市场投入等都应纳入成本的范畴。

企业在建立和保持低成本优势的过程中,需要在不同业务单元间建立横向关联,将相关的业务活动聚类、集成和匹配,也就是说,通过有形关联,使知识、技术、顾客、品牌、渠道和其他因素在相关业务单元间的价值链活动方面得到共享;通过无形关联,将不同业务单元间的管理知识和经验相互转化,把管理一个业务单元特定活动的专门技能应用于另一业务单元。这种不同业务单元间的横向关联对构造竞争优势非常重要,不仅能提高资源共享性,降低生产经营成本,而且使竞争者难以模仿。竞争者对具有关联的业务活动的模仿比模仿一项产品技术、一种生产方法或一种流程要困难得多。因此,基于业务活动关联而形成的竞争优势要比那些基于独立业务活动而形成的竞争优势更具可持续性。

春秋航空的成本领先战略①

春秋航空是一家中国低成本航空公司,由春秋旅行社创办,在国内经营航空客货运输业务和旅游客运包机运输业务,旨在提供"安

---

① 节选自《春秋航空低成本战略分析》,[2012-05-30] http://wenku.baidu.com/view/63062b0b4a7302768-e9939f2.html?re=view

全、低价、准点、便捷、温馨"的航空服务，平均客座率高达95.4%。春秋航空在正式运营第一年就开始盈利。2006年，春秋航空荣获民航总局运输司公布的中国民航"五率"（飞行事故征候万时率、航班不正常率、旅客投诉万人率、正班执行率、基金缴纳率）加权积分总评比第一。2008年全球金融危机，各大国有航空公司亏损，东方航空亏损高达139.28亿元，春秋航空却有2 000万元盈利，2010年利润达4.3亿元。至2011年，春秋航空机队规模增至22架，成为成功实施成本领先战略的典范。

飞机购买成本：春秋航空的飞机全部采取租赁方式，而且是单一的A320机型。这就使得春秋航空具有批量采购优势，而且与购买相比，这种租赁方式能明显地降低每架飞机的采购成本。

单一舱位布局：为了提高利用率，春秋航空采用简单装饰的单舱位布局，只设置经济舱，将每架飞机座位数增加到180个，从而降低了每座位的成本。春秋航空平均客座率高达95.4%，每航班的销售收入也因此增加。

航油成本：A320机型是一种比较节省燃料的飞机。春秋航空设立"节油奖"，鼓励飞行员降低燃油消耗，并通过改变飞行方式和利用两地油价差，节省航油费。

飞机起降服务费：大多数航空公司接送旅客上下飞机，采用进口摆渡车，而春秋航空采用国产摆渡车，二者价格相差4倍；春秋航空的飞机不停靠廊桥，为旅客省下费用；春秋航空使用塑料登机牌，可以重复使用；旅客上飞机不对号入座，先到先坐。这都大大降低飞机的起降费用，提高了飞机转场效率。

飞机维修保养费：春秋航空不设航材备件和零部件库，而是采取与新加坡航空合作的方式，在需要维修的时候直接从新加坡上海零部件仓库提取零部件，大大减少了航材设备占用的资金。

管理费用：春秋航空采用扁平化的组织结构，从CEO到基层员工不超过5个层级，从而提高了管理效率，降低了"人机比"。春秋航空对管理成本支出实行严格控制。例如，春秋航空CEO办公室只有12平方米，接待访客的沙发已用了18年；春秋航空有个不成文的规定，除了自己的航线外，到通火车的地方出差，一律坐火车。这都明显地降低了管理费用。

机票销售费用：春秋航空利用全国各地旅行社销售网络销售机票，自行研发销售软件以及离港系统，成为国内唯一不参加CRS代售机票的航空公司。旅客可以到春秋国旅营业网点购票，也可以上网购票，到机场取票登机，节省了支付给民航局售票系统的代理费。

机上餐饮：春秋航空不为旅客提供机上餐饮。这不仅节约餐饮成本，而且因取消加热仓而增加了座位。

由此可见，春秋航空对成本项目的每一个细节都采取了严格的管理，有的甚至到了苛刻的地步。但是，这些都是基于满足顾客基本需求的前提条件，而且通过这些措施节约的成本最终让利给了消费者。

二、成本领先战略的特征

（一）满足消费者基本需求

成本领先战略为消费者提供标准化产品，主要满足消费者对产品基本功能的需求。换言之，是解决消费者有和没有的问题。一般情况下，人们只有在满足基本需求的基础上，才会产生更高一级的个性化需求。消费者对一种产品基本功能的需求，具有巨大的市场潜容量。这对成本领先战略具有重大的意义，因为这种大规模市场为成本领先战略的大批量生产提供了可能性。

（二）追求规模经济

成本领先战略主要是通过规模经济实现的。规模经济有生产方规模经济和需求方规模经济。生产方规模经济是指在单一产品生产条件下，通过扩大生产规模，降低单位产品分摊的固定成本和管理费用。需求方规模经济是指企业平均利润随需求规模的扩大而增加。有些产业如服务业、金融业和信息业等具有明显的需求方规模经济。规模经济会带来经验曲线效应。经验曲线表示随着时间的推移和经验的积累，生产效率会不断提高，产品提供成本会不断下降。根据波士顿咨询公司的研究，企业产量增加2倍，成本下降20%~30%。值得指出的是，当今，消费者需求的个性化、多样化发展并没有使规模经济失效，企业可以通过产品的系列化、模块化，对零部件和功能模块实现规模化生产。

（三）以价格竞争为主导

企业的低成本优势在市场上主要表现为一种价格竞争力。实际上，消费者感知的是产品的价格而不是成本。对标准化产品，消费者对价格有较高的敏感性，选择的是价格而不是产品。由于成本是价格的基础，拥有低成本优势的企业具有灵活定价的空间。企业可以通过低价吸引消费者，扩大生产和销售规模，进一步降低生产成本，从而形成一种正反馈，不断强化竞争优势。成本领先战略尽管降低了单位产品的价格和利润，但由于扩大了生产和销售规模，能明显地增加总利润。当然，低成本优势也可以体现在其他方面，如增加对渠道网络、广告促销和营销团队等的投入，获得营销方面的优势。

三、成本领先战略的动因

（一）产业技术创新空间约束

人们受认知、实验条件等限制，一项新技术在问世时往往存在尚未被认识和开发的潜力。随着研究的进展，新技术的潜力将通过渐进式创新不断地被开发出来，并通过产品升级予以体现。但新技术的潜力是有极限的，当一项技术发展接近极限时，就会处于停滞状态，需要通过新一轮技术创新特别是突破式创新来替代原有技术，拓展产业技术发展空间。由于不同产业所处的技术生命周期阶段不同，技术进步状况不同，一些产业如信息、能源、医药和汽车等，技术进步较快；一些产业如冶金、基础化工等，技术进步较慢。当一个产业的技术进步接近极限时，产业技术创新空间就会受到限制，成本领先战略也就会成为其主导战略。

（二）规模经济重要性

一些产业如冶金、机械制造、造船和汽车等，具有固定资产投资高、投资回收期长的特征，规模经济也就显得特别重要。如果达不到最低生产批量的要求，就会使企业严重亏损。因此，在那些规模经济要求高的产业，成本领先战略往往成为企业的一种重要选择。

（三）提高市场占有率

如果企业战略目标是提高市场占有率，那么成本领先战略不失为一种有效的战略。企业利用低价格优势，增强对消费者的吸引力，培养消费者偏好，迅速提高市场占有率。特别是在互联网经济条件下，企业竞争从一种力量竞争转变为一种速度竞争，进入市场的时间和速度对企业竞争成败至关重要。因为，在外部性影响下，互联网市场会形成一种正反馈：一种产品消费数量越多，产品效用就越大，对消费者的吸引力也就越强，市场份额也因此而呈指数级增长。哪怕是原先在市场份额上只有微小差异的两家企业，在正反馈作用下，最终也会形成巨大的差别。因此，在具有网络外部性的市场，企业通常以成本领先战略争取尽可能多的消费者，尽快达到引发正反馈的临界点，提高市场占有率。

（四）资源与历史条件限制

企业的资源是在长期生产经营中累积的，并因其特定历史条件下成长的路径依赖而形成特定的资源结构。由于不同的战略对资源条件具有不同的要求，这种特定历史条件下形成的资源结构也就成为制约战略选择的重要因素。一个企业长期采用成本领先战略，就会形成特定的技术、知识、品牌、渠道、消费群体以及组织结构、管理模式、组织文化等。如果转而选择差异化战略，就会与现有的资源结构不匹配。这种由战略转型而导致的资源结构调整，不但成本高昂，而且失败率也很高。同理，一个企业长期采用差异化战略，也会形成特定的资源结构，产生路径依赖。

（五）培育新市场

开发新市场需要有一个培育的过程。如果新产品、新服务能以低价进入市场，就有利于增强对消费者的吸引力，培育新的消费观念和新的消费习惯。特别是那些具有外部性的互联网市场有很强的正反馈作用和锁定效应。若率先进入市场的企业采用成本领先战略，就能迅速扩大市场销售规模，达到引发正反馈的临界容量，从而占据市场主导地位，对竞争者形成有效的遏制。

四、成本领先战略的应用条件

（一）市场规模大

大规模生产在提高生产效率、分摊管理费用等方面具有优势，能大幅降低生产成本。但是，成本领先战略的前提条件是必须有足够规模的市场来包容这种大规模生产。如果市场规模不足以容纳大规模生产的最低批量要求，就不可能形成这种低成本优势。

（二）需求的价格弹性高

需求的价格弹性表示需求量对价格变动的反应程度，即需求的价格弹性系数=需求量变动的百分比/价格变动的百分比。需求的价格弹性高表示价格变动对需求量的影响较大；需求的价格弹性低表示价格变动对需求量的影响小。成本领先战略是以价格竞争为主导的,在需求的价格弹性高的市场往往能获得更好的效果,产品价格略微下降就会大幅提升产品销售量。

(三)产品标准化

产品标准化有利于企业采用高效的专用设备、成熟的生产流程、熟练的生产工人、规范的管理模式,以流水线生产方式组织大批量生产,大幅提高生产效率。显然,标准化产品有利于企业提高生产效率,降低产品成本。

(四)转换成本低

采取成本领先战略的企业提供的大多是同质化产品,消费者选择的是价格,而不是产品。如果产品使用的转换成本低,那么消费者就能顺利地从使用一家厂商的产品转换为另一家厂商的产品而不被锁定,从而充分发挥价格竞争机制的作用。

(五)资金供给能力强

实施成本领先战略在前期往往需要大规模固定资产投资,包括土地、厂房和设备等;在大规模生产和销售过程中,也需要占用大量流动资金。特别是产品在进入市场初期,可能会出现暂时的亏损,而且在达到盈亏平衡点前,生产得越多,亏损得越多。因此,要求企业有较强的资金供给能力。

(六)组织与管理体系严密

成本领先战略的重点是有效地控制产品成本,尽可能降低产品在生产和销售过程中发生的各种费用。因此,建立严密的组织与管理体系,强化对成本的控制就显得非常重要。企业应通过建立规范的工作流程、严密的组织架构和有效的制度安排等,并采用预先控制和过程控制的方式,对成本进行严格控制。

五、成本领先战略的风险

(一)技术风险

技术创新会明显地改变产品长期成本曲线,特别是突破式创新有可能颠覆企业以往累积的知识与经验、品牌影响力、渠道网络和客户资源等,导致企业迅速丧失其低成本优势。例如,机器人在生产中的大规模使用,大幅提高了制造业的劳动生产率,降低了产品生产成本,从而在很大程度上抵消了发展中国家在人力资源成本上的优势。

(二) 市场风险

随着经济社会的发展，消费者偏好会经常发生转移，从大众消费转变为个性化消费和时尚消费，从而在相当大的程度上抵消了低价产品的吸引力，造成部分客户流失。

(三) 经营风险

成本领先战略主要通过采用先进工艺、高效设备和大批量生产方式，降低产品成本。为此，企业通常需要进行大量的固定资产投资，包括土地、厂房和设备等，从而形成巨大的沉没成本。这在很大程度上降低了企业经营的灵活性。一旦市场需求和竞争发生变化，企业受制于沉没成本，就无法对产品及其生产、销售做出迅速响应。

(四) 竞争风险

竞争者模仿。成本领先战略提供的是标准化产品，其技术壁垒低、学习曲线容易模仿，市场上往往会出现大量模仿者，提供同类产品。企业如果不及时采取有效措施，就有可能处于被动地位。当一个市场上有数家大企业同时采用成本领先战略时，由于产品是标准化的，目标市场是重叠的，就会使企业陷入同质化竞争的困境：企业竞相降价，争夺顾客。这不但会降低企业利润，而且会导致整个产业生态环境恶化。

第三节 差异化战略

一、差异化战略（Differentiation Strategy）概述

差异化战略又称差别化战略，是指企业在市场细分的基础上，为消费者提供具有独特价值的产品和服务。这种与众不同可以表现在许多方面，如产品的技术、功能、质量、款式以及品牌、服务、渠道、市场等，但总体上可以概括为产品差异化品牌形象差异化和服务差异化。一个企业的产品、品牌和服务如能在上述一个或几个方面表现出与其他企业的不同，就能形成差异化优势。

在新经济时代，消费者拥有更多的控制自己工作和生活的权力，其个性化需

第六章　业务层战略

求得到充分发展，在更多的选择中实现自我价值，从而导致工业时代的大众化市场向利基市场转变，明显地呈细分化的趋势。企业更多地关注消费者的差异性需求，提供具有独特价值的产品和服务。

同时，数字化的力量使产品和服务更容易实现差异化，满足消费者的个性化需求；数据挖掘技术可以使企业追踪和获取每一位顾客的个人信息，更深入、细致地观察和分析其购买行为，识别不同消费者群体；直接与消费者沟通，建立持续的、融洽的商业关系；实行更精准的市场定位和选择最佳媒体传播手段分发促销信息；企业也能摆脱资本和规模的约束，即使是小企业也能与消费者保持良好的一对一关系。先进制造技术和管理方法的广泛应用，大大提高了生产能力和灵活性，工业时代的标准化、大批量生产方式转变为个性化定制生产方式，从为多数人提供产品和服务转变为替每一个人量身定制产品和服务；业务外包等新的生产组织方式的发展使企业在分工、专业化的基础上，建立起广泛的生产合作网络，实现资源的有效整合和配置；产品模块化设计可以通过不同功能模块的组合，形成差异化产品，并对功能模块进行批量生产，以低成本提供个性化产品，从而解决了工业时代生产中产品和服务个性化、多样化与低成本间的矛盾。这种具有弹性的生产能力降低了对生产批量的要求，提高了市场响应速度，能更好地实现产品和服务的个性化，专业化经济成为一种可能。因此，规模经济已不再是提高生产率的主要方法，也不再是构成竞争优势的主要因素，与大规模生产相关的"最低变化"的产品战略已没有必要。这种生产方式的转变不但为差异化战略提供了可能性，而且降低了差异化战略的成本。

差异化战略并不意味着对成本的忽视，而是战略的首要目标不是成本。它对构造竞争优势具有明显的作用：差异化战略创造了产品的独特性，形成与竞争者产品和市场的间隔；差异化战略培育了消费者的品牌忠诚度，对潜在加入者建立起较高的进入壁垒；差异化战略带来的较高的边际收益，增强了企业对供应商的议价能力；差异化战略降低了消费者对产品的选择性和对价格的敏感性，削弱了消费者的议价能力；差异化战略形成排他性的产品与市场，企业在替代品竞争中处于更有利的地位。但是，差异化战略所具有的竞争优势是以高成本、高风险为代价的，有时不得不放弃获得较高的市场占有率，而且也不是所有的消费者都愿意或能够支付差异化产品的高价。显然，差异化战略既构筑了进入壁垒，降低了竞争压力,又限制了市场范围,与提高市场占有率相矛盾。

屈臣氏的差异化战略①

屈臣氏是和记黄埔旗下的保健美容品牌,在中国有超过1 500家店铺和3千万名会员,是中国目前最大的保健美容产品零售连锁店。追溯屈臣氏的成功,在很大程度上源于其差异化战略。

定位策略: 屈臣氏的目标顾客锁定在18~35岁的女性,她们注重个性,有较强的消费能力,闲散时间少且不太爱到大超市购物,追求舒适的购物环境。

产品策略: 倡导"健康""美态""乐观"的消费理念,基于目标客户群的购物需求,门店提供专业指导和特色服务。

价格策略: 屈臣氏通过差异化提升品牌价值,定价相对较高。有超过85%的消费者认为,屈臣氏产品种类的丰富和精致是吸引她们的首要因素。由此可见,对日益同质化的零售行业,价格已不再是吸引顾客的首选。

品牌策略: 传统的销售只是停留在让消费者的注意力聚焦在商品上。而在当今日益成熟的消费市场,消费者不仅购买商品,还期望享受购物的乐趣,追求商品的无形价值如品牌、服务等,从而达到消费的最高境界:通过对企业文化的认同,产生对品牌的忠诚。

屈臣氏除了在线下运营数千家实体店外,还积极建立网上业务,实施O2O战略和忠诚客户战略。

商品选择精准: 屈臣氏的淘宝旗舰店以"自有品牌"和"独有品牌"延续其"独家"竞争优势,避免与其他同类商家的竞争。事实上,屈臣氏采用与线下实体店相同的价格体系,但也很容易被消费者默认为可接受的价格范畴。

强化服务优势: 淘宝商城旗舰店延续了"个人护理专家"的定位,所有客服人员都经过专业护理知识培训,能够根据顾客对皮肤状况的描述,推荐适宜的产品,保证护理指导的专业性。同时,屈臣氏做出"100%正品"的承诺,消除了大家对赝品的担忧。

---

① 节选自《屈臣氏成功之道:拥抱互联网 差异化零售战略》,第一商业网,http://www.topbiz360.com/web/html/city/km/management/2014/0303/145959.html

第六章　业务层战略

营销多管齐下： 在营销方式上，屈臣氏同步开展手机APP营销、微博入口营销和论坛营销等多种方式，与淘宝平台形成互补，拓展销售网络空间。屈臣氏的网上营销一直定位于"+1网上门店"，也就是相当于多开了一间门店，既可以扩大宣传，又可以增加销量。

发展线上会员： 屈臣氏采取会员卡线上线下通用的原则。实际上，线下会员与网上客户是同一消费群体，大多会自动成为线上会员。这使得屈臣氏在利用淘宝平台巨大的流量资源优势的同时，继续保有已有的线下会员，形成消费群体的有效叠加。屈臣氏实行全渠道客户关系管理，充分利用网站、APP、微博、微信、淘宝等多个渠道，开展与消费者的互动和交流，并保持交互信息的一致性。当你在门店或网站加入成为某个等级的会员后，你也可以在其他任何公开的渠道媒体查到相关权益和优惠信息。屈臣氏注重会员的口碑传播。当时尚的消费者走进屈臣氏时，感觉不是走进了一家日用品超市，而是到了更加贴心的护理店，可以感受到全新的购物理念和生活态度。在屈臣氏的帮助下，人们在健康美容方面做出积极的改善，快乐地享受人生，当然愿意把良好的购物体验告诉身边的朋友。

屈臣氏的成功是一系列策略综合运作的结果。屈臣氏始终坚持"差异化零售战略"，积极"拥抱互联网"，长期发展自己的忠实粉丝会员，从而极大地强化了"个人护理专家"的品牌形象。在应对电商的冲击时，依然可以保持良好的经营状态。

二、差异化战略的形式

差异化战略的核心是为消费者提供具有独特价值的产品和服务，与竞争者形成明显的区别。这种独特性不但可以体现在产品功能和质量等物理性能上，而且可以体现在品牌和服务等无形的方面。随着技术创新速率不断加快，许多产业的产品在物理性能上表现出趋同的现象，但仍可以在无形的方面体现差异化。

（一）产品差异化

产品差异化主要表现为产品功能差异化和产品质量差异化两种类型：

（1）产品功能差异化。产品功能差异化是在不改变产品核心价值的前提下，通过延伸或附加的方法，为消费者提供特定的功能。例如，宝洁公司在中国市场上推出不同品牌的洗发水，实行功能差异化定位："飘柔"是顺滑，"海飞丝"

是去屑,"潘婷"是营养,"沙宣"是专业美发,"伊卡璐"是染发,从而形成一条完整的美发护发染发的产品线,并取得了骄人的业绩。

(2)产品质量差异化。产品质量差异化是为消费者提供比竞争者更高质量的产品。高质量的产品能形成高附加值,不仅为消费者带来更多的价值,而且为企业带来更高的利润。例如,海尔电冰箱以高质量形象进入国际市场,开箱合格率达100%,在国内外用户中建立起高质量的形象。

(二)品牌形象差异化

品牌不仅是一种符号与标识,而且体现了一种企业文化。品牌形象差异化主要包括两个方面:一是品牌视觉系统(包括基础元素、应用元素)的差异化,也就是说,在品牌视觉形象上具有生动、鲜明、易于识别的品牌形象设计。二是社会形象差异化,品牌在社会上具有良好的形象。塑造良好的品牌形象能增强顾客忠诚度,提升企业竞争力。在世界汽车市场上,奔驰轿车是优质、豪华、地位和高价格的象征,丰田汽车具有质量高、可靠性强和价格合理的特征。

(三)服务差异化

从狭义上看,制造业的服务差异化主要表现为物流、安装、顾客培训和咨询等方面;服务业的服务差异化主要表现为售前服务、售中服务和售后服务。从广义上看,无论是制造业还是服务业,实际上都是为消费者提供解决方案。服务差异化主要是通过员工与顾客在直接接触中体现的,员工的素质是服务差异化的关键,主要表现在:胜任、礼貌、可信、可靠、反应敏捷和善于交流等方面。

三、差异化战略的特征

(一)满足消费者个性化需求

差异化战略主要是为消费者提供与众不同的产品,满足个性化需求。随着经济社会的发展,人们的消费理念和消费习惯正在发生重大变化,更多地追求生活质量和品位,注重对服务、休闲和体验的消费。差异化战略就是根据消费需求这一变化趋势,在市场细分的基础上,甄别出那些尚未被满足的个性化需求,创造产品的独特价值。

(二)追求高附加值

差异化产品和服务主要满足消费者个性化需求,市场规模有限,不具有大规模生产和销售的可能性，却因其独特的价值而具有高技术含量、高附加值。因此，差异化战略追求的是高附加值，而不是高市场占有率。

（三）以创新竞争为主导

差异化战略的核心是通过为消费者提供具有独特价值的产品和服务而形成差异化优势。这些产品和服务是企业长期积累和创新的结果，凝结了大量的知识和技术。因此，差异化战略是以创新竞争为主导的，这就对企业的创新资源和能力提出了更高的要求。企业若要持久地保持差异化优势，就必须建立一种有效的创新机制和文化。

四、差异化战略的动因

（一）获取新的市场机会

当今，消费者需求多变，产品同质化明显，全球生产能力过剩，市场竞争日益激化。基于这一背景，差异化战略可以通过提供具有独特价值的产品和服务来发掘那些潜在的消费需求，以获取新的市场机会。这可以从深度和广度两个维度开发：从市场深度上看，企业可以通过市场细分在现有市场上进一步开发潜在需求；从市场广度上看，企业可以在现有市场的基础上进一步开发延伸市场。

（二）建立进入壁垒

差异化战略实际上是构造一个"小垄断市场"，也就是企业利用差异化优势在一定的市场范围内构造一个缺乏弹性的需求曲线，建立起有效阻隔竞争者的进入壁垒，从而避免与竞争者的同质化竞争，缓解企业的竞争压力。主要表现在两个方面：一是技术壁垒。差异化产品的知识和技术含量高，竞争者无法轻易地获取相关知识、专用技术或技术专利进入这一市场。二是品牌壁垒。差异化战略专注于服务某一特定细分市场，会形成较高的品牌忠诚度，难以被竞争者替代。从某种程度上说，这种无形的品牌壁垒比有形的技术壁垒更难逾越。

（三）避免价格竞争

差异化战略所提供的满足特定需求的产品和服务，使消费者缺乏可比较的产品选择，降低了消费者的价格敏感性，而且差异化产品和服务的独特价值使消费者产生较大的依赖性，大大提高了转换成本，增强了锁定效应。显然，产品差异化程度越大，其独特性就越显著，就越难以被替代，消费者也就越愿意支付较高的价格，从而能有效地避免价格竞争。

（四）追求高额利润

差异化战略尽管市场潜容量较小，生产和销售规模有限，不具有规模经济，却能很好地满足消费者个性化需求，并能以高价销售，产生较高的溢价。这种溢价不仅能补偿产品差异化增加的成本，而且能为企业带来高额利润。

五、差异化战略的应用条件

（一）消费需求的差异性

实施差异化战略的一个重要条件是消费者需求具有差异性，也就是说市场是可细分的。而且，这一细分市场必须具有相应的规模，能满足最低生产批量的要求。

（二）需求的价格弹性低

相对于标准化产品，差异化产品需要投入更多的研发和营销费用等，而且市场规模有限，产品成本和价格较高。因此，差异化战略主要适用于那些需求的价格弹性低的市场。这样，即使产品价格较高也不会明显影响市场销售量。

（三）创新能力强

差异化战略需要通过技术创新，开发出具有独特价值的产品和服务，满足消费者个性化需求，对企业研发能力有较高的要求。不仅如此，差异化战略还要求企业具备较强的营销创新能力，将创新产品和服务顺利地推向市场。由此可见，差异化战略不但要求企业具有较强的创新能力，而且要求企业具有系统创新能力，表现为多方面、多层次的创新，任何单一的创新都很难获得满意的市场效果。

（四）适宜创新的环境

差异化战略是以创新为主导的。创新不但需要有创新资源和创新能力，而且需要营造一种支持创新的组织文化和包容失败的宽容环境，在组织与管理上具有较高的弹性，为员工提供更多的自由空间。只有这样，才能不断激发员工的创新活力。

六、差异化战略的风险

（一）技术风险

在新经济时代，技术产品发展速率不断提升。这一方面表现为技术生命周期不断缩短。目前,世界上技术年淘汰率为20%,技术平均生命周期缩短到5年,高技术为2.5年,计算机芯片只有18个月。另一方面表现为从创新到应用的时滞期不断缩短。在18世纪,创新时滞期约100年;19世纪约50年;20世纪二战前约20~30年,二战后约7年,90年代后则进一步下降到2~5年。为了保持差异化优势,企业就必须持续地投入大量研发费用,从而大大增加差异化战略的风险。

(二) 市场风险

美国曼斯菲尔德（Mansfield）1981年的一项统计表明,只有60%的研发计划能在技术上获得成功,其中,只有30%的能推向市场,推向市场的产品仅有12%能盈利。显然,差异化战略不仅有一个技术风险的问题,而且有一个市场风险的问题。另外,在经济社会发展过程中,消费者偏好经常会发生转移。特别是当经济不景气,消费者收入预期下降时,部分消费者可能转而成为大众化产品的购买者。这也会明显增加差异化战略的风险。

(三) 竞争风险

尽管差异化战略的目标市场与竞争者形成间隔,具有较高的进入壁垒,但随着创新及其扩散速率不断加快,企业这种差异化优势很难长期保持。当一种新产品上市后,竞争者有可能在较短的时间内推出模仿产品或同类产品,颠覆企业的竞争优势。

第四节 聚 焦 战 略

一、聚焦战略（Focus Strategy）概述

聚焦战略又称集中战略,是指企业在利基市场为消费者提供比竞争者更有效的产品和服务。换言之,聚焦战略是通过对顾客、产品线和市场地域的聚焦,在一个特定的小范围市场建立起竞争优势,它是一种小众市场战略。

聚焦战略指导思想是:通过为特定消费群体提供产品和服务,在一个小范围市场建立起低成本优势或差异化优势。也就是说,企业如果聚焦于专一市场领域,就能以更高的效率和质量为特定消费群体服务,从而超越在较广阔范围内的

竞争者，也就更容易建立核心竞争力，抵御各种竞争力量的威胁，获得超过产业平均水平的利润。但聚焦战略也意味着限制了获取整体市场份额。

与成本领先战略、差异化战略不同，聚焦战略尽管也是基于低成本优势或差异化优势，但它不是面向整个产业市场，而是某一特定的小范围市场，为特定的消费群体提供更有效的服务的。从这一意义上说，聚焦战略实际上是一种特殊的成本领先战略或差异化战略。

在工业经济时代，企业主要面向大众市场。对个性化、多样化的消费者需求，大企业主要采用系列产品和多品牌的差异化战略来提高市场覆盖率；小企业无力在整体市场或多个细分市场上与大企业抗衡，但可以聚焦于那些被大企业忽视的、无暇顾及的或受最低生产批量限制而放弃的利基市场，为消费者提供特定的产品和服务。这样，小企业不但可以避免与大企业发生直接冲突，而且可以凸显其技术优势或成本优势。在大工业生产条件下，大企业的竞争优势通常在大规模市场更容易得到发挥，在小规模市场却难以体现。因为，大企业的组织庞大、结构复杂，导致管理效率低下、组织运行成本高昂。在大规模市场，大企业可以借助大批量生产分摊高昂的管理成本；在小规模市场，大企业的成本劣势暴露无遗。同样，大企业总体技术力量雄厚，整体技术水平高，但对某些技术细节和技术诀窍，反而不如中小企业那样有潜心研究。因此，大企业通常很难满足小规模市场顾客的特殊需求，而中小企业的竞争优势却可以得到充分发挥，甚至成为产业内某些领域的顶尖企业。如果企业资源和能力有限，没有足够的力量覆盖整个产业市场或多个细分市场，那么通过聚焦战略，围绕着一个特定市场进行密集性经营活动，充分利用其资源和能力，往往能取得更好的收益。如果企业拥有服务于特定市场的资源和能力，能比竞争者以更低的成本或更高的质量提供产品和服务，那么聚焦战略就能使企业拥有强大的竞争力。

在新经济时代，随着消费者个性化需求的发展，大众市场向利基市场转变，企业在利基市场上提供个性化产品比在大众市场上提供标准化产品更有利可图。更重要的是，互联网和信息技术的发展，改变了企业的生产方式：从大规模生产转变为个性化定制。大企业能摆脱高昂组织运行成本和规模经济的约束，小企业也能摆脱资本和规模的约束，与消费者保持一对一的互动关系，建立持续的、融洽的商业关系。无论是大企业还是小企业，都更加注重对利基市场的开发，聚焦

第六章 业务层战略

战略也不再是小企业的"专利"。从这一意义上说，不同规模企业的战略差异正在趋于模糊。在美国，汽车公司开始采取更小群体的顾客细分，为吸引每一个更小的顾客群而增加车型。据分析，美国市场上的车型数量由 1999 年的 250 种增加到 2008 年的 330 种。相对地，每个车型的平均年销售量将由 1985 年的 106 819 辆减少到 2005 年的 48 626 辆。

战略聚焦

EMC 公司的聚焦战略[①]

EMC 公司在中国地区的业绩从 2000 年第三季度开始发飙，2001 年增长了近 200%。2002 年 2 月份后，EMC 在全国十几个大中城市开展"永不停顿"的商业路演，向一些知名的金融企业、电信企业、制造企业和政府推销 EMC 的存储理念。这是一场艰难的战役，EMC 面对着几支强硬的力量：IBM、HP、康柏和 SUN，相对于竞争对手，EMC 的领先得益于它的聚焦战略。

"专注"或者说"专一"，已成为 EMC 一条最重要的法则。EMC 中国总裁郭尊华认为，包括 IBM、惠普、SUN、康柏和日立在内的同行，进入中国时间较早，产品面广，知名度比 EMC 更占有优势。与这些 IT 巨头相比，EMC 是一家小公司，员工总数 1.6 万人，而 IBM 有 50 万人，思科有 3 万人。但 EMC 专注于存储，这是它制胜的法宝。但弱点也不可避免，它没有其他资源的补充和支持，不像康柏那样将存储产品绑在服务器上一起销售，并利用原有的销售渠道。

（1）专一于做存储产品。回顾 EMC 的历史不难发现，由于专一于存储，它曾有 4 次引领存储产品的发展。第一次是硬件时代：1990 年 EMC 推出的 Symmetrix 存储系统，将存储带入硬件高速发展的时代。Symmetrix 是一套智能信息存储系统，由小型商用硬盘驱动器组成的阵列。EMC 是第一家提供这种产品的公司，并在 1995 年对 Symmetrix 技术进行拓展，第一个推出独立于平台的存储系统，能支持所有主流计算机操作系统。

第二次是软件时代：从 1994 年起，EMC 开始将大量精力投入到软件性能上，

[①] 改编自《EMC 公司总裁兼 CEO 图斯：把每一次挑战看成乐趣》，[2006-02-21] http://www.doit.com.cn/p/19821.html

并于当年推出 Symmetrix Remote Data Facility（SRDF）镜像软件，将存储带进软件时代。截至 2013 年，EMC 已拥有 20 多种创造性的软件方案，包括 PowerPath、TimeFinder 和 EMCControlCenter，成为世界上规模最大且成长最快的软件公司之一。

第三次是网络时代：2000 年，EMC 将注意力转移到网络化信息存储上，EMC 推出 SAN\NAs 解决方案与产品系列，推动了网络存储发展。用户通过它可以将不同的存储设备、交换机、集线器和服务器组成一个易于管理的单一信息基础架构。

第四次是管理时代：2001 年末，EMC 针对企业用户提出投入更少的人力，完成更多工作的要求，推出 AutIS 战略，即自动信息存储 Automated Information Storage 方案，满足企业用户对系统管理简便性的需求。这是一个具有跨时代意义的自动信息存储战略。它将存储提升到管理层面，为用户提供"自动、简化、开放"的存储环境。

（2）独特而专一的服务链。EMC 推崇服务理念。即便其他部门在压缩，但对顾客服务部，公司一如既往地投入。EMC 的服务程序是：首先与顾客交流，了解其需求，并将信息反馈给研发部门，生产出顾客需要的产品。同时，EMC 通过培训面对顾客的员工，如销售队伍和系统工程师，使他们有能力为顾客提供更好的咨询服务。EMC 将员工的薪金与顾客满意度挂钩，如果满意度达到较高水平，员工就能获得相应的奖金。EMC 为顾客服务部门设定了相应的标准，如到达顾客处的时间等。EMC 有一个逐级上报的体系，如果出现问题，最高报至 EMC 总裁那里。

EMC 专注于存储领域，将研发、市场开发和客户服务力量都聚焦于这个领域。在 EMC 的企业文化里，关于战略的解释是：不仅在于知道做什么，更重要的是知道应该停止做什么。

二、聚焦战略的类型

（一）成本聚焦战略

成本聚焦战略是一种基于低成本优势的聚焦战略。它是为某一特定的消费群体低成本地提供产品和服务，特别是那些难以标准化生产，不易形成规模经济的特殊产品或复杂产品。与成本领先战略不同，成本聚焦战略服务于狭窄的细分市场，而不是服务于整个产业市场。由于聚焦战略的市场范围小，企业可以对市场变化做出更迅速的响应。

（二）差异化聚焦战略

差异化聚焦战略是一种基于差异化优势的聚焦战略。它是在利基市场上突出其产品和服务的特色。与差异化战略不同，差异化聚焦战略服务于狭窄的细分市场，而不是同时服务于多个细分市场。由于聚焦战略的服务范围较小，可以更好地了解顾客和市场，有针对性地提供更好的产品与服务。

三、聚焦战略的特征

（一）技术专一

实行聚焦战略的企业专注于某一技术领域，实行高度专业化的研发、生产和销售。由于技术专一，它们往往能将这些技术、产品和服务做得非常精致，形成明显的竞争优势，甚至一些技术力量雄厚的大企业在这些领域也难以望其项背。

（二）市场专一

实行聚焦战略的企业专注于为某一特定的消费群体服务。由于市场专一，它们对顾客需求有更深入的了解，能更好地满足顾客的特殊需求，培养顾客忠诚度。

四、聚焦战略的动因

（一）建立竞争优势

聚焦战略将资源集中服务于某一特定市场，能够更好地了解顾客的特殊需求，有针对性地开发专门的技术和产品，建立起良好的信誉、品牌影响力和顾客忠诚度。这就使得中小企业在资源有限的条件下，能迅速建立起竞争优势，从而大大增强其抵御大企业的竞争能力。

（二）开发市场潜容量

随着技术经济的发展，一个产业市场会不断分裂出众多细分市场。这些新市场并不一定为人们所认知。聚焦战略使企业更加关注那些利基市场。特别是当产业进入成熟期后，聚焦战略能进一步发掘市场潜容量，开发出一些特定的消费市场，为企业提供新的发展空间。

(三) 增加企业收益

聚焦战略尽管是服务于小规模的特定市场，产品销售量有限，但往往能获得高于产业平均水平的收益。因为，采取聚焦战略的中小企业尽管无力在整体市场或多个细分市场上与大企业抗争，但在特定市场上却比大企业更具有创新力和竞争力，甚至拥有垄断地位。

五、聚焦战略的应用条件

(一) 从市场条件上看

市场上存有特殊偏好的顾客群体，对产品和服务的价格、品质等方面有独特的偏好，且能与其他市场形成间隔，产生一个相对独立的细分市场。而且，这一市场要有一定的规模和盈利潜力，对企业产生吸引力。

(二) 从资源条件上看

聚焦战略尽管面对的是小规模的利基市场，但对企业的资源和能力也有特定的要求。企业若要选择聚焦战略，那就必须在成本控制或在满足顾客特定需求方面具有某些特殊的资源和技能，能比竞争者提供更好的产品和服务，或以更低的成本提供特定的产品和服务，且不易被竞争者模仿。

(三) 从竞争环境上看

聚焦战略的目标市场规模较小，无法容纳较多的企业。因此，企业在实施聚焦战略时通常选择那些竞争者较少或尚未出现强劲竞争对手的市场。换言之，现有企业各自拥有特定的资源和能力，为特定的顾客提供特定的产品和服务，不同企业在资源、市场上形成间隔，交集较少，不易发生直接的对抗性冲突。

六、聚焦战略的风险

(一) 决策风险

聚焦战略尽管能获得高于产业平均水平的收益率，但在提高市场占有率和企业成长性等方面受到较大限制。产品和市场越专一，独特性越强，市场规模也就越小。对此，企业时常不得不在产品获利能力和销售量间权衡。如果选择不恰当，就有可能导致战略失误。

（二）市场风险

聚焦战略企业的产品单一，并集中于某一局部市场，不像成本领先战略或差异化战略企业那样覆盖整体产业市场，其产品种类丰富，市场地域广泛。一旦市场环境发生变化，比如出现经济不景气、消费者偏好转移和技术创新等情况，企业就可能因缺乏战略回旋余地而陷入困境。

（三）竞争风险

聚焦战略的市场规模小，当出现强有力的竞争者时，将导致竞争激化。特别是大企业利用技术关联、市场关联等优势进行市场渗透，会在很大程度上弥补其技术和成本劣势，从而对聚焦战略企业构成严重威胁，导致竞争态势逆转。

第五节 战略钟

战略钟（Strategic Clock）是指用价格和感知附加值两维坐标，将成本领先、差异化和聚焦三大竞争战略，进一步细分为四个战略区域和八条战略路径。在图6-2中，横坐标表示价格，纵坐标表示感知附加值，用八条射线表示八条战略路径。

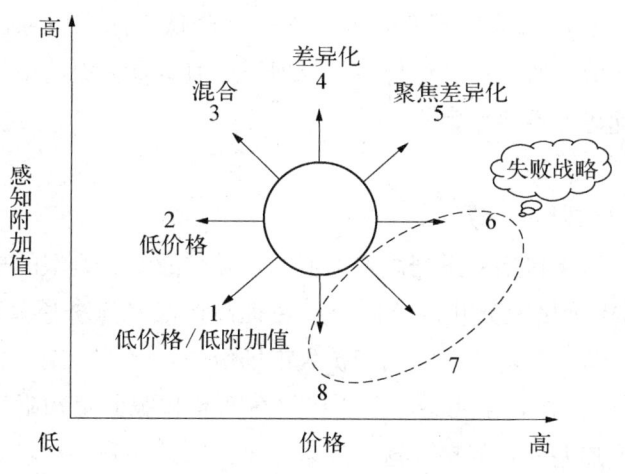

图6-2 战略钟图

战略钟是基于这样一种假设的——若不同区域的产品和服务的适用性类似，那么消费者在选择购买企业产品和服务时，主要有两种原因：一是该企业产品和服务的价格比其他企业低；二是顾客预期该企业的产品和服务具有更高的附加值，即感知附加值。

战略钟的重要功能是识别出三个可行的战略区域（即低价格战略区域、差异化战略区域和混合战略区域）和一个最终可能导致失败的区域，即非竞争战略区域。在每一战略区域内，除了典型的战略路径外，还有许多细微差别的战略路径。

波特的竞争战略要求企业只能在成本领先战略和差异化战略之间两者选其一。战略钟与其不同，它构造了一个战略调整区间，不仅为企业提供了更多的战略路径，而且为企业提供了动态的战略选择方法。例如，企业开始可以采取低价格的成本领先战略，赢得市场占有率；然后，转变为高价格的差异化战略，获取高额利润；最后，转向混合战略，抵御新进入市场的竞争者。

一、低价格战略区域

低价格战略区域包括一系列低附加值的低价格战略，形成低价格与低附加值的不同组合。典型的战略路径有：

路径1：低附加值的低价格战略。企业在降低产品和服务价格的同时，相应地降低其附加值。这一战略比较适用于价格敏感程度高的低收入消费者市场。

路径2：合理附加值的低价格战略。企业在降低产品和服务价格的同时，保持其合理的附加值。通过这种低价格与合理附加值组合，提高市场占有率。这是企业建立竞争优势的重要路径。

二、差异化战略区域

差异化战略区域包括一系列高附加值的差异化战略。典型的战略路径有：

路径4：适中价格差异化战略。企业在提高产品和服务感知附加值的同时，保持适中价格。这一战略主要适用于扩大市场份额。

路径5：高价格差异化战略。企业在提高产品和服务感知附加值的同时，提高其价格，即聚焦差异化战略。这一战略主要针对某些利基市场。这可能是因特殊的地理位置、特定的消费需求或高进入壁垒而导致缺乏竞争，从而使高价格可以持续。

三、混合战略区域

混合战略区域包括介于低价格与差异化间的一系列战略。典型的战略路径有：

路径3：企业在降低产品和服务价格的同时，提高其感知附加值。这是企业抵御竞争者的有效战略。

四、陷阱区域

陷阱区域包括一系列高价格、低附加值战略。这是一类危险的战略，很难得到顾客的认同。除非市场上没有竞争者提供类似的产品和服务，否则，竞争者很容易夺得市场，颠覆企业的竞争地位。典型的战略路径有：

路径6：企业在提高产品和服务价格的同时，却不增加其附加值。

路径7：企业在提高产品和服务价格的同时，却降低其附加值。

路径8：企业在保持产品和服务价格的同时，却大幅降低其附加值。

第六节 影响业务层战略选择的因素

一、产业关键成功要素

不同产业的技术经济特征不同，其关键成功要素不同；一个产业在不同的发展阶段，其关键成功要素也不同。一个产业的关键成功要素在很大程度上决定了企业对竞争战略的选择。例如：钢铁业的关键成功要素是规模经济，钢铁企业的主导战略是成本领先战略；医药业的关键成功要素是药品研发，医药企业的主导战略是差异化战略。

二、产品市场特征

不同的产品市场具有不同的特征，对竞争战略的选择会产生显著影响。对大众化产品市场，企业主要选择成本领先战略或成本聚焦战略；对中高档产品市场或时尚产品市场，企业主要选择差异化战略或差异化聚焦战略。

三、产业生命周期

大多数产业都经历了一个从幼稚期、成长期、成熟期到衰退期的演变过程。在产业生命周期的不同阶段，企业对竞争战略的选择是不同的。当一个产业处于幼稚期，其技术和市场不成熟，需要不断进行技术创新和市场开发。此时，企业主要采取差异化战略。当一个产业处于成长期，其技术逐步成熟，市场前景逐步明朗，增长率高。此时，企业可以根据不同的战略目标，选择不同的战略：或是差异化战略，或是成本领先战略。当一个产业处于成熟期，其技术发展趋于成熟，创新空间小，市场增长率下降，竞争激烈。此时，企业根据拥有的竞争优势选择不同的竞争战略：具有技术优势的企业多倾向于选择差异化战略；具有低成本优势的企业多倾向于选择成本领先战略。当一个产业处于衰退期，新技术逐步替代老技术，老产品需求大幅下降，替代品竞争激烈。此时，企业除了退出外，主要采取成本领先战略：压缩产品线，降低产品成本。

四、战略目标

不同的企业具有不同的战略目标，对竞争战略的选择也不同。换言之，企业战略目标必须与战略选择相一致。企业如果以培育市场或提高市场份额为战略目标，那么采取成本领先战略或成本聚焦战略常常能获得令人满意的效果：通过低价渗透，刺激消费增长，或培养消费观念、消费习惯。企业如果以提高利润率为战略目标，就会倾向于选择差异化战略或差异化聚焦战略。

五、竞争优势

竞争优势是企业选择竞争战略的基准。当企业拥有技术优势时，通常会倾向于选择差异化战略或差异化聚焦战略；当企业拥有低成本优势时，通常会倾向于选择成本领先战略或成本聚焦战略。因为，企业竞争战略的成功与否在很大程度上取决于竞争优势的支撑。竞争优势是企业在长期经营过程中积淀的特殊的学识和技能，具有相对稳定性和延续性，不可能在短时间内转变。一个具有低成本优势的企业很难成功地实施差异化战略。同理，一个具有差异化优势的企业也很难成功地实施成本领先战略。显然，企业竞争战略只有与竞争优势相匹配，才能取得预期的效果。

六、竞争者战略

企业在选择竞争战略时，不能只关注自身的因素，而要将竞争者及其战略纳入视野，包括竞争者的战略目标、竞争优势和市场行为等。从战略目标上看，企业如果与竞争者战略目标相似，就有可能引发激烈的冲突。一个以技术领先为战略目标的企业，对竞争者的技术创新会非常敏感，要比受到广告促销的侵袭更加难以忍受，反击措施自然十分强硬。从竞争优势上看，企业如果比竞争者具有明显的竞争优势，那么在竞争战略的选择上就有更大的空间；企业如果不具有比竞争者明显的竞争优势，甚至处于劣势，那么在竞争战略的选择上就要实行错位竞争。从市场行为上看，企业如果采取与竞争者相同的市场行为：目标市场重叠、竞争战略相似，就有可能引起竞争者的强烈反应，增加战略实施的成本和障碍。

本章小结

业务层战略关注的是企业各战略业务单元的竞争战略。竞争战略是指在企业总体战略指导下，对战略业务单元的市场行为进行计划和管理。通常可分为成本领先战略、差异化战略和聚焦战略，其中聚焦战略又可进一步分为成本聚焦战略和差异化聚焦战略。成本领先战略主要基于低成本优势；差异化战略主要基于差异化优势；聚焦战略中的成本聚焦战略和差异化聚焦战略，分别基于低成本优势和差异化优势。三种竞争战略具有不同的特征，对企业资源和能力的要求也不尽相同。

成本领先战略是指企业通过规模经济和范围经济，把总成本控制在行业最低水平。其主要特征有：满足消费者基本需求、追求规模经济和以价格竞争为主导。其主要动因有：产业技术进步约束、规模经济重要性、提高市场占有率、资源与历史条件限制和培育新市场。其主要应用条件有：市场规模大、需求的价格弹性高、产品标准化、转换成本低、资金供给能力强、组织与管理体系严密。其主要风险表现为：技术风险、市场风险、经营风险和竞争风险。

差异化战略是指企业在市场细分的基础上，为消费者提供具有独特价值的产品和服务。差异化战略有产品差异化、品牌形象差异化和服务差异化三种类型。其主要特征有：满足个性化需求、追求高附加值和以创新竞争为主导。其主要动因有：获取新的市场机会、建立进入壁垒、避免价格竞争和追求高额利润。其主要应用条件有：消费者需求的差异性、需求的价格弹性低、创新能力强和适宜创新的环境。其主要风险表现为：技术风险、市场风险和竞争风险。

聚焦战略是指企业在利基市场为消费者提供比竞争者更有效的产品和服务。其主要包括成本聚焦和差异化聚焦两种类型。其主要战略特征有：技术专一、市场专一。其主要动因有：建立竞争优势、开发市场潜容量和增加企业收益。其主要应用条件包括：市场条件、资源条件和竞争环境条件。其主要风险表现为：决策风险、市场风险和竞争风险。

战略钟是用价格和感知附加值两维坐标，将成本领先、差异化和聚焦三大竞争战略，进一步细分为四个战略区域和八条战略路径，从而识别出三个可行的战略区域（即低价格战略区域、差异化战略区域和混合战略区域）和一个最终可能导致失败的区域，从而为企业提供了更多的战略路径和一种动态的战略选择方法。

对业务层战略的选择，企业应主要考虑：产业关键成功要素、产品市场特征、产业生命周期、战略目标、竞争优势和竞争者战略等因素。

本章思考题

1. 何谓成本领先战略？它是如何影响企业竞争优势的？
2. 企业为何要选择成本领先战略？成本领先战略的应用有哪些条件和风险？
3. 何谓差异化战略？它是如何影响企业竞争优势的？
4. 企业为何要选择差异化战略？差异化战略的应用有哪些条件和风险？
5. 何谓聚焦战略？它是如何影响企业竞争优势的？
6. 企业为何要选择聚焦战略？聚焦战略的应用有哪些条件和风险？
7. 战略钟与波特的三种基本竞争战略相比，有哪些差异？
8. 影响企业对竞争战略的选择有哪些主要因素？

第六章　业务层战略

本章参考文献

1. ［美］迈克尔·A.希特等著，刘刚等译．战略管理：概念与案例（第10版）[M]．北京：中国人民大学出版社，2012．

2. ［美］弗雷德·R.戴维著，徐飞译．战略管理：概念与案例（第13版）[M]．北京：中国人民大学出版社，2012．

3. ［英］格里·约翰逊等著，徐飞译．战略管理基础（第2版）[M]．北京：电子工业出版社，2013．

4. ［美］约翰·皮尔斯二世、小理查德·鲁滨逊著，钱峰译．战略管理：制定、实施和控制（第12版）[M]．北京：中国人民大学出版社，2015．

5. ［美］亨利·明茨伯格等著，徐二明译．战略过程：概念、情境、案例（第4版）[M]．北京：中国人民大学出版社，2014．

6. ［美］菲利普·科特勒、凯文·莱恩·凯勒著，王永贵译．营销管理（第14版）[M]．北京：中国人民大学出版社，2012．

7. ［韩］W.钱·金、［美］勒妮·莫博涅著，吉宓译．蓝海战略：超越产业竞争开创全新市场[M]．北京：商务印书馆，2005．

8. 斯蒂芬·P.布雷德利、理查德·L.诺兰编著，成栋译．感测与响应——网络营销战略革命[M]．北京：新华出版社，2000．

第七章　战略成长路径

本章学习目标

1. 掌握创新及其类型与特征
2. 熟悉创新资源和创新能力
3. 熟悉创新模式与创新战略导向
4. 熟悉商业模式创新
5. 掌握并购战略及其类型与动因
6. 熟悉并购战略应用要点
7. 掌握战略联盟及其形式与动因
8. 熟悉构建战略联盟要点
9. 熟悉战略整合及其模式
10. 了解横向战略

本章核心概念

创新战略　创新扩散　突破式创新　渐进式创新　融合式创新　创新资源　创新能力　创新模式　自主创新　模仿创新　协同创新　商业模式　企业并购　战略联盟　特许经营　战略整合　纵向整合　横向整合

通常，企业战略成长主要有两条路径：一是内部发展，通过创新和战略投资，扩大企业的经营规模和范围；二是整合外部资源，通过并购或战略联盟，获取新的资源，进入新的产业和市场，提升企业的战略能力和市场竞争力。本章主要阐述创新战略、并购战略、战略联盟和战略整合等战略成长路径，并分析其类型、特征、动因和应用等。

第七章 战略成长路径

第一节 创新战略

传统上,企业经历了资源驱动、市场驱动和竞争驱动等成长阶段。在新经济时代,企业成长机制主要体现为创新驱动。创新可以表现在诸多方面:既可以表现为技术创新、产品创新、市场创新、组织创新、管理创新和制度创新,也可以表现为竞争规则创新和商业模式创新等,其最核心的是价值创新。创新不但能为顾客和企业创造更多的价值,而且有可能改变竞争格局。

一、创新(Innovation)与创新扩散

(一)创新的含义

美国经济学家约瑟夫·熊彼特(Joseph Schumpeter)1912年在《经济发展理论》一书中最早提出创新理论。他把创新看作是引入一种新的生产函数,把一种新的生产要素和生产条件引入生产体系,具体有五种情况:① 开发一种新的产品;② 采用一种新的生产方法;③ 开辟一个新的市场;④ 获得一种新的供应来源;⑤ 实现一种新的产业组织形式。熊彼特在这里所说的创新既包括技术创新,也包括管理创新。德鲁克认为,创新就是赋予资源以新的创造财富能力的行为。

创新,从本义上看,是将新的想法转化为对经济社会有具体影响力的流程,也就是将新的见解、想法与技术转换为新的产品、流程和服务,为消费者和股东创造新的价值的过程。它直观地表现为一种新的概念、新的原理、新的方法和新的工具,但其本质上是一种知识创新。知识不仅包括客体知识,即关于事物的科学知识,而且包括主体知识,即认知和学习能力。知识创新是一种建立在学习模式和知识来源多样性基础上的交互过程。在新经济时代,知识创新成为企业的核心竞争力。企业要获得持续发展,就必须具备创新能力。

值得指出的是,在工业经济时代也存在大量的创新,但与新经济时代的创新有着本质的区别。它不再仅仅是传统意义上的技术创新和管理创新,而是进一步延展到竞争规则创新和商业模式创新,改变了创新的内容、层次、规模、范围、

形式和特征,从传统的局部创新转变为整体创新,这就对企业创新资源和能力提出了更高的要求。

战略聚焦

华为的技术创新[①]

夜幕下,荷兰最大的足球场阿姆斯特丹球场涌入 5 万多名球迷,绿茵场地四周"HUAWEI(华为)"的巨幅广告随处可见。作为球场赞助商,华为在这里铺设了荷兰最大的 WiFi 网络,为全场球迷提供免费无线网接入。

随着中国制造向中国创造转变、中国速度向中国质量转变、中国产品向中国品牌转变,华为已进入全世界 170 多个国家和地区。在全球排名前 50 位的电信运营商中,有 45 家与华为保持长期战略伙伴关系,全球 1/3 人口使用华为提供的网络和设备打电话、上网,与世界连接,享受低价优质的信息服务。

5G 技术的领跑者

创新是推动一个国家和地区经济社会发展的重要力量。对企业而言,谁占领了技术和市场的制高点,谁就能够决胜未来。在 4G 应用和 5G 标准制定上,中国企业将处于领先地位。华为创始人任正非曾说,华为是在与最强大的欧美霸主竞赛。过去 10 年,华为的创新彻底颠覆了全球通信业格局,在超越摩托罗拉、阿尔卡特和朗讯等强劲对手的道路上,华为不仅没有倒下,反而成为领跑者,登上了行业的珠峰。

华为从 6 年前开始 5G 技术研究,现已取得了大量的技术突破,在这一知识产权领域占据了优势地位。5G 技术以每秒最高 10 GB 的速度将超过 1 000 亿件设备连接在一起,它带来的不仅是更高的速率,还有真正意义上的物联网,这将为社会生产和人们生活带来全新的变革。华为预测,到 2025 年,全球将有超过 1 000 亿的连接——这将是一个规模空前的市场。如何存储与处理、传送与分发、获取与呈现这些庞大的数据流量,既是一个巨大的挑战,也是华为的战略机遇。

10 年研发投入 1 880 亿元

在新经济时代,结构的优化、动力的转换都需要创新驱动。对华为这样的高

[①] 郭丽君、严圣禾:《华为:领跑者的创新底色》,《光明日报》,http://news.gmw.cn/2015-03/31/content_15245690.htm

第七章 战略成长路径

科技企业来说，只有创新才能生存，才能赢得竞争。

欧洲作为技术和市场高地，是华为海外开疆拓土的突破点。华为摸索出研发的"欧洲模式"，构建了更高效的科研体系，即依托当地的优势资源，利用欧洲基础研究的先进成果、领先的技术人才，与当地公司、科研机构联合创新，将伦敦的全球财务风险控制中心、匈牙利的物流中心、德国的工程能力中心和意大利的微波中心等创新成果，转化成华为的解决方案，提供给全球客户。

欧洲专利局近期公开的专利数据显示，2014年收到专利申请274 174件，同比增长3.1%。其中，华为申请专利数1 600项，同比增长48.6%，在中国企业中排名首位，高于以1 459项在美国企业中排名第一的高通公司。华为在专利上的领先，得益于公司在前沿关键领域的持续投入。在过去10年里，华为研发投入累计达1 880亿元；2014年研发投入约400亿元，同比增长约28%，占总销售收入的13.9%。这种长期持续的研发投入为华为带来了显著的成效。目前，在全球范围4G核心专利中，华为占25%，建设的4G网络数量世界第一。

最大敌人是自己

2014年，华为迎来近4年来最强的年报，全球销售收入2 890亿元，同比增长约20%；主营业务利润339亿~343亿元，主营业务利润率约为12%。在世界经济放缓的形势下，华为实现了逆势上扬。

"我们最大敌人不是别人，而是自己。"华为创始人任正非称：与信息技术强国美国相比，华为这根小草不可能改变行业前进的轨道，但是小草正在努力成长为大树。在2015年的达沃斯论坛上，任正非表示，早年创业卖通信产品时的思路是"卖便宜点，多卖点"，现在华为已完成从低价到高价、从速度向质量、从产品到品牌的转变，这一转变在欧洲可窥一斑。华为在与爱立信、诺基亚和阿尔卡特的竞争中形成了自己的优势，拥有完整的产品线，包括芯片、软件和硬件等，可以提供移动通信、固定通信和IP通信解决方案，这是其他IT巨头不具备的。

华为通过创新不断解决客户需求和技术困难。欧洲很多城市保存了大量历史遗迹，阿姆斯特丹和罗马的建筑有几百年历史，在屋顶架设基站有诸多限制。华为为欧洲专门研发了全球第一种分布式基站，将基站拆分成两部分，重量节约一半，更便于安装，成为欧洲3G网络的标准配置。

目前，欧洲许多高端客户纷纷向华为伸出橄榄枝。华为与葡萄牙本菲卡、荷兰阿贾克斯、苏格兰格拉斯哥流浪者、德国沙尔克、德国沃尔夫斯堡等欧洲知名足球俱乐部合作，为它们提供宽带智能球场解决方案。球场人员密集，比赛时瞬时网络访问量峰值非常高，又是露天建筑，技术难度大。对此，华为研发了一种外形类似于蜘蛛的户外路由器，体积小、易安装，满足了球场的需要。

（二）创新扩散

英国经济学家弗里曼（C. Freeman）认为，作为创新本身，它对其他行业和厂商的经济影响毕竟是有限的，仅创新本身及其群集显然还不够，只有创新扩散才能引发技术创新的"乘数"效应。范·杜因（Jacob van Duijn）在《经济长波与创新》一书中提出技术创新周期理论，认为任何一次基础技术的创新都可以分为四个阶段：介绍阶段、扩散阶段、成熟阶段和衰退阶段，通常表现为 S 形曲线，具体见图 7-1。创新扩散使新技术广泛地应用于其他领域，从而在更大的范围内推动技术进步和经济社会发展。从这一意义上说，创新扩散比创新本身更加重要。创新的经济社会效应并不完全取决于创新水平的高低，而是更多地取决于创新扩散的程度和范围。

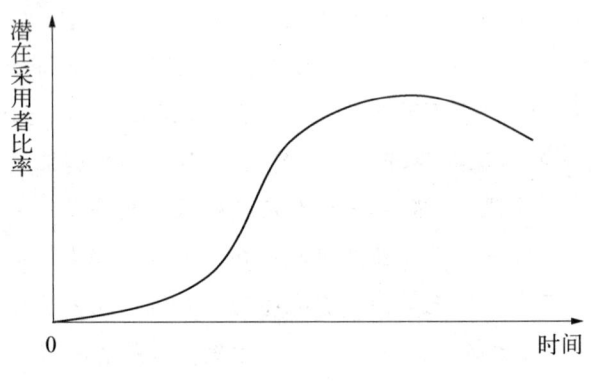

图 7-1　创新扩散曲线

创新扩散是创新成果在潜在使用者间传播和采用的过程，实际上，我们可以把创新扩散看作是一个信息扩散过程。当一项创新成果只有少数企业采用时，创新应用效果的不确定性较高，创新扩散速度较慢；随着创新采用者数量的增加，

第七章 战略成长路径

创新应用效果的不确定性相应降低，会有越来越多的企业愿意采用这一创新成果，从而加快了创新扩散速度；随着时间的推移，潜在采用者数量越来越少，创新扩散速率逐渐降低，直至终止。在这一过程中，创新采用企业通过向创新企业学习，大大降低了创新采用过程中的风险，提高了创新扩散速度。这一学习过程不但体现在企业间的创新扩散中，而且体现在企业内部的后续创新扩散中。在现实经济中，一种创新技术在不同领域扩散的速度、程度和范围是不同的。这主要取决于以下几个因素：

一是技术关联度。技术关联度是指一种技术与其他技术联系的方向、程度和范围。它在很大程度上规定了创新扩散的领域、顺序、速度和空间等。如果创新与其他技术的关联是普遍的，那么创新扩散就可能在更大的规模、更深的层次和更广的范围内发生；如果创新与其他技术的关联是有限的，那么创新扩散只能发生在有限的规模、层次和范围内。例如，信息技术和现代生物技术与其他技术的关联不同，创新扩散的效果也不尽相同。现代生物技术主要与药品、保健品、食品等有较强的关联，信息技术则具有更普遍的关联，几乎囊括了所有的产业部门，因此信息技术扩散的速度、程度、范围和规模要远高于现代生物技术。

二是技术基础。创新扩散与各产业部门和企业的技术基础包括技术水平、技术结构、技术能力、技术装备及员工素质等，有着密切的关系。一般而言，技术含量高的产业部门和企业对新技术应用能力较强，创新扩散能以更快的速度、更深的程度和更广的范围实现；相反，技术含量比较低的产业部门和企业对新技术应用的能力较弱，创新扩散的速度较慢、范围和程度也有限。例如，信息技术尽管具有普遍的联系性，但在各产业部门和企业应用的速度、范围和程度有明显的差异，表现出一种非均衡性。这实际上与各产业部门和企业的信息密集度有关。一般而言，以信息生产和消费为主的服务业具有较高的信息密度，最易率先应用信息技术。

三是企业规模。企业规模是影响创新扩散的一个重要因素。创新可以看作一种刺激变量，只有当创新刺激超过某一临界点时，企业才会采用创新。创新刺激的临界点通常由企业规模决定。因为，一项新技术总是假定高固定成本，低变动成本。如果存在规模收益，那么在给定时间内，只有那些具备相应规模的企业采用创新才有收益。这样，创新扩散的时间轨迹就取决于企业规模的分布。显然，大企业更有能力具备创新条件，并做出较快响应。

四是替代收益。创新扩散是一个用新技术替代老技术的过程，这里就有一个成本和收益的问题。替代收益是指新技术替代老技术所产生的经济收益。一般情况下，一种技术一旦被采用，便会形成路径依赖，产生锁定效应。一种技术应用得越普遍、越成熟，其锁定程度就越深，转换成本也就越高。因此，新技术只有带来明显的替代收益：不仅能补偿转换成本，而且能补偿剩余，才能在更广的范围和更深的程度上得以应用。技术替代的转换成本主要包括硬件、软件和湿件的更新成本以及相应的组织和管理变革成本等。其中，硬件和软件的转换成本受技术进步的影响，呈下降趋势；湿件转换成本、组织和管理变革成本等与学习成本相关，呈上升趋势。

二、创新的类型与特征

（一）创新的类型

1. 突破式创新

突破式创新是指基于科学新发现、新发明，产生全新的技术概念和技术原理，表现为一种非线性的技术发展过程。在 20 世纪，飞机、汽车、电视机、计算机和互联网等发明都属于突破式创新。突破式创新具有较高的不确定性，一般很少发生。但在新经济时代，信息化的发展导致具有广泛连接的知识网络的形成，增进了知识流动的距离、速度和效率，从而在很大程度上提高了突破式创新的概率。

突破式创新有可能破坏原有技术的价值，颠覆企业在长期经营中积累的资源、能力和竞争优势，甚至打破原有技术系统内和技术系统间的关系，引致技术生态系统的变革。同时，突破式创新往往会产生全新的生产领域和消费领域，扩展生产可能性边界，创造出新的产品和市场，推动新一轮技术和经济发展。更重要的是，突破式创新会产生一种强制性的力量，增强企业创新的内在动力，在更广的范围和更深的程度上展开创新，形成创新扩散效应。在经济生产中，如果有部分企业率先采用创新技术，拥有新的竞争优势，并融入新的技术生态系统中，那么其他企业也只有跟随采用创新技术，才能得以生存和发展，否则，就会游离于主体市场之外。随着越来越多的企业采用创新技术，这种创新动力非但不会衰竭,反而会不断增强。

突破式创新的技术层次高、发展潜力大,蕴藏着巨大的经济潜能,但与原有技术、产品和市场的关联性弱,其性能、应用前景和市场潜容量等不确定性高。它要求生产者改变原有的生产方式,通过一系列渐进式创新,不断发掘新技术潜力,改善产品的功能、质量和成本等;需要引导消费者学习与认知新技术产品的知识和使用方法,改变原有的生活方式,培养新的消费观念和消费习惯。特别是有些突破式创新如互联网等不仅会引发技术生态系统变革,而且会超越技术范畴,引发社会和组织变革。

2. 渐进式创新

渐进式创新指的是基于原有的技术概念和技术原理,对产品技术、工艺技术和材料技术进行改良,表现为一种线性的技术发展过程。渐进式创新在改善产品性能、质量和成本,提高生产要素效率方面具有明显的作用,技术和市场不确定性较低。

在现实经济中,大多数创新属于渐进式创新。由于人们受知识、实验条件的限制,新技术往往存在尚未被认知和开发的潜力,需要通过一系列渐进式创新,将其潜力不断地开发出来,并通过产品更新的方式予以实现。当然,新技术的潜力是有极限的。当一项技术的发展接近其极限时,渐进式创新的速率就会明显下降甚至停止。此时,就需要突破式创新来打破这种极限。显然,一项技术从创新、应用到成熟是突破式创新与渐进式创新共同作用的结果。新技术产品大都经历了一个通过渐进式创新,不断开发其技术潜能,走向成熟的过程。

渐进式创新的动力主要来源于企业对市场竞争压力和消费者需求发展的感受。在激烈的竞争中,企业不断快速推出新技术、新产品,增强竞争力。为了最大限度地利用创新成果,降低研发成本,获取创新收益,企业需要不断开发新技术潜力,延长技术生命周期。显然,渐进式创新已成为企业竞争的一种重要手段。同时,消费者需求的发展要求企业提供性能更好、质量更优、成本更低和用途更广的新产品。渐进式创新尽管创新程度较低,但它有明确的目标市场、消费者熟知的产品特征和高效的生产技术,技术风险和市场风险较低,不但对企业发展具有明显的推动作用,而且能在很大程度上满足消费者需求发展的要求。

3. 融合式创新

融合式创新是信息化发展的产物并随着信息化的发展而日益增多。它是信息范式下一种特有的现象，反映了信息经济的本质。信息化的发展明显地增强了不同技术间的关联，打破了原有的技术边界，不同技术通过相互渗透和融合产生出新的技术。例如：纳米技术与其他技术融合，发展出纳米电子技术、纳米材料技术和纳米显微技术等纳米技术群；现代生物技术与其他技术融合，产生生物芯片、生物信息、生物材料、生物能源、生物光电和生物传感器等生物技术群。融合式创新的显著特征是创新发生在技术边界交叉处，而不是在原有的技术边界内（渐进式创新）或技术边界外（突破式创新）。

这种基于技术关联增强而产生的融合式创新，为创新在更广范围和更深层次上的展开提供了可能性；但同时也要求在更大的范围内整合创新资源，将原来处于分散、分离与分割状态的创新资源进行重新组合和合理配置，把潜在的创新资源转变为现实的创新资源。这就使得融合创新具有很高的不确定性，难以预期其发展的方向、规模、范围和速度。特别是融合式创新涉及众多领域和层面，其中任何一个环节出现问题，都有可能无法达到预期目的，甚至导致整个创新活动的终止。

另外，任何一项技术的应用都依赖于特定的技术生态系统。传统上，创新主要发生在技术边界内，与原有的技术生态系统相匹配。但融合式创新发生在技术边界交叉处，有可能超出原有的技术生态系统，需要经过一系列持续创新形成新的技术生态系统。因此，融合式创新的关键是系统整合：一种跨领域、跨层面的系统间整合。这就不是一个简单的创新成果应用的问题，而是一个再创造的问题。由于融合式创新在不同领域和层面相互间有较强的关联性，势必会形成一种交互作用的创新过程。不同领域和层面的创新不再是孤立的、分散的，而是相互连接的、互动的。创新者之间、创新者与创新采用者之间以及创新采用者之间存在持续的交互反馈。这实际上是一个创新与环境相互作用和共同演进的过程。

（二）创新的特征

创新并不是新经济时代特有的现象，在工业经济时代也有大量的创新，产生众多的新技术、新产品和新产业。但新经济时代的创新具有与工业经济时代不同的特征，主要表现为：

第七章 战略成长路径

1. 多领域、多层次的系统创新

在新经济时代，互联网与信息技术的发展大大增进了知识流动的距离、速度和效率，极大地扩展了创新范围，不仅涉及技术创新、产品创新和业务创新，而且涉及市场创新、营销创新、组织创新、管理创新、制度创新、流程创新和商业模式创新等。创新成为一种涉及多个领域和层面的系统性创造活动。创新绩效不完全取决于创新本身水平的高低，而是更多地取决于其他相关方面创新的整体效应。创新不再是独立的、分散的，而是相互连接的、互动的。

严格地说，多个领域和层面的创新并不是新经济时代独有的特征。工业经济时代的创新也同样表现在不同领域和层面上。但这种创新大多是单一的、局部性的创新，不同领域和层面的创新并不一定形成必然的内在联系。换言之，某一方面的创新效果并不依赖于其他方面的创新，创新的不确定性较低，创新的效果容易显现。

在新经济时代，信息化的发展极大地拓展、提升了创新的范围、程度和速度，市场环境的复杂多变要求不同领域和层面的创新相互连接，并取得大体一致的水平，才能显示创新效应。当创新只是发生在个别领域和层面，而没有其他领域和层面的创新，就不可能取得预期的创新绩效。也就是说，某一方面的创新必须以其他方面的创新为约束条件。

2. 相互关联的多元创新主体

在新经济时代，创新的系统性和交互性规定了创新主体的多元化，包括企业、大学、研究机构、政府、员工和消费者等，以及多元创新主体间的相互关联，包括创新者之间、创新者与创新采用者之间的关联。其中，企业处于创新的核心地位：既是创新提供者，又是创新采用者；大学和科研机构主要从事基础性研究，为创新提供知识储备；政府不仅充当创新推进者和协调者，而且成为政策创新的主体，通过政策引导社会资源配置，为创新提供有效的制度环境；特别是信息范式下的企业的"横向革命"改变了传统的科层组织，企业在水平层面上得以迅速扩展，更多的员工、企业和消费者直接参与到创新过程中。这些多元创新主体在创新过程中尽管地位和作用各不相同，但都以特定的方式参与创新活动，它们已不再是独立的、分散的，而是相互关联的，使创新成为一种共同努力的结果。因此，只有把多元创新主体有机地连接起来，才能获得创新的整体效应。

在工业经济时代也存在多元创新主体，形成社会分工关系。为了追求优势互补效应，不同创新主体之间往往在研发、生产和销售等方面建有合作关系，但这种合作大都在特定范围和条件内，多元创新主体实际上处于一种各自独立的状态。

3. 创新主体的综合创新能力

创新在很大程度上与创新主体所具备的知识和能力有关。不同创新主体拥有的知识和能力不同，创新的经济后果也不同。从这一意义上说，创新的时间轨迹和空间分布取决于创新主体知识积累、技术基础、生产规模和管理水平等因素。在工业经济时代，技术边界明晰，创新大都是发生在特定领域的局部创新，对知识的专门化要求较高，对综合创新能力的要求相对较低。在新经济条件下，创新主体的综合创新能力显得越来越重要，不仅包括技术创新能力，而且包括组织创新、管理创新、市场创新及环境应变等能力，涉及对知识和信息的获取、运用及再创造等。创新主体不但要拥有连接知识网络的能力，而且要拥有对知识再创造的能力。

对综合创新能力的要求主要是由于信息化的发展扩大了创新的知识领域，需要创新主体通过大量的内部知识积累和外部知识连接来弥补知识缺口，同时，需求、竞争和环境的变化要求多方面共同创新，形成创新集群效应；否则，创新效果就难以显现。为了适应这一要求，大多数企业会采取并购和战略联盟，以扩大自己的知识基础，跨越综合创新能力上的障碍。

4. 具有分工合作关系的创新网络

在新经济时代，创新不仅涉及组织体内部的变革，如技术、产品、业务、组织和管理等，而且涉及外部环境的变化，如供应链、客户关系、竞争关系和市场规制等。因此，创新不再是个别企业的独立活动，而是在企业之间形成的一种既有分工又有合作的网络。

创新网络增强了各创新主体间创新活动的联系。它既可能表现为在研发、生产和销售等方面的正式合作关系，又可能表现为知识和信息转移方面的非正式合作关系，从而使创意可以来源于研发、生产、销售和消费过程中的任何一个环节，有助于各创新主体间的资源互补与能级提升。更重要的是，创新网络加快了知识和信息的流动,打破了创新活动的边界,使不同领域与层面的创新活动相互交叉和渗透,形成一个有机的知识分享体系。创新也就成为一种集体努力和互动的过程。

5. 有效的创新机制

创新机制为创新活动提供一种制度框架,其有效与否直接关系到创新效率,主要包括两个方面的重要内容:

一是利益机制。有效的利益机制是创新激励的前提。在互联网经济条件下,创新是在知识生产、分配、流通和消费过程中,协调创新参与者间利益关系的结果。创新效率在很大程度上取决于各创新主体作为一个共同体的利益关系。在利益机制弱化或扭曲的情况下,创新必然是低效的。因此,创新体系的核心就是要保护创新者利益。

二是风险投资机制。创新具有很高的不确定性:① 创新的方向、规模、范围和速度难以预期;② 创新是一种多领域、多层面的系统性创新,其中任何一个环节出现问题,都可能无法达到预期效果,甚至导致整个创新活动的终止;③ 创新应用是一个对创新成果再创造的过程,具有不确定性。因此,建立有效的风险投资机制就显得非常重要。风险投资作为技术投资与资本经营相结合的产物,扩大了投资来源,释放了创新风险。它具有不同于其他金融资本的两个基本特征:① 属于长期风险性权益类投资,追求的是最终资本利得,而不是利息或股息收入;② 出资者直接参与企业经营管理活动,而不像一般股份资本那样,仅仅关注投资回报。

6. 知识产权的保护体系

产权的确立是最经济、有效、持久的创新激励手段。诺斯(D. North)在《经济史中的结构与变迁》一书中论述了产权在西方国家兴起中的作用。有效率的创新组织的产生需要在制度上作出安排和确立产权,以便对经济活动形成一种激励效应。也就是说,要从制度方面保证创新行为主体的利益。诺斯在解释第一次工业革命为什么发生在英国时认为,对工业革命的起源不仅要从知识与技术传承的角度来解释,而且要探讨是什么因素决定着这些新的工艺和科学知识的发展,只有在专利制度下,鼓励技术变革和将创新的私人收益率提高到接近社会收益率的一整套激励机制才能形成。简言之,技术进步速度的加快不仅归因于市场规模的扩大，而且归因于发明者在创新收益中占有较大份额的能力的提高。从某种程度上说，正是英国早在1624年通过了专利保护条例，宣布工业生产程序的发明人受到保护，才催发了英国的产业革命。显然，当一个社会不能在制度安排上对财产权予以有效保护，当人们可以通过侵犯他人的财产权而得到收益时，也就失去了创新的动力。因而，只有建立起包括知识产权在内的一切财产权保护制度，创新才有更大动力。

三、创新资源与能力

（一）创新资源

传统上，企业主要是通过内部知识和人才的积累来实现创新的。在新经济时代，互联网与信息技术的发展将世界连接成统一体。知识资源的流动性大大增强，许多以往被认为是不可分割的创新资源和过程，现在可以分散在世界任何地方提供。这就使企业能更有效地利用社会上分散的知识资源。另一方面，一个企业的资源总是有限的。世界上几乎没有一个企业能够在所有与创新有关的专业领域超越其他企业，但它确实可以在某些领域里成为世界上最优秀的。因此，一个企业若要实现创新，就必须有效地利用社会创新资源。如果一个企业在某个领域的创新资源不是最好的，而又在内部提供，那么这个企业就有可能丧失竞争力。美国的克莱斯勒公司和福特公司从原来50%~70%利用内部资源转变为66%~70%利用外部资源。可见，利用外部创新资源是企业实施创新战略的一个重要方面。如今，有越来越多的企业正在迅速演变为一个虚拟的知识管理主体。

新经济时代，消费者成为企业创新的重要创新资源。消费者历来是企业关心的中心问题。在工业经济时代，企业拥有市场支配力量，消费者只是企业产品和服务的最终使用者，满足消费者需求只是企业实现产品和服务价值的一个过程。当今，互联网的发展使厂商和消费者间建立起直接的联系，加强了厂商与消费者间的关系和互动，而且通过互联网集结起来的消费者形成一种集体的力量，这就从根本上逆转了消费者与厂商的关系。厂商已不再完全拥有市场支配力量。消费者不再是被动地接受厂商提供的信息、产品和价格，而是主动地表达诉求，并参与生产过程，成为价值的创造者。消费者成为厂商知识、创意的一种重要来源，一种能带来增值的重要资产，也就是所谓的"顾客资产"（Customer Asset）。厂

第七章 战略成长路径

商也不能仅仅是关心和满足不断变化的消费者需求，为消费者提供超越竞争者价值的产品和服务；而更重要的是，与消费者建立长期、稳定的关系，并从这种关系中获得新的知识和创意，创造出新的价值，即"关系创造价值"，客户关系成为厂商的一种重要资产："关系资产"（Relationship Asset）。客户关系管理（Customer Relationship Management，CRM）也就成为企业创新管理的一个重要内容。外部创新资源的作用主要体现在以下几个方面：

第一，拓展创新资源。在互联网经济条件下，大量的创新资源并不是集中在大企业内，而是分散于众多的小企业和个人。在许多领域，这些小企业和个人拥有更专业的知识、能力以及高度的自由空间和无穷的创意，从而形成一种高度分散的创新方式。许多企业发现战略性地利用外部资源是新的创意、新的知识和新的方法的重要来源，而且可以使企业把有限资源集中到最具有竞争力的核心业务上，大幅提高企业创新能力。例如，苹果公司意识到自己不可能成功地为苹果Ⅱ型电脑制造出世界上最好的芯片、机壳、显示器、电缆、键盘和其他部件，因此，早期70%的制造成本和部件都是由外部企业提供，而公司则集中开发苹果DOS系统、Mac OS系统和支撑界面软件。苹果的开放政策激励了那些独立软件开发商编写出非常出色的应用软件，给顾客带来了许多独特的视觉、感觉和功能。这就使苹果借助其他公司的研发和专利技术资源，获得了更高的创新效率和商业利益。

第二，增强创新动力。利用众多供应商的快速反应能力和创新能力可以为企业创新提供强有力的动力，这种外在动力往往比内部激励更有效。MCI公司只雇用了约1 000名专业技术人才，但通过合同，有19 000多名外部技术人才为MCI公司工作，60%的软件在公司内部开发，40%的软件由外部开发。MCI公司通过说明规格、加工分类、运行程序和系统测试等，控制整个设计系统和过程。

第三，降低创新成本和风险。随着价值生产活动复杂性、专业化程度和新技术卓越能力的日益提高，有关具体业务活动的知识比最终产品的知识更加重要，专业化供应商往往能比制造商以更低的成本提供更高附加值的产品和服务。因此，利用外部创新资源可以大大降低创新成本，分散创新风险，企业无须承担所有零部件的研发工作。例如，杜邦公司90%的应用研究资源来自外部，成本只相当于内部的30%。

第四，提高创新效率。创新不仅会对现有产品和市场形成大规模的替代，而且有可能扩大社会生产可能性边界，创造出全新的产品和市场。在互联网经济条件下，创新和市场进入速度至关重要。率先创新和进入市场的企业可以利用网络正反馈，在短时间内占据市场支配地位，这就对企业创新资源配置能力提出了更高的要求。因此，集成众多的专业化供应商，利用其专业知识和能力为企业提供高质量的工作支持，能大大提高创新效率，快速发展新技术、新产品，增强对市场环境变化的响应能力。斯纳普尔（Snapple）公司通过利用外部资源，将产品引进时间缩短了75%，成本降低了90%。克莱斯勒公司与6万多个供应商进行合作创新，获得1.6万多项创新，且以每周100多项创新的速度增长，至少节省了25亿美元，供应商数目也减少了36%。供应商每项创新至少每年可以从克莱斯勒公司获得5%的收入。

（二）创新能力

创新能力是知识和技能累积的复杂体。在新经济时代，创新能力成为决定企业成败的关键，只有那些具有强大创新能力的企业，才能在市场上有效地提供具有竞争力的新技术、新产品，灵活地应对市场环境的快速变化，拥有更多的竞争优势和战略主动权。

新经济时代的创新大多是一种系统创新，需要广泛地集成不同学科的知识，从而大大增加了创新的复杂性和不确定性。世界上任何一家企业都不可能完整地拥有复杂创新所需要的各种知识和能力，需要与其他企业发展合作关系，拓宽获取新知识、新能力的来源。对创新能力管理的重点也就从企业内部转移到企业外部，通过与供应商、中间商、消费者、大学和研究机构等建立合作关系，促进信息交流和知识融合。当知识和信息交互达到临界点时，跨领域的知识交汇和思维定式转换将迸发出大量的创新思维，每一个人都有可能显露出知识创造的潜能，获得意想不到的进展和成功。

因此，基于知识、信息、技术流动的跨组织协同创新至关重要。创新的时间轨迹将取决于创新主体的知识和能力：不但要拥有知识连接和获取的能力，而且要拥有知识融通、运用和创造的能力。在新经济条件下，企业创新能力更多地体现为组织间和组织内个人间的合作。这不仅与知识来源的多元化相关，而且与创新过程的非线性相关。对线性的、有序的、复杂程度较低的创新活动，可由单一组织和个人承担；对相互作用变量有限的、复杂程度较高的创新活动，团队创新是一种有效的模式；对技术和环境复杂程度极高的创新活动，团队创新模式也难以胜任，只有依靠大量独立的个人间和组织间的合作。这种合作关系既可能是一种正式的关系，也可能是一种非正式的关系，具有一些新的特征：创新主体由多个独立行动的单元组成，但可以引出一个共同目标，而成功创新则需要所有单元间的相互合作。这种由相互作用的独立主体而形成的创新系统对创新的作用是巨大的。它不存在系统控制，有某些潜规则调节元素间的相互作用，外部力量能改变整个系统的行为；无法精确预期创新活动的结果，创新往往是一种意外。

由于创新活动难以用规范的程序加以控制，工作绩效也不易度量和评价。大多数企业在创新管理中非常注重创新文化和激励机制：营造自由宽松的文化氛围；支持创新设想和冒险精神；建立开放的信息系统和授权式的小型组织等。美国IBM和杜邦等公司允许科技人员用10%~15%的工作时间来探索有兴趣的设想，增加计划外的自由支配资金预算。3M公司允许各部门平行开发同一种新产品，直到样品试制完成，以鼓励内部竞争，提高成功概率。微软公司对科技人员实行期权股票分配，激发科技人员的创造性。

四、创新模式与战略导向

(一) 创新模式

创新主要受技术和市场两种力量驱动。据此，创新模式可以分为驱动市场（或技术推动）模式和市场驱动（或需求拉动）模式。

1. 驱动市场模式

驱动市场模式是基于科学研究的新发现、新发明，指的是运用新的技术概念和技术原理，开发新的产品和市场，具体见图7-2。这种创新模式有可能产生突破式创新和融合式创新。人类历史上许多重大的创新，比如电话、电报、电视机、计算机和互联网等，都是这一模式创新的结果。它已成为新经济时代的一种重要创新模式。

驱动市场模式是科学研究的结果，而非市场研究的结果。其创新层次高，有可能创造出全新的产业和市场。一旦成功，不但对经济社会发展影响深远，而且能为企业带来巨大的经济利益，获得新的竞争优势，甚至改变竞争格局。但这种

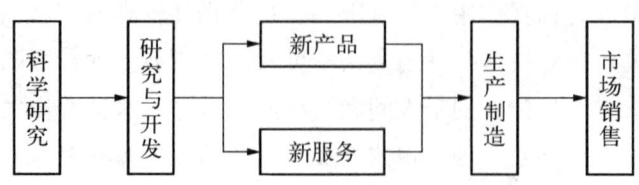

图 7-2 驱动市场模式

创新模式的研发投入高、周期长、成功率低；有可能颠覆原有的技术价值、市场价值，甚至导致技术生态系统变革，损害企业在长期经营中积累的资源和能力。由于这种创新模式是一种技术导向的，缺乏相应的市场基础，创新产品在推广应用上会遇到较大的障碍。这就需要企业研究新产品市场的定位、规模、范围、价值及成长性等，引导消费者认知和使用产品，改变消费理念和消费习惯，构建新的技术生态系统。

2. 市场驱动模式

市场驱动模式是指根据消费者的潜在需求，通过研究与开发，形成新的产品构想，发展出新的产品，具体见图 7-3。这种创新模式大多适用于渐进式创新，也就是基于原有技术概念和技术原理，对产品和服务进行改进或改良。在现实经济中，这种模式的创新最为普遍。

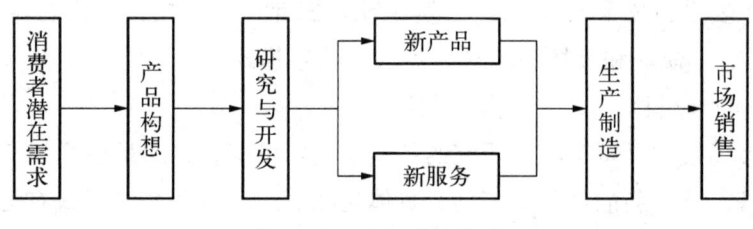

图 7-3 市场驱动模式

市场驱动模式下的创新以潜在的消费者需求为导向，通过持续的渐进式创新，开发技术潜能，改进产品设计，为消费者提供更高价值的产品，提高对市场需求的满足程度。这一创新模式尽管创新层次不高，但对发掘技术潜能，改善产品性能、质量和成本却有重要的作用。这一创新模式具有良好的市场基础，技术

第七章　战略成长路径

产品包络在原有的技术生态系统内，消费者对产品比较熟悉，与市场需求的契合度高，容易为消费者接受，能有效地提高产品竞争力，并获得较高的市场成功率。

在新经济时代，随着互联网和信息技术的发展，创新已不再仅仅是单个组织和个人的行为，而是多个组织和个人间的互动与合作，尤其是使生产者与消费者间形成一种交互关系，消费者不仅向企业提出其新的需求，而且参与到企业创新过程中，提供创意和发明，成为企业创新的重要来源。因此，这种基于消费者潜在需求的市场驱动创新模式被赋予了新的意义，极大地拓展了企业创新的空间。

值得指出的是，在技术产品生命周期的不同阶段，创新模式是不同的。新技术产品的原创主要是驱动市场模式创新的结果，新技术产品进入成长期和成熟期主要依靠市场驱动模式创新。有研究表明，加拿大企业新产品发展的动因以市场需求为主的占44%，以新技术为主的占34%，其他新产品则仅仅是品种的增加或由顾客提出的完整产品概念。曼斯菲尔德的研究表明，美国医药、石油和电子行业的企业大约75%的研究开发项目是由市场驱动的。

（二）创新战略导向

1. 自主创新战略

自主创新是指企业基于自身的资源和能力，研发具有自主知识产权的技术和产品，并实现其价值的过程。简言之，它是一种拥有自主知识产权的创新。自主创新主要有原始性创新和集成创新。其中，原始性创新是指重大的科学发现、技术发明和原理性技术创新等，它意味着获得了全新的发现、发明。集成创新是指通过对各种现有技术的集合，形成的新技术、新产品和新服务。例如，基因芯片技术的发展是1990年代后多学科技术交叉集合的结果，它融合了生命科学、化学、微电子技术、计算机科学、统计学和生命信息学等多种学科的最新技术，在生命科学等诸多领域显示出巨大的潜力和诱人的前景。

企业通过自主创新，率先在市场上推出拥有自主知识产权的新技术、新产品和新服务，往往能获得巨大的经济收益和市场支配力量。在新经济时代，企业竞争从以对资源和市场的争夺为主导转变为以创新为主导，只有那些具有自主创新能力的企业，才能不被竞争者所击败。但是，自主创新是以高投入、高风险为代价的，对企业创新资源和能力的要求较高，需要经过长期的知识和技术积累；而且成功率较低，一旦失败，有可能对企业构成严重的威胁。因此，即使是那些实力雄厚的大企业在选择这一战略时也会非常谨慎。

通常情况下，小企业的创新机制更灵活，创新动力更强，常常产生出色的创意。大企业尽管在产品开发、生产管理和市场拓展等方面具有强大的优势，但在组织体系、管理制度和动力机制等方面比较僵化，创新活力反而不如小企业。因此，许多大企业通过并购创新型小企业来弥补自己创新能力不足，降低创新风险。

2. 模仿创新战略

模仿创新战略是指在引进先进技术的基础上，通过消化、吸收和再创造，形成新的技术和产品。模仿创新可以大大缩短创新时间，节约大量研发费用和市场开发费用，降低创新风险。但技术引进通常很难获得最先进的技术，而且在专利制度保护下，企业往往在市场上受制于人。

模仿创新对企业创新资源和能力的要求相对较低，但并非完全没有要求。因为，模仿创新并不是一种简单的模仿，而是一种在模仿基础上的再创造，包括改善产品性能、提高产品质量、改变产品形式和扩大产品用途等。在许多情况下，企业选择这一战略并非完全因为缺乏创新资源和能力，而是不愿意承担过高的创新风险，或是为了尽快完成技术和知识积累过程，或是应对市场环境的快速变化，快速推出新技术、新产品，提升竞争力。特别是模仿创新战略可以使企业在技术引进的基础上更好地发挥自己在其他方面的优势，如劳动力成本、规模经济、市场准入、政府关系、关税保护、政策优惠、渠道、品牌和客户资源等，从而形成新的竞争优势。这对于那些创新资源和能力较弱的企业来说，不失为一种有效的技术发展战略。

3. 协同创新战略

在工业经济时代，创新的复杂性较低，不同主体间的创新活动大多是独立的、分散的，相互间没有紧密的联系。为了追求优势互补和规避风险，不同创新主体间也会建立起合作关系，但这种合作关系大都有特定的范围和条件。在新经济时代，信息化的发展大大增加了创新的复杂性，创新需要集成众多不同学科的知识，通过知识交会引发创意和创新。这就要求在不同创新主体间建立有机的联

第七章 战略成长路径

系,形成一种具有相互联系、相互支持的协同创新。

协同创新是通过网络连接不同创新主体和创新活动,交汇不同学科知识和不同文化而形成的一种创新,不仅包括组织体内不同部门和个人间创新互动,而且包括不同组织体(制造商、供应商、中间商、消费者和竞争者)间的创新互动。它将不同的创新主体和创新活动有效地连接起来,形成一种相互关联和持续交互的关系,从而促进了创新主体的资源互补与能级提升。创意可以来源于生产和消费过程中的任何一个环节。正如达尔·尼夫(Dale Neef)所说的那样,创新在很大程度上产生于科学、工程、产品开发、生产、营销间的反馈环路和连续的交互作用。它由不同机构和个人——企业、实验室、大学和消费者——之间的相互作用提供养料。这就打破了创新活动的相互分隔,将不同的创新活动相互交叉、渗透,形成一种有机的知识分享体系。因此,创新也就不再是创新主体的独立活动,而是一种互动过程和集体努力的结果。

五、商业模式(Business Model)创新

(一)商业模式创新及其背景

商业模式是一种价值创造和提供方式。在新经济时代,伴随着工业化大生产发展起来的传统商业模式已显得越来越不适应急剧变化的市场环境,企业正经历着一场商业模式变革:从制造功能转变为服务功能;从提供产品转变为提供解决方案;从追求规模经济转变为追求高附加值;从组织替代市场(内部化)转变为市场替代组织(虚拟化)等。这种商业模式创新实质上是知识和信息对实物资本的替代、网络对传统组织的替代。

知识和信息流动不像物质流动那样按供应链依次传递,呈单向循环,而是呈分布式纵横交叉传递的多向循环,提供了一种包括供应商、制造商、中间商、消费者及竞争者等在内的全方位延伸的价值网络,模糊了企业与市场的边界,形成了与工业经济完全不同的商业模式。因此,商业模式创新也就是依据知识和信息充分流动的原则,对资源、业务流程和供应链进行重组,减少中间环节,使生产更贴近消费,提高市场响应速度。在新的商业模式下,决定竞争胜负的并不是企业拥有的实物资产规模,而是获得这些资产的能力。许多企业开始重新评估其资产价值,实体资产已成为一种负担。企业宁愿拥有一个品牌,而不愿意拥有一座

工厂。亚马逊公司通过与电子商务融合，创造了在线销售的商业模式，成为全球最大的网上书店。戴尔公司采取定制加网络直销的商业模式，迅速成长为全球最大的个人电脑公司。

商业模式创新主要是指由于信息生产力发展和社会化直接生产方式导致价值来源发生变化。在新经济时代，知识和信息对经济增长的作用超过了资本，成为关键生产要素。社会生产的投入产出过程实际上是一个知识创新的过程。价值主要来源于知识和信息，而不是土地、资本和劳动。另一方面，工业经济是一种基于中间环节不断增多的迂回生产。价值增长主要体现在迂回生产的附加值上。这种生产方式是以高资本投入和高物耗为支撑的，表现出随着生产规模的不断扩大，边际成本递增、边际效益递减的经济规律。信息经济是一种在社会化分工基础上形成的直接生产方式。信息技术消除了生产与消费过程的中间环节，用信息替代物质资本，通过对知识和信息的虚拟扩展，实现对物质资源的更有效利用，大幅减少了社会生产过程中的物耗成本。社会生产规模的扩张主要是指通过信息技术整合各种技术装备，降低工业大生产体系中的各种物耗，产生边际效益递增、边际成本递减等新的经济规律。显然，新经济时代的信息革命带来了不同于工业革命的新价值来源。

信息化的发展促使起源于工业革命的分工不断深化是商业模式创新的重要基础。特别是随着社会分工的深化，大量控制性服务活动从生产活动分离出来，企业协调复杂活动的能力显著增强，越来越多的生产经营活动从企业内部转移到外部，从而促使新的商业模式产生。

互联网是商业模式创新的一种重要平台。互联网可以把企业、顾客、公众、竞争者等集聚起来，共同创造价值，也可以把不同的业务和产品置于同一平台上进行整合，创造出新的价值，并把原有的客户作为新业务和新产品的潜在客户，从而大大提高了资源共享性，产生明显的协同效应。因此，多方参与、互动的价值创造过程是新的商业模式的一个重要特征。例如：电信网、广播电视网和数据网的融合实现了不同内容信息的互换、互联——不仅不同网络平台能承载相同的信息服务业务，而且同一网络平台也能承载不同的信息服务业务，像广播公司开发数据广播、互联网广播和电信传输服务业务，电信运营商从事有线电视和音像服务业务，互联网供应商通过对影视产品、计算机成像

第七章 战略成长路径

和信息管理系统的集成提供影视、音乐等服务业务，接入服务商发展语音服务业务等。这种协同效应降低了信息服务成本，促进了信息消费增长，从而创造出新的价值。

在新经济条件下，商业模式创新实质上是用知识和信息整合传统的生产要素，用高流动性的知识和信息资源重组低流动性的物质资源，在更大范围内实现对资源、业务流程和市场的整合。许多企业利用互联网和信息技术，将供应商、制造商、经销商和消费者紧密地联系起来，重组其业务流程和供应链，从而大大提高了供给结构对需求结构变化的适应能力，增加了结构弹性。这就导致实物资产重要性下降，无形资产价值上升。根据经济合作发展组织的测算，美国1995年1/3企业的无形资产比重在50%～60%。显然，以投入更多的非实物资源对存量实物资源进行重新整合，这实际上是对现有资源更充分的利用和新资源更大规模的开发。非实物资源由于再生性、外部性等，具有很大的扩张性，能更好地满足原有市场规模扩张和新兴市场发展的要求，使自然资源和劳动力达到更有效的配置。

在新的商业模式中，产品价值主要来源于创新，并更多地体现在服务上，如设计、软件和营销等。企业不再仅仅关注产品的生产，而是更多地关注提供设计、制造和销售的全过程服务。以知识和信息为基础的服务所创造的价值成为许多实物产品的价值主体。美国通用电气公司把服务渗透到日常作业管理中，其服务收入占总收入的2/3以上。IBM公司由计算机制造商转变为全球最大的IT服务厂商，2003～2006年服务收入占总收入的50%左右；加上金融业务收入，达55%以上。全球最大的飞机引擎制造商罗尔斯·罗伊斯（Rolls-Royce）公司的服务性收入约占总收入的55%。施乐公司（Xerox Corp）的技术服务和其他服务收入占总收入的65%以上。

（二）商业模式创新的方法

商业模式创新主要有四种方法，即改变收入模式（Revenue Model）、改变企业模式（Enterprise Model）、改变产业模式（Industry Model）和改变技术模式（Technology-driven）。

1. 改变收入模式

改变收入模式就是改变一个企业的用户价值定义和利润方程。企业需要从更宽泛的视角来重新定义用户需求,而非营销意义上的发现用户新需求,深刻理解用户需求。在很多情况下,用户需要的并不仅仅是一件产品,而是一个解决方案。这就需要重新定义用户价值,实行商业模式创新。戴尔、沃尔玛、Zara、Netflix 和 Ryanair 等许多公司的商业模式创新都是如此。

2. 改变企业模式

改变企业模式就是改变一个企业在产业链中的位置和角色。企业这种变化是通过垂直整合策略或出售及外包来实现的。例如,谷歌意识到大众对信息的获取已从桌面平台向移动平台转移,如果自己还只是作为桌面平台搜索引擎,将会逐渐丧失竞争力。对此,谷歌实行垂直整合,收购摩托罗拉手机和安卓移动平台操作系统,进入移动平台领域,从而通过改变了自己在产业链中的位置和角色来创新商业模式。

3. 改变产业模式

改变产业模式是一种最激进的商业模式创新。它要求企业重新定义本产业,进入或创造一个新产业。如 IBM 通过推动智能星球计划（Smart Planet Initiative）和云计算,重新整合资源,进入新领域并创造新产业,又如商业运营外包服务（Business Process Outsourcing）和综合商业变革服务（Business Transformation Services）等,力求成为企业总体商务运作的大管家。亚马逊也是如此。它向产业链上游延伸,为各类商业用户提供如物流和信息技术管理的商务运作支持服务（Business Infrastructure Services）,向商业用户开放 20 个全球货物配送中心,进入云计算领域,成为提供相关平台、软件和服务的领袖。

4. 改变技术模式

改变技术模式往往是商业模式创新的主要驱动力。企业通过突破式技术创新,实现商业模式创新。如同当年众多企业利用互联网进行商业模式创新一样,当今最具潜力的技术是云计算,它能形成诸多崭新的用户价值,为企业商业模式创新提供契机。另一项重大的创新技术是 3D 打印技术,如果一旦成熟并能商业化,它将颠覆原有的制造模式,有力地推动企业商业模式创新。

当今,美国在商业模式创新实践上居于领先地位,政府通过授予专利对商业模式创新予以鼓励与保护。传统上,商业模式创新在世界各国是不能得到专利法保护的。1998 年美国 State Street Bank & Trust Company 对 Signature Financial

第七章 战略成长路径

Group 一案判决后,商业模式在美国可以申请专利,归入商业方法(Business Method)专利类。其特点是以软件工程为基础与一定的技术有关。1999 年,美国国会在发明者保护法案中增加条款,以保护那些最初不相信其商业方法可以获取专利,而后来这些方法被其他公司申请了专利的公司。至今,商业模式创新申请专利虽然还存有争议,但有越来越多的公司在美国为其新的商业模式申请专利。不仅有美国的公司,如亚马逊、Priceline、IBM 等,而且有外国公司,如日本、法国、德国、英国、加拿大和瑞典等,商业模式专利已成为公司保护自己利益的有力武器。2003 年 5 月 27 日,美国 Virginia 州 Norfolk 地方法庭对 eBay 及其所属公司侵犯 MercExchange 两项专利的判决,eBay 的赔偿金高达 3 500 万美元。

战略聚焦

TCL:基于"双+"互联网转型战略的商业模式创新[①]

2014 年 2 月 25 日,TCL 集团发布了"智能+互联网"与"产品+服务"的"双+"新战略,以互联网思维构建新的商业模式,重新定义以用户为中心的新的价值观和愿景。这标志着 TCL 从经营产品到经营用户的重大战略转型,也意味着未来 5~10 年互联网化先锋之路正式启程。

TCL"双+"战略的核心是"抢夺入口与用户""建立产品加服务的新商业模式""以 O2O 方式重构线上线下业务,在 5 年内成为全球智能终端主流厂商:智能电视、智能手机全球前3;1 亿家庭用户 +1 亿移动用户;来自产品与服务的利润贡献各占 50%;公司价值增长超越销售收入增长,5 年实现市值超千亿"的战略目标。

"双+"战略,TCL 互联网时代转型突破

对于"双+"战略的互联网转型,TCL 认为,传统家电企业的商业模式难以为继。首先,在市场方面,需求饱和与产能过剩使企业间的价格战愈演愈烈;其次,在产业方面,硬件基础功能成熟使产品性能同质化成为消费电子产业发展的瓶颈;最后,面对互联网企业的跨界竞争,传统家电企业盈利能力遭遇挑战。基于此,TCL 决定彻底摒弃传统,引入互联网思维,实施"双+",创新商业模式。

---

① 《TCL:创新商业模式 实施"双+"互联网转型战略》,中国经济新闻网,[2014 - 02 - 27] http://www.cet.com.cn/sypd/sygs/1119036.shtml

TCL"双+"转型战略是从以经营产品为中心转向以经营用户为中心,实施"智能+互联网"与"产品+服务"双轮驱动。其中,"智能+互联网"是以互联网思维来规划极致体验的智能产品和服务,在技术和经营方面进行重大转型;同时以"产品+服务"实现互联网时代商业模式创新;最终建立满足战略转型的开放、协同、融合的业务流程和组织体系。

关于以用户为中心的核心理念,TCL表示,一方面通过用户体验驱动产品的智能化升级,为用户提供具有个性化极致体验的智能产品;另一方面驱动互联网云端发展,与用户进行有效互动,提供全流程体验服务。通过互联网、大数据和云计算,实现真正的智能化和互联网化,为用户提供优质的"产品+服务",实现产品与服务利润贡献各占50%。

5年实现1亿家庭+1亿活跃移动用户

TCL董事长、CEO李东生强调,消费电子企业互联网转型,其根本是经营用户。一切创新也好,升级也好,必须紧紧围绕用户体验和需求。在移动互联网时代,掌控入口和拥有用户两大资源是企业的核心能力。TCL的"双+"战略转型核心是切合互联网的实质。第一,实施用户入口战略。了解用户真实需求,为用户创造独特价值,并针对用户需求,开发多样化的用户入口,包括硬件、软件、服务和内容。第二,建立用户深度参与、开放互动的流程体系。通过开放、互动、平等的用户社区,引导和激励用户参与产品设计、研发、测试和评价全流程,并与用户互动、迭代和优化。第三,通过建立用户数据库,进行大数据分析用户需求、行为和习惯,为用户提供超出预期的极致体验,增强用户黏性。公司表示,针对国内外每年5 000万以上新增客户端销量,采取一系列创新将其转化为互联网信息消费的黏性粉丝,力争实现5年内"双1亿"用户群(1亿家庭+1亿活跃移动用户会员),并直接影响全球10%~15%的人群。

产品+服务,厚积薄发

TCL虽说不是互联网转型的发起者,但在行业内却最有互联网转型潜力。TCL经过多年积淀,形成了丰富的、多层次的、全系列的智能产品群,包括智能电视、智能手机、可穿戴设备、智能家居设备、系统集成接入设备、智能机顶盒(OTT)、接入附件(网卡)和智能家电等。另一方面,通过长期业务发展,TCL已初步形成欢网、全球播、IMAX家庭影院、家庭云与社区云平台、教育科技、银行支付和电商物流等服务群,具有为用户提供内容播放平台、金融服务、内容供应以及O2O业务四大服务优势,涉及人们生活的各个方面。业内人士认为,TCL将通过丰富的产品技术与广泛的服务群基础,在O2O体系的带动下,为用户提供极致的智能产品和服务,开创新的商业模式。

彻底转型,5年再造一个全新的TCL

TCL这次转型触及企业文化核心层面,公司提出全新的企业愿景、企业使命、价值观和经营策略。新愿景是"为用户提供极致体验的产品与服务,让生活更精彩";新的使命是"为用户创造价值、为员工创造机会、为股东创造效益、为社会承担责任";新的价值观是"用户至上、开放创新、合作分享、诚信尽职"。为此,TCL着力于提升技术能力、工业能力和全球化能力,强化以用户为中心的营运与服务能力。在技术、经营以及商业模式上进行彻底变革,争取5年内再造一个全新的TCL。

第二节 并购战略

一、并购战略概述

并购战略是企业将外部资源和能力内部化的一种重要方式。并购是对合并和收购的统称。合并(Mergers)是指参与企业通过所有权和经营权的有偿转移,共同组建一个新法人资格的联合体,实现资产和经营的统一,主要采用股票互换或发行新股票等方式。收购(Aquisitions)是指一家企业用现金、债券或股票等,购买其他企业部分或全部资产的产权,并承担被兼并企业债权、债务的责任和义务。如果收购方是被收购企业的管理人员,则称为管理层收购(Management Buyout,MBO),管理层收购通常是通过借债的方式获得收购所需要的资金。并购可以有效地整合社会资源,扩大经营规模,实现优势互补,但也容易造成资源分散和管理失控。

并购战略是指企业根据战略目标,通过合并或收购其他企业的全部或部分资产,以达到影响和控制被并购企业的目的。在工业经济时代,企业并购以纵向并购为主,主要是为了争夺外部资源和市场,节约交易成本,其结果是导致市场集中度越来越高,社会资源越来越集中于少数大企业。横向并购也时有发生,主要是为了分散风险和寻求新的生长点。由于企业各业务单元间缺乏必要的联结,往往造成资源分散,影响竞争力的提升。在新经济时代,知识和信息成为经济生产的核心资源,知识对企业发展的重要性日益凸显。因而,企业并购主要是围绕着获取新的知识而展开的,更加注重对外部知识资源的整合,横向并购也就成为一个重要的时代特征,这主要是基于信息化的力量。

一是信息化的发展扩大了企业的知识基础,对企业的资源和能力提出了更高的要求。因此,多元化企业比专业化企业更具有战略优势,企业需要通过横向并购,从其他企业获取新的资源和能力,并依靠扩大了的资源基础进入新的市场,发展多元事业领域。

二是信息化的发展增进了创新的规模、范围、程度和速率,打破现有的竞争规则和商业模式,危及企业的竞争优势和市场地位。因此,企业有很强的动力并购那些拥有新技术的企业。思科系统(Cisco Systems)公司每年收购8~10家资产规模在5 000万~30 000万美元的创业型小企业,成功率达50%以上。这些企业拥有极具创意的新技术、新产品和顶级的研发人员,为思科系统公司的创新提供了新的资源和动力。

三是信息化的发展为更广泛的业务创新提供了可能性,企业为了在更大范围内整合业务,更加注重对外部资源和能力的系统整合,从而促使横向并购的发展。横向并购使企业内外疆界可以像流水一样任意延展,企业进入的每一个新领域都可能是别人的潜在领地;而别人的领地也可能是它潜在的疆域。这种跨产业并购非但没有排除竞争和损害市场效率,反而有助于企业技术进步,打破进入壁垒,形成一种交叉经营、交叉竞争的格局。

甲骨文收购Sun,改变全球IT格局[①]

2009年,全球最大的数据库软件商甲骨文(Oracle)公司宣布,以每股9.5美元的价格收购太阳计算机系统(Sun)公司的普通股股

---

① 节选自《甲骨文收购Sun,改变全球IT格局》,《解放日报》,http://bank.hexun.com/2009-05-02/117293486.html

第七章 战略成长路径

权,并以现金支付。据悉,此次交易价值约为74亿美元,除去Sun的现金及债务,交易净值为56亿美元。

这是一场出人意料的收购。两周前IBM收购Snu失败,而在此前的潜在买家名单中,甲骨文并未被提及。这场收购有可能改变全球IT格局。在甲骨文宣布收购消息的同一天,Sun CEO乔纳森·舒瓦茨向全体员工发了一封电子邮件称,甲骨文对Sun的收购将使整个业界重新洗牌。甲骨文创始人兼CEO埃里森也称这一收购将改变IT业格局。显然,甲骨文收购Sun后,随之而来的一系列变化将对全球众多产业的生态环境产生重大影响。

甲骨文的野心

甲骨文是全球最大的信息管理软件及服务供应商;Sun是开放式网络计算的领导者,也是世界上最大的UNIX系统供应商。甲骨文收购Sun是一家软件公司吃硬件公司,让甲骨文的发展从量变走向质变。

回顾甲骨文的发展历史,可以看出这家以数据库起步的软件公司,每次收购都志在高远。在过去4年时间里,甲骨文花费了400亿美元,先后收购了52家软件公司。其并购原则是:吃掉每一个软件细分领域中排名靠前的公司。2005年,甲骨文成功吞下在人力资源、电力等行业中领先的仁科,打破了当时企业管理软件SAP、甲骨文和仁科三巨头的格局;2006年,甲骨文收购全球最大的CRM(客户关系管理)厂商Siebel,让全球CRM软件市场万马齐喑;随后,甲骨文又相继收购360 Commerce、Demantra、HotSip、Net4Call和Sleepycat等10多家企业,进入电信、通信和公共事业等产业以及商业智能软件、嵌入式数据库、内容管理和企业计划解决方案等领域;2008年,甲骨文收购全球中间件软件老大BEA,跨入综合解决方案供应商的行列,可与IBM抗衡。

从中不难发现,甲骨文每次收购的目的是:要么让这个竞争对手消失,要么让这个竞争对手成为自己的一部分,并挑战下一个更大的竞争对手。多年来不断并购让这家1977年成立的数据库软件公司羽翼丰满,软件产品线丰富齐全。但甲骨文不满足于做一家软件厂商,对Sun的收购透露出甲骨文更大的野心——做一个大而全的甲骨文,一个可以全方位对抗甚至超越硬件巨头和软件巨头的甲骨文。

双赢的收购

收购成功后,让人最关注的问题是:两家公司能否在此次收购中实现双赢?

收购给甲骨文带来什么？

首先，甲骨文获得Sun的硬件业务。甲骨文在硬件业务上几乎没有任何经验。甲骨文2008年曾涉足硬件业务，与惠普达成一项协议，生产对其数据库软件优化的服务器，主要是针对电信、零售和银行等行业。这次收购能形成集Sun的硬件和甲骨文的软件于一体的计算机系统。

其次，甲骨文获得Sun两个关键软件资源Java和Solaris。甲骨文发展最快的业务正是基于Sun的Java技术。Sun的Solaris操作系统是甲骨文数据库业务的主要平台。得到这两项资源，甲骨文就能为顾客提供更好的服务。值得一提的是，Java不仅是未来提高客户忠诚度的重要工具，而且能为甲骨文带来巨额收入。Java语言是Sun在计算机业最知名的品牌，在过去13年中，Sun并没有很好地开发Java的市场潜力。Java运行在8亿台PC和21亿部手机上，PC厂商和诺基亚等手机厂商都为使用Java支付版权税。据估计，市场规模高达10亿美元。

最后，根据甲骨文公布的数据，在该交易正式完成后的第一年里，Sun能为甲骨文带来至少每股0.15美元的利润增长，15亿美元的营业利润，第二年达20亿美元。

那么，这次收购又给Sun带来了什么？

Sun的最大的收获是销售能力的提高。以往，销售能力一直是Sun发展的软肋，甲骨文强大的销售团队将改变Sun的不利局面，把Sun以好的技术力量支撑的好的产品以好的价格卖出去。

不过，收购对Sun也并非全是好消息。其一，Sun花10亿美元收购曾十分看重的开源数据库MySQL，面临被甲骨文"雪藏"的命运。MySQL主要用于互联网网站，是甲骨文、微软数据库软件的竞争对手。有业内人士认为，甲骨文可能会停止MySQL开发，主推自己开发的开源数据库。但也有人认为，MySQL走的是入门级路线，甲骨文一直主打高端数据库市场，通过收购Sun，甲骨文拥有MySQL庞大的用户群，从而能在数据库软件业务上向客户提供一款入门级数据库软件。甲骨文不太可能完全放弃能与微软入门级数据库竞争的MySQL。其二，Sun担心能否融入甲骨文独特的企业文化，究竟有多少Sun的员工被裁掉？有人认为，大约要裁1万人。

改变 IT 业格局

在甲骨文前，IT 界仅有 IBM 和惠普是面向企业级用户的全业务公司，能提供服务器、存储和软件服务等业务。甲骨文通过收购特别是收购 Sun，最终跻身这一全业务公司的行列。IT 业从二虎相争变为三足鼎立。

有专家认为，暂时还形不成三足鼎立的局面。从营业额上看，IBM 是 1 036 亿美元，HP 是 1 183 亿美元，甲骨文与 Sun 加起来则是 362 亿美元，大约是前两家企业的 1/3；从利润上看，IBM 是 123 亿美元，HP 是 83 亿美元，甲骨文加 Sun 的利润不足 60 亿美元，不到 IBM 一半。从产品线上看，虽然都有服务器、管理软件及资讯服务，但其中两家有数据库，两家有中间件。

对甲骨文的攻势，IBM 和惠普也做出回应，认为并购暂时难以撼动 IT 业的竞争格局。IBM 全球副总裁 Neil Isford 表示，IBM 与甲骨文业务是有差异的，IBM 在软件方面一直强调开源的、灵活的系统。他认为在收购 Sun 后，甲骨文要面临新的战略选择：是延续专有的、封闭的原有路线，还是走向开源的、跟 IBM 一样的路线。惠普 CEO Mark Hurd 表示，尽管来自 IBM、甲骨文和思科等竞争者的挑战日益严峻，但惠普目前是全球最大的 PC 厂商、第二大服务器厂商和服务公司，"凭借强大的规模和工程实力，惠普在服务器市场的地位十分稳固"。

二、并购的类型

按照并购双方产品和产业的联系划分，并购有以下几种类型：

（一）横向并购

横向并购是指处于同一价值链环节不同企业间的并购。也就是在同一产业内提供同类产品和服务，具有相似工艺和流程的企业间的并购，如美国波音飞机制造公司与麦道飞机制造公司的合并、法国雷诺汽车制造公司与瑞典伏尔加汽车制造公司的合并等，均属于横向并购。横向并购主要有三种形式：① 产品扩张性并购，即生产相关产品企业间的并购；② 市场扩张性并购，即为了扩大地域市场对其他地区生产同类产品企业的并购；③ 纯粹并购，即在生产经营上没有关联产品或服务的企业间的并购。横向并购提高了市场集中度，使企业能迅速扩大生产规模，提高市场占有率，增强竞争力和盈利能力。

（二）纵向并购

纵向并购是指处于同一价值链不同环节企业间的并购。也就是在同一产业内处于相互关联的不同生产阶段的企业间的并购，这实际上是一种纵向一体化战略。纵向并购可以扩大经营规模，加强对供应链的控制，节约因合约不完全而产生的交易费用。

（三）混合并购

混合并购是指处于不同产业且无明显技术经济联系的企业间的并购。在工业经济时代，跨产业的混合并购主要是为了分散风险和寻求新的生长点。但由于企业各业务单元间缺乏必要的联结，往往造成资源分散，影响竞争力提升。在新经济时代，信息化的力量使得越来越多的企业倾向于跨产业的混合并购，以灵活应对技术和市场快速变化的要求，从而促使企业多元化的发展。

三、并购战略的动因

（一）获取新的资源和能力

并购是企业扩张的一种重要方式。通过并购，企业可以从被并购企业那里获得所需要的关键性资源，包括技术、人才、品牌、渠道和顾客关系等，在短期内迅速弥补自身资源的不足。企业尽管也可以通过自身发展来积累这些资源，但需要较长的时间和较高的投入，在瞬息万变的环境下，有可能失去难得的市场机会。

（二）扩大经营规模和范围

信息化的发展为更广泛的业务创新提供了可能性，企业更加注重对外部资源和能力的系统整合。以并购的方式扩张，企业可以有效地利用被并购企业的资源和能力，迅速扩大经营规模和范围：利用被并购企业的生产能力，迅速扩大生产规模；利用被并购企业的相关产品，拓展产品线；利用被并购企业的市场资源（品牌、渠道等），进入新的市场；利用被并购企业的产业资源，跨越进入壁垒，发展多元化经营。特别是在跨国经营中，企业经常运用并购战略，利用东道国企业的生产能力、渠道网络、客户关系和经验等资源，规避东道国法律和政策的限制，快速进入东道国市场。

（三）增强市场支配力量

通过横向并购，企业可以获得竞争对手的资源，迅速提高市场占有率；通过纵向并购，企业可以加强对供应链的控制，将研发、生产和销售等关键环节纳入控制范围。更重要的是，并购可以减少市场上的竞争对手，提高市场集中度，增强企业的市场支配力量。

（四）追求协同效应

并购战略可以使企业获得协同效应，具体表现为：

（1）生产协同效应。通过并购，企业按分工、专业化原则，重组生产流程，增强各环节衔接，提高生产效率。

（2）经营协同效应。通过并购，企业可以重组研发、采购和营销等系统，提高技术、人才和市场等资源的共享性。

（3）管理协同效应。通过并购，企业可以重组管理系统，精简管理机构、管理层次和管理人员，分享管理技术、管理方法和管理经验，提高管理效率。

（4）财务协同效应。通过并购，企业可以重组财务系统和平台，加强对资金的统一调度，提高投融资能力和资金利用率，降低财务成本。

（5）风险协同效应。通过并购，企业扩大了经营规模和范围，可以明显地增强抵御风险的能力。

（五）节约交易成本

市场和企业是两种不同的组织劳动分工方式，形成两种不同的交易方式，具有不同的交易成本。一般而言，在信息不对称条件下，市场交易费用比企业内部交易费用更高。通过并购将企业间的复杂的市场交易活动转化为企业内部交易活动，可以在很大程度上消除因信息不对称所带来的风险，降低交易费用。在新经济时代，信息化的发展在很大程度上降低了信息不对称的程度，但不可能完全消除信息不对称的现象。因此，只要市场交易费用高于企业内部交易费用，企业的并购扩张行为就一定会延续下去。

此外，企业并购动因还有发现企业潜在价值、快速进入国际市场和合理避税等，但上述五种动因是最主要的。

四、并购战略的应用

并购是一种企业成长的重要路径。从实际情况看，企业并购的失败率很高。研究表明，完全失败的并购大概占35%，不太成功的占40%，真正成功的只占

17%。麦肯锡公司2003年的研究发现，并购成功的比例只有23%，而失败的比例却高达61%。对不同类型的并购：当企业收购小公司时，成功机会大约为45%；当企业收购规模很大且从事不相关行业的大公司时，成功比率仅为14%。美国的统计也表明，大约有50%~80%的并购都出现令人沮丧的财务状况。并购带来的益处很少有期望的那么大，很难达到预期目标。因此，实施并购战略不仅要有缜密的计划，而且要有有力的保障措施。

（一）明确并购的目的和原则

并购是企业的一项重大战略抉择和行动，不仅关系到企业发展方向的调整，而且关系到企业资源的重新配置。因此，企业在选择和实施并购战略时，首先要明确并购的目的，究竟是为了获取新的资源和能力、扩大经营规模和范围、增强市场支配力量，还是为了追求协同效应、降低交易费用等；否则，就容易迷失方向，不但不能有助于企业的成长，而且会浪费宝贵的资源，成为企业发展的负担。为了提高企业并购的成功率，著名管理学家杜拉克提出了五项原则：

第一，并购企业必须能为被并购企业作出贡献。并购企业只有考虑了它能为被并购企业作出什么贡献，而不是被并购企业能为它作出什么贡献时，并购才有可能获得成功。贡献可以是多方面的，包括技术、管理技能和销售能力等，而不仅仅是资金。

第二，企业要想通过并购来成功地开展多种经营，需要有一个团结的核心和共同的语言，从而将它们合成一个整体。也就是说，发生并购的企业之间在文化上要能够整合，有共同的文化基础，至少有一定的联系。

第三，并购双方必须情投意合。并购企业应尊重被并购企业的员工、产品、市场和消费者。

第四，并购企业必须能够为被并购企业提供高层管理人员，重组被并购企业，改善管理。

第五，在并购第一年内，要让双方管理人员大部分得到晋升，使双方管理人员相信，并购给公司带来了机会。

（二）选择并购的目标企业

通常，企业在并购过程中选择目标企业，应遵循以下几个原则：

1. 与并购企业战略目标一致性

并购有不同的战略目标：或是获取新的资源和能力；或是扩大经营规模和范围；或是增强市场支配力量；或是追求协同效应；或是节约交易成本。因此，企业并购需要根据其战略目标及目标企业特征，选择不同的并购对象。

2. 并购双方的关联程度

横向并购、纵向并购与混合并购对产业关联性的要求是不同的。通常情况下，企业由于受资源条件限制，首先会在产业内选择那些产品和服务相同或相近的目标企业进行横向并购，扩张经营规模；在具备了一定实力后，企业会选择那些业务关联性强的目标企业进行纵向并购，向供应链上下游延伸，强化对供应链的控制力；而当整个产业盈利水平下降，产业内并购难以获得更高的增长时，企业会选择那些具有更高盈利水平的产业进行混合并购，发展多元化经营特别是相关多元化经营。在这一过程中，具有关联度的企业间并购往往能更好地获取规模经济和范围经济，降低学习成本和投资风险。

3. 并购企业的资源和能力

并购企业需要具备相应的资源和能力，不但需要拥有从事并购的资金和融资渠道，而且需要具有整合目标企业和改善目标企业经营业绩的能力。

4. 并购双方的融合性

企业并购会对目标企业产生相当大的冲击，这不但表现在对目标企业利益相关者特别是管理人员和股东利益的影响，而且表现在对目标企业组织文化的影响。目标企业是否能接受并购企业的组织文化，双方组织文化是否能相互融合，是并购成败的关键。

5. 目标企业的盈利潜力

对于并购企业，通常会选择具有盈利潜力的企业作为目标企业，这些企业有可能是管理上的原因、资金上的原因，也有可能是战略方向和业务领域调整的原因等，造成经营上的困难或需要出售部分资产。并购这些企业不仅价格较低，而且并购企业投入相应的技术、管理和资金等资源，就能在短期内获得较高的收益。

（三）选择并购的方式

一般而言，企业并购目的不同，资源条件不同，选择并购方式也不同。并购方式主要有：

(1) 整体并购：受让目标企业整体资产和产权。

(2) 部分并购：受让目标企业部分资产和产权。

(3) 控股并购：为获得目标企业的控股股权。

(4) 股权转让：根据股权协议价格，受让目标企业全部或部分股权，以获得目标企业控制权。

(5) 资产置换：企业用一定价值的资产置换被并购企业的等值资产。

(四) 尽职调查

许多企业并购失败的主要原因是事先没有对被并购企业进行深入调查，不完全了解被并购企业的情况，以至于为并购留下一些重大隐患。尽职调查就是为了避免企业并购的盲目性，它是并购过程中一个重要的环节，主要包括产业、法律、运营和财务等方面。

1. 产业分析

通过对被并购企业所处产业的状况以及对其发展影响的分析，判断并购是否与企业战略目标一致，能否增强企业实力并获得良好收益。

(1) 产业总体状况分析。产业总体状况分析包括该产业所处的生命周期阶段、在国民经济中的地位和国家产业政策等。大多数产业都有一个从幼稚期、成长期、成熟期到衰退期的生命周期。一个产业处于生命周期的阶段不同，发展状况不同，对企业发展的影响也不同。如果一个产业处于幼稚期，发展前景不明，企业发展不确定性高；如果一个产业处于成长期，有较好的成长性，企业会有较好的发展前景；如果一个产业处于成熟期后期或衰退期，发展空间缩小，企业发展会受到很大限制。各产业在国民经济中处于不同的地位，一些支柱产业或战略产业对国民经济发展具有重要作用，会得到国家政策支持，企业也能从中受益。

(2) 市场结构分析。市场结构主要有完全垄断、寡头垄断、垄断竞争和完全竞争四种类型。不同的市场结构决定了企业面临着不同的竞争类型与竞争压力。

(3) 产业结构分析。任何一个企业都面临着五种竞争力量：潜在进入者、替代品生产者、供应者、购买者和产业内竞争者，产业结构对企业经营环境和利润水平有明显的影响。

(4) 产业内战略集团分析。任何一个企业都归属某一战略集团，各战略集团的位置以及相互关系对竞争会产生实质性的影响。企业如果所属的战略集团以及在战略集团内所处的位置有利，就有较大的发展潜力并获得较高盈利。

2. 法律分析

（1）审查公司组织和章程。被并购企业在组织和章程上是否对兼并、收购和资产出售等行为认可及有相关规定，包括投票权及其他限制。

（2）审查公司财产。包括财产清册、财产所有权、投保状况以及租赁资产合约条件等。

（3）审查公司合约。审查被并购企业授权使用或授权他人使用的商标、专利，以及租赁、代理、担保等重要合约，并注意在被并购企业控制权转移后这些合约是否继续有效。

（4）审查公司债务。对被并购企业的债务进行审查，注意偿还期限、利率及债权人限制条件。

（5）审查诉讼案件。审查对被并购企业以往或正进行的诉讼案件，特别是对企业经营有重大影响的诉讼案件。

3. 经营分析

（1）运营状况。调查分析被并购企业近几年的经营状况，包括利润、销售额和市场占有率等变化趋势，并对今后运营状况做出预测。

（2）管理状况。调查分析被并购企业的管理风格、管理制度、管理能力和营销能力等，判断并购后能否与企业融合。

（3）重要资源。调查分析被并购企业在人才、技术、设备和无形资产等方面的资源，这是形成企业价值的一个重要方面。

4. 财务分析

分析被并购企业提供的财务报表是否真实，重点是资产、负债和税款等。对资产的审查主要有：各项资产所有权是否属于被并购企业；资产计价是否合理；应收账款可收回性；有无提取足额的坏账准备金；存货损耗状况；无形资产价值评估是否合理等。对负债的审查，主要是有无漏列的负债以及还款期等。

（五）评估企业实力

在并购过程中，并购企业不仅需要在并购交易时支付大量资金，而且需要在并购后企业整合中投入大量资源。这就要求企业拥有充足的现金流、融资渠道和经营资源。否则，就有可能导致并购企业财务状况恶化和并购行为的失败。

（六）并购后整合

并购尽管使双方企业在法律、资产和组织上融合为一体，但在产品、业务、市场和组织等方面有可能出现大量的交叉、重叠且缺乏相互关联。如不加以整合，那就会造成资源配置低效。另外，并购尤其是敌意并购有可能引起目标企业的震荡，导致技术人才、管理人才和重要客户等资源流失，从而大大降低了目标企业价值，甚至与并购方的初衷相悖。通过整合可以消除由并购带来的一些不稳定因素，从这一意义上说，并购成功与否在很大程度上取决于是否有效整合。

大多数企业都拥有一定历史渊源的独特组织文化。在并购过程中，不同的组织文化会发生冲突。如果处理不当，就有可能导致并购失败。许多企业并购失败的主要原因是双方在组织文化上存有过大的差异，而且不能很好地融合。目前，国际上判断企业并购成功与否的一个重要标准，是看并购双方在组织文化上能否融合。据统计，在全球范围内资产重组的成功率只有43%左右，在那些失败的重组案例中，80%以上直接或间接地与组织文化整合失败有关。由此可见，组织文化整合对企业成功并购的重要作用。组织文化整合很难用统一的、规范的方法，需要有高超的管理艺术。企业应根据并购双方组织文化的差异程度及控制能力，采取不同的文化整合模式。

一是吸纳式文化整合。吸纳式文化整合是指被并购方完全放弃原有的价值理念和行为准则，全盘接受并购方的组织文化。这是一种强文化取代弱文化的模式：并购方拥有控制权和优秀的组织文化，并能被被并购方员工认同。1990年代，青岛海尔集团在全国收购16家企业的过程中，高度重视组织文化的作用，将其管理和文化注入被并购企业。这种自上而下的文化整合模式，对被并购方员工会产生很大的冲击。

二是渗透式文化整合。渗透式文化整合是指并购双方在组织文化上相互渗透、相互补充、相互融合而形成一种新的组织文化。在这一模式下，并购双方的组织文化尽管存在差异，但总体上都属于优秀文化，且彼此相互认可和欣赏。基于此，并购一方有目的地吸纳另一方优秀文化，寻求不同文化间的共同点，构建新的组织文化。当并购发生在相关产业时，企业通常可选择这一整合模式，并购双方保留各自组织文化的精华，并从另一方组织文化中汲取养分。

三是分离式文化整合。分离式文化整合是并购双方基本不改变原有的组织文化，保持相对独立。这种模式的前提是并购双方均有优秀的强组织文化，被并购方员工不愿意改变原有的组织文化，而且双方在生产经营上保持相对独立，不会因文化不一致而产生明显冲突。在跨国并购中，不同国家企业文化差异大，采用这种模式较为普遍。美国通用电气公司控股日本五十铃公司时，并没有向五十铃公司输入自己的文化，而是采用文化隔离的方式，避免可能发生的冲突。当并购发生在不相关产业或跨国别时，企业通常可选择这一整合模式。

四是文化消亡式整合。文化消亡式整合是被并购方既不接纳并购方的组织文化，又放弃自己原有的组织文化，处于一种文化迷茫状态。这是一种强文化对弱文化的整合。

第三节 战略联盟

一、战略联盟（Strategic Alliance）概述

战略联盟是企业整合外部资源和能力的一种重要方式。它是两个及以上的企业为了达到共同的战略目标，通过股权或非股权投资而建立的长期稳定的合作关系，形成一种利益共享、风险共担的机制。股权投资是指企业通过共同投资（可以是货币资金、无形资产和其他实物资产等形式）而建立的合作关系。非股权投资是指企业通过签订有关合约而建立的合作关系，这种投资方式已成为当代国际资本流动的一个主要形式。战略联盟是一种介于企业与市场间的组织形式，既可以表现为一种关系紧密的组织实体如合资企业，也可以表现为一种关系松散的契约性协议如特许经营等。

企业间结成战略联盟主要有两种情况：一种是同类企业结成战略联盟，也就是所谓的横向整合，如IBM、诺基亚、摩托罗拉和高通等公司为WAP无线接入

新一代标准而结成的联盟。另一种是供应链上下游企业间结成战略联盟，也就是所谓的纵向联盟，如英特尔公司与个人电脑公司结成的联盟。企业间结成战略联盟主要为了实现优势互补，降低技术和市场风险。

在新经济时代，许多企业结成广泛的战略联盟，与其他企业在优势环节上展开合作，构建一种开放性的生产经营体系，以获得合作伙伴的互补性资产，追求在更大范围内优化资源配置。特别是信息化、全球化和服务化的发展极大地拓展了企业的发展空间，对企业的资源和能力也提出了更高的要求，企业不可能完全凭借自身力量应对日益复杂的市场和环境，需要通过战略联盟合作来获取更多的资源和能力，实现优势互补。因此，企业更关注发展合作关系。如果把每个企业看成是一个子系统，那么企业注重的是寻求子系统间的整合，构造更高层次的系统，获取资源位和能级的提升。战略联盟也就成为当今企业获得外部资源和能力、拓展发展空间的主要方式。有越来越多的企业以战略联盟的方式，获取进入新市场的相关资源和能力，对技术、业务、产品和市场等进行系统整合：横向整合其他产业企业和纵向整合供应链，从而使企业之间由原有的竞争关系转变为新的竞合关系。因为，企业的资源和能力总是有限的，通常只能在价值链的某些环节占有优势，不可能拥有覆盖整个价值链的资源和能力。大多数企业正经历着一个从专业化经营到多元化经营再到围绕核心能力经营（归核化）的转变过程。企业在致力于发挥核心能力，成为某一领域市场领导者的同时，更加注重与其他企业的联系和合作。例如，波音公司制造的 B747 客机有 450 万个零部件，分别由美、英等 6 个国家 11 000 家大企业和 15 000 家中小企业合作生产。

在现实经济中，战略联盟通常以一种更为灵活和宽泛的形式出现，也就是所谓的业务外包。在业务外包中，合作企业既接受其他企业的服务又为其他企业提供服务，形成包括供应商、制造商、中间商、消费者，甚至竞争者在内的规模巨大的合作网络，从而使企业突破了固有的组织边界，更加灵活和富有效率。竞争优势也不只是来自企业内部的核心能力，而是更多地来自将效率、利益扩散到包括供应商、中间商和消费者等在内的整个供应链系统。当然，这种外包合约比传统合约复杂得多，涉及独特技术能力与业务流程的创新和长期安排。

第七章 战略成长路径

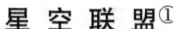

星空联盟[①]

目前,世界上主要航空公司组成三大战略联盟:星空联盟、天合联盟和寰宇一家。星空联盟(Star Alliance)1997年由加拿大航空公司、德国汉莎航空公司、北欧航空公司、泰国国际航空公司和美国联合航空公司发起组建。至2014年,已拥有28家正式成员,航线涵盖192个国家的1 330个机场,每年客流量超过6.4亿人次,为乘客提供航空旅行服务。

星空联盟公司主要采取扩大代码共享规模、常旅客计划的点数分享、航线分布网的串联与飞行时间表的协调、各地机场的服务柜台与贵宾室共享、共同执行形象提升活动等合作方式,通过联购联销、共同燃油战略、机队协调、协同定位及统一信息技术平台等,为成员公司降低了运营成本,带来了巨大收益。

星空联盟为顾客提供了更多的利益:① 超值通票和特惠机票,如环球票、环亚洲通票;② 通程登机一站式服务:航班不正常时乘客可以最快时间地签转;③ 乘客行李发生错运、漏运时可在第一时间找回;④ 乘客搭乘联盟内任何一家航空公司的航班,都可积攒和兑换里程积分;⑤ 金卡会员优先办理登机手续权(享用专门的值机柜台办理登记手续)、优先机场候补权(如在到达机场前未作预订,可优先候补座位)、优先候补权(在航班预订已满时,享受优先候补座位权)、优先提取行李(可在联盟内优先提取行李)、增加托运行李额度(额外免费享受一件行李的托运)、航班时刻协调(各成员公司通过协调航班进出港时间,降低旅客候机时间);⑥ 享受全球超过990个机场贵宾休息室,从而极大地提升了联盟公司的竞争力。

二、战略联盟的类型

从总体上看,战略联盟可以分为两大类型:一类是股权参与,如合资、相互持股等;另一类是非股权参与或契约式,如研发协议、定牌生产和特许经营等。其特征见表7-1。

[①] 节选自《星空聪明》,[2016-02-12] http://baike.baidu.com/link?url=HlXkNVOtD4JtoZZIlthxDKG2-DsQI2F50qRf-NQ2FM1BNT_ Z7_ A0IuaIX0y0GnX87dILL9JQL8pN48UCrxFD8YAa

表7-1 合资式与契约式战略联盟特征比较

	合　　资	契　　约
联盟实体	组成具有法人地位的经济实体，对资源配置、出资比例、组织结构和利益分配均有严格的规定	无须组成经济实体，组织松散，协议本身在某种意义上只是一种"意向备忘录"，约束力较小
联盟地位	合作方按出资比例拥有不同的地位和合资企业控制权	合作方处于一种平等地位，各自保持经营的相对独立性
利益分配	合作方按出资的比例分配经营收益	企业按其承担的工作获得相应的利益
联盟风险	初始投入较大，转置成本较高，政策限制较严，灵活性较差，风险较高	投入较小，灵活性强，可以规避政策限制
联盟效率	企业合作紧密，知识交互流畅，效率较高，联盟组织具有稳定性和持久性	企业合作松散，知识交流不畅，效率较低，联盟组织缺乏稳定性和持久性

（一）合资

合资是指由两家及以上企业共同出资成立新的企业，出资方分别拥有部分股权或控制权，共担风险、共享收益。合资是一种紧密型的合作关系，合作方将各自的优势资源投入合资企业，形成优势互补效应，从而能够获得单一企业不能产生的效益。

（二）研发协议

研发协议是指为研发某种新技术、新产品而建立的合作关系。合作方通过签订联发协议，汇集各方优势，以加快研发速度，提高成功概率，降低研发成本和风险。

（三）定牌生产

定牌生产是指卖方按买方的要求生产产品，并在产品或包装上标明指定的商标和品牌。如一方拥有知名品牌但生产力不足，另一方生产能力剩余，则可以定牌生产方式，建立合作关系。生产方可以充分利用闲置生产能力，提高收益；品牌拥有方可以避免投资所承担的风险。

（四）特许经营

特许经营是指特许方将其拥有的商标、品牌、产品、专利、专有技术和经营模式等，以特许经营合同的形式授予受许方使用；受许方按合同规定，在特许方统一的业务模式下从事经营活动，并向特许方支付特许费用。在这一模式下，特许方可以通过特许权增加收益，加强对无形资产的保护；受许方则可以利用特许方的无形资产，扩大销售，提高收益。

（五）相互持股

相互持股是指合作方相互持有对方少数股份而建立起一种长期合作关系，使双方合作关系更加紧密。

三、战略联盟的动因

（一）获取新的资源和能力

在成长过程中，企业拥有的资源和能力与战略需要之间往往存在缺口，影响战略实施和绩效。但如果仅靠内部积累这些短缺的资源，通常需要较长的时间和过程。面对快速多变的环境，企业有可能丧失市场先机，在竞争中处于不利的地位。通过战略联盟，企业可以迅速地从合作伙伴那里获得互补资产。因此，企业的战略性资源缺口越大，参加战略联盟的动力也就越强。

在新经济时代，知识资源对企业战略具有特别重要的意义，而大量的知识、专利掌握在小企业和个人手中，具有碎片化的特征。因此，通过战略联盟，企业间的相互学习和知识交流就显得非常重要。它是合作双方获得互补性资产和知识创新的重要路径。这种学习实际上是一个加速知识转移的过程。特别是一些关键的隐性知识，需要合作企业间形成一种相互信任的密切交流关系，才能克服学习上的障碍。

（二）降低技术与市场风险

随着新技术革命的兴起，技术发展速度越来越快，复杂程度越来越高，涉及更广泛的知识领域。例如，航天技术的发展涉及推进技术、新材料技术和计算流体力学等多学科知识，而计算流体力学又需要流体力学、流体物理、数学和计算机科学等学科的相应发展。显然，任何一项新技术的发展都离不开相关技术支撑，相关技术发展得越快，越成熟，技术创新成功的可能性就越大。不仅如此，任何一项成功的新技术产品开发不但涉及技术领域的创新，而且涉及市场领域的创新。只有成功地开发新产品市场，才能最终体现新产品价值，完成技术创新的全部过程。因此在技术创新过程中，企业不仅要承担技术创新风险，而且要承担市场开发风险。大多数情况下，市场开发风险要远远高于技术创新风险。有研究表明，新产品研发的成功概率只有60%左右，而新产品市场开发的成功概率只有40%左右，大量新产品因市场开发失败而夭折。

任何一个企业都不可能具备创新所需要的全部知识，包括技术创新知识和市场开发知识，具有很高的风险。战略联盟通过企业间的优势互补，拓宽了企业的知识基础，使得那些积累薄弱的知识领域得到加强，有利于提高创新成功的概率。另一方面，创新由多家企业合作，创新成本也由多家企业共同承担，能大幅降低单个企业承担的技术创新和市场开发的成本。

(三) 增强竞争优势

传统上，企业竞争在市场上表现为不同品牌间、不同产品间的竞争，而支撑品牌与产品竞争的是企业的资源和能力。在战略联盟条件下，多家企业联合从事研发、生产或销售等，支撑品牌和产品竞争的就不再是单个企业的资源和能力，而是集合了多家联盟企业的资源和能力。这就使得单个企业间的竞争演变为企业群间的竞争，从而大大增加了竞争的强度。企业通过战略联盟能相互借助合作伙伴的资源和能力，增强竞争优势，在竞争中处于有利地位。

(四) 适应市场快速变化

企业通过战略联盟可以构建起平行交叉的合作网络，从合作伙伴那里获得大量互补性资产，从而极大地扩展了企业的资源和能力。而且，战略联盟主要采取合资或契约的方式来整合社会资源，其组织结构和关系简单、灵活，既不需要大规模投资，也不会形成大量沉没成本。企业可以根据市场变化，灵活地调整合作网络，迅速组织新产品的研发、生产和销售，快速进入新市场。

四、战略联盟的构建

(一) 具有共同目标

联盟企业间能否达成共同目标是战略联盟能否成功的前提条件。如果联盟企业间的目标不一致，那就不可能达成一致的意见和行动，也就不可能取得预期的效果。因此，在构建战略联盟时，企业应该充分考虑与合作伙伴在目标上的一致性，而且目标要有柔性，能够根据环境变化进行调整。

(二) 建立相互信任

相互信任是战略联盟成功的基础。如果联盟企业不能相互信任，那么战略联盟就很难建立，即使建立也难以维持。这种信任主要包括契约式信任、能力信任和信誉信任。契约式信任是相信合作方能遵守诺言，按照协议执行；能力信任是相信合作方能够兑现承诺；信誉信任是相信合作方能对双方关系负责。

(三) 形成优势互补

企业间结成战略联盟主要是为了从合作伙伴那里获得互补性资产，形成优势互补。因此，优势互补是达成战略联盟的关键。这种优势互补主要是通过合作伙伴间的相互学习和知识交流来实现的。从这一意义上说，战略联盟实际上是一个加速知识转移的过程。这就要求合作双方都处于一种对称的地位，即双方都拥有对方不拥有的资源和能力，形成一种对称的学习模式。在对称的学习模式中，知识交流是双向的，合作双方是对等的，具有相同的学习目标。换言之，合作双方都能从学习中得到收获，这是战略联盟建立和稳固的基础。如果合作双方处于一种不对称的地位，那就会形成一种不对称的学习模式。在不对称的学习模式中，知识交流是单向的，合作方是不对等的，学习目标也不相同。对于被学习方，处于一种知识溢出状态，面临内部隐性知识流失，合作伙伴滥用知识，培育潜在竞争对手等风险。对于学习方，尽管处于一种知识流入状态，却面临着被学习方夸大知识价值而付出高昂代价的风险。这就导致战略联盟有解体的可能。

(四) 选择战略伙伴

战略联盟通常由多个伙伴组成。随着合作伙伴数量的增多，合作关系会更加复杂，合作形式会更加多样，合作范围会更加广泛。因此，在构建战略联盟过程中，对战略伙伴的选择也就显得非常重要。有研究表明，战略联盟失败的原因70%是伙伴选择的问题。选择战略伙伴的主要标准是：兼容性、资源和能力、承诺。兼容性是指合作企业在组织文化上有相似性和相容性，它是合作的前提；资源和能力是指合作伙伴拥有互补性资产，它是合作的基础；承诺是指合作企业具有良好的信誉，它是合作成功的保证。

(五) 有效的组织形式与制度

战略联盟可以采取实体组织形式，也可以采取网络组织、虚拟组织等形式。企业应根据目标任务，灵活调整战略伙伴间的关系和组织形式，并使组织结构富有弹性，能更好地适应外部环境变化。由于组成联盟的企业各自有不同的管理体制，在管理上就比较复杂，既不能完全采用市场机制，也不能完全采用内部行政管理方法。因此，制度设计也就显得尤为重要，需要制定一个相互间权利和义务的协定以及协商机制。特别是联盟组织的控制权关系到合作方的核心利益，应当事先明确。一般而言，在控制权（股权）不对等的情况下，联盟组织的决策效率较高。在控制权（股权）对等的情况下，联盟组织的决策协商过程比较艰难，但一旦做出决策，就会得到较好的执行，因为合作双方都具有相同的责任和谈判地位，能兼顾各方利益。究竟采取何种形式，主要取决于合作双方的目的、动机和地位。据调查，美国企业经理比欧洲和亚洲企业经理更担心失去对联盟的控制权，多倾向于避免双方对等股权的合资项目。

(六) 建立有效的沟通机制

沟通实际上是一种信息交互行为和过程。建立有效的沟通机制对联盟组织实现预期目标、提高效率和增强稳定性具有重要的作用。

(1) 建立高效的沟通渠道，包括正式沟通渠道，即在组织中依据规章制度而建立的沟通渠道，也包括非正式沟通渠道，即以社会关系为基础的沟通渠道，保证信息在组织内能及时、有效地传递，消除信息时滞和漏损等现象。

(2) 建立高效的沟通方式，包括定期交流会议、情报合作系统等。

(3) 建立高效的反馈机制，使合作双方都能充分表达自己的意见。

(4) 建立高效管理信息系统，利用互联网和计算机技术，建立信息技术架构，提高沟通效率。

(七) 有效的冲突管理

在战略联盟中，合作伙伴间难免会因存在目标、路径、利益、制度和价值观等方面的差异而产生冲突，关键是如何管理这些冲突。冲突既有正面效应，也有负面效应。从正面效应看，冲突能使企业对重大事项的决策考虑得更加周全，避免决策失误；形成竞争机制，使组织更具有活力。从负面效应看，冲突如果管理不当，就有可能导致无序和混乱，影响工作效率和联盟的稳定性。

（八）强化风险控制

战略联盟也有风险，即合作者的机会主义行为。在许多情况下，联盟企业间的学习和知识交流不仅与合作方的学习能力、知识关联性等因素相关，而且在很大程度上与合作方所处的竞争关系和知识交流密切程度相关，从而产生学习效率上的差异。如果合作方在市场上构成竞争关系，那么这种学习属于一种竞争性学习模式，合作方相互间会形成学习竞赛，谁能迅速将对方知识化为己有，谁就能获得竞争优势。显然在竞争性学习模式下，合作方相互信任度较低，会造成知识交流上的障碍。如果合作方在市场上不直接构成竞争关系，那么这种学习属于一种非竞争性学习模式，合作方不存在学习竞赛，具有较高的信任度，有利于知识传播，结果很可能使合作方都得到显著收获。另外，随着时间的推移，战略伙伴间的谈判地位和竞争地位会发生变化，打破原有的均衡，增加战略联盟的风险。例如，在合资企业中，外方合资者对本地重要知识和资源的获取，改变了合资双方的相互依赖程度，破坏了双方在谈判地位上的均衡，从而有可能导致联盟的解体。

第四节 战略整合

一、战略整合（Strategy Integration）概述

随着经营规模和范围的扩大，企业结构会变得越来越复杂，有可能产生结构性失衡；发展方向也有可能变得不清晰，甚至偏离原有的战略目标。这就需要通过战略整合来调整经营结构和把握战略方向。战略整合就是根据战略目标，对企业资源、产品、市场、价值链、业务流程、组织结构和组织文化等进行结构性重组。战略整合的关键是：引入新的变量，优化经营结构，创造新的价值。从本质上说，战略整合就是用知识和信息整合传统生产要素，用高流动性的信息资源重组低流动性的物质资源。

战略整合可分为纵向整合（Vertical Integration）和横向整合（Horizontal Integration）。纵向整合又称垂直整合，是指企业对内部价值链和外部供应链进行

重组，其目的是优化价值链和增强供应链控制力。横向整合又称水平整合，是指企业对不同业务单元进行重组，统一目标和政策，其目的是在不同业务单元间建立起关联，形成协同效应。

在新经济时代，信息化的发展打破了传统上的企业边界和业务边界，形成一种相互渗透、相互交叉的格局，为企业谋求更广泛的创新提供了可能性。战略整合也就不再局限于企业内部各业务单元间的整合，而是延伸到企业外部，从更广的范围和更深的程度对企业合作网络进行整合，增强战略协同效应，以改善面向终端客户以及供应商、制造商和中间商在内的整个供应链系统的经营绩效。

战略整合主要目的是为了获取协同效应。协同效应又称增效作用，原本为一种物理化学现象，指两种及以上的组分相加或调配在一起，产生的作用大于各组分单独应用时作用的总和，其中对混合物产生这种效果的物质称为增效剂。1971年，德国物理学家赫尔曼·哈肯（Hermann Haken）提出协同的概念，并在1976年系统地论述了协同理论，发表了《协同学导论》等著作，认为整个环境中的各个系统间存在着相互影响而又相互合作的关系。

一个企业也可以看作是一个协同系统。在企业系统内的不同单位间存在相互配合与协作关系，也存在相互干扰和制约。协同是通过各业务单元的相互协作，共享特定的业务活动和资源而产生的整体效应。这种整体效应大于各个独立组成部分的总和。

1960年代，美国战略管理学家安索夫将协同概念引入管理学领域，协同理论成为企业采取多元化战略的理论基础和重要依据。安索夫在《公司战略》一书中认为，协同战略可以像纽带一样把公司多元化的业务联结起来，即企业通过寻求合理的销售、运营、投资与管理战略安排，可以有效配置生产要素、业务单元与环境条件，实现一种类似报酬递增的协同效应，使公司更加充分地利用优势，开拓新的发展空间。多元化战略的协同效应主要表现为：通过人力、设备、资金、知识、技能、关系和品牌等资源共享，降低生产成本，分散市场风险，实现规模效益。安德鲁·坎贝尔（Andrew Campbell）在《战略协同》一书中指出："当从公司一个部分中积累的资源可以被同时且无成本地应用于公司的其他部分的时候，协同效应就发生了"。蒂姆·欣德尔（Tim Hindle）认为，企业可以通过共享技能、共享有形资源、协调的战略、垂直整合、与供应商的谈判和联合力

第七章 战略成长路径

量等方式实现协同。哈佛大学教授莫斯·坎特（R. Moss Kanter）甚至指出：多元化公司存在的唯一理由就是获取协同效应。

协同效应分为外部和内部两种情况。外部协同是指一个集群中的企业由于相互协作共享业务活动和特定资源，因而比单独运作的企业能获得更高的盈利能力；内部协同则指企业内研发、生产、管理和营销等价值链不同环节共同利用同一资源而产生的整体效应。协同效应可以为企业创造出明显的竞争优势。

战略聚焦

美国电报电话公司的战略整合[①]

1995年，美国电报电话公司（AT&T）宣布退出个人电脑生产领域，将公司拆分为三个独立的公司：通信服务公司、通信设备公司和计算机信息服务公司。AT&T自从1984年被政府反垄断机构分解后，一直从事多元化经营，避免在单一业务领域内形成过高的集中度。十几年来，AT&T的业务跨越十多个产业，包罗万象。由于各部门只关注和强调自身的发展，相互间时有冲突，致使AT&T的核心业务——通信服务无法适应新技术的发展。

1994年，美国国会通过了放松电信业管制的立法，允许长途电话公司进入地区电话业务、移动通信、有线电视和其他传播服务领域。为了发挥通信服务技术优势，增强网络信息服务市场竞争力，AT&T决心摆脱非相关业务的掣肘，重点发展核心业务，把竞争力较弱的个人电脑生产和通信设备生产分离出去，只保留通信服务作为核心业务。下属通信设备公司按专业化确定经营范围，甚至不惜把业务金额高达30亿~40亿美元的电脑系统运作和系统管理承包给IBM公司，以集中资源研制通信设备。

1998年，AT&T与英国电信公司合资建立国际通信服务公司，拓展通信服务国际市场。1998年7月，AT&T公司收购TCI公司，进入闭路电视、计算机网络服务和移动通信业务领域，并在地区电话通信服务、网络服务和闭路电视服务业务领域实现一网三用，最大限度地提高了信息传输技术和网络的资源共享。通过战略整合，AT&T公司最终形成外向国际通信、内向地区通信、网络服务的经营体系。

[①] 节选自《归核化战略》，［2016-01-25］http：//baike.baidu.com/link?url=sQfP6WRb3xeYJPBwVn8rA-cTX9CI5OfOxf5-zvchMhkBYSithWU4LNNp9257xtNQDQ0-A0Yc8EJwzhugo254maa

二、战略整合的模型

在新经济时代，企业是一个开放的系统。战略整合不仅涉及内部各部门和环节，而且涉及外部供应链系统，其实质上是对企业系统的结构优化，它是一个复杂的过程。

在战略整合中，企业首先根据战略目标，对目标市场进行整合，明确目标市场的空间分布、地理位置分布和需求层次分布等。根据目标市场整合，对产品线进行整合，确定产品线的宽度和深度。在此基础上，进一步对价值链进行整合：或者通过一体化，把一些关键活动，即那些控制力强、附加值高的活动，纳入企业内部；或者通过虚拟化，把一些非关键活动外包给其他企业。然后基于价值链整合，进一步整合各种专业平台，提高资源共享性，并重新设计和优化业务流程，提高生产效率。最后在专业平台和业务流程整合的基础上，整合组织结构和组织文化，形成新的组织架构和组织文化。而资源整合、信息技术是战略整合的支撑系统。具体见图 7-4。

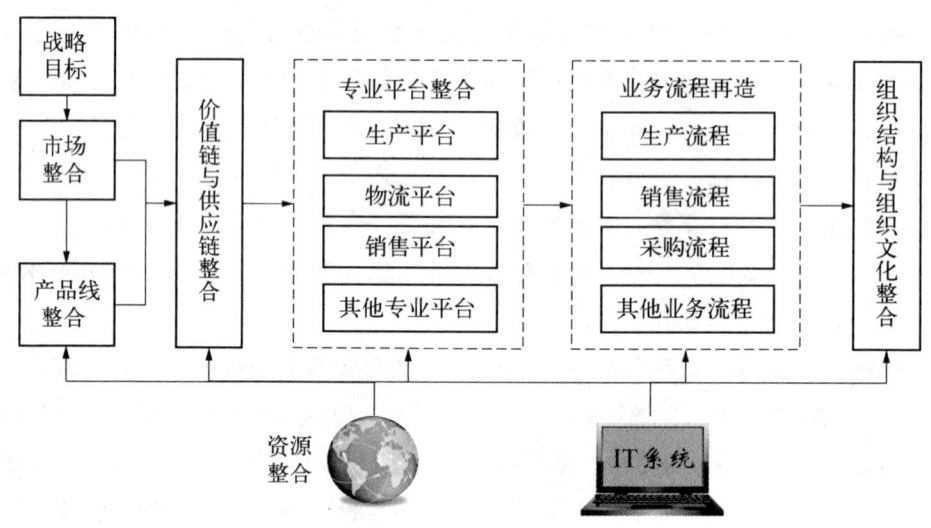

图 7-4　战略整合模型

（一）市场与产品线整合

在新经济时代，市场发展呈细分化的趋势。企业要根据战略目标和市场变化,对目标市场进行重新定义和定位,包括市场空间、地理位置、消费层次以及品牌、渠道等。随着经营规模和范围的扩大,企业涉及的市场将越来越广泛,其中有些市场并不是企业优势所在,与战略目标也不完全一致。这就有可能导致企业发展方向不明,甚至为追求短期利益而误入歧途。因此,企业要厘清应当发展哪些市场、维持哪些市场、退出哪些市场。

在市场整合的基础上,企业要对产品线进行梳理:应当发展哪些产品线?维持哪些产品线?淘汰哪些产品线?使企业的产品线与目标市场定位相一致,以便对资源进行集中配置,增强竞争优势。

当今,信息化的发展极大地提高了创新的规模、范围和速度,新技术、新产品不断涌现,为企业发展提供了更多的机会,同时也构成了严重的威胁。特别是信息范式下的技术融合使不同产品生成共同的技术基础,从而有可能对不同功能的产品进行集成,以同一产品或产品组合来实现不同产品的功能,满足个性化、多样化需求。例如,数字融合导致不同信息服务产品转化为数字产品,削弱了语音、视像和数据等产品差异,采用同一数字载体和传送网络向用户提供服务。这种技术融合不仅发展出大量的全新产品,而且明显地改善了原有产品的功能、质量和成本,带来巨大的增值收益。它与原有的产品形成一种替代关系或互补关系,模糊了市场边界,将不同市场融合为同一市场,改变了产品间的竞争关系:那些原先属于不同市场的产品,从一种非替代关系转变为一种替代关系,从一种非竞争关系转变为一种竞争关系。在这一背景下,产品概念和市场边界并不是清晰的、固定的,而是随着技术进步而不断变化的,这就极大地增加了对市场和产品整合的难度。

(二)价值链整合

对市场和产品的整合会引起企业价值链与供应链的相应变化,需要进一步对价值链进行整合。价值链整合就是根据企业资源和能力,通过一体化和虚拟化,重新构造价值链:或者把一些关键活动纳入企业内部;或者把一些非关键活动转移到企业外部,由其他专业企业提供。在这一过程中,由于大量非关键活动由外部专业化企业提供,企业内部价值链会变得不完整,从而在整个价值生产过程中形成不同企业相互嵌入、相互渗透和相互依赖的格局,建立起一个庞大的合作网络,企业边界也会随之发生收缩、延伸等变化。

显然，企业价值链整合不仅涉及对内部价值链各环节的整合，而且涉及外部供应链的整合。在新经济时代，任何一个企业的资源和能力都不可能覆盖整个价值链，也不可能在所有价值链环节都胜过竞争者，它们只有选择自己最擅长的那些环节，才能获得竞争优势。因此，在对企业价值链整合的同时，需要与其他企业建立新的合作关系，形成合作网络。

（三）专业平台整合

现代企业的运营是由诸多具有交互作用的专业平台支撑的，包括研发平台、生产平台、采购平台、销售平台、服务平台、物流平台、财务平台、人力资源平台和信息平台等。各种运行平台具有很强的专用性，对提高资源共享性具有重要作用。其中，信息平台是基础性的。在移动互联条件下，信息平台具有很强的包容性和整合力，它将各种独立的专业平台连接起来，形成一种交互环境，使企业运营成为一个有机整体，从而大大提高了运行效率。

企业对市场、产品和价值链的整合，势必导致专业平台发生变化。这就需要以信息平台为基础，对各种专业平台进行整合。根据生产经营需要，将各部门一些功能相同或相似的业务环节进行归并，建立专业平台，避免资源重复配置。例如，企业将原先分散配置在各业务单元的物流集中起来，建立统一的物流平台；或者集中原先分散配置在各事业单位的财务管理活动，建立统一的财务平台等，以提高资源的共享性。

（四）业务流程再造（Business Process Reengineering，BPR）

业务流程是指一组为顾客创造价值的相互关联的活动。企业对价值链与专业平台的整合会引起相关业务环节和活动的一系列变化，这就会打破原有各业务环节间、各业务活动间的顺序和组合。例如，有些业务活动原先是由企业内部提供的，现在由企业外部提供；有些业务活动原先是由企业外部提供的，现在由企业内部提供；有些业务活动原先是由各业务单元分别进行的，现在由公司总部建立平台统一提供等。这就需要进一步对各种业务活动及其关系进行重新设计和组合，以提高运行效率，也就是所谓的业务流程再造。

显然，在新经济时代，随着社会分工的深化，任何一种产品和服务的提供过程都不可能由一家企业完成，而是由多家企业共同承担，从而导致不同企业相互交叉、相互渗透。因此，对业务流程再造就不仅仅涉及内部各业务环节和活动，而且涉及外部提供服务的众多企业，这就大大增加了业务流程整合的复杂性。

（五）组织结构整合

组织结构是实施战略的重要保证。随着经营规模和范围的扩大，企业在组织结构上会表现出明显的不适应性，需要变革组织系统结构，对管理层级、组织机构、权力结构和治理结构等进行整合，重新定义各管理层级与组织机构的管理权限和职责等。例如，随着生产规模的扩大，企业需要进一步细化生产和管理分工，增加相应的生产单元和管理机构；随着产品种类的增加，企业需要增加相应的业务单元；随着销售地域的扩大，企业需要增加相应的营销和服务机构等。

由于现代企业的生产经营活动并不局限于企业内部，需要大量的外部企业提供相关服务，企业对组织结构的整合也就不仅仅是对内部的管理层次、组织机构、权力结构和治理结构的调整，而是要打破传统的纵向科层组织结构，建立以开放式、自组织和网络化为特征的横向组织结构，使组织结构更富有弹性、组织边界更具有延展性，以提高组织效率，增强对环境变化的适应性。

（六）组织文化整合

组织文化是根植于组织中的共有的价值观、行为准则和传统习俗。在企业成长过程中，随着战略目标的调整，需要对组织文化进行整合，改变员工的价值观和行为方式，建立一种支持战略的组织文化：或者从成果导向转变为团队导向，或者从竞争导向转变为创新导向等。由于组织文化具有相对的稳定性，在整合过程中，有可能会引起冲突，需要通过大量的宣传、教育、示范和激励等，对员工予以引导。

（七）资源整合

资源整合是战略整合的基础，包括内部资源整合和外部资源整合。任何一种战略若要达到预期的目的，都需要相应的资源予以保障。从这一意义上说，资源整合在很大程度上决定了战略整合的最终效果。

从内部资源整合上看，整合的重点：一是甄别出企业的独特资源和核心能力，且不断予以强化；二是通过创新来弥补企业内部资源和能力的不足；三是建立有效的资源配置机制，将企业资源集中配置到主要战略方向的核心业务领域，以及给顾客带来独特价值的知识、技能和基础结构上，增强竞争优势；四是建立不同业务单元间的连接和协同关系，提高资源共享性。

从外部资源整合上看，社会上的大量资源是分散在众多小企业和个人手里的。在许多领域，小企业与个人拥有高度的自由空间和无穷的创意，具有更专业的知识和能力。许多企业发现战略性地利用外部资源是新知识、新创意和新方法的重要来源。因此，通过并购和战略联盟等方式来整合外部资源，不但可以把内部有限的资源集中配置于优势环节和活动上，提高资源利用效率，而且可以在很大程度上弥补内部资源不足，降低资源利用的成本。

（八）信息技术系统

当今，信息技术已广泛渗透于企业运营的各个环节，对市场、产品、价值链、业务流程和组织结构等各方面的整合都离不开信息技术支撑，成为战略整合的重要支撑系统。信息技术在战略整合中的重要作用并不完全体现在用信息技术替代物质生产要素，而更重要的是，用信息技术整合物质生产要素、用高流动性的信息资源重组低流动性的物质资源，提高物质生产要素效率，创造新的价值。在战略整合中，信息技术把企业与环境以及企业内各部门、各环节、各活动连接起来，对不同系统进行有机整合，实现从独立系统到联合系统的转换，形成一种新的运营系统。

三、横向战略（Horizontal Strategy）

（一）横向战略概述

横向战略是指把企业内各业务单元的目标、活动和政策等建立起相应的联系，进行统一协调。在现实经济中，许多企业在多个产业领域从事生产经营活动，拥有多元业务单元。公司层战略也不仅仅表现为各业务单元的简单组合，而是通过横向整合，在各业务单元间建立起关联，产生协同效应。这是多元化企业得以发展的重要基础。有研究表明，在多元化经营中，企业的业务关联性越高，越容易获得成功。

从技术层面上看，技术进步为扩展关联提供了强大的力量。互联网和信息技术正日益渗透到各个领域，打破了技术边界，引发大量的技术创新，在不同的系统间形成紧密的关联，各业务单元共享资源成为一种可能。随着处理复杂的在线数据能力的不断提高，企业的订单系统、材料处理系统、仓储系统以及制造系统等，有可能在不同业务单元间实现共享，而且更重要的是降低了关联成本。例如，计算机辅助生产系统，可以在一条流水线上生产多种产品，从而大大增加了相关产品的业务单元共享制造资源的可能性。

从竞争层面上看，在全球性经济增长放缓和竞争日益激化的背景下，企业从强调增长转变为强调效益。因此，协调各业务单元的战略、建立各业务单元间的关联，变得日益重要。随着信息化的发展，多元化经营为企业提供了更多的资源和战略空间而成为一种发展趋势，多元化企业间的多点竞争（即在多个市场领域的竞争）成为推动横向战略的重要力量。当一个企业面临多点竞争，就需要超越单一业务领域，在更广的范围内应对竞争者。竞争优势也就不仅仅取决于规模经济，而是更多地取决于范围经济。因此，越来越多的企业在发展多元化经营的同时，注重在业务单元间建立关联。

目前，越来越多的企业正在通过横向战略，在不同业务单元间建立起关联，从而形成一种横向结构：横向市场结构和横向组织结构。从横向市场结构看，企业间的垂直整合关系转变为不同功能企业间的水平整合关系；对价值链的整体控制转变为对价值链环节的市场占有率的争取。从横向组织结构看，企业从基于纵向结构的科层制组织结构转变为基于横向结构的扁平型组织结构。基于此，许多产业正在发生革命性的变化：金融服务业的银行、投资银行和保险公司形成交叉业务的混业经营；娱乐业企业意识到对不同媒体协调的可能性；信息公司将数据库产品链接起来；计算机企业和电信企业也正在联合起来。

（二）横向战略的形式

横向战略是在各业务单元间建立关联，形成协同效应，创造新的价值。不同业务单元的关联主要有三种形式：有形关联、无形关联和竞争者关联。

1. 有形关联

有形关联是指因共同的技术、生产和市场等因素，使得相关业务单元的价值链活动能得到共享，主要包括技术关联、生产关联、市场关联和采购关联等。

技术关联指的是对有关产品、工艺与材料在成本和差异化上具有重要意义的研发活动的共享。技术关联对竞争优势的影响，因各关联业务单元的战略不同而不同。一个对成本敏感的业务单元与一个对成本不敏感的业务单元的技术关联，并不一定会取得明显的效果。

生产关联指的是对零部件生产、装配、检测和维护等价值活动的共享。通常，生产设施集中配置更具有经济性。对分布于不同地点的生产活动，由于生产设施重复投资会增加相应的成本，因此，建立生产关联尽管会形成由物流成本增加而产生的关联成本，但只要关联成本低于协同效应而产生收益，就会在总体上增强竞争优势。一般而言，各关联业务单元的战略对关联而形成的竞争优势具有明显的影响：两个具有相同或相似战略的业务单元在生产关联上更容易获得成功。

市场关联指的是对营销、销售和服务等基本价值活动的共享。当各业务单元具有相同或相似的市场包括客户、渠道、销售和服务等，建立关联能显著降低成本、提升共享相关市场活动的优势。对替代产品而言，尽管共享市场较少产生成本优势，客户不会同时购买两种产品，但可以通过内部替代降低被竞争者替代的风险，企业在一种产品上的损失可由另一种产品补偿；对互补产品而言，共享价值活动如市场研究、销售力量、品牌形象、广告促销以及销售条件等优势比较明显，而且关联成本较低。

采购关联指的是由于联合采购而降低采购成本。但如果各业务单元对采购的品种、规格、质量和技术支持等有较大的差异，就会明显地增加关联成本。

2. 无形关联

无形关联指的是不同价值链之间知识与技能的转换和共享。有些业务单元之间无法共享价值活动，但可以通过转让知识和技能来建立无形关联。也就是把从一个业务单元中获得的知识和技能向另一个业务单元转让，使受转让的业务单元的经营和管理活动变得更加有效。例如，食品都是依赖于品牌和口味的产品，如果把糖果的生产管理、品牌定位和广告促销等技能应用于葡萄酒，就有可能提升葡萄酒的竞争力。

建立无形关联的基础主要有两个：一是不同业务单元在某些方面具有相似性，如客户、采购、制造流程或关系等，从一个业务单元经营管理中获得的知识和技能对另一业务单元具有价值，可以通过知识和技能转让来建立无形关联。这种基于不同业务单元在某些方面的相似性而形成的无形关联是普遍存在的，甚至一些不太相似的业务单元间也有可能形成无形关联。二是不同业务单元采取同一基本战略，体现了执行某一特定战略的管理技巧。例如，企业在一些业务单元中运用成本领先战略，掌握了如何管理多个活动以获得低成本优势。如果将这种知识和技能转移到具有相似价值活动的其他业务单元，就能形成新的竞争优势。

3. 竞争者关联

竞争者关联指的是在多元化经营条件下，企业因内部存在有形关联或无形关联而导致与竞争者在一个产业市场上的竞争行为对其他产业市场发生的明显影响。当一家多元化企业在多个市场上与竞争对手竞争时，就会形成竞争对手关联。此时，企业的竞争优势主要取决于所获得的关联，其竞争地位主要取决于企业多元经营的整体地位，而不是任何一个产业的市场份额。企业在一个产业的竞争行为会对其他产业发生影响。竞争者关联迫使多元化企业要么在内部各业务单元间建立关联，相互匹配，要么面临竞争劣势。

通常，有形关联、无形关联和竞争者关联是并存的，涉及某些价值活动的有形关联能得到其他价值活动的无形关联的补充；两个业务单元共享的活动可以通过另一些业务单元类似的活动获得知识和技能加以改进，不同类型的关联以不同的方式形成不同的竞争优势。

（三）横向战略的竞争优势与关联成本

1. 横向战略的竞争优势

在经济生产中，任何一个业务单元都有与其他业务单元共享某种价值活动的可能性。因此，只要关联的价值活动对产品和服务的成本或差异化驱动因素具有实质性的影响，就有助于形成竞争优势。

（1）低成本优势。如果共享一项价值活动能降低成本，那就会产生明显的低成本优势。因此，只要共享的价值活动在运营成本或资产占用中有较高的比重，就会对整体成本产生实质性的影响。如果一项价值活动的成本受规模经济、范围经济因素驱动，那么关联就有降低成本的潜力；如果学习是累积的函数，那么共享就能加快学习速度。

（2）差异化优势。如果关联的是差异化的重要活动——或者增加产品的独特性，或者降低独特性的成本，那么关联就能促进差异化的发展。从产品独特性上看，各业务单元的关联能增加活动的独特性，向顾客提供更有价值的产品。例如，在电信业，不同业务单元间的关联能向客户提供系统解决方案，由单一卖主承担全系统服务。从独特性成本上看，各业务单元的关联能提高资源共享性，影响差异化成本的驱动因素，降低实现差异化的成本。例如，不同业务单元联合开发新技术可以降低其研发成本，联合采购也能降低差异化产品的采购成本等。

当今，随着知识创新速率不断加快，任何一种由单一因素构成的竞争优势都有可能迅速被竞争者模仿。然而，不同企业的内部结构和外部联系是不同的，这种由关联而创造的竞争优势通常不易被竞争者模仿，具有可持续性。

2. 横向战略的关联成本

在不同的业务单元间建立关联不仅能增加竞争优势，而且会增加价值活动的复杂性，产生包括协调成本、妥协成本和锁定成本在内的关联成本。

（1）协调成本。为了获得协同效应，企业需要对各业务单元之间的诸多活动进行协调，产生协调成本。协调成本受共享活动复杂性的影响，甚至抵消协同效应带来的收益。

（2）妥协成本。在建立横向关联的过程中，企业需要满足各关联业务单元对资源和能力配置的共同要求。这是一项复杂的协调活动：一项为协同而设计的活动并不是简单地将以往分立的活动连接起来；一项为某一业务单元设计的活动也不可能直接移植到其他业务单元。而且，这些经过调整的活动可能对各业务单元都不是最优的，从而产生妥协成本。例如，不同业务单元共享零部件生产也就意味着零部件设计和生产不能完全满足不同业务单元各自的要求，必须兼顾其他业务单元的要求。对产品规格、质量、交货期等要求不同的业务单元共享一个物流系统，会导致妥协成本增高，甚至高于因协同而节约的成本。在一些不同的业务单元中，一些特殊的价值活动因战略不同而扮演的角色和地位不同，妥协成本也不同。通常，那些具有战略一致性的不同业务单元间建立关联，其妥协成本相对较小。

（3）锁定成本。锁定成本指的是因关联业务活动变化而导致关联成本上升。其主要表现在两个方面：一是市场响应速度迟缓。面对竞争环境的急剧变化，企业需要及时对产品、生产和营销等进行调整。但由于各业务单元间具有关联，有可能牵一发而动全身，一个业务单元的变化会打破原有的业务单元间的关联及其平衡，导致关联业务成本上升，从而制约企业对生产经营活动的及时调整，因关联而导致市场行动迟钝。二是提高退出壁垒。企业因环境变化和战略调整，退出某一业务领域，但各业务单元是关联的，会直接影响其他业务单元的竞争力。

因此，企业需要对关联创造的价值与产生的成本进行比较和评估。如果关联

第七章 战略成长路径

降低的成本或增加的差异能弥补和超过关联成本,那么关联会创造竞争优势,如共享销售力量的业务单元能降低销售成本。由关联而形成的协同效应对各业务单元是不同的,有的甚至可能是负的。一个大量使用某种零部件的业务单元与一个少量使用的业务单元建立关联,对前者可能意义不大,对后者却有明显影响。一个实行差异化战略的业务单元与一个实行成本领先的业务单元,一项成本的小改进,对前者可能显得不那么重要,对后者却显得很重要。但只要关联创造的总价值大于关联产生的总成本,就会产生净价值,增强企业的竞争优势。因此,不能只看某一业务单元的协同效应,应该从企业整体上判断关联的协同效应。当今,互联网和信息技术的发展在很大程度上削弱了协调成本和妥协成本,但有可能增加对锁定成本的影响。

本章小结

企业战略成长路径主要有内部创新和外部扩张,涉及创新战略、并购战略、战略联盟和战略整合等。

创新可分为介绍、扩散、成熟和衰退四个阶段。创新扩散是创新成果在潜在使用者间传播和采用的过程。从某种程度上说,创新对推动技术进步和经济社会发展的作用并不完全取决于创新水平的高低,而是更多地取决于创新扩散的程度和范围。而创新扩散主要取决于技术关联度、技术基础、企业规模和替代收益等因素。创新有突破式创新、渐进式创新和融合式创新三种形式。在新经济条件下,创新具有一些新的特征:多领域、多层次的系统创新;相互关联的多元创新主体;创新主体的综合创新能力;具有分工合作关系的创新网络;有效的创新机制和知识产权保护体系等。创新资源从企业内部积累转变为更多地利用社会资源包括消费者、供应商、经销商、大学、研究机构,甚至竞争者。创新能力取决于知识连接和获取的能力以及对知识融通、运用和创造的能力。创新有驱动市场和市场驱动两种基本模式。创新战略导向主要有自主创新、模仿创新和协同创新。

商业模式是一种价值创造和提供方式。在新经济时代,企业正经历着一场商业模式变革:从制造功能转变为服务功能;从提供产品转变为提供解决方案;从追求规模经济转变为追求高附加值;从组织替代市场(内部化)转变为市场替代组织(虚拟化)等。这种商业模式创新实质上是知识和信息对实物资本的替代、网络对传统组织的替代。

并购战略是企业将外部资源和能力内部化的一种重要方式。企业根据战略意图，通过合并或收购其他企业的全部或部分资产，达到影响和控制被并购企业的目的，主要有纵向并购、横向并购和混合并购三种形式。其主要动因有：获取新的资源和能力；扩大经营规模和范围；增强市场支配力量；追求协同效应和节约交易费用等。应用并购战略的关键环节主要有：明确并购目的和原则；选择并购目标企业；选择并购方式；尽职调查；估计企业实力和企业整合。

战略联盟是企业整合外部资源和能力的一种重要方式。它是两个及以上的企业为了达到共同的战略目标，通过股权或非股权投资而建立的长期稳定的合作关系，形成一种利益共享、风险共担的机制。有两种类型：一是股权参与，如合资、相互持股等；另一是非股权参与或契约式，如研发协议、定牌生产、特许经营等。其主要动因有：获取新的资源和能力；降低技术与市场风险；增强竞争优势和适应市场快速变化。应用战略联盟的关键环节主要有：共同目标；相互信任；优势互补；战略伙伴选择；组织形式与制度；有效沟通；冲突管理和风险控制。

战略整合是根据战略目标，对企业资源、能力、市场、产品、价值链、专业平台、业务流程、组织结构和组织文化等进行结构性重组。其关键是：引入新的变量，优化经营结构，创造新的价值。战略整合的实质就是用知识和信息整合传统生产要素，用高流动性的信息资源重组低流动性的物质资源。具体包括市场与产品线整合、价值链整合、专业平台整合、业务流程再造、组织结构整合和组织文化整合，其基础是资源整合和信息技术系统。

横向战略是把企业内各业务单元的目标、活动和政策等建立起相应的联系，进行统一协调，主要有有形关联、无形关联和竞争者关联三种形式。横向战略的关键是建立横向关联。它有助于增强企业竞争优势，包括低成本优势和差异化优势；但也会形成相应的关联成本，包括协调成本、妥协成本和锁定成本。然而，只要关联创造的优势带来的收益高于关联增加的成本，就有助于企业竞争力的提升。

本章思考题

1. 企业如何有效地扩大创新资源，提升创新能力？

第七章 战略成长路径

2. 企业如何选择创新战略？
3. 试说明何谓商业模式创新。
4. 企业为什么要采用并购战略？如何应用并购战略？
5. 企业为什么要选择战略联盟？如何应用战略联盟？
6. 简述横向战略。

本章参考文献

1. ［美］迈克尔·A.希特等著，刘刚等译. 战略管理：概念与案例（第10版）[M]. 北京：中国人民大学出版社，2012.

2. ［美］弗雷德·R.戴维著，徐飞译. 战略管理：概念与案例（第13版）[M]. 北京：中国人民大学出版社，2012.

3. ［英］格里·约翰逊等著，徐飞译. 战略管理基础（第2版）[M]. 北京：电子工业出版社，2013.

4. ［美］约翰·皮尔斯二世、小理查德·鲁滨逊著，钱峰译. 战略管理：制定、实施和控制（第12版）[M]. 北京：中国人民大学出版社，2015.

5. ［美］亨利·明茨伯格等著，徐二明译. 战略过程：概念、情境、案例（第4版）[M]. 北京：中国人民大学出版社，2014.

6. ［美］迈克尔·波特著，陈小悦译. 竞争战略 [M]. 北京：华夏出版社，1997.

7. 王方华. 企业战略管理（第2版）[M]. 上海：复旦大学出版社、上海交通大学出版社，2015.

8. 徐飞. 战略管理（第2版）[M]. 北京：中国人民大学出版社，2013.

9. 金占明、杨鑫. 战略管理 [M]. 北京：高等教育出版社，2011.

10. 李怀勇. 信息化时代的市场融合 [M]. 北京：经济管理出版社，2008.

11. 周振华. 信息化与产业融合 [M]. 上海：上海生活·读书·新知三联书店、上海人民出版社，2003.

12. ［英］大卫·J.斯卡姆. 知识网络：明天的工具 [M]. 沈阳：辽宁画报出版社，2001.

13. 姜奇平. 新商业模式 [M]. 北京：中国友谊出版公司，2000.

14. [美] 萨尔坦·科马里著, 姚坤、何卫红译. 信息时代的经济学 [M]. 南京: 江苏人民出版社, 2000.

15. [美] 詹姆士·奎恩等著, 惠永正等译. 创新爆炸 [M]. 长春: 吉林人民出版社, 1999.

第八章 战略与领导、组织、资源、文化

本章学习目标

1. 掌握战略实施过程
2. 了解战略领导力
3. 熟悉组织结构的演变趋势与新的组织形式
4. 了解麦肯锡7s模型
5. 掌握战略与组织结构间的关系
6. 熟悉战略性资源管理
7. 掌握战略资源的配置方法
8. 熟悉利用外部资源
9. 熟悉组织文化
10. 了解战略与组织文化间的关系

本章核心概念

战略实施　战略领导力　组织结构　网络组织　学习型组织　团队组织　人力资本　组织文化

当一个战略规划确定后,企业就需要进一步将其转化为战略行动,取得预期的战略绩效,这就是所谓的战略实施。战略规划强调的是战略管理者的洞察力、分析力与决策力,主要解决做什么的问题;而战略实施强调的是员工的执行力,主要解决怎样做的问题。战略实施涉及三个重要方面的内容:一是建立战略支撑系统,形成一种支持战略的领导、组织结构、资源和组织文化;二是实行战略变

革，消除战略实施过程中的障碍，保证战略的高效执行；三是对战略执行情况进行评价和控制，纠正发生的偏差。本章主要阐述战略实施过程及其影响因素，包括战略领导力、组织结构、资源配置和组织文化。

第一节　战略实施过程

战略实施过程就是根据战略目标和战略规划使企业从一种状态转变为另一种状态。当然，这种变化是在特定时空情景下有方向、有层次、有顺序地展开的。

一、战略实施阶段

战略实施过程大致可分为四个阶段，即战略启动阶段、战略计划阶段、战略运行阶段和战略控制阶段，具体见图8-1。

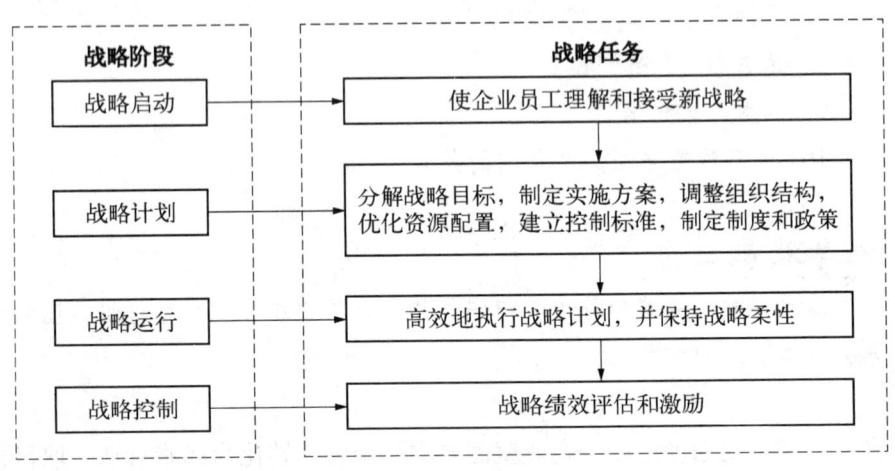

图8-1　战略实施阶段及主要任务

（一）战略启动阶段

战略启动阶段的主要任务是使企业员工理解和接受企业战略。企业战略通常以书面的形式表述，而隐含在其中的战略意图需要人们领悟。企业战略的实施以及预期目标的达成需要员工的广泛参与和自觉努力。如果员工不理解企业战略或对企业战略的理解仅仅局限于书面上的表述，没有全面、准确地把握企业战略的意图和精髓，就很难在工作中积极、有效地执行战略，势必在战略执行中频繁出现各种偏差。因此，企业不仅要在书面上对战略尽可能做出高度概括和清晰描述，而且更重要的是，要通过各种方式的学习和沟通，帮助员工理解和接受企业战略，并透彻领会战略意图，只有这样，企业战略才能得到有效的执行。从这一意义上说，战略实施要比战略规划更加困难。

（二）战略计划阶段

战略计划阶段的主要任务是分解战略目标，制定实施方案，调整组织结构，优化资源配置，建立控制标准，制定相关制度和政策等。分解战略目标就是采用目标管理的方法，将战略目标分解到各个部门和岗位；制定实施方案就是进一步细化战略总体方案，明确其战略实施的步骤、阶段、进度和保障措施等；调整组织结构就是根据企业战略，设计和变革组织架构，包括组织层级、组织机构和权力结构等；优化资源配置就是根据战略方向和重点领域分配企业资源；建立控制标准就是根据战略目标和计划，设置可量化的评价指标；制定相关制度和政策就是将企业的运营、流程和管理等规范化，并极力鼓励员工创造性地执行战略。

（三）战略运行阶段

战略运行阶段的主要任务是高效地执行战略计划，并保持战略柔性。一般而言，战略计划的制定是基于这样一些假设：未来的环境变化是能够被准确预见的；战略管理者有知识和能力做出正确的选择。但实际上，这些假设并不一定成立。因此，在战略执行中出现偏差的原因是多方面的，既有可能是外部环境或内部资源条件变化超出了预期，特别是一些偶发性事件引起的变化，往往会导致某些重要假设条件的缺失；也有可能是战略计划本身或执行的问题。因此，在战略执行过程中应保持战略柔性，及时对出现的战略偏差进行调整。

（四）战略控制阶段

战略控制阶段的主要任务是战略绩效评估和激励。战略绩效评估就是依据控制标准，采用合适的方法，对战略绩效进行评价；采取相应措施，调整战略实施过程中出现的偏差。实践表明，战略绩效评估，特别是阶段性评估，对加强战略执行的控制、防止产生重大偏差有重要作用。而基于战略评估的激励，能有效地引导员工在战略执行中的态度和行为。

安然：创新力与控制力失衡的悲剧[①]

成立于 1930 年的安然公司（Enron）曾经是世界上最大的能源供应商和交易商，雇用 2 万多名员工，业务范围还涉及商品运输、化工、宽带、水务、纸业、塑料以及金融管理服务等领域，遍布欧洲、亚洲和世界其他地区。1996 年总收入 133 亿美元，2000 年 1 008 亿美元。2001 年在《财富》杂志全球最大的 500 家公司排行榜中名列第 16 位，全球能源行业中排名第 1 位，美国 50 家增长最快的企业中排在第 30 位，公司价值和规模一直排在美国第 7 位。安然高速成长的业绩，备受业界关注，一度成为各类财经报纸杂志中出现频率最高的公司之一。它在战略和管理方面的创新，如业绩分级考核评分方式、独特的企业文化等，也深为业界推崇。

然而，就是这样一个号称管理规范、勇于创新的快速增长的明星公司却在 2001 年 12 月 2 日申请破产，一个庞然大物一夜之间轰然倒下让世人惊诧不已。安然失败的原因是错综复杂的，但安然在成长过程中创新力与控制力失衡是其失败的一个重要原因。

一、盲目求大，忽视主业核心竞争力的提升

直到 1980 年代末，安然的主业还是维护和操作横跨北美的石油与天然气输送管网络，从事能源及其相关产品的买卖交易。但安然 CEO 肯尼思·雷不愿意承认自己是能源贸易公司，不顾自身资源和实力，力图迅速做大。

（1）迅速扩张业务领域。不仅从原来的天然气、石油的开发与运输扩展到包括发电和供电的各项能源产品及服务业务，而且还经营纸浆、煤炭、化工、风力、水力、投资、木材和广告等；不仅从提供贸易服务扩展到提供有关能源输送的咨询、建筑工程等服务，而且还向客户提供金融、风险管理及在线交易服务，涉足金融证券、高科技领域等。

[①] 节选自王成慧、彭星闾：《创新力与控制力失衡的悲剧——另类视角看安然》，《经济理论与经济管理》，2002（9）。

(2) 不断增大关联企业数量。从1990年代中期后,安然使用金融重组技巧,利用"金字塔"式多层控股链,实现以最少的资金控制最多公司的目标,建立复杂的公司体系,其各类子公司和合伙公司数量超过3 000个。控股链层数越多,实现控股需要的资金就越少,但这使得安然对关联企业的控制能力变得非常脆弱,一旦发生问题,很容易产生连锁反应,一发而不可收。

(3) 盲目快速扩张。为了实现从"全美最大的能源公司"变成"全球最大的能源公司"目标,安然大举进行国际化扩张,在英国、印度、菲律宾和其他国家纷纷投资设厂,包括建设玻利维亚到巴西的天然气输送管网络。其结果,拉长了业务战线,造成资源配置分散,经济效益严重下降。

二、盲目创新,忽视对创新风险的辨识和控制力的提升

创新是企业保持活力的源泉。但是,任何创新都有风险,要想把创新力变成竞争优势,就必须有效地控制创新风险。安然在创新的同时,忽视了对风险的控制。

(1) 创造性运用金融工具,使不流动或流动性很差的资产或能源商品"流通"起来。1980年代中期,安然积极游说美国政府解除对能源市场的管制,并凭借其能源衍生证券定价与风险管理系统,为能源及许多不相关的大宗商品(如风力、水权等)开辟期货、期权和其他复杂的衍生金融工具。安然利用这些关联企业提供融资、套期保值等服务,把风险隐藏在关联企业中。另外,安然公司以不动产(如水厂、天然气井与油矿)作抵押,通过"信托基金"或资产管理公司向外发行流通性证券或债券。但在这些复杂的合同关系中,通常包括安然必须以现金购回这些债券或证券的特定条款,用流动性差的资产去"对冲"流通性好的证券,大大增加了金融风险。果然,美国加州2000年以来持续的电力供应危机和能源市场震荡,触发了安然的现金流危机。

(2) 投身"新经济"的宽带网络和电子商务,但缺乏对宏观环境的深入分析,加之脱离优势传统业务,承担了过高的交易风险,导致创新失败。就"安然在线"这一项目而言,其开发和实施过程充满了风险性。作为一项多达25家律师事务所、数百人参与的大型项目,"安然在线"在网站启动前一个月才向公司领导层通报。这是公司控制力缺失的一个明显征兆。但这种先斩后奏的做法却得

到公司领导层的首肯和赞扬。事后,安然董事会总结成功的经验是:"创新想法的可行性不应由管理层来决定"。虽然伴随在线交易方式的出现使安然的业务交易量一度呈指数级增长,截至2000年前11个月,该网站的交易量高达45万宗,成交金额约2 400亿美元,但随着全球经济陷入衰退,网络科技泡沫迅速破灭,安然网上交易市场也迅速丧失了抗风险能力(包括偿债能力、履约能力),成为公司破产前亏损最大的部门。

在美国经济持续强劲增长的1990年代,安然肆意放纵创新行为和扩张速度,轻视长期隐藏于公司内部的风险,一旦环境恶化,必将迎来破产厄运。

二、战略实施的影响因素

一般而言,企业战略实施主要受四大因素的影响,即领导、组织结构、资源和组织文化,具体见图8-2。

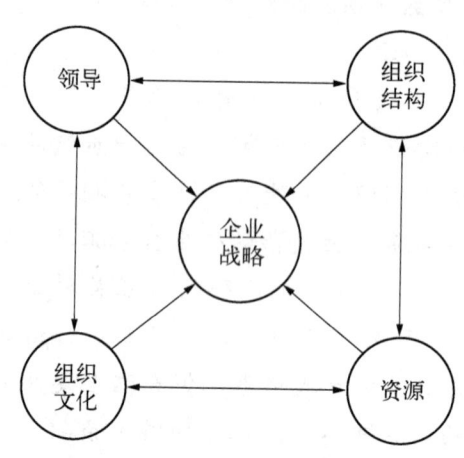

图8-2 战略实施的影响因素

领导是指为帮助下属达到其目标,提供必要的指导和支持,确保下属的各自目标与组织的总体目标保持一致。一个成功的战略不仅要有卓越的规划,而且更重要的是,要有强有力的领导,将公司的战略意图、战略目标传递给全体员工,并成功地转化为他们的自觉行动。只有这样,才能取得预期的战略绩效。

组织结构是一种制度化的设计。它是为实现组织目标,按照责权利原则设立的管理体系和构架,具有相对稳定性。管理实践证明:组织战略是影响组织结构的一个重要因素。美国管理学家德鲁克曾指出:"结构是一种用以实现组织目标的方式。因此,关于组织结构的一切工作都必须以组织的目标和战略为出发点。"

企业战略要能够顺利实施并达到预期目标,就必须投入足够数量和质量的资源作为保障,其中最重要的资源有知识资源、人力资本和财务资源等。

组织文化是组织成员共有的价值观、行为准则和传统习俗。它是一个组织的灵魂。美国兰德公司、麦肯锡公司、国际管理咨询公司的专家通过对全球优秀企业的研究认为，世界500强胜出其他公司的根本原因，就在于这些公司善于给他们的企业文化注入活力，美国约翰·科特（John Kotter）教授与其研究小组用了11年时间，对企业文化对企业经营业绩的影响力进行研究，结果证明：凡是重视组织文化因素特征的公司，其经营业绩远远胜于那些不重视组织文化建设的公司。

第二节 战略领导力

一、战略领导力（Strategic Leadership）：角色与风格

战略领导力是指对组织发展的预测、想象和保持灵活性的能力，一种促使他人创造战略变革的能力。其核心是如何有效地把企业的愿景和使命转化为一种成功的战略行动，并取得预期的战略绩效，具体见图8-3。

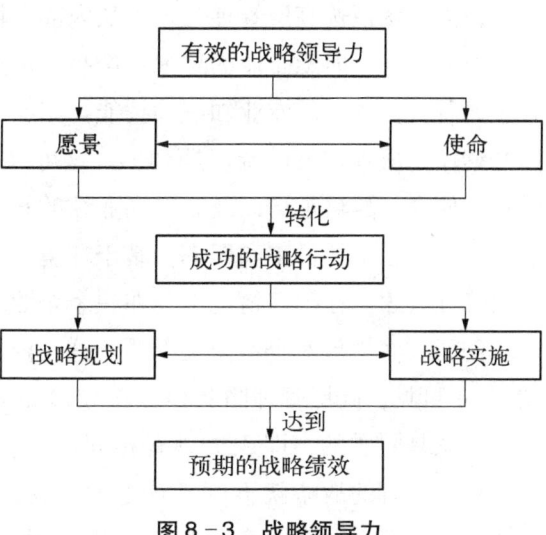

图8-3 战略领导力

（一）领导角色

战略领导者主要包括高层管理团队、董事会成员和部门经理等。事实上，任何一个对企业某一部分业绩承担责任的个人都是战略领导者。通常，高层管理团队在战略决策和战略实施过程中扮演着关键角色，对企业的组织、结构、运营、制度和文化等具有深刻的影响，更多地体现为战略领导力。拥有一个具有战略领导力的高层管理团队，是企业成功的一个关键因素。

面对多变、复杂的环境，一个具有战略领导力的高层管理团队，大多具有多

元的结构特征,由不同专业、经历和职业背景的人员组成异质化团队。实践证明,高层管理团队的多元背景,特别是来自企业外或行业外的CEO(执行总裁)和高层管理人员,更有可能突破原有的思维定式,以更宽泛的视野,识别环境变化带来的机会和威胁,准确地把握企业战略方向,在战略决策和战略执行过程中更具有创造性。由此可见,高层管理团队的异质化程度越高,就越注重创新和战略变革。在战略管理中,尽管掌握与企业核心业务相关的知识很重要,但实际上,高层管理团队更多地依赖于环境背景,例如对未来的预见能力以及对企业组织、结构、运营、制度和文化等情况的了解。

高层管理人员在背景上的差异有可能造成沟通和认知上的障碍,如果缺乏有效的沟通和管理,那就难以达成共识,会影响团队的合作,妨碍和迟滞企业的战略行动,难以对多变和不确定的环境变化做出恰当和迅速的反应,影响战略决策的质量和战略实施的效果,也难以形成企业变革所需要的新的能力。

对高层管理人才特别是CEO的选择对战略绩效有重要影响。企业可以从内部和外部市场挑选高层管理人才。从内部市场选拔高层管理人才可以获得许多优势。内部候选人熟悉企业的技术、产品、市场以及运营、流程等情况,其中很多人掌握着企业特有的专业知识和技能。当运营良好时,许多企业会倾向于从内部提升继任高层管理人员特别是CEO。这可以使企业发展具有延续性,继承企业的愿景、使命、战略承诺以及获得高业绩的知识和技能;可以为内部员工提供更多的晋升机会,降低员工离职率。基于环境的动荡,有些企业会倾向于从外部选拔高层管理人才。在很多情况下,在一个企业长期任职有可能产生因循守旧,怠于追求创新,而创新对企业至关重要。这是内部选拔高层管理人才的致命弱点。从图8-4可见,高层管理团队和继任CEO的构成对战略有明显的影响。如果高层管理团队是同质的,即成员具有相同的教育和职业背景且CEO来自企业内部,那么企业现有的战略就不可能有重大转变;如果高层管理团队是异质的且CEO来自企业外部,那么战略发生变化的可能性就非常大;如果高层管理团队是异质的且CEO来自企业内部,那么战略不会发生根本性变化,但会持续创新。

(二)领导风格

一个有效的战略领导者不仅能够影响员工的思想、观点和行为,而且更重要的是能够充分发挥员工的潜力,鼓励和帮助员工完成任务,达到工作目标。因

第八章 战略与领导、组织、资源、文化

	管理人才市场：高层管理者继任	
	内部继任	外部继任
高层管理团队 同质	稳定的战略	不确定 （高层管理团队和战略有可能发生变化）
高层管理团队 异质	持续创新战略	战略重大变化

图 8-4　高层管理者的构成对战略的影响

而，他们是组织成功的关键。

领导者是以品格来塑造和定义的。领导风格受领导者个体的人格特质和行为的影响，但也受组织情境交互的影响。领导者的不同性格，组织处于的不同环境，领导风格是不同的。一个领导者的风格会在很大程度上影响员工对战略的理解与支持程度、工作环境和情绪等，进而影响战略决策和执行质量与绩效。一般而言，领导风格主要有教育、合作、参与、指导和强迫等类型，具体见表 8-1。

（1）教育是指领导者通过宣传、沟通和说服，获得员工对战略的理解和支持，但需要花费较长的时间。

（2）合作是指员工参与战略决策过程，有较强的归属感，对战略的认可、理解和支持程度较高，而且在战略执行中对自己的角色定位明确，较少产生偏差，有较高的效率。

（3）参与是指在战略决策过程中采纳员工的不同意见。这一方面可以更好地激发员工的创造力，另一方面可以增强员工对战略的理解和支持，降低战略执行中的阻力。

（4）指导是指领导者通过制定各种文件，明确规定员工的职责和行动。这能够使员工明确战略方向和重点，减少战略执行中的偏差，但有可能导致员工产生

抵触情绪，不利于发挥员工的积极性与创造力。

（5）强迫是指领导者通过行政手段，强制员工执行战略计划。这能使战略得到迅速执行，但员工可能不理解战略意图，从而产生抵触情绪，在战略执行中容易出现偏差。这主要适用于环境剧变而对企业产生重大危机时。

表8-1 领导风格

类型	描述	特点
教育	通过宣传、沟通和说服，获得员工对战略的理解和支持	能够获得员工对战略的支持和理解；花费时间较长
合作	员工参与战略决策过程	提高战略决策的质量；员工对战略的认可、理解和支持程度较高；战略执行中员工对自己的角色定位明确，有较高的效率
参与	采纳员工的不同意见	激发员工的创造力；降低战略执行中的阻力
指导	通过制定各种文件，明确员工的行动与职责	使员工明确战略的方向和重点；有可能导致员工的抵触情绪；减少战略执行中的偏差
强迫	强制员工执行战略计划	战略执行迅速；员工可能对战略意图不理解，产生抵触情绪；战略执行中容易出现偏差；适用于环境剧变而产生重大危机时

二、关键的战略领导行动

在战略实施过程中，有效的战略领导力往往体现在一些关键的行动中：确定战略方向，建立均衡的组织控制，有效地配置资源，增强核心竞争力，培育一种优秀的组织文化和强调伦理准则等，这些行动相互作用，具体见图8-5。一个有效的战略管理者在决策时会针对每一个关键的战略行动制定可行的备选方案。

（1）确定战略方向。一个具有超凡魅力的领导者能够准确把握企业发展的战略方向，并实现战略意图。新的战略方向需要在组织上予以保障，组织变革能力

第八章 战略与领导、组织、资源、文化

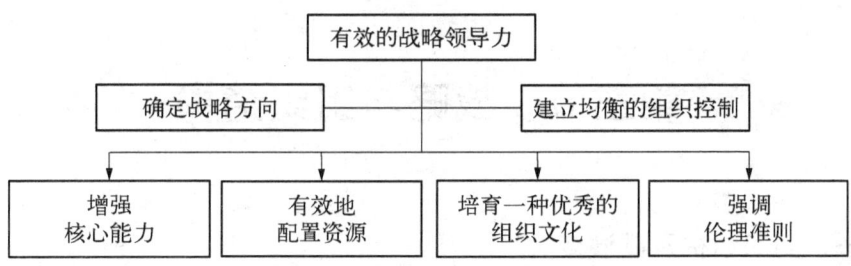

图8-5 关键的战略领导行动

非常重要。

(2) 建立均衡的组织控制。组织控制可以定义为一种"正式的、基于信息的程序，可以被用来维持或改变组织的活动方式"。它可以为战略实施的调整提供关键控制参数。

(3) 增强核心能力。核心能力是一种相对于竞争者获得竞争优势的来源。战略领导者必须证实战略实施强化了核心竞争能力，核心能力在不同业务单元中能得到有效发挥。

(4) 有效地配置资源。有效地配置资源是成功地实施战略，达到预期目标的重要保证。通过有效地配置资源，可以形成竞争优势，创造顾客价值。知识、人力资本和资金是企业的战略性资源，战略领导者的一项重要工作就是如何有效地使用这些战略性资源。

(5) 培育一种优秀的组织文化。以价值观为核心的组织文化对企业战略产生深刻的影响，同样战略也对组织文化产生重要的影响。尤其是在战略实施过程中需要构造一个与战略相适应的组织文化，对员工行为产生导向和激励作用。从某种程度上说，优秀的组织文化是组织中最有价值的竞争优势。因此，塑造企业用以制定和实施战略的背景环境——组织文化，是一种重要的战略领导行动。

(6) 强调伦理（Ethic）准则。所谓伦理是指在处理人与人、人与社会和人与自然关系时应遵循的道德及准则。它是处于道德底线的一种人与人之间的关系以及普遍自然法则的行为规范。这种行为规范是约定俗成的，并随着道德标准的普遍上升而呈上升趋势。

第三节 战略与组织结构

一、组织结构及其演变

在工业经济时代，企业在分工、专业化的基础上生成垂直一体化系统，通过标准化、大批量生产和持续的市场与组织扩张，形成与之相适应的科层组织结构。典型的有：简单结构、职能型结构、事业部型结构和矩阵型结构等。

这种高度结构化的垂直型组织结构在工业社会占有主导地位，对企业运营产生了深刻的影响。从信息流上看，企业按等级对信息流进行垂直控制，信息以纵向流动为主；从权力结构上看，纵向信息流导致企业权力高度集中和纵向权力结构；从组织边界上看，不仅企业与外部边界分明，而且企业内也形成清晰的条块分割。这种组织结构尽管有利于分工、专业化管理和提高企业运行效率，却不利于企业创新和增强经营灵活性。随着组织规模的不断扩大，产生日益严重的组织效率下降等问题。在工业经济时代，企业也进行组织创新，但主要局限在内部结构创新，如管理层次、组织结构、机构设置、工作流程和权力分配等。在纵向信息传递机制下，组织创新不但很难有根本性的突破，而且整体效果也难以显现。

当今，技术和市场的变化速度远远超过了以往任何时代，面对这样一种复杂多变的环境，企业的快速响应能力、学习能力和知识生产能力显得更加重要。这就要求改变传统的等级制组织结构，使组织结构更富有弹性，组织边界更具有延展性。特别是信息革命导致企业发生横向革命，员工、供应商、中间商、消费者，甚至竞争者都被纳入企业系统内，从而为组织变革提供了可能性。企业组织由传统的垂直型结构向横向结构转变，产生了网络组织、学习型组织和团队组织等新型组织结构形式，呈现出开放性、自组织和网络化等特征。IBM、数字设备、英特尔、微软、戴尔、思科和EMC等公司已成为横向结构的先驱者。这种组织变革不仅创新了企业内部结构，而且重塑了企业与外部的联系，与其他组织建立起新型的关系，导致企业空间结构发生重大变化。企业疆界从有形的物理地点向无形的网络空间延展，组织接近替代了地理接近。

第八章 战略与领导、组织、资源、文化

显然，信息化的发展拓展了人们的视野和创造力，带来观念和思维方式上的转变：关于组织边界的概念已摆脱传统上狭隘的物理边界，转变为网络化的开放边界。基于互联网和信息技术的新型组织强调：建立快速反应机制，灵活应对不断变化着的市场需求；形成良好的内外部信息交流特别是横向信息交流，更有效地获取、学习、传播和创造知识；模糊传统的企业边界，构建基于"知识链"的合作网络；降低组织运行成本和交易成本。传统企业组织与现代企业组织比较见表 8-2。

表 8-2 传统企业组织与现代企业组织比较

传统组织特征	现代组织特征
科层制	扁平型结构
集权管理	分权管理
分工、专业化管理	团队管理
经验型组织	学习型组织
实体组织	虚拟组织
组织边界清晰	组织边界模糊

（一）网络组织

信息化的发展使传统的等级链组织结构正在迅速演变为水平开放式的网络组织结构。正如曼纽尔·卡斯特（Manuel Castells）所指出的那样，在技术快速变迁的情况下，网络而非公司才是实际的运作单位。

网络组织是指在信息化的基础上，将相关企业联结起来，建立一种具有稳定关系、高度灵活和资源共享的组织结构。它是一种开放性的新型组织结构。它通过产权虚拟化和信息共享机制来延伸组织功能，打破了传统组织的固有边界，形成一种新的企业内外部关系。组织网络化包含两个层面上的含义：一是企业外部关系网络化，指以联盟、合资等形式建立的企业网络；二是企业内部组织网络化，指建立跨职能部门、突破官僚制度约束的经理人员间的非正式联系，或高层管理人员利用管理信息系统等手段，共享信息的方式。网络组织成

员间不存在产权联结和隶属关系，因而也就几乎没有因组织规模扩大而导致的管理费用增加、信息传递时滞和失真等问题，成为一个无边界、机构小且规模大的产业王国。

在新经济时代，市场环境变化的一个重要特征是不确定性增强：由一种清晰的、缓慢的、线性变化的状态转变为一种混沌的、快速的、非线性变化的状态。这就要求企业突破传统的组织边界，把外部环境作为自己的一个虚拟部分，同时也把自己当作其他企业的虚拟环境。企业不再按照固定模式来构建，而是围绕核心任务，形成高度分散化、网络化的组织。在网络组织中，企业分工更细、规模更小，每一过程、每一功能都由一个专业化的高效实体组织承担。这就使得具有开放边界和强大虚拟功能的网络组织对快速变化的市场环境有很强的自适应性——在结构和流程纬度上：由一个方向按顺序操作模式变为平行操作模式；程式运作转变为目标定向运作；聚集式运作及其结构转变为离散式运作及其结构；稳定性结构转变为动态性结构；分级体系转变为网络体系。在时间纬度上：某一时点上的同步活动转变为不同时的异步活动；自我调整的弹性工作时间取代了明确固定的工作时间；不限时的活动替代了限时活动。美国 1998 年建立了世界上最大的医疗网 VHAseCure.net，将 1 600 多家营利性的药店、诊所、护理中心、外科中心与 350 多家非营利性的医院联结起来。在医疗网内，上游成员间可以联合研发新药和推进药品销售，大幅度降低了新药研发与销售费用。目前，美国等发达国家正以每年递增 35% 的速度组建跨行业、跨地区的网络组织，形成 2 500 亿美元左右的生产规模。网络组织对企业战略和创新具有重要的作用。

首先，网络组织用一种分布式平行网状的信息流动方式来替代传统组织纵向等级的信息流动方式，大幅度减少了信息传递层次和信息时滞、失真和漏损现象，并通过虚拟环境的组织接近，打破了企业在地域空间上的限制，成为知识和信息节点的集合，从而大大增进了信息流动的速率和范围，提高了创新的可能性。

其次，在传统组织中，当存在信息上的差异的时候，一个组织中的各个成员不可能再在地位平等的基础上相互合作，因而妨碍了他们去探索新知识的能力。在网络组织中，组织成员迅速而彻底地分享信息，平等地相互合作成为一种可能，从而促进了知识特别是那些默会知识与管理诀窍的动态学习、分享和互补，增强了企业创新的能力。

最后，网络组织是一种开放性的自组织结构，超越了传统上由产权架构的组织边界，能够根据市场环境变化、组织目标和任务，迅速、灵活和有效地整合各种社会资源，从而在很大程度上解决了工业社会企业合作成本过高的问题。

（二）学习型组织

学习型组织是指具有组织学习力，能够不断获取、运用和创造知识的一种组织结构。在工业经济条件下，以渐进式创新为主的发展模式使企业的学习曲线具有连续性的特征，企业在专业领域里大多有比较完整的知识积累，学习障碍并不突出。在新经济条件下，日益增多的突破式创新和融合式创新使学习曲线具有非连续性的特征，面对快速变化的市场环境，那些原先带来竞争优势的资源和能力有可能成为企业发展的"陷阱"。新知识的获取、学习、传播与创造已成为许多领域创新和竞争的关键。在传统组织中尽管也存在知识交流与共享，但这种知识交流和共享是在等级制组织框架内，分布是不均衡的，交流也是不充分的。因此，学习型组织对提高企业创新能力具有特别重要的意义。

首先，马恰德（Marquadt）认为，系统地看，学习型组织是能够有力地进行集体学习，具有不断改善自身收集、管理和运用知识的能力以获得成功的一种组织。学习型组织强调持续的学习能力，学习的社会性和知识创新，在组织内构建一种知识获取、传递和创造的共享系统。这种持续的组织学习引致知识、信念和行动的变化，增强了组织的创新和成长能力。

其次，盖斯（De Guess）认为，在产品和过程均可被迅速复制的情况下，激发员工的学习积极性是真正获得竞争优势的唯一源泉。学习能帮助员工掌握创新式工作方式，与客户建立更为密切的关系，使整个组织在竞争中脱颖而出。布雷德利（S. Bradley）和诺兰（R. Nolan）将制度化学习定义为：系统地改变一个组织用于解释信息和处理信息的固定模型的系统能力（包括数据模型、数学模型和程序模型）。也就是说，使固定的模型（这些模型解释环境的信息并相应地调整企业生产过程）系统更新这一行为制度化，就是使学习制度化。这种制度化的组织学习可以实现最大限度地共享和利用信息，迅速地把创意转化为行动，促进创新的发展。

最后，创新不但需要对新知识的学习，而且需要学习转型：从一种学习模式转变为另一种学习模式,从在一个稳定的知识结构中的学习转变为在一个不断变化的环境中的学习。这就要求创新企业具备要素知识和结构知识。要素知识指的是改变一个组织的知识和能力;结构知识指的是将要素或元件构建成一个有机整体的知识。显然,学习型组织的这种学习转型是提升创新能力的重要路径。

学习型组织让通用电气生机盎然[1]

创立于1896年的美国通用电气公司在过去20年中,给予股东的平均回报率超过23%。通用电气的成功来源于其强有力的学习型组织和独特的学习文化。

一、学习型组织的特色

(1) 领导者的新角色:从传统的管理型领导转化为学习型领导。通用电气总裁韦尔奇认为,领导应该是"同时作为教练、启蒙者以及问题解决者来为企业增加价值,因为成败而接受奖励和承担责任,而且必须持续地评价并强化本身的领导角色"。通用电气在克罗顿维尔建立了领导才能开发研究所,每年有5 000名领导人定期研修。《财富》杂志称其为"美国企业的哈佛大学"。在这里,没有职务的束缚,可以不拘形式地自由讨论。每周都有100多名职员听取企业生产、经营和管理等方面的课程。在韦尔奇的领导下,通用电气领导层变成了一个不断创新、富有成效的学习团体。

(2) 倡导学习理念。通用电气是一个多元化公司,以往外界认为它是一个缺乏一致性的散乱大组织。韦尔奇倡导"好学精神"的理念,推动人员和思想在组织内自由流动,把通用电气的多样和复杂变成寻求多种技术的多种运用方式,各种创意和新思想被源源不断地激发出来,多元化成为产生新思想和新技术的源泉。

(3) 打破组织边界。通用电气的学习型组织突破常规,不断扩大学习范围。不但倡导部门内的相互学习,而且倡导部门间的相互学习,向联盟伙伴学习,甚至向竞争对手学习,把最好的思想、方法和经验等引入工作实践。如通用电气航

---

[1] 改编自沈斌、蒋天颖、冯勤:《学习型组织让通用电气生机盎然(管理模式)》,人民网人民文摘,2003年第九期。http://www.people.com.cn/GB/paper2086/10236/936361.html

空机械公司学习医疗电器公司的远距离诊断技术，对飞机在飞行中的发电机进行远距离监视。

（4）学习与工作相结合。通用电气将学习与工作紧密联系起来，如有的员工发现其新西兰家电生产厂商采用缩短产品周期的"快速反应"法，就将其迅速应用到加拿大家电业务中，体现了通用电气的自信、简捷、速度原则。

（5）发挥员工的主动性。通用电气实行"让每一个人参与竞争"的"群策群力"的计划，鼓励员工针对公司业务中的弊端，坦率地向上级主管提出看法，这是一种"另类"的学习。这一计划疏通了公司内部意见沟通的渠道，让各部门员工直接参与决策，更加尽责，促使包括最高经营者在内的全体员工寻求解决问题的办法，大大提高了生产效率。一项针对通用电气员工的调查显示，"87%的人认为他们的意见很重要，而在20年前，这个数字仅为5%"。

二、学习型组织的成果

通过构建学习型组织，通用电气取得了巨大的成功，有三项成果可以代表学习型组织为通用电气带来的革命性变化。

（1）重大的战略举措来源于学习。学习和学习型组织贯穿了韦尔奇执政的20年，它是通用电气的核心价值理念。以 6σ 标准为例，6σ 是一种统计学上用于测量每100万次操作中不良产品的计量单位。1990年，摩托罗拉首创 6σ 行动，并因此节约了2.2亿美元。学习型组织改变了通用电气故步自封的状态，开始向摩托罗拉学习质量管理。6σ 明显地改善了通用电气的实际工作。在通用电气资本服务公司，原先一年收到的30万个抵押客户来电中，有24%的客户必须使用声音邮件或二次拨打，6σ 小组通过改进工作，使第一次电话接通率达到99.9%。

（2）全新的服务理念来源于学习。①大力发展服务业。在韦尔奇就任通用电气总裁前，公司的业务基本上是制造业：收入的85%来自制造业，仅有15%来自服务业。韦尔奇发现通用电气家电等产品受到来自亚洲的强烈冲击；同时发现服务业有巨大的潜力，是今后的发展方向，增长速度远远超过制造业，而且利润率比制造业高50%。1994年通用电气制定了战略规划，并于次年成立独立的服务机构。到2000年服务方面的营业额和利润都已成为通用电气的半壁江山。②强化售后服务。通用电气认识到，提供服务是支持生产和销售产品的一种重要功能。企业利润将更多地来源于为顾客提供更好的解决方案，而不是来源于出售的产品和设备，预购买行为就是从服务开始的。通用电气医药公司从推出 CAT 扫描仪后，就开展"连续服务"工作。通过软件升级，医院能够得到"下一代模型"。③不断拓宽服务对象。1990 年代以来，通用电气在全世界大量收购引擎维修服务商店，与各航空公司签订维修合同，其中包括罗尔斯·罗伊斯、布莱特·惠特尼这些竞争对手的产品。

（3）独特的学习文化来源于学习。学习型文化的关键点之一是鼓励"抄袭"最好的思想，让员工确信挖掘伟大思想是他们的责任。为了鼓励员工的好学精神，通用电气将薪水、奖金的评定标准与学习联系。由学习型组织形成的学习文化使通用电气占领了制高点。

（三）团队组织

团队是为实现特定目标而建立的相互合作、一致努力的由若干成员组成的共同体。它已成为现代企业组织结构中的重要基础。团队组织的产生是人们基于对企业本质认识的深化：企业本质是一个能力体，其核心任务是如何加速知识的转换，实现能力的提升；在为消费者创造更大价值的同时，为企业创造更多的利润。在信息化条件下，企业组织不再完全以劳动分工和管理分工为基础，而是以能力分工为基础。团队组织正是体现这种能力分工的组织形式。

当今，对一个具有创造力的组织，互联网提供了个人之间和组织之间高度的互相联系。这不但在企业内形成大量的合作团队组织，成为价值生产活动的基本单位，而且在企业间产生大量的跨企业合作团队组织，注重不同企业间的关联，为同一个战略目标，分工合作，相互协调，共同开发一项产品或从事一项工作。

团队组织这种创新效率主要来源于：

（1）团队学习。在共同的组织目标下，团队成员间可以差异互补，促进团队内的学习，加速知识交流和生产，使员工迸发出无穷的创意。

（2）团队合作。在共同的组织文化中，团队合作可以打破部门和职能界限，在更大程度上包容员工，形成良好的默契，将共识转化为行动。波音、艾利丹尼森（Avery Dennison）、百特国际（NYSE：BAX）和惠普等公司都组织了跨职能团队。

（3）自主管理。在团队组织中，员工得到充分授权，可以自由地以他们认为

第八章 战略与领导、组织、资源、文化

最好的方式完成工作,从而激发员工的创造性。

(4) 组织弹性。根据目标任务,团队成员可以灵活安排自己工作的方内容、方式和进度等。

一个高效的团队应当具有以下特征:

(1) 清晰的目标。高效的团队对所要达到的目标有清晰的认识,并激励团队成员将个人目标与团队目标相一致,使团队成员清楚地知道他们应当做什么、如何与其他团队成员合作。

(2) 相关的技能。高效的团队成员需要具备实现目标所必需的相关技能,而且各成员间要形成一个互补的能力结构,以保证团队目标的实现。

(3) 相互的信任。团队成员间只有建立信任的关系,才能在工作中相互默契和支持,形成合力。当然,这种成员间的相互信任需要长期培养和组织文化环境。如果一个组织崇尚开放、诚实与协作,鼓励员工参与与自主,就比较容易形成信任的环境。

(4) 一致的承诺。高效的团队需要其成员具有高度的忠诚和奉献精神,为使团队获得成功而愿意承担任何工作和责任,发挥最大的潜能,即一致的承诺。研究发现,团队成员对其群体的认同感,对增强一致的承诺具有重要作用。

(5) 良好的沟通。团队成员通过有效的方式进行沟通,包括各种言语和非言语信息,可以使成员间迅速而准确地了解彼此的想法和情感,增进相互间的理解和信任,消除误解,团队合作更加默契、有效。

(6) 谈判技能。以个体为基础进行工作设计时,员工的角色由岗位职责、工作流程和工作制度等一些正式文件明确规定。对于高效的团队,其成员角色具有灵活多变性,总在不断地调整。这就需要成员具备谈判技能,应对与处理团队中问题和关系的时常变换。

(7) 恰当的领导。一个优秀的领导者并不一定要控制下属,而是要帮助下属达到其目标,提供必要的指导和支持,确保下属各自目标与组织总体目标保持一致,担任的是教练和服务的角色。

(8) 内外部支持。从内部来看,团队应拥有一个良好的基础结构,包括拥有共同价值观、有效的激励机制等,以引导团队成员的行为,取得高水平绩效。从外部条件来看,团队应获得完成目标和任务的工作环境与资源。

战略管理

联邦快递是如何打造高绩效团队的?[①]

美国联邦快递公司（FedEx）向世界220个国家及地区提供24~48小时门到门的快递运输服务。每个工作日运送的包裹超过320万个，每年运送包裹总价值达600多亿美元；在全球拥有超过13.8万名员工、50多万个投递点、671架飞机和4.1万辆车；通过网络与全球100多万客户保持密切的联系。2002年营业额达196亿美元，2004年被《财富》杂志评为"全球十大最受推崇公司"。联邦快递成功的一个关键因素就是高绩效团队。

航空快递业务的最大特点是业务流程环环相扣，区域跨度大，时间连续性强，需要通过团队的精诚合作来共同完成。在遍布全球的物流网络上，联邦快递有成千上万个团队：负责销售的Sales团队、负责收派件的Courier团队、负责分检的Service agent团队、负责客户服务的800团队、负责调度的Dispatch团队、负责技术的团队和负责航空运输的团队等，客户的包裹像接力棒在这些团队手里快速传递。

一、培育以人为本的团队文化

优秀的团队文化对提高团队绩效具有积极的作用，它能对团队成员产生吸引、鼓舞、昭示和激励作用。联邦快递打造团队文化，首先是培育核心价值观："员工——服务——利润"。联邦快递通过关心员工，鼓励其为客户提供专业的、高质量的服务，进而保证公司利润和业务的持续发展。其次，联邦快递努力营造一种"平等——民主——以人为本"的文化氛围，在团队中塑造一种平等的理念。最后，联邦快递着力打造"团结、合作、创新、诚信"的团队精神，这主要体现在培训体系、激励机制和沟通机制等方面。值得一提的是，联邦快递旗下的600多架飞机全部以员工子女名字命名。可以想象，当看到天上飞的"爱丽思"号、"菲利普"号，并联想到员工下一代时，联邦快递员工心中会涌上对公司何等的忠诚、自豪与热爱。

二、塑造共同的团队目标

联邦快递团队目标主要体现在两个方面，一是团队的业绩目标；二是团队成员的行为标准。联邦快递关注财务业绩指标，追求为员工提供良好的工作环境、

[①] 节选自周密：《联邦快递如何打造高绩效团队》，《华东经济管理》，2005（6）。

对社会应负的责任等非财务目标。2004 年，在《美国华尔街日报》年度哈里斯企业声誉调查中，联邦快递被评为"企业声誉最佳"的运输公司，在"感染力""社会责任"和"工作环境"三项指标中名列前五位。联邦快递努力塑造一种既为客户也为员工着想的企业形象。速递员在收派件时要按照操作规范完成各项程序，按照礼仪规范与客户建立零距离关系；速递员返回公司后与分检员按照程序标准交接；货物和报关单按标准处理，运抵机场与分检员按规范交接，一环扣一环，直到货物及时、准确地送交到收件人手中。如此复杂流程，如果没有一套标准的操作规范，那是很难保证工作质量和效率的。

三、建立系统的培训

联邦快递非常重视员工的个人发展，建立了一套"培训——选拔——角色转换"机制。参加培训是员工获得发展机会的重要条件。员工参与培训课程级别的提升，意味着公司的信任与期望提高。培训课程能让员工学到真正的技能与知识，在联邦快递备受欢迎。培训课程设计得很全面和细致，每个岗位都有培训计划，如分检员上岗前要经过基础的速递课程培训、内网 COSMOS 系统培训、清关代理课程培训等，每项培训都经过考核并记录在案，如果不合格就可能不能上岗，无论你在面试时表现多么出色。

四、推行有效的激励机制

联邦快递近 50%的支出用于员工薪酬及福利，员工报酬包括认同个人的努力、刺激新的构想、鼓励出色的表现和推广团队合作等因素。团队激励机制包括整体报酬、名誉奖励和发展计划。其中，整体报酬包括薪金计划、福利计划及优质工作/生活计划。联邦快递经常让员工和客户对工作进行评价，并奖励成绩卓越的团队成员：① Bravo Zulu（祖鲁奖或勇士奖）：奖励超出标准的卓越表现；② Finders Keepers（开拓奖）：奖励带来新客户的员工；③ Best Practice Pays（最佳业绩奖）：奖励贡献超出目标的团队；④ Golden Falcon Awards（金鹰奖）：奖励客户和公司提名表彰的员工；⑤ The Star/Superstar awards（明星/超级明星奖）：最佳工作表现奖，相当于受奖人薪水 2%~3%的支票。

五、建立有效的团队沟通机制

联邦快递建有三大沟通保障制度：自由交流政策、保证公平待遇程序、调查——反馈——行动计划。自由交流政策是管理层随时欢迎员工提出合理意见；

保证公平待遇程序是让团队成员有机会越级向管理层反映关注的问题、与上级不能解决的争执。联邦快递管理者经常与员工沟通，实行调查——反馈——行动计划（已有25年），每年进行一次员工对公司、经理评价的调研，让经理与员工一起寻找问题的症结和解决办法。如果团队成员一致不满，那经理下课的机会就很大。

六、重视虚拟团队的打造

联邦快递的业务分布全球，并要求在24~48小时内送达。当货物出境后，运送环节上的团队成员就会变成另一个国度的人。当每天几百万个包裹通过几百架飞机在全球5万个投递点之间流转时，无论你是哪个国家的雇员，身处何地，只要是联邦快递的员工，就同属一个团队，共担一份使命！例如，中国联邦快递员工在午夜接到西半球某个国家联邦快递员工的电话，询问某个包裹是否运抵中国，要求紧急转运第三国，中国联邦快递员工就必须迅速查实货物的准确位置，并与对方或第三方确认，及时转运。联邦快递为"使命必达（Mission Guarantee）"这一共同目标，成功地通过虚拟团队解决了跨越时空和组织边界的各种应急事件。

二、组织配置：麦肯锡7s模型

组织结构和系统的相互兼容性非常重要，也就是所谓的组织配置。组织配置是指为支持预定战略而设定的一系列相互关联的组织设计要素。最著名的研究方法是麦肯锡7s模型，具体见图8-6。麦肯锡顾问公司认为，企业在发展过程中必须全面地考虑各方面的情况，包括硬软件要素。其中，硬件要素有：战略（Strategy）、结构（Structure）和制度（System）；软件要素有：共同价值观（Shared Vision）、风格（Style）、人员（Staff）和技能（Skill）。软件和硬件要素具有同等重要的作用。它们对企业的成功经营是不可或缺的。企业仅有明确的战略和深思熟虑的行动计划是远远不够的，在战略执行中有可能发生偏差和失误，因此要全面考虑企业整体情况，对软硬两方面要素进行协调。

（一）战略

战略是企业根据内外部环境及可取得的资源，为求得长期生存和发展而做出的总体谋划。它是企业经营思想的集中体现，制定经营计划的基础。战略管理理论是在1950~1960年代经济社会环境变化和市场竞争加剧这一背景下，基于对企业经营管理实践经验而建立起来的，已成为企业取得成功的重要因素，企业经营已进入了"战略制胜"的时代。

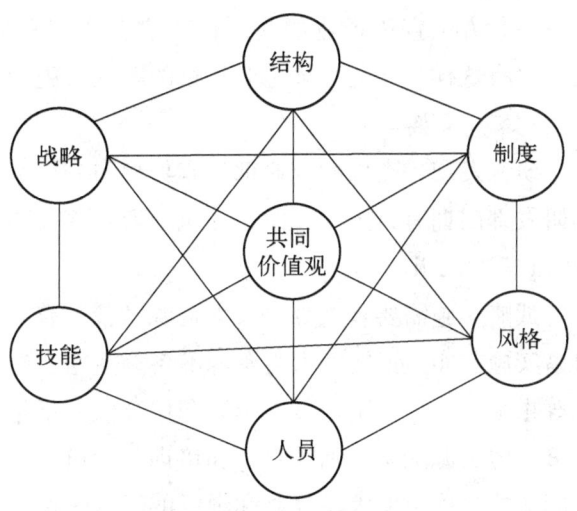

图8-6 麦肯锡7s模型

（二）结构

结构是指企业组织的构成形式，即组织内部各个部门、各个层次间固定的排列方式，表现为一个由众多的部门组成垂直的权利系统和水平分工协作系统的有机的整体。组织结构必须为战略服务，与战略相协调。不同的战略需要不同的组织结构与之对应。例如，美国通用电气公司在1950年代末期采取简单的事业部制，那时公司已开始从事大规模经营战略；到1960年代，公司销售额大幅提高，但行政管理滞后，造成许多管理失控，影响利润增长；到1970年代初，企业重新设计了组织结构，采用战略经营单元结构，从而增强了控制多种经营活动的能力，有效地解决了行政管理的问题。

（三）制度

制度是有效实施企业战略的重要保证，企业要制定与战略相一致的制度。美国3M公司为了保证创新战略的有效实施，制定了相应的制度：一个员工只要参加新产品开发工作，他的职位和薪酬就会随着业绩的提高而提升。如果新产品成功进入市场，他就可以提升为产品工程师；如果新产品年销售额达到五百万美元，他就可以成为产品线经理。这种制度极大地激发了员工创新的积极性，有力地促进了企业创新战略的发展。

（四）共同价值观

共同价值观念具有导向、约束、凝聚、激励及辐射作用，能够激发员工的热情、统一员工的意志，使员工齐心协力地为实现战略目标而努力。这就需要企业通过各种方法宣传企业的共同价值观，使所有员工都能理解，并指导自己的行动。只有这样，才能保证企业战略的顺利实施。

（五）风格

研究发现，杰出的企业都具有集权与分权宽严并济的管理风格，让生产部门和研发部门拥有自主权，但又固执地遵守着几项流传久远的价值观。

（六）人员

战略实施需要有充分的人力资源准备，有时战略成败系于有无合适的人员去付诸实施。实践证明，人力资源准备是战略实施的关键。IBM 的一个重要原则就是尊重个人，他们坚信员工不论职位高低，都是产生效能的源泉。因此，企业要注重人力资源配备，加强教育和培训，使员工具有与战略相适应的理念、知识和技能。这是一项庞大、复杂和艰巨的组织工作。例如，麦当劳的员工都十分有礼貌地提供微笑服务；IBM 的销售工程师技术水平都很高，可以为顾客解决技术上的难题；迪士尼的员工生活态度都十分乐观，他们为顾客带来了欢乐。

（七）技能

在执行战略时，需要员工掌握一定的技能，这有赖于严格、系统的培训。松下幸之助认为，每个人都要经过严格的训练，才能成为优秀的人才。譬如在运动场上驰骋的健将们大显身手，但他们惊人的体质和技术，不是凭空而来的，是长期在生理和精神上严格训练的结果。如果不接受训练，一个人即使有非常好的天赋资质，也可能无从发挥。

麦肯锡 7s 模型至少强调组织设计的三个方面：一是组织设计不仅涉及如何正确地选择合适的组织结构，而且还涉及许多其他的组织要素；二是 7s 模型强调组织要素间的匹配：从结构到技能的所有要素都需要予以综合考虑；三是如果改变 7s 模型中的一个要素，那就需要同时改变其他要素以保持匹配，单独地改变一个要素会导致事态的恶化。

三、战略与组织结构关系

美国管理学家钱德勒认为，组织必须服从战略，企业战略的改变先于并导致其组织结构的改变。他在《战略与结构：工业企业史的考证》一书中，研究了杜邦、通用汽车和标准石油（Standard Oil）等 43 家公司的发展历史，发现在早期

第八章 战略与领导、组织、资源、文化

像杜邦这样的公司倾向于建立集中化的组织结构,这种结构非常适合生产和销售有限种类的产品。随着增加新的产品线,收购上游原材料供应企业,建立分销系统等,高度集中化的结构就显得过于复杂。为了保持组织的有效性,公司需要将组织结构转变为分权式的事业部结构。显然,公司战略的改变会导致组织结构的改变。吉尔布莱斯和卡赞佳认为,采用适宜的组织结构具有竞争优势。当公司采取复合多样化战略后,组织结构从职能结构转向事业部结构,能增加公司的报酬率。蒂斯(Teece)发现,由战略实施而引起的组织结构重组,通常对企业的资产利润率有明显贡献。其他研究也表明,业务单位的战略与公司总部给予自治权的匹配,对业绩有显著的影响。

战略与组织结构间的关系反映了战略规划与战略实施间的相互连接。一般而言,在这种关系中,组织结构总是源于或跟随战略选择而变化。在一些情况下,组织结构也会影响当前战略行为和对未来战略的选择。战略与组织结构关系的本质是,企业战略的改变需要组织结构做出相应的调整。组织结构不仅影响战略的实施,而且影响对未来战略的选择,这主要是由于组织结构的稳定性会限制对潜在的替代战略的选择。因此,企业要注重战略与组织结构两者间的匹配。在制定新战略时,要考虑支持新战略所需要的组织结构,不仅要为发挥当前竞争优势提供保障,而且要为未来竞争优势提供灵活性,实现战略与组织结构的有效匹配,创造新的竞争优势。从总体而言,战略对组织结构的影响比组织结构对战略的影响更为重要。

相对于战略变化,组织结构变革总是滞后的。根据钱德勒的研究,当环境发生变化时,企业最先做出反应的是战略,而后才是组织结构在战略推动下做出反应。这就导致战略的前导性和组织结构的滞后性。战略的前导性是指战略变化要快于组织结构变化。新战略的提出大多基于外部环境变化的刺激,也是内部资源积累和能力增强的结果。组织结构的滞后性是指组织结构的变化通常要经历一个新旧结构的交替的过程。旧的组织结构具有很强的惯性,员工习惯了原有的工作关系、流程和方法等,形成既得利益群体。在组织变革初始阶段,大多数员工仍会沿用原有的思维方式和管理模式,并感到对个人地位、权力和利益的威胁,他们会以各种方式来抵制变革。随着时间的推移和变革成效的显现,变革阻力会逐渐减弱,变革动力会逐渐增强。

在同一行业，相似战略的企业倾向于类似的组织结构。在美国，汽车制造商倾向于模仿通用汽车公司的分权式事业部结构，消费品企业倾向于模仿普罗克特和甘布尔（Puluocter & Ganbool）公司的组织结构模式。吉尔布莱斯和卡赞佳对战略与组织结构的匹配提出了具体的指导原则：单一业务和主导业务的公司，应采用职能型结构；相关产品和服务多元化的公司，应采用事业部型结构；非相关产品或服务多样化的公司，应采用复合式（或控股公司）的组织结构。

战略规定了组织结构及其变化。企业要有效地实施一项新的战略，就需要建立一个新的至少是改革了的组织结构。如果没有一个与战略相匹配的组织结构，战略就不可能有效实施。同理，一个企业如果在组织结构上没有重大改变，则很少能实质性地改变当前的战略。因此，企业不能从现有的组织结构考虑战略，而应根据战略调整组织结构。

据此，我们可以得出以下结论：① 组织战略规定了组织结构的形式；② 只有组织战略与组织结构保持一致，才能成功地实现组织目标；③ 如果没有一个体系完整、严密高效与战略匹配的组织结构，企业战略不可能得到有效的实施；④ 一个组织如果在结构上没有重大变化，则很少能在实质上改变当前的战略。

战略聚焦

腾讯的组织架构变革：重点布局六大业务[①]

2012年，腾讯将战略重点转移到六大业务领域：社交、游戏、网媒、无线、电商和搜索，并强化了平台战略。这一战略布局不但涵盖了腾讯已进入的几大互联网领域，而且为未来发展预留出足够的空间。相应地，腾讯将原有业务单元制改变为事业群制，把现有的业务重新整合划分成企业发展事业群（CDG）、互动娱乐事业群（IEG）、移动互联网事业群（MIG）、网络媒体事业群（OMG）和社交网络事业群（SNG），整合原有的研发和运营平台，成立新的技术工程事业群（TEG）以及腾讯电商控股公司（ECC），专注运营电子商务业务。

社交领域：腾讯不断强化大社交网络，把即时通信平台QQ与两大社区平台

---

① 节选自《腾讯CEO马化腾致员工信：拥抱变革 迎接未来》，[2012-05-19] http://wenku.baidu.com/link?url=sYdSGR4e1OZ1WJRJLixT2iXpyL3Jtch-hxTPt51XjsjcR2FoG8e_D0Do1jBDruN7wEDvZF9GbUsi9lvWcosn9vLOJYoKRLpnxqp74AbLB4Wi

第八章 战略与领导、组织、资源、文化

QQ 空间、朋友网整合成社交网络事业群，形成更具规模的社交网络平台，这主要是参照 Facebook 标杆。腾讯是国内最早布局社交网络的公司，2005 年推出的 QQ 空间的活跃账户数 5.77 亿，实名社交平台朋友网活跃用户数 2.15 亿，处于行业领先地位。目前，借助于开放平台，腾讯在社交领域的发展呈加速趋势。2012 年第一季度财报显示，社区及开放平台收入达 20.61 亿元。

游戏领域： 腾讯拥抱全球网游机遇，展现了全球化布局的战略意图。腾讯游戏早在 2002 年就开始布局，10 年里成功地研发了多款游戏，并代理"地下城与勇士""穿越火线"等多款经典游戏。2011 年，收购了"英雄联盟"美国游戏开发商 Riot Game 的大部分股权，在国内游戏市场稳居第一。

新媒体领域： 在过去一年多的时间里，腾讯对传统门户、微博和视频等多种媒体进行深度整合，形成一个新媒体平台。2012 年第一季度财报显示，腾讯网络广告收入达到 5.4 亿元，跃居门户行业第一。

无线领域： 腾讯发力移动互联网。无线网络是腾讯最早搭建的平台之一，也是最早带来收入的业务。从 2G 时代到 3G 时代，从手机 QQ、手机浏览器到手机管家，腾讯在移动互联上的布局愈加丰富、清晰。马化腾曾在多种场合下强调，腾讯十分看好移动互联网的发展前景，并在积极布局和尝试。数据显示，仅手机 QQ 登录就已达到 QQ 总量的 50%。腾讯成立移动互联网事业群，在无线互联网市场上争取更大的发展。

电商领域： 腾讯推动电商扬帆远航，显示了长期投资电商的决心。未来的电商公司将以更灵活的机制应对市场挑战。腾讯先后投资易迅、好乐买和珂兰钻石等优秀的 B2C 电商企业。在未来 5 年，腾讯电商控股公司的目标是成就 10 家以上百亿级销售额的 B2C 合作伙伴，100 至 200 家年销售额超过 1 亿的传统品牌及网络品牌合作伙伴，使腾讯电商平台成为一个汇聚超过 100 万家各类商户的超级电商平台。

搜索领域： 腾讯长期聚力培育搜索业务。通过此次组织调整，使搜索业务更好地依托公司核心技术平台和移动互联网业务平台的资源优势，发展新一代搜索服务。在新的架构调整中，搜索商业部门与无线平台的整合是一大亮点。腾讯在无线搜索市场上占有 20% 以上的份额，位居前三名。这种整合有助于扩大其搜索在无线领域的优势，实现快速增长。除了发力无线平台外，腾讯搜索核心技术

部门将与技术工程事业群整合，继续加大对核心搜索技术以及语音搜索、图片搜索、语义搜索等前沿技术的投入，以便在未来技术变革时把握住重大机遇。

腾讯这次调整将不同业务领域梳理得更加清晰，以更好地支持业务变革，满足用户需求，充分体现了"一切以用户价值为依归"的经营理念。马化腾认为，"在互联网行业，谁能把握行业趋势，最好地满足用户内在需求，谁就可以得到用户的垂青，这个是我们行业的生存法则"。之前，腾讯各业务部门虽然也在不断发展，但受组织架构的限制，不能完全满足用户层出不穷的新需求，"所以在这个时候，我们必须要聚焦用户、顺势而变，从用户需求和产业发展的角度重新调整我们的组织架构"。

迄今为止，这已是腾讯第二次重大组织变革，第一次是在2005年。当时，腾讯看到处于萌芽期的网络游戏、网络媒体和移动互联网等机会，果断地进行了新业务布局，以"打造一站式在线生活平台"为战略方向，围绕5年后营收达100亿元的战略目标，将公司按功能模块转为业务系统制，完成了第一次大规模战略、业务和组织架构调整，从而使腾讯有了一次质的飞跃，一举成为国内最大的互联网公司。到2011年，腾讯收入达285亿元，净利润超过100亿元；2012年第一季度的财报显示，腾讯总收入为96.5亿元，比上一季度增长21.8%，比2011年同期增长52.2%。这一次组织变革将推动腾讯向世界级公司迈进。实际上，腾讯已为向世界级公司迈进打好了国际化基础。2005年腾讯成立了国际业务部，目前在东南亚、北美、欧洲等地区均有业务，并投资了多家美国、韩国、欧洲和东南亚的优秀互联网公司。这次的架构调整使腾讯的业务布局更趋合理，也最有希望成为中国第一个全球性的大型互联网公司。

（一）战略阶段与组织结构匹配

研究表明，大多数企业的发展历程都反映了战略与结构关系的特定模式。钱德勒发现，公司的成长模式决定结构的形式。"先是通过数量，然后是地域，接下来是整合（纵向或横向），最后是产品/业务多元化。"组织的成长为公司改变战略获得更大的成功创造了机会，但随着生产与销售的增长会带来协调和控制的问题，而这些问题在现有的组织结构中往往无法得到有效处理。因为，在现有结构中正式的关系、程序、控制和授权等不支持新战略的运用。因此，需要建立新的结构，获得有效整合与协调战略行动所需要的执行力。随着时间的推移，成功的企业会从简单型、职能型结构向事业部型结构演变，以支持企业战略的变化。每一种战略的有效实施都需要与相应的组织结构相匹配，以得到保障，具体见表8-3。

表8-3 战略发展阶段与组织结构匹配

战略阶段	特 征	组织结构
数量扩大	外部环境比较稳定，企业只要关注扩大生产规模，提高生产效率，就能获得高额利润。与此相适应，组织职能和结构比较简单，主要是生产和销售	简单结构向职能型结构演变
地域市场扩散	随着生产规模的扩大，一个地区的市场已不能容纳企业生产发展的要求，企业会把市场扩散到其他地区	职能型结构向事业部型结构演变
纵向一体化	为了提高竞争力，企业边界向供应链上下游环节延伸	事业部型结构向矩阵结构演变
多元化	为了规避投资风险，寻求新的增长点，企业将进一步拓展经营领域，发展多元化业务	事业部型结构向战略业务单元演变

（二）战略类型与组织结构匹配

1. 业务层战略与组织结构

从业务层战略上看，企业可以用不同形式的组织结构来支持成本领先战略、差异化战略和聚焦战略。企业战略业务单元的组织结构主要是职能型组织，但在支持不同战略时，职能型组织具有不同的特征：一是专门化——完成工作任务所需要的职位和数量；二是集中化——决策权在不同层级管理者的分布情况，即权力结构；三是规范化——有关工作流程、制度的规范程度。

（1）成本领先战略与组织结构。成本领先战略是向市场上的顾客大量销售标准化产品，企业需要拥有比竞争者更低成本的能力。因此，企业更多地关注生产制造过程，减少产品变化。这种职能型结构是一种机械式的整体结构，其特征为：简单的关系、集权式的决策模式和权力结构、高度的专业化和规范化、注重生产效率、职位角色结构化。这种结构有利于形成低成本文化——员工在完成工作任务过程中不断寻求提高生产效率，降低成本的方法，并通过不断完善产品结构使生产变得更加容易。

（2）差异化战略与组织结构。差异化战略是向具有独特需求的顾客提供个性化产品，以不同的方式为顾客创造价值。因此，企业更多地关注新产品研发和营销，而非生产和制造过程。这种职能型结构是一种有机的整体结构，其特征为：相对复杂和灵活的关系、交叉职能的团队、分权式的决策模式和权力结构、注重新产品研发与营销而非制造和程序的优化。这种结构有利于塑造以创新为导向的文化——员工努力寻求产品差异化的方法，探索和开发新的产品。

2. 公司层战略与组织结构

企业的持续成功最终导致产品和市场的多元化。这种多元化的发展导致组织结构从职能型向事业部型转变。

（1）相关多元化与组织结构。相关多元化有两种基本情况：一是企业内各事业部间联系的约束性较高，二是企业内各事业部间联系的约束性较低。

在第一种情况下，企业主要通过水平整合，促使各事业部间的相互合作。事业部一般围绕产品或市场来建立。加强事业部间的合作可以更好地实现范围经济，提高整体竞争力。其结构特征是标准化、集中化、形式化。企业在研发、营销等方面强调集中管理，以提高资源共享性，创造竞争优势。为了降低协调成本，企业会采用矩阵制结构，针对项目建立任务型团队。

在第二种情况下，企业通常在事业部下设立战略业务单元来支持战略实施。每一战略业务单元内共享资源、产品和市场，具有规模经济和范围经济；不同战略业务单元间相对独立，强调相互之间的业务组合。其特征是各事业部内共享竞争力，但各事业部间的合作可能会产生诸多问题。

（2）不相关多元化战略与组织结构。不相关多元化战略的企业主要通过高效的资本配置和业务重组（并购或出售）创造价值。在组织结构上多采用事业部型结构，各部门独立竞争，不共享企业竞争优势。它以高效的内部资本市场为战略基础，强调各部门间的竞争而不是合作。

这种内部竞争可以使企业从三个方面获益：一是增强灵活性，让各部门用不同的技术参与不同的项目，进而识别出最具潜力的部门，并将资源优先配置给这些部门。二是消除或减弱组织惰性，企业根据各部门的业绩和优势来配置资源，以发挥各部门的积极性。三是激励作用，在这种结构中，各部门必须通过竞争的方式，以优秀的经营业绩来争取企业资源的支持。为了强化部门间的竞争，达到提高组织效率的目的，公司总部应与各部门间保持一定距离，只有对那些业绩很差的部门才会介入。公司总部的职责主要是评价各部门的业绩、资源分配和长期规划。

3. 国际化战略与组织结构

在经济全球化的今天，国际化战略对企业发展显得日益重要，通过国际化战略，企业可以获得更多的技术、资源和市场，增强核心竞争力，超越竞争者。国际化战略需要与相应的组织结构匹配，加强对全球运营的有效协调和控制。

（1）多国化战略与全球地区结构。在多国化战略中，企业将战略和运营决策授权给地区业务单元，使产品特征能更好地适应当地消费者偏好。企业主要通过在不同国家的差异性市场上建立进入壁垒，保护其市场地位，摆脱全球竞争。全球地区结构强调的是满足当地市场的差异化需求，缺点是不能获得全球规模经济。随着国际市场日益重视产品的低成本，发展全球规模经济的要求随之增加。这一变化促进了全球化战略以及相匹配的全球产品结构的应用。

（2）全球化战略与全球产品结构。全球化战略是指企业向不同国家提供标准化产品。企业成功与否在很大程度上取决于是否能获得全球范围内的规模经济和范围经济。在全球产品结构中，公司总部掌握决策权，统一协调与整合各业务单位的决策和行动。快速成长的公司在寻求高效的管理产品线时，通常会采取这种结构，整合机制对全球产品结构非常重要。其主要缺点是：协调跨国决策和行动困难，无法对当地市场需求和消费者偏好做出快速响应。

（3）跨国化战略与混合结构。跨国化战略要求企业将多国化战略的本土反应和全球化战略的效率结合起来。混合结构能更好地将全球地区结构和全球产品结构的特点结合起来。在跨国化战略中经常用到两种混合结构：全球矩阵结构和混合全球设计。

4. 战略与网络结构

战略网络是由众多企业通过合作协议形式组成的。它是一个松散的联盟，合作者可以灵活地参与网络运作。网络中心企业处于战略网络的核心位置，成为战略网络结构的基础。战略中心企业管理网络成员间复杂的合作关系，确保成员企业参加网络的动机的一致，主要承担四个任务：战略外包、竞争力、技术和学习速度。战略网络这一组织结构可以应用于公司层战略、业务层战略和国际化战略等，有助于企业发现机会，形成竞争者难以复制的竞争优势，创造单个企业无法实现的价值。

第四节 战略与资源配置

要保证战略得到顺利实施，不仅需要强有力的领导、有效的组织结构，而且需要高效的资源配置。因此，如何配置资源，提高资源利用效率，也就成为战略实施的一个重要问题。

战略聚焦

Uber 的资源整合：一共要颠覆几个行业[①]

如果问现在谁是全球出租车司机的"头号公敌"，那一定非 Uber 莫属。尽管目前 Uber 的主要业务是叫车服务，但其正在努力打造一个运输生态圈。在美国，Uber 已推出同城快递服务 Uber Rush，用户可以像叫车一样叫快递，由 Uber 司机将物品派送到目的地，用户可以看到物品预计到达时间和实时位置，这一切看起来都如此眼熟。Uber Rush 利用 Uber 采用的商业模式和技术，只是将送人变为了送物。在运输过程中，Uber 快递员有可能使用徒步或自行车等方式，但其核心并没有实质性的改变。如果这一业务能得到市场认可，那就会成为 Uber 另一主要业务。

除了 Uber Rush 外，Uber 还在美国推出 Uber Essential 和 Uber Eats 等服务，涉及日常用品送货、送餐等领域。Uber 通过技术手段将碎片化的需求与碎片化的供给连接起来，使整个社会资源得到整合。在提高效率的同时，也使参与者从

---

① 改编自《Uber+，一共要颠覆几个行业？》，http：//www.enet.com.cn/article/2015/0702/A20150702001916.html

第八章 战略与领导、组织、资源、文化

中受益。无论是有生命的人还是无生命的物，只要有移动的需求，Uber 都可以将其纳入自己的业务。

Uber 的本质就是整合闲置的社会资源，利用其创造价值。但 Uber 在整合过程中面临的难以逾越的障碍就是"人"。任何交通工具都需要人驾驶，只有当人和交通工具都有闲时，才能成为可利用的资源，这就大大降低了资源的可利用性。如果交通工具能摆脱人的束缚，自动行驶，那将极大地提升资源利用率、降低成本。

Uber 目前与卡耐基梅隆大学展开合作，共同开发汽车自动驾驶技术。未来只要是处于闲置状态的自动驾驶汽车都可以成为 Uber 整合的资源，司机将不再成为制约资源利用率的因素。剔除了司机成本后，坐 Uber 专车的费用将进一步降低，同时还能避免可能存在的不安全因素。或许有一天租车会比自己拥有一辆汽车更加方便、实惠。如果真有这么一天，Uber 将在很大程度上改变人们对私有财产的观念。

Uber 似乎想告诉用户，Uber 不仅仅是专车，还可以进入其他领域，找工作、找对象和购物等都可以通过 Uber 来完成，并精心设计了一系列营销活动，贴心地给出了示范。在 Uber 司机中流传着这样一个故事，一个曾在某电视台做记者的人后来开创了一家互联网公司，他经常在 12 点后作为一名 Uber 司机在中关村趴活，在接了 6 个人后，成功地招到了现在的技术总监；后来又在北京南站趴活，谈成了多单生意。且不论故事真伪，有一点可以说明，只要肯动脑筋，Uber 远不止是专车这么简单，还可以承担很多其他功能，甚至更加快捷、有效。

Uber 的模式能够颠覆多少行业，我们无法给出一个准确的数字，但可以肯定的是，Uber 模式如果推广开来，那将对众多行业产生颠覆性影响。Uber 为何能创造出如此成功的模式，甚至具有颠覆行业的力量呢？

其一，Uber 一直以用户为中心。对于乘客，最大的需求是低成本地坐车从 A 地到 B 地，并要保证能及时叫到车，但这仅靠出租车是难以满足的。Uber 突破传统，建立了一个连接乘客与私家车司机的信息平台，实现随时叫车服务。由于 Uber 省去了传统出租车公司的大量费用，乘坐 Uber 专车要比传统出租车更便宜。

在 Uber 用户中不乏高端人士，他们对用车的需求远不止移动这么简单，汽车的档次与驾车人的服务质量都是关注的焦点。然而，传统出租车行业受制于统

一管理，难以为乘客提供个性化的高端服务。Uber 通过对私家车分类，对司机培训和评价等多种方式，组建了一支能提供高端服务的队伍。

其二，Uber 拥有强大的数据技术支持。无论是系统的自动派单，还是在交通高峰期溢价数额、司机奖励等都离不开大数据的支持。没有对数据的收集、存储和分析的技术，很难想象 Uber 能取得如此大的成功。

Uber 通过对社会资源的整合，引导提供者为需求者提供高质量的服务。就本质而言，这是一种 C2C 模式，适用于个人对个人的服务。除了乘车、快递外，还可以应用于教育、医疗、法律、财务和咨询等许多行业。它为提高社会资源利用率、创造新价值提供了可能，并对现有的商业模式产生了巨大的冲击。

一、战略性资源管理

(一) 知识管理（Knowledge Management，KM）

知识是一种重要的战略性资源。新经济是以知识的生产、分配、流通和消费为主要特征的，知识替代资本和劳动力，成为经济生产的核心资源和影响企业价值的新型资产。越来越多的企业正在迅速地演变为一个具有核心知识的超额利润中心和虚拟的知识管理主体。知识管理是一个对知识的获取、记录、整合、存取、分享、更新和创造的过程。主要通过构建知识网络来管理知识源和促进知识创新，并将创新知识回馈到组织系统内，促使个人与组织的知识不间断地累积，成为组织的智慧资本。而知识网络连接、知识交流与共享、知识创新与利用是知识管理的重要方面。

1. 知识网络

知识网络的节点可以是企业外部的供应商、中间商、大学、研究机构、社会中介、消费者和竞争者等，也可以是企业内部的员工。一个企业要在急剧变化的环境中发展，就必须通过知识网络迅速补充新知识。这种知识网络以互联网为平台，能够极大地改善知识获取、传播和创新的技术手段，改变人们知识交互方式和环境，并将知识交互拓展到世界范围，提供更加丰富的知识源泉。因此，企业通过构建知识网络扩大知识来源，可以有力地促进知识创新。

2. 知识交流与共享

在传统的科层组织中，知识交流表现为一种垂直流动。在新经济时代，大

第八章 战略与领导、组织、资源、文化

量新知识来自企业外部,知识交流主要表现为一种水平流动。从创新角度看,知识水平交流比垂直交流更为重要,它为创新提供了新的动力和知识源。知识交流有两种主要方式:一是如果交流者掌握的知识相似,那么可以通过知识库将显性知识有序地导入和导出,知识的创造者与使用者并不直接发生交流。二是如果交流者掌握的知识没有太多的相似处,那么就需要互动式交流,如电子邮件、社交网络等。知识共享会使员工产生危机感,担心培养潜在竞争者,产生以明确的方式占有知识的倾向,使个人资产收益最大化。另一方面,知识很多是以零散的、隐性的形式存在,如果要使知识在组织内得到充分的交流和共享,那就要把隐性知识转化为显性知识,而隐性知识交流则要求形成密切的个人关系。显然,无论是组织间还是组织内的知识交流和共享都会存在障碍。

3. 知识创新与利用

知识管理不仅包括知识创新,而且包括提高知识利用程度。相对于战略,一个企业如果拥有的知识资源不足,那就需要提高知识水平,扮演着知识创新者的角色;一个企业如果拥有的知识资源丰富,那就可以利用现有的知识资源,扩展事业领域,扮演着知识利用者的角色。实际上,知识的创新和利用是知识管理的两个方面。一家企业可以在某一领域成为知识创新者的同时,在另一领域成为知识利用者。因此,一个企业的理想的状态是,既能为发展新领域提供知识创新,又能提高现有知识资源的利用程度。只创新不利用,知识的价值就无法体现;只利用不创新,知识资源最终会枯竭。

(二)人力资本(Human Capital)管理

人力资本是指企业员工的知识和技能,即教育、培训等支出和机会成本等价值在员工身上的凝结。基于人力资本的视角,员工是需要不断投资并能为顾客创造价值的资本。人力资本作为一种知识的载体,是获取和保持竞争优势的重要来源。世界上最优秀的公司都意识到,无论处于哪一行业,它们真正的业务都是培养人力资本。成功的人力资本投资可以使员工获得持续的学习能力和创新能力,增强企业竞争力。

不同的企业战略对人力资本的要求是不同的。企业要根据战略目标,进行周密规划,确定人力资本在数量、质量和结构上的需求,并通过招聘、培训等方式,为企业战略发展提供人力资本支持。

（三）财务资源管理

战略的实施需要得到有力的财务资源支持，因此财务资源配置要与战略相匹配，特别是在那些主要战略方向和重点战略领域，需要持续地投入足够的财务资源。企业对财务资源的配置主要采取预算方式：

（1）零基预算。零基预算是企业对每一计划期的预算经费都进行重新计算，根据实际需要分配资源，而不是根据上一计划期的预算来编制。这能避免前期预算的影响，适应客观环境的变化。

（2）滚动预算。滚动预算是建立在上一计划期预算的基础上，根据本计划期的情况变化，适当地加以调整、修改。

（3）规划预算。按战略规划的项目分配资金。预算覆盖整个项目期，与项目进度同步，直接考察规划项目对资金的需求和绩效。

（4）灵活预算。预算额随着战略执行情况的变化而变化，多用于重要项目的专项预算。

（5）产品生命周期预算。根据产品在不同生命周期阶段对资金的需求以及不同费用项目，确定费用额度，编制各项资金支出计划。

ABB 人才内流新思维：培育企业多元文化[①]

许多企业面临一种招不到优秀人才又留不住优秀人才的怪圈。怎么办？ABB 公司的人才战略新思维是：与其让优秀人才在企业内没有发展空间而外流，不如创造机会让优秀人才在内部择机流动。这对中国企业是一种值得借鉴的人才战略观。

让人才在内部流动起来

人才内部流动在 ABB 已成共识。"我们不能单纯地阻挡人才流动，而要依靠更好的工作环境和更具挑战性的工作留住人才。" ABB 北亚区及中国企业传播负责人刘文汇说，"与其让人才离开公司，不如让他们在内部流动。" 刘文汇主管的传播部门，曾有一名优秀员工看中了人力资源部门的一个空缺职位并提出申

---

① 《ABB 人才内流新思维：培育企业多元文化》，[2014-11-21] http://www.foodmate.net/hrinfo/HRqiye-wenhua/64828.html

第八章 战略与领导、组织、资源、文化

请。刘文汇尽管非常舍不得他离开,但换位思考:"那里可能更适合他。如果有助于他的职业发展,那不是件很好的事情吗?"这位员工最终如愿以偿。ABB 电力系统业务部北亚区及中国负责人刘信刚也遇到类似事情,其管辖的一个业务单元负责人看中 ABB 澳大利亚公司的一个空缺岗位,这个岗位很适合他的事业进一步发展,并能兼顾家庭。刘信刚说:"我们非常需要他,只好忍痛割爱,但我们很支持他。"内部人才流动已成为 ABB 的全球政策。ABB 北亚区及中国人力资源负责人周廉说:"如果不能满足他个人的发展诉求,他完全可以去其他企业。与其这样,为什么我们不打破公司内部隔阂,让人才在公司更大的平台上发展呢?"

ABB 在 100 多个国家设有机构,很多员工更愿留在中国发展,但 ABB 希望未来有更多的中国员工到 ABB 全球企业去历练。周廉说,几年前,ABB 国外机构会认为中国本土员工没有国际经验,对中国本土员工的能力产生怀疑。但现在情况完全逆转,公司一旦出现职位空缺就会首先告诉中国方面,询问是否有合适的人选。因为,以前被派遣的中国员工用实力赢得了口碑:"所以现在每当输出一名员工,我们就会告诉他:你是 ABB 中国的大使,将影响今后 ABB 中国人才的输出!"人才内部全球流动能使员工具有更开阔的视野,变得更有竞争力。从长远看,这对人才成长非常有益。

多元文化是基石

其实,企业要让人才在内部有效流动并不是一件容易的事。这种人才战略观念需要多元文化的支撑。ABB 也经历了一个文化融合的过程,尊重、接受和熟悉不同文化,加速文化融合。刘信刚说,ABB 对任何文化差异都不会有强烈的冲击感,很难分清究竟哪个国家的文化特色占主要地位。

这种多元文化的核心是宽容的心态,尊重人才。只有在这种优秀的多元文化中,人才内部流动才能真正实现。ABB 从管理层构成、决策机制和用人机制等方面都体现了这种多元化的特点。在刘信刚看来,ABB 的多元文化,第一是具有很强的包容性,没有人会感觉在 ABB 是少数群体或被排挤、不被重视。第二是强调平等。在 ABB 员工持股计划中,所有员工都有平等的机会,考评过程公平、透明。第三是尊重。尊重体现在公司管理行为和细节中。ABB 中国有 1.8 万名 30 个不同国籍的员工,外国员工近 200 名。对此,ABB 中国统一采用英文作为工作语言,公司内部网络、刊物和通知等都采用中英文对照。

对 HR 部门，员工就是客户。周廉说，公司服务好了员工，员工才会真心实意去服务好客户，以此确保 ABB 以客户为中心的文化。

内部流动机制做保障

为确保人才内部流动，除了完善多元文化外，ABB 还制定了一系列措施：

(1) 人才全球历练计划。其核心是做好人才管理：如何吸引人才，发展人才，留住人才。ABB 全球最高执行委员会由 11 位 8 个不同国籍的成员组成，他们在不同国家工作和生活过。曾任 ABB 中国公司董事长兼总裁、ABB 北亚区负责人、现任 ABB 全球电力系统业务的负责人路义普是瑞士人，在中国工作生活了 6 年，来华前曾在 ABB 不同部门任职。继任者柯睿思是法国人，曾任北亚区兼中国公司董事长兼总裁，在中国工作 3 年，积累了丰富的运营管理经验，现已是 ABB 全球市场及客户解决方案负责人。现任 ABB 中国公司总裁方秦拥有意大利、委内瑞拉国籍，在瑞士、南美、意大利等地工作过，来中国前是 ABB 全球变电站业务单元的负责人。

(2) 人才内部流动机制。周廉说："我们激励员工主动抓住机会，并要求所有上级主管不能阻碍下属跨部门流动。"ABB 内部所有职位空缺都第一时间在内部系统公布。若员工对空缺职位有兴趣，就可以申请职位，并告知上级。之后，公司对申请者进行平等面试，择优录用。最终达成协议后，该员工的新上级要与其老上级沟通，告知结果并就新的工作开始时间达成协议。若没有应聘成功，员工也要把结果告知上级。HR 部门和其上级据情况及时与该员工沟通，从各方面关心员工。刘信刚说，主管不会对落选员工刁难，若确实发生了这种情况，员工可以找人力资源部门反映情况。人力资源部门会直接找其主管或其主管的上级进行沟通，妥善处理。如有重要岗位员工申请其他岗位，他的工作变动会造成重大业务影响，HR 部门会在不同部门间协调，最终目标是尊重员工个人选择和促进员工发展。刘信刚说："只有人才在内部流动，人才梯队中的其他人才有发展空间，形成良性循环。"

二、资源配置方法

对战略性资源的配置，可以借助战略资源配置矩阵这一工具，在对各业务领域对战略的支持程度和资源使用状况分析的基础上进行决策。图 8-7 中，横轴表示该业务领域对企业战略的支持程度,纵轴表示该业务领域的盈利水平。

象限Ⅰ:支持战略并有盈利。对这一象限业务领域的资源投入,不仅符合企业战略发展方向,而且能产生盈利,资源使用具有效率。因此,增加对这一业务领域的资源投入能明显提高企业竞争力。

象限Ⅱ:支持战略但尚未盈利。对这一象限业务领域的资源配置需要加以调整,以尽快实现盈利,有两种情况:一是业务规模达到战略预期,可能是某些资源投入或资源组合不合理,没有发挥应有的效率。对此,需要优化资源配置。二是业务规模没有达到战略预期,可能是资源投入不足而影响其成长。对此,需要增加资源投入,促使其发展并尽快向象限Ⅰ转变。

象限Ⅲ:不支持战略并无盈利。这一象限业务领域占用和耗费企业资源,会影响其他战略业务单位的发展,需要果断退出。

象限Ⅳ:不支持战略但有盈利。对这一象限业务领域的资源投入尽管与企业战略发展方向不一致,但能产生盈利,可以为其他业务领域的发展提供资源,成为企业战略转型中的过渡。对此,在一段时间内应保持适量的资源投入,等新的战略业务领域发展起来后再逐步退出,以保证企业战略方向调整的平稳过渡。

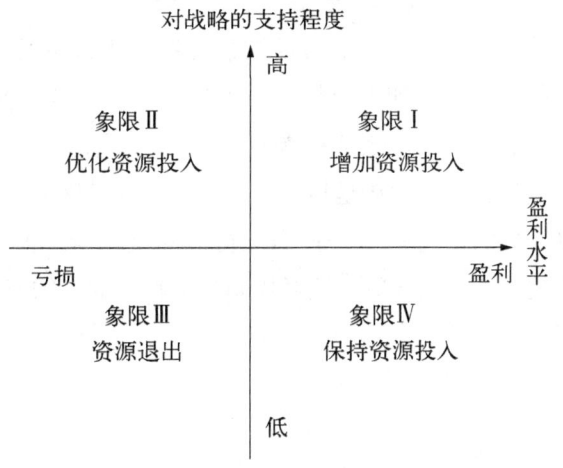

图8-7 战略资源配置矩阵

三、外部资源利用

对战略性资源的配置,不仅要考虑如何有效地利用内部资源,而且更重要的是,要考虑如何有效地利用外部资源。战略性地利用外部资源,一方面可以扩大企业资源的来源,在一定程度上弥补企业内部资源的不足,特别是那些大量分散在社会上的知识、创意和资金等是企业宝贵的资源;另一方面可以将企业内部资

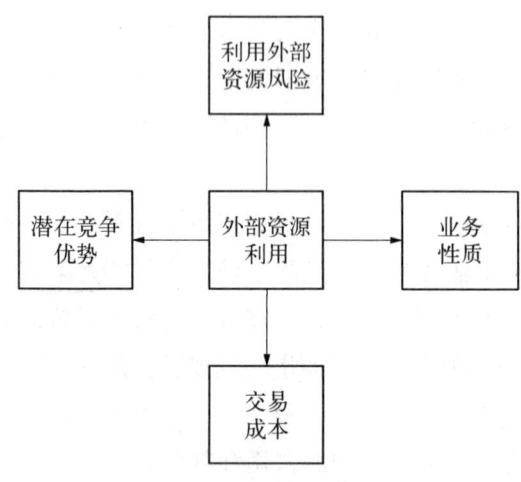

图 8-8 利用外部资源的影响因素

源集中投入企业主要战略方向和核心业务领域，发展那些能给顾客带来独特价值的知识、技能和基础结构。这不但有利于提高资源利用效率，而且有利于提升竞争优势。企业利用外部资源通常要考虑利用外部资源风险、潜在竞争优势、交易成本和业务性质等因素，具体见图 8-8。

（一）利用外部资源风险

利用外部资源风险指的是市场供给是否有效。如果市场供给有效，那么除了那些核心业务外，企业会倾向于利用外部资源。如果市场供给失效，那么企业会倾向于利用内部资源。

（二）潜在竞争优势

潜在竞争优势是指某一业务未来的发展前景、竞争力和盈利能力。在潜在竞争优势低的情况下，企业可以选择控制程度较低的业务外包方式；在潜在竞争优势高的情况下，企业应当选择控制程度较高的合约安排或内部提供的方式，见图 8-9。

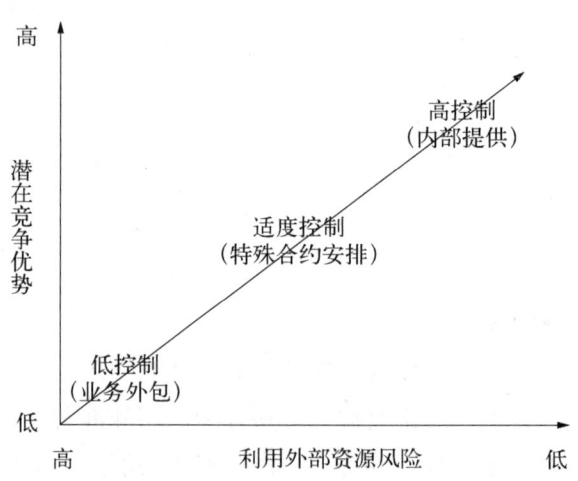

图 8-9 外部资源利用程度的影响因素

（三）交易成本

利用外部资源可以节约内部资源，将更多的内部资源用于核心业务。但利用外部资源会产生交易成本，有时，这种交易成本是非常高昂的。因此，企业需要在利用内部资源的成本与利用外部资源的交易成本之间进行比较和抉择。如果交易成本低于内部资源成本，那么企业会倾向于使用外部资源；反之，那么企业会倾向于使用内部资源。企业如果计划长期由内部提供某种业务，就必须有持续的资源投入如研发、人力资源和基础设施等，而且至少不能低于外部供应商的水平。否则，随着时间的推移，就有丧失竞争优势的可能性。

（四）业务性质

核心业务涉及企业特有的知识、技能和商业秘密等。在利用外部资源过程中，有可能导致这些企业独特资源和核心能力泄露，对企业造成重大损失。例如，在业务外包过程中，企业拥有的一些独特的产品设计技术、生产技能等有可能被合作方掌握。因此，对于核心业务，企业应避免利用外部资源，让竞争者获得关键知识和技能；对于非核心业务，企业可以考虑利用外部资源。例如，本田公司总是在日本本土的严格控制下独立从事有关小发动机的研发和关键部件的制造工作，在这些最关键的方面建立起严密的进入壁垒。

第五节　战略与组织文化

一、组织文化（Organizational Culture）概述

组织文化又称企业文化（Corporate Culture），是组织成员共有的价值观、行为准则和传统习俗。它是一个组织在长期发展过程中形成的，规定和影响着组织成员的行为方式，并随着时间的推移而变化，具有明显的时代特征与个性特征。一个企业的组织文化主要通过历史、仪式、物质象征、制度、行为方式和信条等载体来进行对内和对外传播。

（一）组织文化的结构

组织文化的结构主要包括精神文化、制度文化、行为文化和物质文化四个层

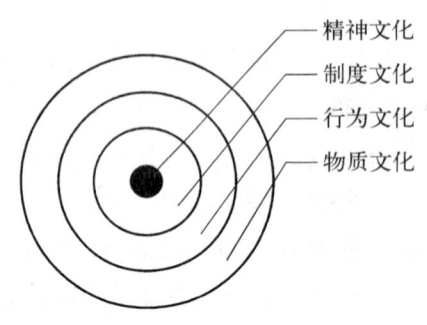

图 8-10 组织文化的系统结构

面，具体见图 8-10。

1. 精神文化

精神文化是组织文化的核心和灵魂，主要包括企业精神、价值观、经营哲学和行为规范等。它是组织在长期实践中所形成的员工群体心理定式和价值取向，是组织的道德观、价值观即组织哲学的总和体现与高度概括，反映全体员工的共同追求和共同认识。

2. 制度文化

制度文化是组织文化的中间层次，把组织物质文化和组织精神文化有机地结合成一个整体，主要包括领导体制、组织结构和管理制度三个方面。它集中地体现了组织文化的物质层与精神层对成员和组织行为的要求，规定了组织成员在共同的生产经营活动中应当遵守的行为准则。

3. 行为文化

行为文化主要包括人际关系、员工行为等。它是组织经营作风、精神风貌、人际关系的动态体现，也是组织精神、核心价值观的折射。

4. 物质文化

物质文化是一种以物质形态表现出来的表层组织文化，主要包括环境、产品、标识和标志等。它是形成组织文化精神层和制度层的条件。优秀的组织文化是通过重视产品开发、服务质量、产品信誉和组织生产环境、生活环境、文化设施等物质现象来体现的。

（二）组织文化的特征

组织文化的特征通常可以用七个维度来描述（如图 8-11 所示）：

一是成果导向。具有成果导向特征的组织文化，关注的是结果，而不关注过程。

二是员工导向。具有员工导向特征的组织文化，在战略决策中重点考虑的是结果对员工的影响程度。

三是团队导向。具有团队导向特征的组织文化，主要是围绕着团队而不是个人来开展工作。

四是创新导向。具有创新导向特征的组织文化,鼓励员工创新并承担风险。

五是竞争导向。具有竞争导向特征的组织文化,激励员工间相互竞争。

六是稳定导向。具有稳定导向特征的组织文化,战略决策与行动偏向于稳妥和保守,维持现状。

七是细节导向。具有细节导向特征的组织文化,关注工作细节,对工作精确性要求高。

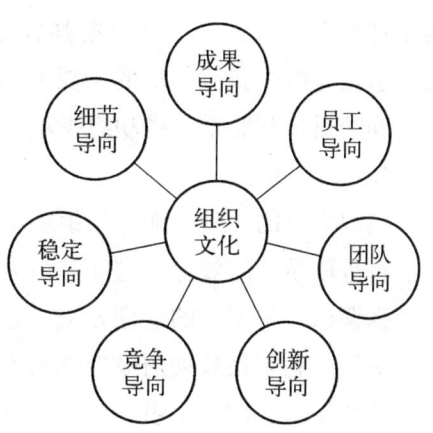

图8-11　组织文化特征维度

由于组织成长的历史渊源不同,不同的组织在文化维度上具有明显的差异,形成不同的组织文化特征。例如,索尼公司是以产品创新为核心的,新产品开发关系到公司的"生存与呼吸",员工的工作都是围绕着支持这一目标而展开的,具有明显的创新导向文化特征。

(三) 组织文化的功能

组织文化的功能是指组织文化发生作用的能力。它有利于提高组织承诺,影响组织成员,提高组织效能。

1. 导向功能

组织文化的导向功能是指组织文化能对组织整体和组织每个成员的价值取向及行为取向起引导作用,使之符合组织所确定的目标。组织文化只是一种软性的理智约束,通过组织的共同价值观不断地向个人价值观渗透和内化,使组织自动生成一套自我调控机制,以一种适应性文化引导着组织的行为和活动。

2. 约束功能

组织文化的约束功能是指组织文化对每个组织员工的思想、心理与行为具有约束和规范的作用。组织文化的约束不是制度式的硬约束,而是一种软约束,这种软约束是渗透于组织的文化氛围、群体行为准则和道德规范中的。

3. 凝聚功能

组织文化的凝聚功能是指当一种价值观被该组织员工共同认可后,它就会成为一种黏合剂，从各个方面把其成员团结起来，产生一种巨大的向心力和凝聚力。这正是组织获得成功的主要原因，"人心齐，泰山移"，凝聚在一起的员工有共同的目标和愿景，推动组织不断前进和发展。

4. 激励功能

组织文化的激励功能是指组织文化具有使组织成员从内心产生一种高昂情绪和发奋进取精神的效应，它能够最大限度地激发员工的积极性和首创精神。组织文化强调以人为中心的管理方法。它对人的激励不是一种外在的推动，而是一种内在引导。它不是被动消极地满足人们对实现自身价值的心理需求，而是通过组织文化的塑造，使每个组织员工从内心深处生成为组织拼搏的献身精神。

5. 辐射功能

组织文化的辐射功能是指组织文化一旦形成较为固定的模式，它不仅会在组织内发挥作用，对本组织员工产生影响，而且也会通过各种渠道对社会产生影响。组织文化向社会辐射的渠道很多，但主要可分为利用各种宣传手段和个人交往两大类。一方面组织文化的传播对树立组织在公众中的形象有帮助；另一方面组织文化对社会文化的发展有很大的影响。

6. 调适功能

组织文化的调适功能是指组织文化可以帮助新成员尽快适应组织，认同组织的价值观和行为准则等。在组织变革的时候，组织文化也可以帮助组织成员尽快适应变革后的局面，减少因为变革带来的压力和不适应。

3M 公司致力于打造创新型文化[①]

战略聚焦　3M（明尼苏达矿业和制造公司）是一家致力于创新的公司，其CEO兼董事会主席乔治·巴克利（George Buckley）希望提升公司创新型文化的有效性。3M 在前任 CEO 詹姆斯·麦克纳尼（James McNernery）（通用电气前执行官）的领导下变得更有效率，解雇了 8 000 名员工，广泛运用通用电气的六西格玛管理方法，这种管理方法强调了严格执行过程，在提高流程效

---

① 节选自贺宝松：《3M 公司创新管理及启示》，〔2012－05－26〕http：//wenku.baidu.com/link?url=0qgikWb3c_PD7z_RszLyLWYrcZUAD-k2LnUrKF2NAIbLv_B3i3qyu2XPqdFkW18ylALffwOkMICE-j7NdBUgJB-074QHXuuBWW4w4SvBVz2ee

第八章 战略与领导、组织、资源、文化

率、杜绝浪费、减少产品缺陷方面富有成效。但外部专家指出，效率的提高是要付出代价的，也就是说公司忽略了创新过程。

过去5年，3M的目标是实现30%的收入来自新产品。但在2005年麦克纳尼离职时，这一比例降到21%。相反，巴克利一直是研究实验室的拥护者。3M有6个主要业务单元：消费品和办公用品（包括Post-it Scotch、Scotch-Brite及其他品牌）、显示和图像（包括提升亮度的薄膜技术、反光材料、引人注目的图形以及投影系统）、电子信息通信（包括医疗和空腔护理产品、药物输送和健康信息系统）、工业和运输（包括在汽车、航空和再生能源等各种市场上销售的传送带、磨料磨具、胶黏剂、特殊材料和过滤系统）以及安全、安保和保护服务（包括改善个人、工厂以及系统的安全和生产力的产品）。每一业务单元都有自己的实验室，7.5万名员工中有6 500人从事研发工作，研究人员专注于可供各业务单元共享的核心技术研究。

为了激励发明，3M允许研发人员用15%的时间思考创意，每年向科研人员奖励10万美金的创世纪津贴。公司并没有把研发重点放在重大发明成果上，而是进行成百上千的小发明。例如，新型工业磨料（Cubitron Ⅱ）比市场上所有磨料的切削速度更快、耐用性更好，还减少研磨废料处理工作量，这种研磨料原来被称作砂纸："用小沙粒成就大事业，这就是3M公司。"

在创新过程中，3M重视不同业务部门间的合作。Cubitron Ⅱ就是研磨研具部门、光学系统部门（提供加工方面的技术）、传动带部门（提供涂料）以及公司研究部门（负责数学模型和断裂分析）共同努力的结果。在开发该产品的几种技术中，只有两种来自磨料磨具部门。

3M注重与外部的合作者（如顾客和大学研究者）共同开发产品构想，专门成立3M New Ventures公司，主要收购全球快速成长的创新性中小型公司的少数股份，寻求具有出色创意的一流技术平台——具有高度浓缩的商业模型。3M拥有广泛的研究、互补的制造与销售网络，它提供的支持对世界各国创业者特别是那些崭露头角、想要扩大规模的创业者，具有极大的吸引力。

3M在全球设有30个顾客技术中心，在这些中心里，技术人员和营销人员满足顾客的各种需求，为他们提供技术平台。另外，它还投资一些创业公司，这些公司的产品往往与3M的主要业务有关，能为公司各业务领域的产品创新创造一

个可扩展的全新平台。尽管3M过去一直致力于渐进式创新或内部创新，但如今，它已经建立了更加开放的创新系统来加强与外部利益相关者（如顾客以及拥有可扩展的创业公司）的合作。如此一来，3M更有希望克服内部创新系统的消极影响，即"非自主发明"综合征。

二、战略与组织文化

　　战略与组织文化有着密不可分的关系。组织文化反映了一个组织的价值观。价值观虽然难以用文字准确表达，却在深层次上影响着员工思维方式和行为方式。所谓的行为规范和惯例实际上就是一个组织内大多数员工所持有的共同理念的集中反映。

　　企业战略根植于特定的组织文化之中。每个企业都有自己特定的组织文化，并得到员工心理上的认同，成为组织内一种不容忽视的力量。阿勒瑞尔（Allarie）和菲西罗托（Firsirotu）指出：文化为公司在试图改变战略方向时遇到的难以克服的困难提供了一种解释。这不仅是因为"正确"的文化是公司成功的基础，还在于战略的成败取决于管理者能否明智、有效和及时地改变主导文化，使它与战略变化相协调。作为一种价值观，组织文化对企业战略的影响主要体现在三个方面，即导向功能、激励功能和协调功能。它不仅影响高层管理者的战略抉择，而且影响普通员工的战略执行。

　　组织文化一旦形成便有较强的稳定性，有可能对新的事物产生排斥，主要表现在两个方面：一是根深蒂固的观念会遮蔽管理者的视野，不能经常觉察到外部条件的变化；一是当特定的文化曾经行之有效，人们自然会固守这一文化，即使环境和战略已发生了很大变化。因此，改变一种组织文化通常比维持一种组织文化困难得多。当企业选择了一种全新的战略，原有的组织文化有可能成为执行新的战略的障碍。因此，培育一种与战略相适应的组织文化就显得非常重要。培育一种新的组织文化需要与员工进行有效沟通，改变员工价值观，并建立一种有效的激励机制，引导员工行为。研究表明：组织文化变革只有获得关键员工包括高层管理人员、中层管理人员等认可和支持才能获得成功。

　　在新经济时代，创新是企业发展的动力源泉，成为企业战略的一个重要组成部分。组织文化对企业创新具有显著的影响。它不但影响人们对知识的判断，而且影

第八章 战略与领导、组织、资源、文化

响知识的交流和共享。企业主流文化是否支持合作交流在很大程度上决定了企业内外部知识和信息的平行交流畅通与否。互联网和信息技术的发展尽管为企业间、企业内部门间和员工间的平行交流提供了条件，但如果企业主流文化不支持合作交流，那么新知识就不可能被员工利用。新的观念大多来自那些对个人充分尊重的企业。因为，在知识创造过程中，企业倡导个人主义文化为能创新者提供充分的自由，激发他们的创意。但这种个人主义文化却不适合新产品开发的后期管理。在后期的新产品研发、制造和营销过程中，企业重点是整合内外部各种知识资源，缩短新产品研发时间，倡导集体主义文化则有助于企业对知识的有序管理。显然，在寻求和识别创意阶段，应给予创新者最充分的自由，使知识和创意不受约束地交互。然而，创意一旦被选定，进入计划实施阶段，拥有一支紧密合作的团队就成为取得成功的必要条件。有研究表明，在那些深度合作的创新团队中能促使知识有效传递，能提高创新成功的概率，缩短新产品投放市场的时间，明显增加企业盈利。同时，知识交流也能促进创新团队成员间的相互合作，这种团队合作所取得的业绩要远大于单个成员的贡献之和。因此，在创新战略中营造一种倡导合作的文化和学习环境至关重要。

本章小结

战略实施过程可以分为战略启动、战略计划、战略运行和战略控制四个阶段，主要受领导、组织结构、资源和组织文化四大因素的影响。

战略领导力是对组织发展的预测、想象和保持灵活性的能力，一种促使他人创造战略变革的能力。其核心是如何有效地把企业的愿景和使命转化为一种成功的战略行动，并取得预期的战略绩效。战略领导者在战略决策和战略实施过程中扮演着关键角色。一个具有战略领导力的高层管理团队大多具有多元结构的特征，由不同专业、经历和职业背景的人员组成。同时，领导风格也是体现战略领导力的一个重要方面，它受领导者个体人格特质和行为的影响，但也受组织情境交互的影响。

在新经济时代，企业组织由传统的垂直型结构向横向结构转变，产生了网络组织、学习型组织和团队组织等新型组织结构形式，呈现出开放性、自组织和网络化等特征，使组织结构更富有弹性，组织边界更具有延展性。企业组织空间结构发生重大变化，从有形的物理地点向无形的网络空间延展。这就促使企业能建立快速反应机制，灵活应对不断变化着的市场需求；构建基于"知识链"的合

作网络，形成良好的内外部信息交流特别是横向信息交流，更有效地获取、学习、传播和创造知识；降低组织运行成本和交易成本。

要保证战略得到顺利实施，不仅需要强有力的领导、有效的组织结构，而且需要有效的资源配置。企业的战略性资源主要包括知识资源、人力资本和财务资源。对战略性资源的配置，可以借助战略资源配置矩阵，在对企业各业务领域对战略的支持程度和资源使用状况分析的基础上进行决策。对外部资源利用，通常要考虑利用外部资源风险、潜在竞争优势、交易成本和业务性质等因素。

组织文化是组织成员共有的价值观、行为准则和传统习俗。它是一个组织在长期发展过程中形成的，规定和影响着组织成员的行为方式，主要包括四个层面：精神文化、制度文化、行为文化和物质文化。战略根植于特定的组织文化之中。组织文化对企业战略的影响主要体现在三个方面，即导向功能、激励功能以及协调功能。它不但影响高层管理者的战略决策，而且影响普通员工的战略执行，特别是对企业的创新战略具有不可忽视的作用。

本章思考题

1. 战略实施有哪些主要阶段？受哪些主要因素影响？
2. 何谓战略领导力？战略领导者有哪些角色和风格？
3. 关键的战略领导行动有哪些？
4. 组织结构呈现出何种演变趋势？
5. 网络组织、学习型组织和团队组织有何特征和作用？
6. 简述麦肯锡7s模型。
7. 如何实现战略与组织结构的合理匹配？
8. 企业战略性资源有哪些？如何进行有效管理？
9. 如何根据战略对内外部资源进行优化配置？
10. 如何营造一个支撑战略的组织文化？

本章参考文献

1. ［美］迈克尔·A. 希特等著，刘刚等译. 战略管理：概念与案例（第10

第八章 战略与领导、组织、资源、文化

版）[M]．北京：中国人民大学出版社，2012．

2. [美]弗雷德·R.戴维著，徐飞译．战略管理：概念与案例（第13版）[M]．北京：中国人民大学出版社，2012．

3. [英]格里·约翰逊等著，徐飞译．战略管理基础（第2版）[M]．北京：电子工业出版社，2013．

4. [美]约翰·皮尔斯二世、小理查德·鲁滨逊著，钱峰译．战略管理：制定、实施和控制（第12版）[M]．北京：中国人民大学出版社，2015．

5. [美]亨利·明茨伯格等著，徐二明译．战略过程：概念、情境、案例（第4版）[M]．北京：中国人民大学出版社，2014．

6. 王方华、吕巍．战略管理[M]．北京：机械工业出版社，2008．

7. 徐飞．战略管理（第2版）[M]．北京：中国人民大学出版社，2013．

8. 金占明、杨鑫．战略管理[M]．北京：高等教育出版社，2011．

9. [美]理查德·L.达夫特著，王凤彬等译．组织理论与设计（第11版）[M]．北京：清华大学出版社，2014．

10. [美]雷蒙德·A.诺伊等著，刘昕译．人力资源管理：赢得竞争优势（第7版）[M]．北京：中国人民大学出版社，2013．

11. [美]斯蒂芬·P.罗宾斯、蒂莫西·A.贾奇著，孙健敏等译．组织行为学（第14版）[M]．北京：中国人民大学出版社，2012．

12. [加]史蒂文·L.麦克沙恩．组织行为学（第5版）[M]．北京：机械工业出版社，2012．

13. [美]斯蒂芬·P.罗宾斯、玛丽·库尔特著，李原等译．管理学（第11版）[M]．北京：中国人民大学出版社，2012．

14. 赵曙明．人力资源战略与规划（第3版）[M]．北京：中国人民大学出版社，2012．

15. [美]W.理查德·斯科特、杰拉尔德·F.戴维斯著，高俊山译．组织理论：理性、自然与开放系统的视角[M]．北京：中国人民大学出版社，2011．

16. [美]萨尔坦·科马里著，姚坤、何卫红译．信息时代的经济学[M]．南京：江苏人民出版社，2000．

17. [英]大卫·J.斯卡姆．知识网络：明天的工具[M]．沈阳：辽宁画报出

版社，2001．

　　18．［美］彼得·圣吉著，郭进隆译．第五项修炼［M］．上海：上海生活·读书·新知三联书店，1998．

　　19．［美］达尔·尼夫主编，樊春良等译．知识经济［M］．珠海：珠海出版社，1998．

　　20．［美］保罗·S.麦耶斯主编，蒋慧工等译．知识管理与组织设计［M］．珠海：珠海出版社，1998．

　　21．OECD著，杨宏进、薛澜译．以知识为基础的经济［R］．北京：机械工业出版社，1997．

第九章 战略变革

本章学习目标

1. 掌握战略变革概念
2. 了解战略变革的动力与阻力
3. 熟悉战略变革的类型及其特点
4. 熟悉战略变革的影响因素
5. 了解战略转型
6. 了解应急战略

本章核心概念

战略变革　战略力量场　渐进性变革　结构性变革　激进型变革
战略转型　应急战略

在战略实施过程中，企业需要根据战略目标对其经营、组织、资源和文化等进行结构性变革。同时，外部环境变化往往会超出人们的预期，需要通过战略转型和应急战略，对原先的战略进行调整。正如洛克希德·马丁（Lockheed Martin）公司前董事长兼CEO诺曼·奥古斯丁（Norman R. Augustine）指出的那样：世界上只有两类企业：一类在不断地变化，另一类被淘汰出局。当今，世界知名企业不乏未能实施战略变革而陷入困境，或成功地实施战略变革而再度走向辉煌，或主动进行战略变革而获得持续成功的案例。本章主要阐述战略变革的动力、阻力、类型和影响因素，并介绍复杂和不确定环境下的战略转型和应急战略。

第一节 战略变革概述

在新经济时代，经济全球化、信息化和服务化的发展正在迅速改变企业的经营环境，企业间、企业与消费者间、企业与环境间的关系变得更加复杂且不稳定。熊彼特式的"创造性毁灭"使企业的竞争优势和市场势力有可能突然终止。传统的战略管理理论和方法对这种高度动荡的环境暴露出严重的不适应性，促使企业重新审视其战略行为，通过战略变革，摆脱固有的发展模式，提高对新的环境的适应性。

战略变革（Strategy Change）是企业为了持续发展、应对环境变化而做出的转变。这种变化有可能是外部技术进步或市场环境变化引起的，也有可能是内部资源或能力变化引起的。这就导致制定战略的某些重要条件和假设发生变化，需要对原有的战略做出相应的调整。从更宽泛的意义上说，当一个企业面临着一种新的环境、制定一种新的战略时，往往需要打破原有的系统，建立新的结构和机制，实行战略变革。由此可见，战略管理是一个动态的过程，总是伴随着变革。

战略变革包括两个层面的含义：一是由环境变化引致战略本身的变化，如战略方向、业务范围、竞争优势和战略路径等；二是由企业战略变化引致战略支撑系统的变化，如资源配置、组织结构和组织文化等。

战略聚焦

联想的战略变革[①]

产业背景：2000年，中国计算机市场呈快速增长。2001年，主机产品销量811万台，同比增长18.9%；销售额773亿元，同比增长15.1%。其中，PC类产品销量805.8万台，增长18.8%；销售额670.2亿元，增长15.1%。高端计算机系统和工作站销量分别增长24.3%和23.6%。在中国PC市场，联想继续保持市场领先地位；戴尔是国外品牌里成长最快的国外品牌

---

① 改编自《联想的战略选择与战略变革》，［2013－08－01］http://www.doc88.com/p－2095913980599.html

第九章　战略变革

公司，排名第一；清华同方通过快速区域扩张，成为增长最快的国内品牌，稳居市场销量前三。在笔记本电脑市场，联想、紫光和方正等国有品牌不断扩大市场份额，其中紫光获得国产品牌排名第二；日本富士通表现出良好的成长性。在PC服务器市场，浪潮电子销量与销售额均名列国产服务器品牌第一。

联想的战略： 联想2000～2001财年营业额为272亿港元，调整后约190亿港元。2000年，IBM销售利润率9.1%，惠普8%，戴尔7%，联想3.16%，远低于国际同行。2001年，联想股价最低2.5港元，最高6.95港元，并不令人满意。当时，联想面临的主要问题是如何保持营业额高速增长，到2003年实现600亿元人民币营业额的目标，提升边际利润率与资产回报率，争取在资本市场有更好的股价表现。

由于大环境不景气，2001年国内外PC销售下滑。据Dataquest报告，2001年全球PC发货量比上年度下降4.6%，美国情况更糟，下降11.1%。如果IDC预测被证实，2001年全球PC出货量将下滑1.6%，这将是15年来的首次全球性下滑。其中，全球最大的美国PC市场降幅可能高达13%。据赛迪资讯统计，相比2000年中国PC销量增长超过45%，2001年中国PC市场表现也不佳。联想销量增长约90%，在这种情况下，联想很难超越整体市场的增长。

联想的主要产品是PC，大多数在国内销售。国际市场上PC销售增长率远不如中国，竞争却同样激烈。与国际同行相比，联想在品牌知名度、销售渠道方面处于劣势，制造成本并不占优势。而且，进入国际市场初期投入较大，影响短期利润率。

联想毛利率低的原因与PC业务有关。2002财年第二季度，联想家用电脑毛利率9.03%，商用电脑毛利率13.22%。其他财季毛利率情况略好，但也在12%～14%间。PC市场竞争激烈，软硬件配置更新快，降价频繁，毛利率低。从1997年到2000年，中国PC价格每年下降7%。全球PC厂商的毛利率通常都较低，但戴尔公司例外。戴尔采取订单驱动的直销模式，将库存周转天数降低到6天，而且避免了向代理商让利。联想部分采取按订单生产方式，实行多层次渠道代理，库存周转天数长达30天。这在很大程度上影响了联想的毛利率。

为了实现高增长目标，联想选择了多元化道路，从2001年开始，确立了互联网、手机和IT三大业务领域。2002年，家用电脑和商用电脑约占总营业额的

90%，打印机、QDI 主板、PDA、互联网等业务规模很小。

联想的战略反思：2004 年 2 月，在北京联想大厦的绩效发布会上，柳传志代表董事会承认，由于对实现长期业务目标的强烈追求，更由于经验方面的原因，上一个三年计划目标定得过高。"我们仍然不知道联想到底要做什么？至今仍然没有清晰的市场定位。"此时，联想营业收入仍徘徊于 200 多亿港元，除电脑以外的业务全面亏损，仅手机业务前三季亏损 6 200 万港元。有人甚至质疑联想的微薄利润是出售中国电信投资所得。联想状况很像 1993 年的 IBM、1999 年的惠普：传统业务停滞不前，新业务拓展不力，竞争对手风起云涌，要改变这种状态需要一场真正的变革。

对此，联想管理层做了全面反思。首要的问题归结于对形势过分乐观，当年很多目标与策略都是以 2000 年前互联网高速膨胀带来的产业增长作为参照而制定的，未能准确地预期互联网泡沫破灭，IT 产业增速放缓。但这似乎并不足以成为失败的理由。同样面对行业颓势，TCL 和华为就从容不迫逆势而涨。实际上，联想忽视了一个重要的竞争对手——戴尔，戴尔以直销模式进入中国市场，联想却一直在观望，以至于戴尔不断蚕食市场，动摇了联想的根基。联想还迷失在跑马圈地上。"我们对多元化业务的拓展和管理能力还相当稚嫩，对多元化发展的复杂性估计不足，我们的业务面几乎在同一时间启动，使领导人精力分散。不仅影响新业务拓展所需要的资源保障，而且也影响核心业务开展所需要的竞争力提升。"杨元庆说。

联想的战略变革：联想精神领袖柳传志认为，联想约有 30 亿美元资产，在国际上属于中型企业，必须坚定地向 100 亿美元推进，成为一个大型国际企业，但越过这道门槛相当困难。联想新制定的三年规划总体思路是专注当前的主营业务。"专注"成为联想未来三年战略的关键词。

战略变革Ⅰ：专注"第一类业务"。联想重新确立了自己的"第一类业务"，即核心业务——PC 以及相关产品，包括笔记本电脑、服务器和外部设备等。以手机为代表的移动通信设备为二类业务。"我们将更关注于核心业务和重点发展业务，保证资源投入与业务重点相匹配"，杨元庆说。前两年提出的包括"IT 服务"、"互联网产品"之类的新战略暂时退到"第三类业务"。

战略变革Ⅱ：引入直销。联想不再固守原有的分销模式，采用"直销＋分

第九章 战略变革

销"的复合营销模式与戴尔抗衡：对大客户，采取直销模式；对零售客户，采取渠道分销模式。除了渠道方面的变革，联想还将组织架构向市场与销售倾斜。毕竟 PC 业务是联想的根基和现金流的主要来源。随着行业进入门槛不断降低，PC 市场内有方正、TCL 紧随，外有戴尔、IBM 虎视眈眈，联想意识到在这一主业从组织到营销都不能以不变应万变。

战略变革Ⅲ：发展国际化。联想把开拓海外业务提到重要位置，并对一些新业务进行整合。2004 年 7 月，联想宣布将 IT 服务卖给电信软件服务商亚信科技公司，以股权置换形式，联想得到亚信 15% 的股权，成为亚信最大股东。亚信更名为亚信联想控股有限公司，主要业务：一是原亚信的主营业务，即通信软件与专业服务；另一是联想的 IT 服务以及原亚信的非电信 IT 服务业务。2004 年 5 月，联想全资子公司联想先锋以现金 1 755 万元人民币出售联想网络 25% 股权给 Peak Champion，并向独立第三方出售联想网络 10% 股权。2005 年，联想与 IBM 达成协议，收购其全球个人电脑业务，成为全球个人电脑第三大供应商。

一、战略力量场

在此，我们引入战略力量场这一概念来描述战略变革。任何一种战略变革都会受到两种力量的作用：战略变革的动力和阻力，两者形成一种力量场，具体见图 9-1。战略变革的动力有可能来自技术创新、市场变化、竞争变化或政策变化；战略变革的阻力有可能来自观念上的、利益上的、沟通上、资源上的或文化上的障碍。一个企业要获得战略变革的成功，就必须增强变革动力，消除变革阻力，从而实现从现在的竞争位置到未来的竞争位置的转移。

二、战略变革动力

（一）技术创新

在新经济时代，互联网和信息技术的发展使得技术创新特别是突破式创新和融合式创新的可能性大大增加，产生全新的技术概念和技术原理，开发出全新的产品和服务，从而极大地拓展了生产可能性边界，创造出全新的产业和市场，这就有可能从根本上颠覆企业原有的竞争优势，动摇其市场支配力量。另一方面，技术创新有可能产生新的生产方法、组织结构和管理方法等，大幅提高劳动生产

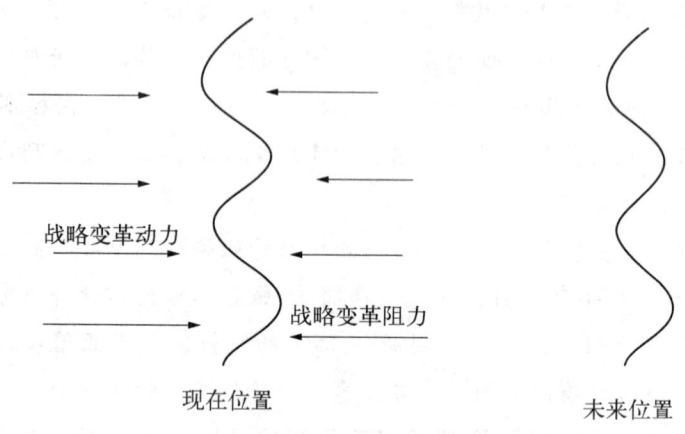

图 9-1 战略力量场

率,甚至导致生产方式变革。特别是随着业务外包等新的生产组织方式的发展,企业在分工、专业化深化的基础上,通过建立起广泛的合作网络,对社会资源进行有效整合,明显地提高了生产弹性和市场响应速度,更好地实现了产品和服务的个性化。这种技术创新以及由此引发的一系列创新对传统战略模式将产生结构性的破坏,要求企业进行战略变革。

（二）需求变化

随着社会经济发展,人们的生活方式正在发生重大变化,从理性消费到感性消费和情感消费,消费者个性化需求得到充分发展。互联网的发展使人们的生活空间从地理空间延伸到网络空间,不但为人们提供了更加丰富的产品与服务、促进了消费文化的多样化发展、提高了生活质量,而且赋予人们更多地控制自己生活的权力,使人们在更多的选择中实现自我价值,从而导致工业时代的大众化市场向利基市场转变。更重要的是,在新经济时代,消费者不再扮演最终消费产品的角色,而是参与到企业的价值创造过程中,与企业形成一种互动关系。这不但对传统战略模式提出了严峻的挑战,而且为战略变革提供了巨大的空间和动力。

（三）竞争变化

在新经济时代,信息革命的力量导致竞争范式、竞争关系、竞争焦点和竞争特征等发生了实质性的变化:从竞争范式上看,从垄断竞争转变为"竞争与合作"；从竞争关系上看，信息范式下的融合使得不同产业和市场相互交叉、相互渗透，企业间的竞争关系从同类企业间的竞争或替代品竞争转变为跨产业的水平竞争，那些原先处于不同产业和市场、不具有竞争关系的企业转变为竞争者；从竞争焦点上看，从成本、质量和服务竞争转变为创新竞争、信息竞争、标准竞争和速度竞争；从竞争特征上看，从对资源、产品和市场的控制转变为对供应链的控制。供应商、制造商、分销商及终端用户在互联网上集合成一个更大程度受市场驱动的系统。对此，企业只有通过战略变革，才能适应这种竞争环境的变化。

（四）政策变化

政府通常采用税收优惠、财政补助、研究基金、贷款担保、出口信贷、政府采购和经济管制等政策来影响市场。税收政策作为国民收入再分配的工具，可以通过调节企业和个人收入，影响消费结构和需求规模。财政补助、研究基金和贷款担保等政策，可以帮助企业获得研发所需要的资金，降低财务风险。政府采购和出口信贷等政策，可以帮助企业拓展国内外市场。在很多情况下，政策可以直接刺激需求和大规模创造市场，甚至导致市场特征发生变化。1980 年代后，一些发达国家在管制变革方面做出了积极的有益尝试：一方面表现为管制政策的放松。美欧等发达国家相继颁布了一系列具有重要意义的金融改革法律，打破了1930 年代后建立起来的格拉斯-斯蒂格尔金融防火墙，废除了对金融机构在业务、地域等方面的限制，有力地促进了混业经营的发展。另一方面表现为管制方式的转变。在一些网络效应强、集中度高的市场，即使在解除管制的情况下，由于产业内企业的阻击，新进入企业也很难获得良好的成长。为了打破美国电话电报公司（TA&T）对长途电话业务的垄断，美国联邦最高法院在 1984 年宣布将TA&T 分解为 8 个公司。但这一判决并没有像人们预期的那样形成一个富有竞争的市场，其他企业仍无法顺利开展长途电话业务。为了扶植新进入企业尽快达到临界市场容量，一些发达国家把管制重点从垂直关系的控制转变为横向关系的管理。

三、战略变革阻力

从某种程度上说，战略变革是一场具有破坏性和颠覆性的革命，企业在变革中必然会遇到来自各方面的阻力。一个曾经取得辉煌成就的企业在新的环境下却遭遇失败，其一个重要原因是，企业没有根据环境变化及时开展变革，而变革的迟缓在很大程度上是由于没有充分认识和跨越变革阻力。

（一）观念障碍

战略变革的关键是要抛弃旧的观念，建立新的观念。企业以往成功的经验既是一种财富，也有可能成为阻碍企业发展一种桎梏："能力陷阱"。这是因为，人们总是习惯于原有的观念，形成一种思维定式。思维定式可以帮助人们认知新的事物，但在突变的环境下，如果不改变原有的观念，囿于原有的思维定式，就有可能排斥新的事物，成为战略变革的障碍。另一方面，当面临变革时，以往一些成功的要素如技术、产品、市场以及管理方式、组织文化等有可能成为一种负担，形成变革的阻力。战略变革往往意味着放弃甚至摧毁这些财富或遗产，人们通常很难接受，对变革总是表现得比较犹豫。美国哈佛商学院约翰·科特教授在对100多家企业的变革研究后发现，至少有50%的企业变革失败是因为在企业内部没有形成足够的紧迫感。许多企业的领导者和员工沉浸在原有的辉煌与成就中，没有对危机形成紧迫的预期，对变革的认识远远不足，将变革视为可有可无，或无动于衷，或因担心危及自身利益而加以抵制。

（二）利益障碍

从表象上看，战略变革涉及企业的产品、业务、市场、生产方式、组织结构和商业模式等变化；但从本质上看，战略变革涉及企业内部的利益重新分配，触动领导者的地位和权力、传统的势力范围、员工的职务和岗位等，有可能损害部分员工的利益。因此，战略变革会受到来自企业内部的一些既得利益者特别是特权阶层的抵制。有时，这种抵制行为表现得相当强烈。如果在变革中不能很好地把握和调整不同利益相关者的关系，就无法顺利地推进战略变革。

（三）沟通障碍

战略变革成败的一个重要方面是如何与员工保持良好的沟通，使员工能正确地理解战略意图，争取多数员工的支持。战略变革即便有一个美好的愿景，但也可能在一定程度上对组织中部分员工的地位、权力、利益和安全等造成影响。部分员工基于自身的利益，对变革会产生抵触情绪，有时甚至很强烈。因此，消除员工对变革的顾虑并取得他们的信任和支持，是战略变革的关键所在。而要赢得员工的信任和支持，就要加强与员工的沟通，使员工理解变革的目的和意图。这是调整员工利益关系、保障战略变革顺利展开的必要条件。

（四）人才障碍

企业竞争实质上是一种人才竞争。在战略变革中，企业应根据未来的发展目标与业务领域等培养各种技术和管理人才，建立一套有效的人才预警机制和人才储备制度，防止关键人才流失。技术人才和管理人才是一种稀缺资源，其培养和成长需要较长的时间。据研究，我国人才资源占人力资源的5%左右，其中高层次人才只占人才资源的5%左右。

（五）文化障碍

组织文化是指企业员工共同接受的价值观、思维方式和行为准则等群体意识的总和。每个组织都有自己相对稳定的文化。战略变革的一个重要方面是要培育一种支持战略变革的组织文化，使战略变革根植于组织文化中。

第二节　战略变革类型

任何一个事物都可以抽象为两个部分：要素（组件）和结构（要素间的联系）。变革既可能对要素产生影响，也可能对结构产生影响。如果把水平纬度表示为创新对战略要素的影响程度，把垂直纬度表示为创新对战略结构的影响程度，那么可以把战略变革分为渐进性变革、结构性变革和激进性变革三种类型，具体见图9-2。

一、渐进性变革

如果一种变革只是对战略要素发生影响，而没有明显改变战略要素间的联系，就是一种渐进性变革，如技术、产品、流程、组织结构、管理方法和营销策略等方面的创新。渐进性变革是一种连续的、局部的变革，通常发生在企业现有的结构或流程中，主要是对内部构成要素的调整和细节变动，不会破坏企业原有

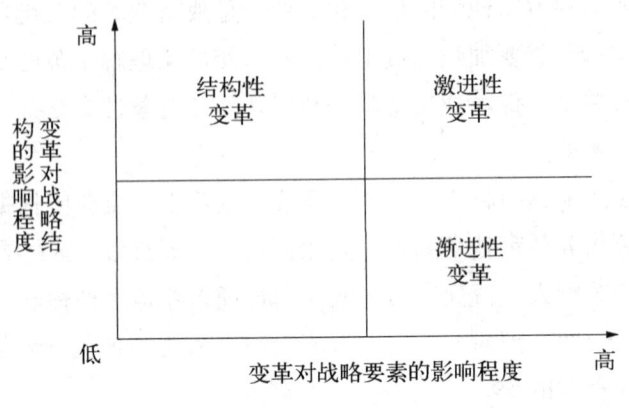

图9-2 战略变革类型

的结构和均衡。它尽管不是结构性和整体性的变革,但随着时间的推移会不断积累,并明显影响竞争优势和战略绩效。

渐进性变革反映了一种战略理念、原理和方法从创立到成熟的发展过程,其发展轨迹表现为一种线性的渐进过程。这种战略变革主要出自环境变化的要求,以改变企业经营状况和竞争地位,主要适用于那些稳定的、连续性变化的环境系统,一般能预期战略变革行动可能遇到的问题和结果。

二、结构性变革

如果一种变革没有改变战略要素,只是改变了战略要素间的联系,就是一种结构性变革。这种变革改变了战略要素间的联系及相互作用,形成一种新的结构,其本质是用一种新的方法对战略要素进行重组设计,形成新的系统。结构性变革并非战略要素完全不发生变化。事实上,这类变革经常由战略要素变化所致。关键是每一战略要素背后的设计理念以及与此相联系的知识仍保持一致。从这一意义上说,战略要素没有改变。

不同类型的战略变革对企业的知识和能力的要求不同,而企业拥有的知识与能力主要是由面临的任务和环境所决定的。在新经济条件下,复杂多变的环境有可能使企业长期积累的知识和能力遭到"毁灭性的破坏",这就要求企业不断拓展与掌握新的知识和能力。这种新的知识和能力的累积是非常困难的,它使组织学习变得更加复杂，需要从一种学习模式转变为另一种学习模式，甚至重新建立新的知识结构，也就是从一种稳定的结构中学习知识的方式转变为在一个变化了的结构中学习知识的方式。这种学习转型往往需要支付较高的学习成本，但也会带来明显的潜在收益。

三、激进性变革

如果一种变革不但改变了战略要素，而且改变了战略要素间的联系，就是一种激进性变革，如企业战略方向、战略路径、生产方式和商业模式的转变等。激进性变革是一种全新意义上的概念、范式、原理和方法的创新，具有"颠覆性"。它在许多方面不同于原有的战略模式，其发展轨迹表现为一种非线性的突变。

激进性变革是通过创立一个新的占优设计，将一套新的理念、方法等渗透于新的结构中，改变了战略要素及其相互联系，带来一种全新的模式。它会打破企业原有的结构和均衡，产生剧烈的动荡，对企业整体造成显著的影响，并有可能在短期内改善战略绩效。

激进性变革、结构性变革和渐进性变革相互区别，又相互联系。激进式战略变革源于技术、市场和环境的重大变化。它最初可能只是一种概念，需要通过一系列结构性变革与渐进性变革才能逐步发展和成熟起来。因此，一种新的战略概念、范式、原理和方法，从变革、应用到成熟，大都是激进性变革、结构性变革和渐进性变革共同作用的结果。同理，渐进性变革和结构性变革也为激进性变革奠定了基础。

第三节　战略变革影响因素

战略变革受到来自企业内外部多种因素的影响，主要包括外部环境、原有战略、组织结构、组织文化和经营绩效五个维度，具体见图 9-3。

一、外部环境

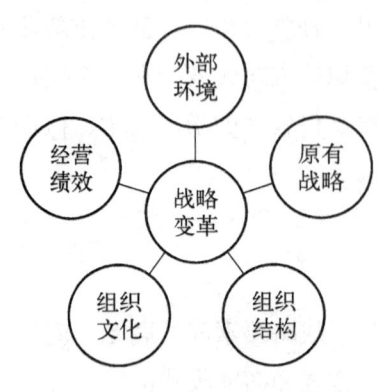

图9-3 战略变革影响因素

如果企业处于一个稳定性较高的环境，组织内各方面的运行都已制度化、标准化，即使有一些变化，也是可以预期的。在这种情况下，战略变革很少发生，至多只是一种渐进式变革。相反，如果企业处于一个稳定性较低的环境，技术和市场的不确定性高，对变化趋势难以预期，企业只有持续不断地变革，才能得以生存和发展。在这种情况下，企业变革也就变得顺理成章。

二、原有战略

任何一种战略都需要相应的资源、组织、管理和制度等作为支撑。当一个企业长期运用某一种战略时，便会形成与这一战略相适应的知识、技能、组织、管理和制度等，产生路径依赖，形成各种利益相关者群体。在没有外力作用的条件下，这些结构性的因素具有正反馈效应，不断自我强化，从而驱使企业沿着原有的战略路径发展。战略变革意味着在打破原有战略基础上，建立与新的战略相匹配的新结构，包括资源结构、产品结构、组织结构、权力结构、利益分配和制度安排等，这种结构和路径转换会产生高昂的成本，会在很大程度上影响战略变革。

三、组织结构

伯克尔（Boeker）指出，组织内不同部门的权力配置与组织最初战略的交互作用会影响组织未来的战略变革。现有的组织结构是与原有的战略相匹配的，在组织层级间、部门间形成一种相对稳定的关系，产生不同的利益集团。而战略变革则需要打破现有的组织结构，建立与新的战略适应的新的组织结构。这不仅涉及组织层级和管理部门的设置，而且涉及权力结构和利益分配的变化，从而有可能导致在组织内部产生冲突，影响战略变革的实施。

四、组织文化

组织文化对战略变革的影响主要体现在导向功能、激励功能和协调功能上。组织文化对战略变革的导向功能是指形成共同价值观念和行为准则，引导员工做出符合企业长期利益的行为。组织文化对战略变革的激励功能主要指根据组织文化倡导的价值观念和行为准则，激发员工在战略变革过程中的积极性和创造性。组织文化对战略变革的协调功能是指基于共同价值观和行为准则，围绕着战略目标，在部门间、员工间建立一种有效的协调机制，形成一致的战略行动。

五、经营绩效

研究表明，经营绩效对组织的战略变革起着"催化剂"的作用。当经营绩效表明现有的运行模式不适合时，管理者会通过变革组织战略以应对环境变化。钱德勒在《战略与结构：工业企业史的考证》中描述了标准石油、杜邦和通用公司的战略变革是如何回应不良业绩的。相反，组织的成功和良好的业绩有可能加剧战略的刚性以及对战略变革的抵制，使管理者无视外界环境的变化。

第四节 复杂与不确定环境下的战略

一、战略转型

在当今高度复杂、不确定的环境下，任何一个企业的战略都不可能是一成不变的。企业在制定和实施战略时，既要强调战略的连续性，又要根据市场环境的变化对原有战略进行及时调整。所谓战略转型就是企业为了适应环境变化，向新的战略转变的过程。其不仅涉及战略目标、战略方向、业务结构、运营模式和竞争战略等方面的重大转变，而且涉及组织结构、管理方式、资源配置和组织文化等方面的重大调整，使企业在新的环境下能把握产业先机，重塑竞争优势。

战略转型意味着企业需要打破现有的结构，建立新的结构。在这一过程中会产生高昂的成本。因此，只有当环境发生重大变化，对企业的生存和发展构成严重威胁时，企业内才容易对战略转型达成共识。在很多情况下，当明显出现盈利能力减弱、市场占有率下降等情况，企业为了改善经营绩效，才有可能做出战略转型的决策。一个企业若要成功地实施战略转型就必须把握以下几个关键环节：

一是战略领导。战略转型需要有强有力的领导，克服在转型过程中的困难和障碍。战略转型是一个复杂的过程，不但需要战略领导者设计新的战略计划，而且需要制定出具体行动方案，并对战略转型执行情况进行跟踪、评估、分析和修正。

二是有效沟通。若要成功地实施战略转型，那就需要与员工进行有效沟通，使员工正确理解和支持新的战略。战略转型涉及各个方面、各个层次、各个环节，不仅与高层管理者相关，而且与普通员工相关。只有员工对战略转型达成一致认识，企业战略转型才能得以有效实施并获得成功。

三是资源保障。战略转型需要对产品、业务、市场、组织、管理和营销等进行结构性调整，要求企业有能力获取与新的战略相匹配的资源，包括知识、技术、人力资本和资金等，以有效地保证战略变革的实施。

四是路径转换。路径依赖是一个经济学的概念，其原本含义是指人类社会在技术演进或制度变迁过程中，由于某种偶然因素选择了某一路径，就会沿着既定的路径发展，不断自我强化。企业一旦选择了某种发展模式，也会产生路径依赖。因此，若要成功地实现战略转型，其关键是路径转换，改变企业原有的发展模式和惯例。

苏宁的战略转型[①]

战略聚焦 2013年，苏宁以1 092亿元销售额再次蝉联中国连锁百强第一，但也因利润大幅下降而备受质疑。面对移动互联的冲击，苏宁的战略转型受到空前关注。至今，苏宁已经历了多次战略转型，每次都把苏宁带入新的境界，但影响最深远的有三次：

第一次战略转型："批发——零售"的业务变革

苏宁创立于1990年，原是一家小型空调经销商，1995年设立空调专营批发

---

① 节选自王燕平：《苏宁的组织转型：且行且变革》，《富基商业评论》，[2014－06－20] http://www.e-future.com.cn/news_details.php? nid＝1475

部，并以南京为大本营，覆盖苏南、苏北、安徽、浙江、上海和广东等地，逐步建立起拥有4 000多家辐射全国的经销商网络，成为中国最大的空调批发商。

1996年后，空调市场供求关系发生逆转，空调批发业务毛利率越来越低；市场空间也受上游厂商"渠道扁平化"的挤压，许多空调厂家将渠道直接延伸到零售终端，一些批发商被迫转行或倒闭。此时，苏宁开始第一次战略转型：从以批发为主转向以零售为主，从单一品种的空调经营转向多品种的综合家电经营。1997年后，苏宁在北京、上海、广州、合肥、徐州、常州、无锡和镇江等地，发展了30多家空调店铺；1999年后，开设了综合电器商店，以降低单一经营空调的季节性风险。

为此，苏宁对业务和组织做了大幅调整：业务重点转移至零售，设立零售管理部门，改变各地办事处的职能和工作重心，将人、财、物等资源配置向零售业务倾斜。直到1999年，这次转型才基本完成。苏宁从一家家电批发商转变为零售商。

第二次转型："分店——连锁"的组织变革

苏宁战略从批发转为零售后不久，国内家电市场再次发生重大变化，"渠道为王"趋势日益凸显，谁掌握了零售渠道，谁就能掌控市场。2000年，苏宁确定了面向全国发展连锁经营的战略，开始建设覆盖全国的零售终端；同时改变过去分店自主运营的体制，建立连锁经营体系以及相应的组织结构和业务流程。然而，经过10年的爆发式增长，苏宁内部积累了大量问题，如采购部门与营销部门间职责不清、管理标准化程度和效率低、经营观念和能力亟待提升等。对此，苏宁开始第二次组织变革，其指导思想是"专业化分工，标准化作业"。

首先，建立规范的管理平台：将采购和销售两大关键职能剥离，清晰地界定其功能和职责；重新梳理和优化关键业务流程；从纵向管理程序和横向工作流程两个维度上，实行科学分工和授权，形成科学、规范的管理体系。

其次，构建"总部——大区——子公司"三级组织结构。大区分公司重点是完善后台管理体系，建立店面、客户服务中心、配送中心和售后服务中心四大终端，为大区规模化经营提供支撑。随着苏宁新店开设速度和数量激增，为了避免高速发展而导致的管理失控，2006年苏宁对组织结构进行大规模整合，大区分公司从17个大区增至28个；公司总部原有14个中心整合成四个总部，人力资源管理中心、集团办公室以及战略规划部作为总裁办公室下属部门独立运营。

第三次战略转型："单渠道——全渠道"的渠道变革

随着互联网时代的到来，电子商务对传统零售业的影响越来越大，2009年苏宁开始从传统零售商向互联网企业转型。经过2010～2012年的探索，苏宁的战略转型在2013年达到高潮。在这一年，"苏宁电器"更名为"苏宁云商"，将实施两年的"沃尔玛+亚马逊"模式调整为苏宁"云商"模式，即"店商+电商+零售服务商"模式，面对消费者的前端产品展示与后台管理系统匹配，线上线下两大渠道融合。苏宁提出"一体两翼"的互联网转型路径。"一体"就是以互联网零售为主体，"两翼"就是打造O2O全渠道经营模式和线上线下开放平台。为配合这一战略，苏宁历时数月完成了从底层到总部的组织再造。专业、垂直、开放、融合、扁平、自主是这次苏宁组织调整的关键词，最大的变化是从原有的矩阵式转变为事业群组织。

在大区层面，苏宁把"大区——子公司——营运部"三级压缩为"大区——城市终端"两级管理，组织结构进一步扁平化，实行本地化自主经营，强化以大区为单位，实现全品类、全客群、全平台的统筹规划和运营。以重点城市为中心的大区数量从2012年的44个增至60个，城市终端由100多个增至200多个。

在总部层面，苏宁建立了连锁开发、市场营销、服务物流、财务信息和行政人事五大管理总部，负责战略规划、标准制定、计划管控和资源协调。

在业务层面，苏宁组建了连锁平台经营总部、电子商务经营总部、商品经营总部三大集群，下设28个事业部。总部赋予各业务单元更多的经营自主权。最大变化是商品经营总部从事全品类拓展，下设17个事业部，分别负责不同商品类目下的商品规划、采购、供应链管理以及品类销售和推广工作，实现线上线下全面整合和统一管理。2013年，苏宁再次对业务层面的组织结构做出调整：将连锁平台经营总部（负责线下实体店经营）与电子商务经营总部（负责易购经营）整合，组成新的运营总部，对实体店、PC电脑、手机和TV等线上线下销售实行统一管理。

二、应急战略

明茨伯格将战略划分为两种：一种是预先设想的战略，一种是随机的战略。

第九章　战略变革

当环境变化超出预期，对企业的生存和发展构成直接威胁时，企业必须迅速调整原有的战略，采取应急措施，这就是所谓的应急战略（Emergent Strategy）。应急战略又称突现战略，是指一个关于战略修正的概念：管理人员可能产生新的策略，以面对正式规划中所未能预测到的情况。

当外部环境处于一种持续动荡的状态中，导致发展方向不明朗，企业就需要在实践中摸索前进，凭借敏锐的眼光捕捉商机，通过"干中学"（Learning by doing）积累经验。这些企业在市场上主要采取反应式行为和试错法来探寻正确的发展方向，即通过一系列小的连续行动，在各方面创造一系列不相关的竞争优势，并巧妙地把各个优势串联起来，形成一种战略趋向。其中，有些行动被证明是明智的，有些行动是属于效果良好的，有些行动则是失败的。这种战略不像传统战略那样，有一个完整的预定方案和大规模的变革行动，而是将一系列小行动总合起来，逐渐形成一个完整的战略，从而能够更好地适应高度不确定的市场环境：既可以抢占市场先机，取得竞争的主动权；又可以避免重大失误，承担过高的战略风险。也就是说，应急战略是一个创造一系列独立的竞争优势并将其综合起来，形成一种固定的战略方向的过程。在这一过程中往往会产生一些新方法、新手段，如果对其进行系统化、规范化，就能形成一种全新战略。当然，只有当这些新方法、新手段被验证是行之有效的，新的战略才能替代原先战略。

例如，网络电脑、多媒体和三维图像的发展大幅减少了微处理器需求。对此，英特尔做出了迅速响应：针对网络电脑市场，与微软公司联合开发 NetPC；针对多媒体和三维图像市场，与美国 MCI 公司联合开发网络服务器，与好莱坞制片商合作成立电影实验室（Creative Artists Agency，CAA），向50多家多媒体、网络和图像信息公司投资，并有选择地推进那些富有成效的战略。其中，与微软合作的 Wintel（Window + Intel）标准战略使英特尔不但保持了市场支配地位，而且控制了计算机软件、硬件及半导体的发展，驱使竞争者、经销商、合作伙伴和最终用户一起做出相应的变革。再如，微软公司最初采用自主开发的网络服务（Microsoft Network）战略，与美国在线公司竞争。在投入了大量资金后，其网络服务还是面临着被淘汰的结局。最终，微软公司只得放弃原有战略，选择非自主开发战略：购买太阳微系统公司的 Java 技术，收购一系列网络公司，与美国在线服务建立合作伙伴关系，与美国国家广播公司（NBC）联合，向有线电视新闻和新闻网站业务发展;创办"Slate"网络杂志,与电影公司"梦工厂"合作,向新闻娱乐业渗透等。

显然,应急战略的最终目标、构成要素是在战略执行过程中逐渐形成的。战略领导者无法预先制定战略。战略的制定应该是让发生了的事情更有意义,以预计未来发生的事情为基础。因此,应急战略的变化过程通常是零散的、直观的、逐步形成的。这意味着任何一个企业在战略实施过程中的应变能力都非常重要。从这一意义上说,没有战略也是一种战略。然而,企业可以一时没有战略,却不能永远没有战略。企业实践表明,仅仅依靠应急战略是无法给企业提供持久的竞争优势的。

本章小结

战略变革是企业为了实现持续发展、应对环境变化而做出的转变,主要包括两个层面的含义:一是由环境变化引致战略本身的变化;二是由企业战略变化引致战略支撑系统的变化。

任何一种战略变革都会受到两种力量的作用:战略变革的动力和阻力,两者形成一种力量场。战略变革的动力有可能来自技术创新、市场变化、竞争变化或政策变化;战略变革的阻力有可能来自观念上的、利益上的、沟通上的、资源上的或文化上的障碍。一个企业要获得战略变革的成功,就必须增强变革动力,消除变革阻力。

任何一个事物都可以抽象为两个部分:要素(组件)和结构(要素间的联系)。变革既可能对要素产生影响,也可能对结构产生影响。基于此,可以把战略变革分为渐进性变革、结构性变革和激进性变革三种类型。渐进性变革是指一种变革只是对战略要素发生影响,而没有明显改变战略要素间的联系;结构性变革是指一种变革没有改变战略要素,只是改变了战略要素间的联系;激进性变革是指一种变革不但改变了战略要素,而且改变了战略要素间的联系。

战略变革受到来自企业内外部多种因素的影响,主要包括外部环境、原有战略、组织结构、组织文化和经营绩效。

在复杂和不确定环境下,企业有两种重要的战略:一是战略转型,指为了适应环境变化,企业向新的战略转变的过程。这不仅涉及战略目标、战略方向、业

第九章 战略变革

务结构、运营模式和竞争战略等方面的重大转变，而且涉及组织结构、管理方式、资源配置和组织文化等方面的重大调整。一个企业若要成功地实施战略转型就必须把握战略领导、管理沟通、资源保障和路径转换等关键环节。二是应急战略，指一个关于战略修正的概念：管理人员可能产生新的策略，以面对正式规划中所未能预测到的情况。主要采取反应式行为和试错法来探寻正确的战略方向，这实际上是一个创造一系列独立的竞争优势并将其综合起来，形成一种固定的战略方向的过程。其最终目标、构成要素是在战略执行过程中逐渐形成的。

本章思考题

1. 何谓战略变革？为什么要战略变革？
2. 战略变革的动力是如何产生的？
3. 在战略变革过程中通常会遇到哪些方面的阻力？
4. 战略变革有哪些类型？有何特点？
5. 战略变革受哪些因素影响？
6. 何谓战略转型？在何种情况下企业需要战略转型？
7. 何谓应急战略？为什么需要应急战略？

本章参考文献

1. [美]迈克尔·A.希特等著，刘刚等译. 战略管理：概念与案例（第10版）[M]. 北京：中国人民大学出版社，2012.
2. [美]弗雷德·R.戴维著，徐飞译. 战略管理：概念与案例（第13版）[M]. 北京：中国人民大学出版社，2012.
3. [英]格里·约翰逊等著，徐飞译. 战略管理基础（第2版）[M]. 北京：电子工业出版社，2013.
4. [美]约翰·皮尔斯二世、小理查德·鲁滨逊著，钱峰译. 战略管理：制定、实施和控制（第12版）[M]. 北京：中国人民大学出版社，2015.
5. 王方华. 企业战略管理（第2版）[M]. 上海：复旦大学出版社、上海交通大学出版社，2015.

6. ［美］斯蒂芬·P. 罗宾斯、玛丽·库尔特著，李原等译. 管理学（第11版）［M］. 北京：中国人民大学出版社，2012.

7. 李怀勇. 信息化时代的市场融合［M］. 北京：经济管理出版社，2008.

8. 王方华、吕巍. 战略管理［M］. 北京：机械工业出版社，2008.

9. 周振华. 信息化与产业融合［M］. 上海：上海生活·读书·新知三联书店、上海人民出版社，2003.

第十章　战略评价与控制

本章学习目标

1. 熟悉战略评价性质和标准
2. 掌握战略控制类型和方法
3. 熟悉战略评价框架
4. 了解战略信息系统功能和结构
5. 熟悉战略评价工具平衡积分卡和标杆学习的应用方法

本章核心概念

　　战略评价　战略控制　预防控制　同步控制　反馈控制　战略信息系统　平衡积分卡　标杆学习

　　一个成功的战略不仅需要有正确的战略目标、战略规划和战略路径，而且需要得到有效的实施。在战略实施过程中，企业会遇到许多不确定因素，这使得那些即使是以往获得成功的战略也有可能变得过时；各种人为因素也有可能导致在战略执行中产生偏差，影响战略绩效。显然，一种战略的失败既有可能是战略决策失误造成的，也有可能是战略执行偏差造成的。因此，为了达到预期的战略目标，企业就需要对战略实施过程与绩效进行评价和控制。本章主要阐述战略评价的性质和标准、战略控制的类型与方式、战略评价与控制框架和战略信息系统，并介绍战略评价工具。

第一节　战略评价的性质与标准

一、战略评价的性质

战略评价是指审查企业在战略实施过程中各项活动的进展情况和绩效。战略控制是指在战略评价的基础上纠正产生的偏差，使企业战略实施与当前所处的内外部环境相适应，与战略目标相一致。

企业在战略执行过程中产生偏差的原因是多方面的：或是环境变化超出了预期；或是出现突发性事件；或是员工缺乏对战略的理解和共识；或是操作层面上的流程、环节和制度等存在漏洞等。因此，战略评价是战略实施过程中的一个重要环节，一项复杂而敏感的工作。企业必须系统地审视、评价和控制战略执行，及时发现和纠正战略执行过程中产生的偏差，保证战略能得到正确、有效的执行。

二、战略评价的标准

战略评价并不能证明一种战略是否最好，却能评价一种战略是否存在严重缺陷。查理德·鲁梅尔特（Richard Rumelt）提出战略评价的四个标准，即一致性、协调性、可行性和优越性。

（一）一致性

一种有效的战略应该在目标、体系、结构和政策等方面保持一致性，不能相互矛盾。否则，战略就不可能得到有效实施，也不可能达到预期结果。如果战略存在不一致，可以通过以下情况来判定：在战略执行过程中连续出现的问题是因事而不是因人；一个部门的成功可以解读为另一个部门的失败；政策问题总是要到高层才能解决等。

（二）协调性

在战略评价时，既要关注单个业务单元内战略执行过程中的协调性，也要关注不同业务单元间战略组合的协调性。一个有效的战略必须迅速对内外部环境变化做出响应。协调性的难点在于：外部因素和内部关键因素往往交互影响，很难判断哪一种因素起主导作用。

(三) 可行性

企业可获得的资源是战略能否有效执行的一个重要约束条件。因此，战略评价的一个重要方面就是对企业资源与战略的匹配程度做出评判。这不仅包括战略对企业资源的利用程度做出评判，而且包括资源对战略的支持程度，也就是对战略执行的可行性进行分析。但在可行性分析中，对企业资源边界的确定，不能局限于现有的资源条件，而是要从发展的角度，审视企业能否通过创新来进一步扩大资源边界：创造新的资源和整合社会资源。

(四) 优越性

一个有效的战略必须能保持和增强企业的竞争优势。在战略评价中必须对企业竞争优势的来源做出客观评判。从资源角度看，如果企业比竞争者拥有更稀缺的资源，就能在竞争中拥有更强大的市场支配力量。同时，对资源的合理配置也是增强企业竞争优势的一个重要方面。从位置角度看，一家占据了市场有利位置的企业，只要关键的内外部因素不变，就能保持稳定的竞争优势，因为位置具有自我延续的特性，竞争者要取代占据优势位置的企业是极其困难的。

第二节 战略控制的类型与方式

在选择战略控制类型时，企业应考虑三个方面主要因素：一是控制要求。不同控制对象对战略绩效的影响不同，控制要求亦有不同。战略控制的重点要放在对战略绩效具有重要影响的行为和活动上。二是控制量。战略控制的内容和程度要适当。控制量过少，不能反映战略执行的实际情况，也就无法对战略活动进行有效控制；控制量过多，信息量过于纷杂，难于把握重点，造成顾此失彼，两者都有可能造成控制失效。三是控制成本。在满足控制要求的前提下，应将成本控制在合理的范围内。

一、战略控制的类型

根据对战略执行过程中不同阶段的控制，战略控制可分为三种类型：预防控制、同步控制和反馈控制。从总体上看，战略控制呈现出从反馈控制向预防控制和同步控制转变的趋势，具体见图10-1。

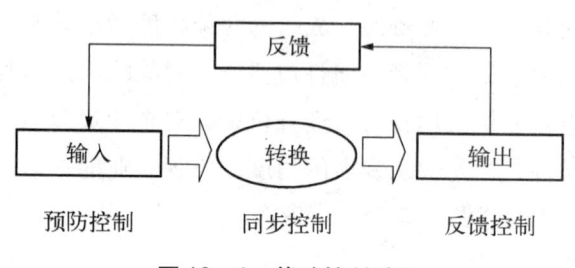

图10-1 战略控制过程

（一）预防控制

预防控制是一种对预期行为结果的控制，即控制活动发生在目标行为发生之前，主要是为了防止可能出现的问题。企业根据对目标行为结果的预期，采取相应的措施，保证工作的规范性和稳定性，避免和减少工作失误。通常可以采取对员工提供教育、训练、指导和帮助，明确工作职责、标准和流程等方法，预防可能出现的行为偏差。预防控制对信息的及时性和准确性要求较高，在实施过程中存在一定的难度。

（二）同步控制

同步控制是一种实时控制，即控制活动与战略执行同步，主要是为了发现和解决正在发生的问题。同步控制的重点是行为过程，主要采取现场观察的方法，对战略执行过程实行不间断的监控。及时发现问题，为员工提供指导和帮助，减少因工作失误而造成的损失。

（三）反馈控制

反馈控制是一种对行为结果的控制，即控制活动发生在行为结果之后，主要是为了纠正已经发生的问题。也就是将战略执行结果与期望标准比较，找出偏差及其原因，并采取相应措施，纠正未来行动。这种对行为结果控制的方法具有时滞性，会给企业造成一定损失，因而不是一种理想的控制方式，但由于操作比较简便，至今仍在企业中普遍应用。

二、组织控制的方式

组织控制是控制企业行为结果与预期结果间的偏差，两者间偏差越小，组织控制就越有效。缺少有效组织控制的企业很难获得预期的战略绩效，而设计有效的组织控制方式将有助于提高战略绩效。通常，企业主要采用战略控制和财务控制来支持战略执行。

（一）战略控制

战略控制注重长期绩效。它是以一些主观标准判断企业应用的战略是否得当，主要关注：企业应该做的事情（主要由外部环境表明）和企业能够做的事情（主要由竞争优势表明），以及两者是否相符。有效的战略控制可以帮助企业了解做什么才能获得成功。

战略控制还可以用于评估战略实施所需要的条件。对业务层战略而言，战略控制关注的是价值链的主要活动与辅助活动，即关键活动是否得到有效的执行和控制。对公司层战略而言，战略控制主要检验战略资源是否得到恰当的分配等。

（二）财务控制

财务控制注重短期绩效。它是以一些客观标准，衡量企业的战略绩效，包括投资回报率（ROI）、资产回报率（ROA）等。强调用财务指标评价企业战略绩效，部分原因是战略控制很难用于广泛的多元化，特别是非相关多元化更关注财务结果，要求运用财务指标来衡量各业务单元的业绩表现。

使用财务控制时，企业不仅要把其业绩与前期结果比较，而且要与竞争者业绩、行业平均标准比较，从而能更全面地分析业绩，确保战略实施与战略规划相一致。

战略控制与财务控制对每一种组织战略都很重要。但是，不同战略需要运用不同的控制方法。例如，采取成本领先战略的公司和业务单元，强调的是财务控制；采取差异化战略的公司和业务单元强调的是战略控制；采取相关多元化战略，需要在公司范围内强调业务单位间的能力和活动共享，则重视战略控制；采用非相关多元化战略，无须在公司范围内强调能力和活动共享，则注重财务控制。因此，企业要保持战略控制与财务控制间的平衡。过分强调一种控制而忽视另一种控制会导致战略执行失控。

第三节　战略评价与控制框架

战略评价与控制过程就是将战略计划执行情况与预先制定的控制标准进行比较分析、发现偏差、找出原因并予以纠正的过程，具体见图10-2。战略控制同战略计划、组织有着密切的关系，战略计划为战略控制提供了必要的依据；战略控制为战略计划执行提供了保证，并对战略计划进行必要的修正；而战略控制要求的纠正偏差措施，则要通过有效的组织活动来实现。

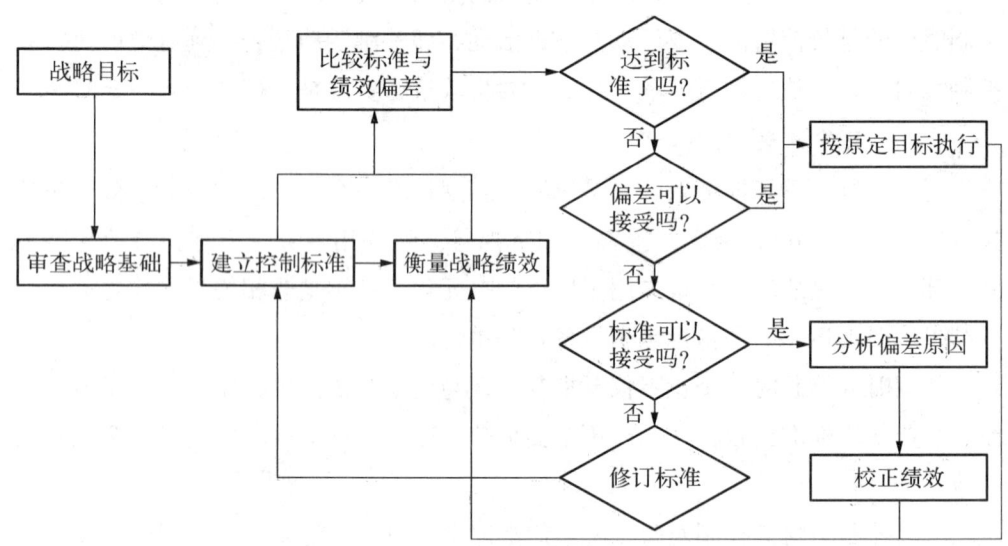

图10-2　战略评价和控制过程

战略评价和控制过程可以分为四个基本步骤：

一、审查战略基础

审查战略基础主要是对战略执行期内企业内外部环境的重大变化、战略执行

第十章　战略评价与控制

情况等进行审视，通常可借助 EFE 矩阵、IFE 矩阵，建立一个战略评价矩阵，见表 10-1。

第一，检验战略基础的可靠性。内外部环境的变化趋势是企业制定战略的基础。由于环境变化的复杂性和不确定性导致可预见性下降，企业在制定战略过程中往往需要对一些重要的环境因素进行预测和假设。因此，战略评价和控制首先要对内外部环境这一战略基础进行检验。如果战略基础发生变化或假设不成立，那么就有可能导致战略决策失误。

第二，识别战略关键因素的变化。战略评价和控制的一个重要方面是对关键因素进行检验。这些因素的变化会在很大程度上影响战略决策和战略执行效果。战略关键因素包括外部因素和内部因素，从外部因素看，主要包括技术变革、竞争者行为、消费者需求、经济社会发展和政府政策等；从内部因素看，主要包括资源配置、员工素质、运营方式、组织结构和创新能力等。

第三，分析对战略基础检验和关键因素变化识别的结果。对内外部环境与关键因素变化的趋势和原因进行深入剖析，为战略规划和战略执行的调整提供依据。

表 10-1　战略评价矩阵

序号	外部环境是否有重大变化？	内部环境是否有重大变化？	企业是否向既定目标顺利发展？	结　果
1	否	否	否	采取修正行为
2	是	是	是	采取修正行为
3	是	是	否	采取修正行为
4	否	是	是	采取修正行为
5	否	是	否	采取修正行为
6	是	否	是	采取修正行为
	是	否	否	采取修正行为
	否	否	是	继续现有的战略行动

二、建立控制标准

控制标准是衡量计划执行实际成效的依据。建立控制标准是以战略目标和战略计划为基础的。企业需要根据对战略基础的审查，建立相应的控制标准，包括定性控制标准和定量控制标准，并具有稳定性、适应性、明确性等特征。

三、衡量战略绩效

衡量战略绩效就是根据控制标准检验战略执行的效果，及时发现偏差，并分析其原因，主要包括对目前绩效的衡量和未来绩效的预测。对此，需要选择合适的标准和方法。

由于内外部环境经常变化，员工对战略的理解和执行会产生偏差等情况，战略执行效果与战略控制标准间存在偏差是一种常态，关键是这种战略偏差是否处于可控制范围。因此，可以事先设计一个战略偏差控制图，设立上下限控制线和控制区域，具体见图10-3。如果战略偏差处于可控制范围，那么只要对战略计划进行小的修正，即可按原定目标和方案实施。如果战略偏差超越了可控制范围，那就需要进一步分析其原因，根据不同情况，对战略目标、战略方案、控制标准或战略执行等进行修正。

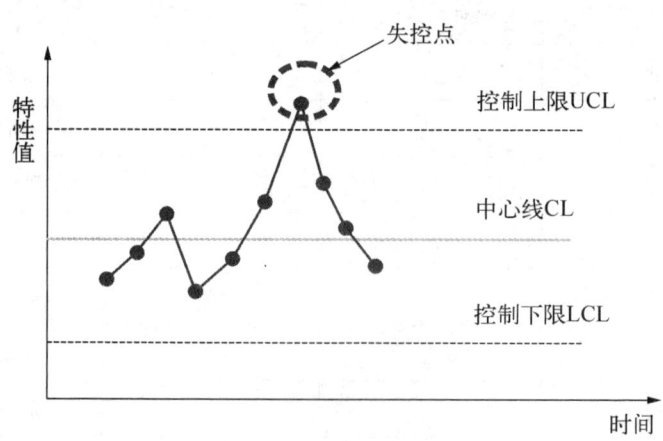

图10-3 战略偏差控制图

第十章 战略评价与控制

四、采取修正行动

一般而言，产生明显战略偏差主要有三种原因：一是执行战略计划的组织过程不完善；二是战略计划存在缺陷和失误；三是预计的外部环境发生变化。针对不同原因，企业可以采取不同的措施。如果组织过程不完善，企业就要对战略执行的组织活动加以调整；如果战略计划失误或外部环境变化，企业则要重新制定或修改战略计划。

> **战略聚焦**
>
> **Borders 的破产**[①]
>
> Borders 是 1971 年在美国密歇根州安阿伯市成立的最早的连锁店之一。它不仅改变了图书销售方式，而且是世界上最大的图书零售商。Borders 曾一度拥有超过 1 300 家大型书店和近 35 000 名员工。但到 2011 年正式宣布破产时，其书店数量已降至 674 家，员工也仅剩 19 500 名，负债 12.93 亿美元，资产 12.75 亿美元。Borders 曾拥有知识丰富的员工，为顾客提供浓咖啡。它的先进库存系统一度非常流行。1991 年，Borders 将一些小型图书连锁店和库存系统卖给了凯马特（Kmart）。当时其经营状况非常好，而凯马特则出现下滑趋势。因此，Borders 在首次公开募股中被剥离出来。这一变化只持续了一段时间，Borders 就开始扩展，从独立的图书零售商手里抢回了部分市场。
>
> 之后，Borders 开始犯一些错误。随着亚马逊在网络图书销售中取得成功，Borders 开始进入国际市场寻求发展。这一多元化发展使 Borders 公司减少了对美国这个最大、最有利可图的图书零售市场的关注。由于 Borders 公司不能有效地管理不同国家市场的不同业务，最终，不仅国际化战略失败了，而且它在美国市场的零售店也不堪一击，往日的辉煌不复存在。
>
> 另一方面，Borders 封闭的管理结构也没有因市场变化而变化。例如，当巴诺这样的竞争对手发展在线销售能力时，Borders 却将网络销售业务通过协议交由亚马逊处理。这对亚马逊是一个机遇，但对 Borders 却是灾难，它将自己的顾

[①] 改编自钦亮：《网络购书兴起致美国书店巨头 Borders 破产》，新浪科技，http://tech.sina.com.cn/i/2011-02-14/13145174517.shtml

客和业务交到了主要竞争者手里。显然，这确实是个省钱的办法。因为，公司如果想自己掌握网络销售的专业知识，就必须对技术和人力资本进行投资。但事实证明，这是一个非常糟糕的决定。Borders在专业知识上的欠缺令人震惊。2007年，一位作者在参观了Borders位于威斯康星州麦迪逊市的书店后惊奇地发现，竟然没有互联网连接。公司实行高度集中化管理，与外部的所有交流都需要通过位于密歇根州安阿伯市的总部来进行。这极大地降低了连锁店的灵活性，无法满足当地市场的独特需求。由于缺乏业务知识，公司也就无法及时根据市场对电子图书的需求进行调整。它是最后一个进入该细分市场的主要图书零售商，而且销售的电子图书阅读器也是由其他公司（如索尼）开发的。

集中化的管理和封闭的结构进一步导致了错误的战略决策，最后，Borders拥有的600多家连锁店中有275家无法盈利。2008~2010年，它关闭了264家书店。在国际市场上，它也负担了大量债务。为了提高股票价格，鼓励投资者，公司高层管理者决定借钱回购股票，这使它的债务达到极高的水平。1998年，Borders的股票一度达到最高值每股41.75美元。到2011年宣布破产的时候，它的股票价格只有每股23美分。

可见，Borders的失败主要是由于战略上的失控，无法纠正出现的错误，没有能力对多变的市场做出有效的调整。

第四节 战略信息系统

1980年代以来，一些企业在信息管理系统应用上取得了巨大的成功，产生了明显的经济效益和竞争优势。人们开始关注和研究如何将信息技术应用于战略管理。战略信息系统（Strategic Information Systems，SIS）就是指运用信息技术支持企业战略，创造和维持竞争优势。传统的信息管理系统（MIS）主要服务于企业的运营和管理，以内部信息资源为对象；战略信息系统主要服务于企业的战略管理，支持战略决策和战略实施。它是信息技术的战略应用。

第十章 战略评价与控制

一、战略信息系统的功能

战略信息系统的基本功能是构建企业的集成信息系统，消除部门间的信息阻断，提高信息共享程度和整体运营效率。它不但注重内部信息管理，而且更注重外部信息的开发利用，形成完善的信息系统。其具体功能有：

(一) 支持战略管理

战略信息系统不是信息技术在运营和管理中的简单应用，而是为战略管理提供技术手段。通过战略信息系统，企业不仅获得完整的内部信息，而且能及时获得外部信息。信息的一个重要功能是消除不确定性，它是战略管理的基础。无论是战略决策还是战略实施都需要高质量的信息，预测未来环境的变化趋势以及由此带来的机会和威胁，明确企业的发展方向，并对企业的运营状况实行有效控制。只有这样，才能避免战略决策失误和战略实施失控。

(二) 提高市场响应速度

战略信息系统不仅联通了企业内部信息网络，消除了"信息孤岛"现象，提高了信息共享程度，而且改变了信息联系方式，将企业与外部包括供应商、经销商、顾客、公众、竞争者和政府等信息连接起来。这种网络化、数字化与开放式的信息系统极大地提升了企业快速反应能力和战略协同能力。

(三) 创造新的竞争优势

企业对战略信息系统的应用，如事务处理系统（TPS）、管理信息系统（MIS）、办公自动化系统（OA）及企业资源计划（ERP）、计算机集成制造系统（CIMS）和客户关系管理（CRM）等，有可能引起业务流程、组织结构、管理方式和运营模式等方面的变革，明显地提高企业运营效率，创造新的竞争优势。美国航空公司的自动订票系统和联邦快递公司的包裹投递及跟踪管理系统等都是战略信息系统应用的范例。

二、战略信息系统的结构

企业战略信息系统结构必须与组织结构、业务流程和管理模式相适应。它主要由内部信息、外部信息、信息处理平台和办公自动化系统四个模块组成，具体见图10-4。

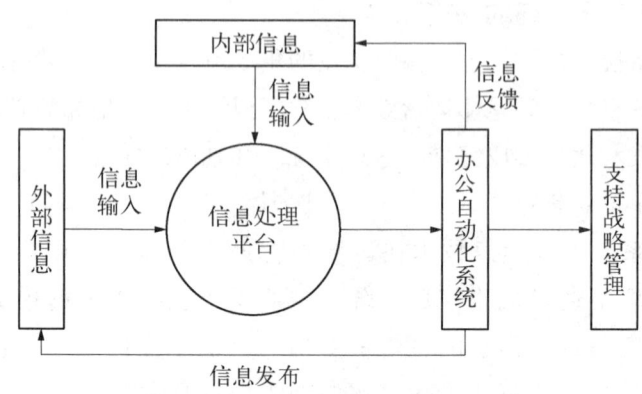

图 10-4 战略信息系统结构

（一）模块 Ⅰ：内部信息

企业内部信息主要来自各个业务管理部门的信息系统产生的各类业务信息。业务应用信息系统通过对基础信息进行鉴别、筛选等，去除那些没有价值的信息，为决策系统提供企业内部运营情况。内部资源信息主要包括研发信息、生产信息、营销信息、物流信息、库存信息、人事信息和财务信息等。

（二）模块 Ⅱ：外部信息

对战略管理而言，仅有内部信息是远远不够的，战略管理者还需要对外部信息有尽可能多的了解，从而认知自己所处的环境、机遇和挑战。外部信息主要包括外部环境信息、供应商信息、经销商信息、合作者信息、竞争者信息和消费者信息等。

（三）模块 Ⅲ：信息处理平台

信息处理平台是对获得的内外部信息进行处理，其主要功能主要包括：① 分析。分析和评价企业运营状况、竞争者情况等。② 预测。根据市场环境变化情况，运用数学模型预测企业发展趋势。③ 战略决策。战略决策系统由决策支持系统、群决策支持系统和职能决策支持系统等一系列智能化系统构成，通过人机交互式系统、数据库、方法库、模型库、市场库和知识库等，为战略决策层提供依据。

（四）模块 Ⅳ：办公自动化系统

通过办公自动化系统软件可以把信息处理平台分析的结果直接反馈给管理

者、各业务部门或发布到企业外部。

三、战略信息系统的发展动力

(一) 市场竞争

随着市场竞争日趋激化，企业需要对消费者和竞争者的任何变化做出快速响应。这就对企业的信息管理提出了更高的要求。传统的信息管理系统已不能适应这种市场环境的快速变化，需要构建更高层级的战略信息系统。战略信息系统是一种通过网络联结起来的"虚拟信息系统"，其功能与结构随环境的变化而变化，能更好地支持企业的战略和竞争。

(二) 技术进步

信息化的发展为战略信息系统的构建提供了技术条件。

1. 面向对象技术

面向对象技术具有封装性、继承性、多形性、层级性、易修改性、动态链接性、可重复使用性等特点，一个系统不仅具有可缩放性和可维护性，而且能满足低成本、高质量、短周期、小批量以及灵活性、可靠性等要求，能迅速响应市场变化。

2. 数据仓库技术

数据仓库技术将企业内各种跨平台的分散数据经过重组和加工，构成面向决策的数据仓库，最终用户可在数据仓库的基础上进行深层数据挖掘、多维数据分析、动态查询和报表等，开发和利用具有战略价值的信息资源。数据仓库能从大量纷杂的历史数据中获取有价值的信息，成为战略决策的重要支持工具。

3. 内联网技术

内联网是利用互联网的 Web 模型标准平台，采用 TCP/IP 通信协议，形成一种三层结构的客户机/服务器模式，即浏览器/应用服务器/数据库服务器模式，构成战略信息系统的基础结构。通过内联网，企业可以将分散的"信息孤岛"整合成一个有机的、统一的信息网络，不仅可以在企业内部实现以 Web 为中心的更加方便灵活的信息发布与交换，而且可以通过 Web 服务器与数据库连接，从外部访问企业主干数据库，构筑对竞争环境做出快速响应的战略信息系统。

4. 互联网技术

随着全球信息基础结构和互联网的发展，社会信息环境日益网络化、数字化和开放化，企业的信息管理方式和内容得到极大的扩展，明显地提高了信息收集、处理、生产与发布等能力和效率，改变了内外部信息联系的方式。

（三）管理变革

管理变革有力地推动战略信息系统的发展。

1. 企业资源计划

企业资源计划是一种基于网络和计算机技术的信息管理系统。它是在制造资源计划（MRPII）基础上，吸收了先进的管理思想，扩展了信息管理的范围和内容，把企业的生产流程看作是一个紧密连接的供应链，将供应商、生产厂商、分销网络和顾客等资源加以整合；并把企业内部划分成相互支持的子系统如生产制造、质量控制、服务维护、市场营销、工程技术、财务管理和人力资源管理等。可见，企业资源计划是一种面向供应链的管理模式。

2. 计算机集成制造系统

计算机集成制造系统是基于信息技术对企业制造活动的各功能子系统的集成，主要由柔性制造系统（FMS）、计算机辅助设计（CAD）和计算机辅助制造（CAM）三大系统组成。通过信息集成，把企业设计和制造等活动连接为一体。

第五节 战略评价工具

一、平衡计分卡（Balance Score Card，BSC）

（一）平衡积分卡简介

平衡计分卡是哈佛大学教授罗伯特·卡普兰（Robert Kaplan）与诺朗顿研究院（Nolan Norton Institute）执行长大卫·诺顿（David Norton）1990年代发明的一种绩效考核和绩效管理的工具，至今被誉为"75年来最伟大的管理工具"。它超越了传统上以财务量度为主的绩效评价模式，从财务、顾客、内部过程、学习与创新能力四个方面构成基于战略导向的绩效管理系统，保证组织战略的有效执行，从而成为一种有效的战略管理的工具。

平衡积分卡是以信息为基础的，系统考虑企业业绩的驱动因素，以多维度平衡指标进行评价的一种业绩评价指标体系，包括战略与战术、长期与短期目标、财务与非财务方法、滞后与先行指标以及内部与外部业绩等各方面因素，从而能全面而又迅速地反映企业的整体运营状况。其指导思想是基于这样一个逻辑：企业要获得良好的财务绩效，就必须有良好的市场表现作为支撑，如较高的市场占有率或销售增长率；企业要在市场上有良好的表现，就必须有持续的业务流程改进和优化能力，提高运营效率和产品、服务的性价比；而业务流程改进和优化能力，主要取决于员工学习和创新方面的水平。

（二）平衡积分卡的指标体系

围绕着战略目标，平衡记分卡从财务、顾客、内部过程、学习与创新能力四个方面设计了15～20个可量化的指标，对企业绩效进行评价。这些指标通过层层分解，将战略目标落实到每个员工的行动中。

1. 财务指标

财务指标反映了战略的短期绩效，衡量战略实施是否最终为改善企业盈利作出了贡献。主要指标有：权益报酬率、净资产收益率、现金流量和经济增加值等。财务指标是顾客、内部过程、学习与创新能力三个方面绩效评价的出发点和归宿点。

2. 顾客指标

顾客指标反映了顾客对企业提供的产品和服务的满足程度，它从顾客角度衡量企业竞争力。主要指标有：市场占有率、顾客满意度、客户保持率、客户获得率和顾客获利水平等。

3. 内部过程指标

内部过程是企业改善经营业绩的重点，其指标体现了企业运营的效率及效果。主要解决如何组织生产以满足顾客需求的问题，关注那些对顾客满意度和财务目标影响最大的内部过程。衡量指标既包括现有业务流程的改善，又包括长远的产品和服务的创新，主要指标有：生产率、生产周期、成本、合格品率和新产品上市率等。

4. 学习与创新能力指标

学习与创新能力代表了企业长期竞争力，主要指标有：员工满意度、合理化建议采用率等，这些指标强调员工的成长和创新的重要性。

（三）平衡积分卡的应用步骤

步骤Ⅰ：明晰组织愿景和战略。将组织愿景与战略目标，分解为下属各责任部门在财务、顾客、内部过程、学习与创新能力四个方面的具体行动目标。通过对战略目标的解析，加深员工对组织战略的理解，增强对实现战略目标的自觉性。

步骤Ⅱ：建立科学的绩效评价指标体系。根据各责任部门的目标，设置对应的绩效评价指标、分值和方法。这些评价指标要与企业战略目标高度相关，兼顾长期和短期目标、内部与外部利益，综合反映战略绩效的财务与非财务信息。

步骤Ⅲ：监测和反馈。定期评价各责任部门在财务、顾客、内部过程、学习与创新能力四个方面的执行情况，及时反馈评价信息，适时调整战略执行偏差，或修正原定的战略目标和评价指标，确保战略计划的顺利实施。

二、标杆学习（Benchmarking）

（一）标杆学习简介

标杆学习是把一流企业作为标杆，将企业业绩与标杆企业做比较，确定所要达到的业绩水平，并改进自己的业绩表现，提高竞争力。标杆学习本质上是一种模仿、学习和创新的持续改进过程。

标杆学习起源于1970年代末、1980年代初美国学习日本浪潮兴起的时代。美国施乐公司最先开展标杆学习。它从生产成本、周期时间、营销成本和零售价格等方面，找出一些明确的衡量指标和标准，然后将公司在这些指标上的表现，与日本主要竞争对手比较，找出差距，弄清这些优秀企业的成功之道，全面调整公司经营战略和业务流程，从而很快地取得了明显的成效。此后，标杆学习风靡全球，成为一种广泛使用的战略管理工具，至今仍广受推崇。

（二）标杆学习的类型

根据学习对象的不同，标杆学习可分为三种类型，即内部标杆学习、竞争型标杆学习和功能型标杆学习。企业选择何种类型应根据自身实际状况和战略目标，确定学习对象范围。标杆学习没有一成不变的界限，不局限于企业所在产业和地区。企业应当以一种开放的学习心态，跨越产业和地区，在尽可能广的范围内，寻找最合适的学习目标，争取达到最佳的学习效果。

1. 内部标杆学习

对于多元化或国际化经营的企业，其内部往往存在多个承担相同职能的部门，由于地理位置、发展历史、市场竞争和人员素质等各种因素，其工作效率并不相同。这就可以对各部门的作业方式进行比较,找出最佳绩效的部门,开展标杆学习,找出组织内不同单位间涉及产品品质、获利能力或满足顾客需求能力等方面的最佳点。与竞争型标杆学习和功能型标杆学习相比,内部标杆学习最大的优势是简便易行。这不仅表现为相关信息容易获取与分析,而且表现为促进各部门间沟通。此外,内部标杆学习不会涉及窃取其他企业机密的麻烦,具有节约成本与时间方面的优势。但内部标杆学习难免受视野狭隘的局限,难以产生根本性的突破。如果组织内各部门存在偏见或摩擦,容易引发部门间的矛盾。

2. 竞争型标杆学习

竞争型标杆学习是将产业领导者作为标杆企业,通过调查分析,找出与标杆企业在产品、流程及经营绩效等方面的差距,并加以改进。由于企业与标杆企业在技术、流程和工艺等各方面存在相似性,从标杆企业获得的信息能够很快地应用在组织内。竞争型标杆学习的最大问题是收集相关信息困难,容易触及对方的商业机密,造成企业间关系紧张和商业伦理等问题。

3. 功能型标杆学习

功能型标杆学习是指打破产业和地区的界限,观察各产业领导者的经营状况及绩效,分析其成功原因,也就是将标杆企业的绩效作为唯一的标准,模糊产业、地区、规模及其他因素。功能型标杆学习能拓展企业眼界,发现更多有价值的理念、流程、模式和方法,引发创意,起到"他山之石,可以攻玉"的效果。功能型标杆学习的缺点主要表现为收集资料困难、成本高,而且由于所处的产业和地区不同,引入标杆企业的新理念、新流程、新模式和新方法,往往有一个再创新的过程。尽管如此,由于功能型标杆学习可以激发组织创新,仍被普遍认为是为数不多的最佳管理方法。

(三) 标杆学习的应用步骤

步骤Ⅰ:明确学习主题。标杆学习的主题必须对企业经营活动和绩效有重大影响,也就是所谓的"关键的成功因素"。企业进行标杆学习首先是要透彻地了解自己,对现有业务流程和绩效衡量标准进行检讨,然后在众多关键的成功因素中找出弱项。显然,把握主题是标杆学习成功的关键。

步骤Ⅱ:锁定学习对象。企业在选择学习对象时,应明确两个基本原则:一是标杆企业具有卓越的绩效;二是标杆企业与本企业具有可比性。

步骤Ⅲ：收集数据和资料。数据和资料的收集工作可以从两方面入手：一是本企业的经营业绩；另一是标杆企业关键成功因素的相关数据与资料，包括其成功经营的管理方法、措施与技巧等。

步骤Ⅳ：制定学习措施。在充分了解企业情况和标杆企业关键成功因素后，将数据资料进行分析比较，找出差距。在此基础上，确定标杆学习所要追赶的目标，给出改进的具体方法。

步骤Ⅴ：采取变革行动。标杆学习的最后成果是采取切实的变革行动。通过制定具体行动方案包括实施计划、方法以及阶段性评估等，明确责任分工，推动企业变革。

步骤Ⅵ：评估与反馈。在经历一段时间变革后，企业要对经营绩效进行评估，检查变革的效果。标杆学习应作为企业的一项职能活动，融合到日常工作中，成为固定的制度。

（四）对标杆学习的反思

对标杆学习的反思可集中在以下几个方面：

一是企业伦理和法律问题。企业伦理是任何企业从事生产经营活动时都应遵守的规则。在标杆学习过程中，可能会遇到一些企业伦理和法律问题，如是否有权引入标杆企业的理念和方法，收集标杆企业的信息是否合法等。

二是标杆学习容易出现一些偏差，如把注意力过多地集中在数据上，忽视了企业员工的抵触情绪等。

三是模仿与创新问题。标杆学习不是单纯地模仿，而是一个模仿和创新并举的循环往复过程，这关系到企业能否获取持续竞争优势。

本章小结

战略评价是指审查企业在战略实施过程中各项活动的进展情况和绩效。战略控制是指在战略评价的基础上纠正产生的偏差，使企业战略实施与当前所处的内外部环境相适应，与战略目标相一致。战略评价的主要标准是一致性、协调性、可行性和优越性。

战略在执行过程中经常会出现一些偏差，为了保证战略目标的实现，企业必

第十章 战略评价与控制

须对战略执行过程进行控制。战略控制可分为三种类型：预防控制、同步控制和反馈控制。对战略控制类型的选择主要考虑三个方面的因素：控制要求、控制量和控制成本。组织控制方法主要有战略控制和财务控制。对组织控制方法的选择与战略类型相关：成本领先战略公司强调财务控制；差异化战略公司强调战略控制；相关多元化战略公司注重战略控制；非相关多元化战略公司注重财务控制。

战略评价和控制过程可以分为四个基本步骤：审查战略基础、建立控制标准、衡量战略绩效和采取修正行动。

有效的战略评价和控制需要得到战略信息系统的支撑。战略信息系统就是运用信息技术支持企业战略，创造和维持竞争优势。与传统的信息管理系统不同，它不但注重内部信息管理，而且更注重外部信息的开发利用。战略信息系统的发展主要是基于市场竞争、技术进步和管理变革的动力；其主要功能表现为：支持战略管理、提高市场响应速度和创造新的竞争优势；其主要结构由内部信息、外部信息、信息处理平台和办公自动化系统四个模块组成。

平衡计分卡和标杆学习是有效的战略评价工具。平衡积分卡是以信息为基础的，围绕着战略目标，从财务、顾客、内部过程、学习与创新能力四个方面对企业绩效进行系统评价。标杆学习本质上是一种模仿、学习和创新的持续改进过程，可分为三种类型，即内部标杆学习、竞争型标杆学习和功能型标杆学习。

本章思考题

1. 在战略管理中，为何要进行战略评价和战略控制？
2. 战略评价的标准是什么？
3. 战略控制有哪些类型和方法？其特点是什么？
4. 如何构建战略信息系统提升企业的竞争优势？
5. 如何运用平衡计分卡来评价企业绩效？
6. 如何运用标杆学习方法来改进企业的业绩表现和竞争力？

本章参考文献

1. ［美］迈克尔·A.希特等著，刘刚等译. 战略管理：概念与案例（第10

版)[M].北京:中国人民大学出版社,2012.

2.[美]弗雷德·R.戴维著,徐飞译.战略管理:概念与案例(第13版)[M].北京:中国人民大学出版社,2012.

3.[英]格里·约翰逊等著,徐飞译.战略管理基础(第2版)[M].北京:电子工业出版社,2013.

4.王方华.企业战略管理(第2版)[M].上海:复旦大学出版社、上海交通大学出版社,2015.

5.[美]约翰·皮尔斯二世、小理查德·鲁滨逊著,钱峰译.战略管理:制定、实施和控制(第12版)[M].北京:中国人民大学出版社,2015.

6.徐飞.战略管理(第2版)[M].北京:中国人民大学出版社,2013.

7.[美]斯蒂芬·P.罗宾斯、玛丽·库尔特著,李原等译.管理学(第11版)[M].北京:中国人民大学出版社,2012.

后　　记

　　战略管理从 1950 年代末、1960 年代初产生以来,历经多年的研究和实践,已形成了一个比较成熟的体系和结构。当今,全球化、信息化和服务化正以前所未有的力量和速度在世界范围内迅猛发展,对经济社会的发展产生了极其深刻的影响,不但在宏观上影响到经济运行方式,而且在微观上影响到企业经营行为。传统的战略管理模式已明显地不适应这种新的市场环境,对此,人们在理论和实践上进行了大量的探索和研究。

　　基于此,本书的编写主要体现了三个特点:一是系统性。作为一本入门教材,本书注重对战略管理基本概念、原理和方法的系统阐述,这是全面、准确地理解与掌握战略管理相关知识和技能的基础。二是时代性。互联网和信息技术的发展从根本上颠覆了工业时代形成的生产方式、竞争规则和商业模式,促使企业摆脱固有的发展模式。本书反映了战略管理最新理论研究成果和企业实践,体现了新经济时代的战略管理特征。三是实践性。战略管理是一门实践性很强的学科。它基于对大量企业实践的高度概括和提炼,对企业发展具有指导作用。本书结合大量国内外著名企业的战略管理案例,使内容更贴近于企业实践。

　　本书由四个部分组成:第一部分是战略管理导论(第一章),阐述了战略与战略管理的概念、特征、层级、构成要素和模型,介绍了战略管理理论的发展,为本书的逻辑展开做一铺垫;第二部分是战略分析(第二章和第三章),分别阐述了外部环境与内部环境分析的层次、内容、方法和工具;第三部分是战略规划(第四章至第七章),分别阐述了公司层战略、发展战略、业务层战略和战略成长路径;第四部分是战略实施(第八章至第十章),分别阐述了战略实施过程及其影响因素、战略变革和战略评价与控制。

在本书编写过程中，岳飞航、陈志刚、乔秀忠、张贵鹏等研究生做了大量的资料和案例整理工作。本书出版承蒙上海大学出版社编辑的支持，在此表示由衷的感谢！

由于我们的学识有限，本书难免有疏漏和错误，敬请同行和读者指正。

李怀勇

2016 年 1 月